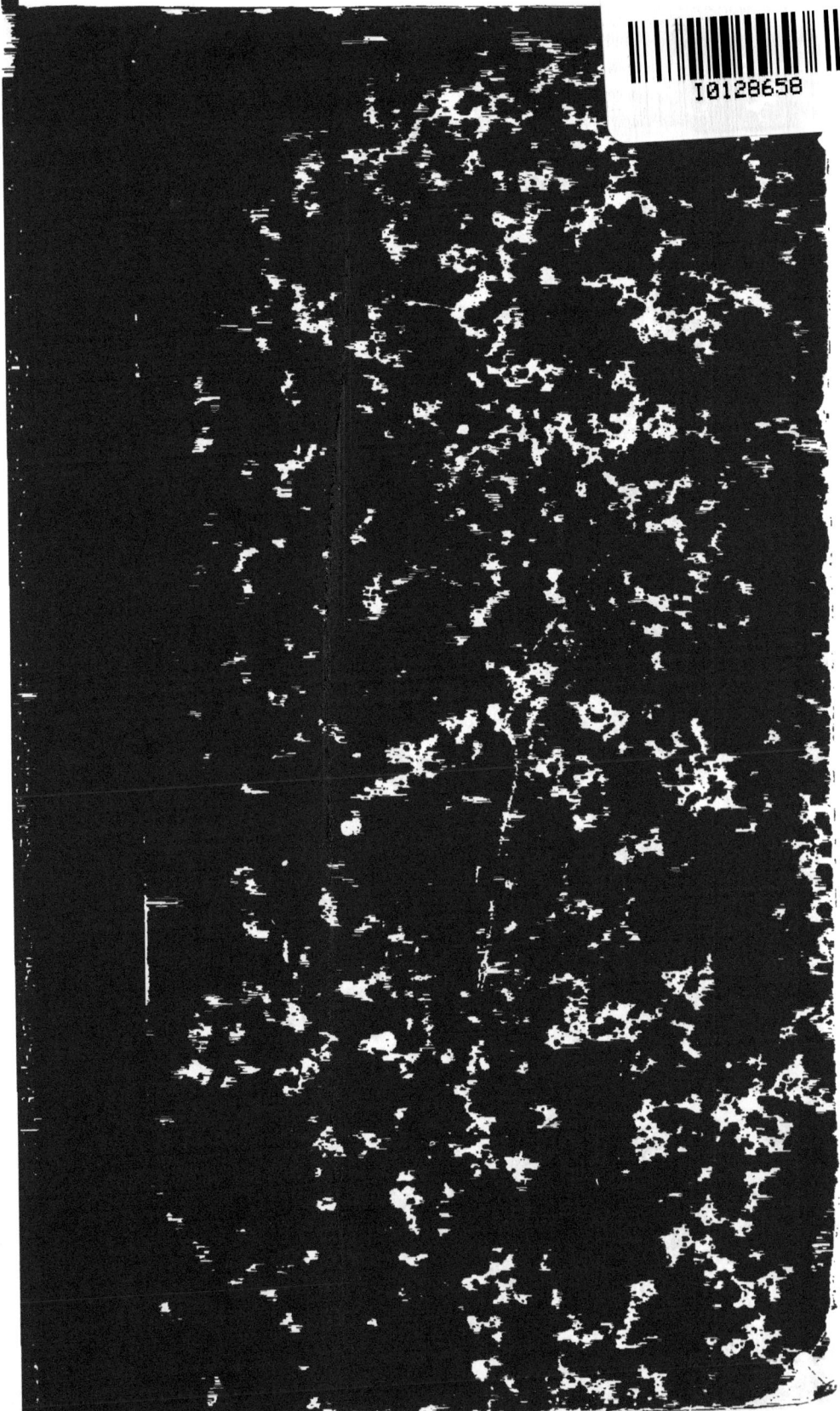

Paris, 27 février 1876

Mon cher monsieur Defrémery,

Voilà l'élection terminée selon vos vœux,
M. Boutaric est nommé. Je m'en réjouis
pour lui, et pour moi, si, vous tenant
compte des efforts que vous avez faits pour
l'amener où il est, il a à cœur de vous
montrer quelque reconnaissance, en votant
pour un candidat auquel vous avez
la bonté de vous intéresser si vivement,
et qui n'est autre que votre serviteur.
Je n'ai pas besoin de vous prier de
chercher à me l'acquérir; vous m'avez mis
en peine où je manquerais à la fois de bout
et de décence, si j'avais la prétention de vous
stimuler. Vous m'avez comblé de grâces
jusqu'ici, je vous laisserai m'en accabler,
si votre extrême obligeance pour moi vous y
porte; je ne vous veux être que reconnaissant;
je ne voudrais jamais vous être importun,
et je vous serai toujours le plus dévoué et le
plus affectionné des amis

J'irai vous voir mardi
à 4 heures.

Ch. Nisard

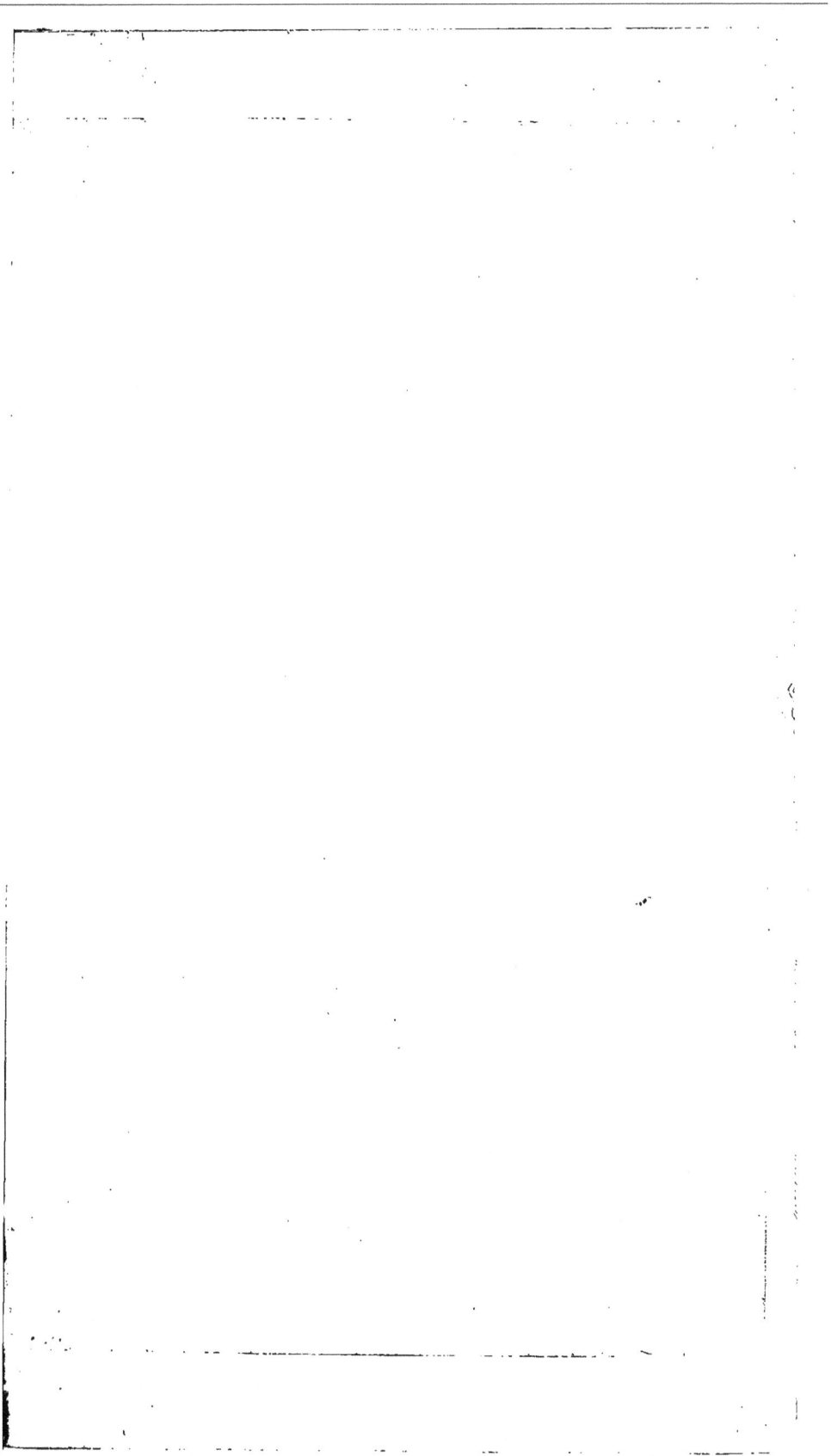

Blatchford Letters

ÉTUDE

SUR

LE LANGAGE POPULAIRE

OU PATOIS DE PARIS ET DE SA BANLIEUE.

POITIERS. — TYP. DE A. DUPRÉ.

ÉTUDE

SUR LE

LANGAGE POPULAIRE

OU PATOIS DE PARIS

ET DE SA BANLIEUE,

PRÉCÉDÉE

D'UN COUP D'OEIL SUR LE COMMERCE DE LA FRANCE AU MOYEN AGE,
LES CHEMINS QU'IL SUIVAIT,
ET L'INFLUENCE QU'IL A DU AVOIR SUR LE LANGAGE;

PAR

CHARLES NISARD.

PARIS
LIBRAIRIE A. FRANCK
(F. VIEWEG, propriétaire)
67, RUE RICHELIEU.

1872

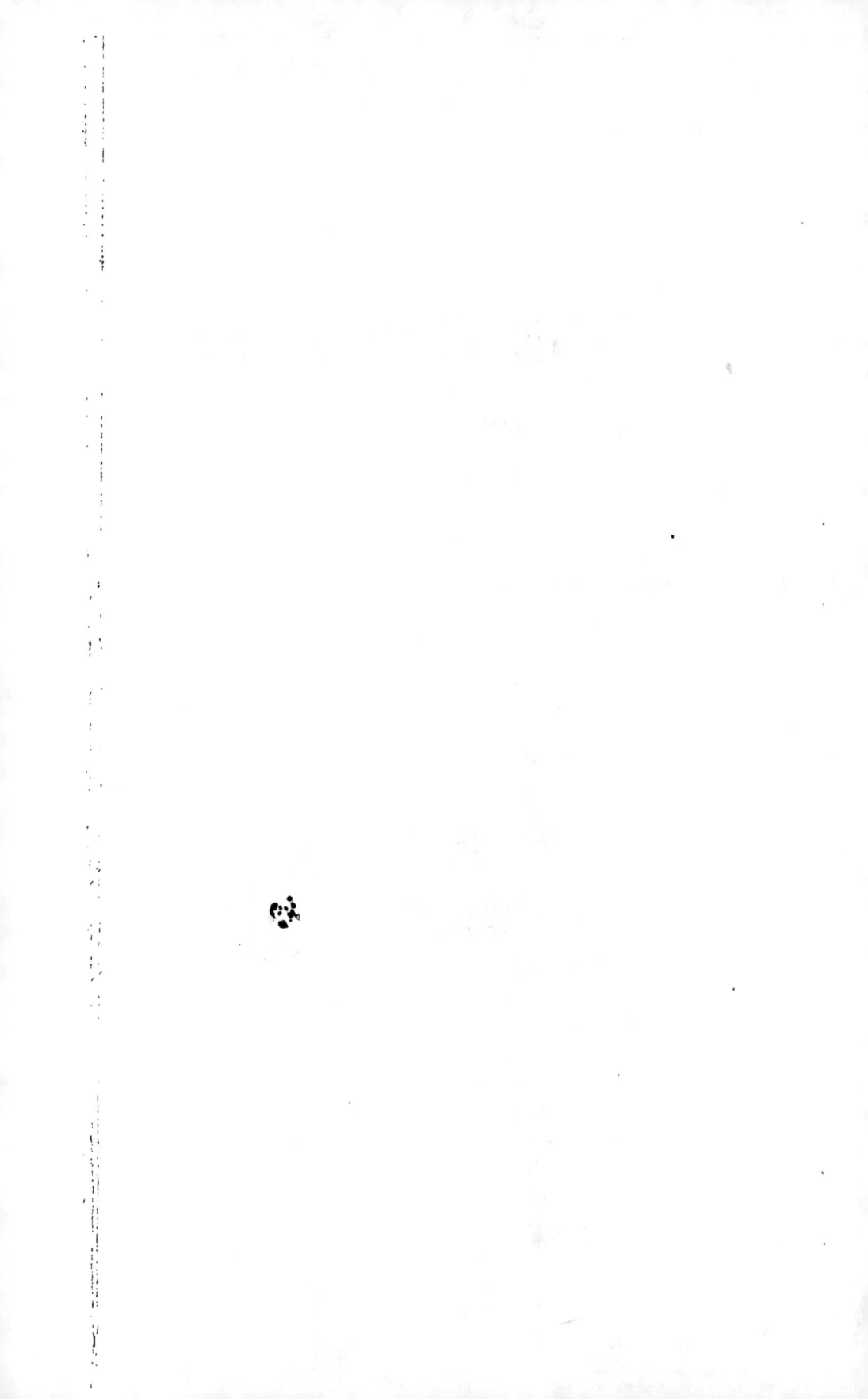

PRÉFACE.

Cette Étude devait servir de complément à un Dictionnaire du patois de Paris et de la banlieue, destiné à faire partie de l'*Histoire générale de la ville de Paris,* entreprise par M. le baron Haussmann, et dont une dizaine de volumes ont été publiés. Le manuscrit du Dictionnaire était déposé au bureau des Travaux historiques, à l'Hôtel-de-Ville, attendant l'impression, lorsqu'il périt tout entier dans l'incendie d'une des annexes de ce monument, au mois de mai 1871. Il y avait sept ans que j'y donnais tous mes soins. Aurai-je le temps de le refaire? je l'essaierai du moins, si Dieu me prête vie.

C'est la seconde fois que le peuple de Paris, ou plutôt la horde de malfaiteurs qui usurpe son nom, me fait payer les frais de la passion dont elle est soi-disant dévorée pour le progrès et pour la liberté. Déjà, en février 1848, une bande de cette horde, au sac des Tuileries, m'avait fait l'honneur de jeter au feu, moi présent et protestant, et avec menace de m'y jeter moi-même, le manuscrit d'un autre ouvrage beaucoup plus considérable, et également prêt à être mis sous presse. Par où l'on voit que, si, d'une part, on ne s'est pas corrigé de brûler, de l'autre on ne s'est pas lassé de fournir de la matière aux brûleurs.

Ce Dictionnaire devait être le premier volume de l'ouvrage complet ; le second, dont par bonheur j'avais gardé le manuscrit, était cette Étude. Dans l'édition préparée pour la Ville de Paris, il devait être grossi, à titre d'appendice, de la réimpression intégrale, avec accompagnements d'images et de caricatures contemporaines, des principaux écrits en patois de Paris et de la banlieue, dont je donne ici des extraits assez abondants. On aurait eu ainsi le recueil des meilleures pièces dont se compose, si l'on peut dire, cette littérature, et, parmi ces pièces, il n'en était pas seulement de la plus grande rareté, mais d'introuvables désormais ; car, la bibliothèque du Louvre, où j'avais déterré celles-ci, et qui les possédait seule, ayant été brûlée par les suppôts de la Commune, elles ont été brûlées avec la bibliothèque.

Mais quand je songe à l'incendie de ce magnifique dépôt, à celui de la bibliothèque de l'Hôtel-de-Ville, à celui enfin de tant de monuments ou édifices, témoins séculaires de la gloire et de la richesse de la France ; quand les hommes de cœur, pour qui la patrie, nom et chose, n'est ni une fiction ni un préjugé, continuent de pleurer sur les malheurs qui l'ont accablée et qui dépassent toute croyance [1], j'aurais honte de parler plus longtemps du mien.

---

[1] Quam miser est qui fert asperiora fide !

(OVIDE.)

INTRODUCTION

COUP D'ŒIL

SUR LE COMMERCE INTÉRIEUR DE LA FRANCE AU MOYEN AGE,

LES CHEMINS QU'IL SUIVAIT,

ET L'INFLUENCE QU'IL A DÛ AVOIR SUR LE LANGAGE.

CHAPITRE PREMIER.

DES VOIES DE COMMUNICATION PAR TERRE.

C'est un fait connu et désormais hors de doute que l'origine des langues indo-germaniques. On sait d'où elles viennent, et par quels moyens elles se sont établies et formées. Elles viennent de l'Inde; elles sont le résultat d'invasions successives des peuples de ce pays en Europe, et des établissements qu'ils y fondèrent. Ces invasions remontant à la plus haute antiquité, on n'en saurait déterminer les époques d'une manière précise, non plus que les routes suivies par elles dans leur marche vers les contrées de l'Occident. De faits, de témoignages plus ou moins considérables à cet égard, on ne peut même tirer que des conjectures; et si quelques-unes sont suffisamment justifiées, la plupart sont et seront longtemps encore l'objet de contestations dont la vérité ne profitera pas autant qu'y brilleront la science et la sagacité des érudits.

On ne voit bien clair que dans les invasions postérieures à celles-là, par exemple celle des Romains dans les Gaules. Les histoires sont remplies de ses faits et gestes, et nous portons encore la marque, pour ainsi dire toute fraîche, de son

1

influence. Nous savons que nous y avons perdu notre langue nationale, et que nous ne parlons que latin en français; nous savons que cette substitution d'une langue étrangère à la langue indigène s'est opérée uniquement sous l'action continue des vainqueurs en possession stable et définitive de notre sol, et que les Francs, qui n'ont fait que se superposer à eux, ont faiblement modifié non-seulement le langage, mais aussi les mœurs que nous tenions d'eux.

La seule communauté de séjour dans les mêmes pays, des peuples romain et gaulois, a produit ce résultat. Il va de soi qu'il n'a pas été acquis gratuitement, et que l'autorité du vainqueur intervenait là où le simple contact avec le vaincu était insuffisant; mais c'était là tout, et l'on ne voyait pas encore, comme on le verra plus tard, des influences venues du dehors s'introduire dans le ménage et y apporter, avec d'autres habitudes, des formes de langage différentes. Le commerce, qui amène avec soi l'un et l'autre, n'avait encore ni assez d'activité ni assez d'étendue pour déterminer une modification de ce genre. Chaque localité ou, si ce terme comporte un sens trop restreint, chaque province pourvoyait à ses besoins par elle-même; et si elle ne trouvait pas le moyen de consommer tous ses produits sur place, il n'était pas nécessaire qu'elle allât bien loin pour en écouler le superflu. Seuls, les objets de luxe donnaient lieu à des déplacements plus considérables; mais, outre qu'ils venaient de pays, comme par exemple l'Orient, dont les langues différaient trop d'avec celle de la Gaule pour que cette langue s'en laissât pénétrer, ils n'avaient de rapports un peu suivis qu'avec les grands centres de population; les bourgs et les villages y étaient étrangers.

Ce n'est guère qu'à la fin du ${IX^e}$ siècle que le commerce intérieur a commencé à se déployer, à mêler davantage les populations et les dialectes, restés jusque-là plus ou moins rebelles à l'influence latine, à marquer enfin les premiers pas, bien timides encore, vers l'unité, de la langue qui devait être un jour la française. Dès lors , en effet, elle tend peu à peu à se dégager de son enveloppe latine ; un certain nombre de ses vocables apparaissent tout formés dans la Cantilène de sainte Eulalie et dans les fragments de l'Homélie sur le prophète Jonas. Au xᵉ siècle, la Passion du Christ et la Vie de saint Léger en offrent un peu plus ; la Chanson de Roland , au xıᵉ, un peu plus encore.

Au xııᵉ siècle enfin , le type s'accuse davantage ; mais le moment où il sera reconnu et reçu au-delà de cette enceinte est encore éloigné. En attendant, chaque province agit pour son compte, établit sur des fondements communs un idiome propre et le cultive à sa guise. Il n'est pas téméraire de dire que, dès ce temps-là, chaque idiome tend à se subdiviser en autant de parties que la province a de cantons, et à devenir multiforme. La féodalité favorise l'essor de ces pousses parasites. Alors le territoire de la France peut être comparé à un ouvrage de marqueterie ; chacun de ses fragments représente une souveraineté de plus ou moins d'étendue , que le chef ou seigneur qui la possède occupe et maintient avec une jalousie aveugle et un despotisme excessif. Quand il n'est pas en guerre avec ses voisins , il s'enferme dans ses limites, et, par les entraves qu'il met aux relations entre ses vassaux et ses voisins , soit en rançonnant ceux-ci , lorsque , dans le but de trafiquer, ils s'arrêtent sur ses terres ou qu'ils les traversent, soit en faisant payer cher à ceux-là le privilége de passer ses frontières dans le même but , il arrive à s'isoler de telle sorte , que la langue de ses hommes, s'isolant elle-même , se particularise peu à peu et se corrompt.

Telle est l'origine des patois proprement dits. Les radicaux , les flexions , les intonations, tout y diffère bientôt du dialecte de la province, et un jour viendra où l'on aura peine à retrouver les formes de ce dialecte sous le travestissement dont les gens de la campagne l'auront affublé.

L'unité de la langue, déjà retardée par les obstacles qu'opposaient à son développement des dialectes qui jusque-là

se suffisaient à eux-mêmes, ne gagna rien à l'établissement
des patois ; mais aussi n'y perdit-elle rien. Et comme la
France, en tant que nation, ne laissait pas que de tendre
insensiblement à l'unité, les dialectes durent suivre ce mouvement ; car, si le parallélisme est une des lois du progrès,
c'est surtout quand il s'agit des mœurs et de la langue. En
effet, quand le xiv° siècle s'écoule, l'usage des dialectes,
comme l'observe M. Littré [1], diminue, et il ne tarde pas à
s'éteindre. Une langue littéraire commune prévaut. « On
peut, ajoute le même écrivain, suivre la marche, les influences, les mutations de ces dialectes pendant environ
deux siècles, le xii° et le xiii°... Les individualités provinciales s'affaiblissaient, ou plutôt le système féodal tombait
en décadence complète, » et partout l'unité se préparait à en
recueillir l'héritage. M. Littré [2] parle de causes perturba-
trices qui, en coïncidant avec ce travail, altérèrent l'analogie
et la pureté de l'idiome, et il y comprend la réaction des
dialectes les uns sur les autres. Cela est vrai ; mais qu'il me
pardonne cette remarque, c'est de sa part penser en archéo-
logue plutôt qu'en écrivain ; et l'état où est arrivé notre
langue, par exemple vers la fin du xvii° siècle, ne permet
pas de donner des regrets bien vifs à ces altérations dont elle
fut anciennement l'objet.

Quant à la réaction des dialectes les uns sur les autres, elle
est de toute évidence. Je ne crois même pas que le dialecte
de l'Ile-de-France en ait été exempt, nonobstant l'opinion
contraire, laquelle est que les modifications de ce dialecte ne
sont dues qu'au temps et aux grammairiens. Cela peut être
vrai à partir du xvi° siècle, mais ne l'est pas avant cette époque. Il faudrait, pour que cette assertion fût recevable, que
l'Ile-de-France, et Paris notamment, eussent vécu dans l'iso-
lement pendant tout le moyen âge, et eussent été en quelque
sorte tenus en quarantaine perpétuelle par les autres pro-

---

[1] *Histoire de la langue française*, t. I, p. 128.
[2] Ibid.

vinces. Rien ne répugne autant à la raison que cette conjecture, et nulle n'est plus démentie par les faits. La langue
de l'Ile-de-France, la langue de Paris, a donc aussi été touchée
par les autres dialectes, et si elle a été moins affectée de ce
contact, c'est que Paris, centre de la province, par l'avantage qu'il avait d'être à la fois le siége du gouvernement de
la France et le point où s'épanouissait déjà la fleur de la civilisation française, était plus propre à exercer son influence sur
les autres qu'à recevoir la leur.

A vrai dire toutefois, il n'en a été ainsi qu'à Paris. Dans le
reste de l'Ile-de-France, et jusque dans la banlieue de la capitale, les dialectes provinciaux ont eu plus de succès. Les variétés de patois, peu tranchées d'ailleurs, qui fleurirent dans
ces quartiers jusqu'à la Révolution, et dont il ne reste que de
faibles débris, en sont une preuve manifeste. L'étude dont
ces patois sont ici l'objet, et le glossaire qui l'accompagne [1],
ne laisseront, je pense, aucun doute à cet égard.

Quoi qu'il en soit, et M. Littré a eu raison de le dire, le fait
de la réaction des dialectes les uns sur les autres est incontestable. Mais c'est plutôt par les effets qu'on en juge que par
les causes; c'est surtout, et presque uniquement, par la comparaison entre eux des monuments littéraires de ces dialectes.
Une autre cause, et la plus considérable à mon sens, n'a
guère été que signalée, et encore comme par manière d'acquit, et avec l'insouciance et la légèreté qu'on met d'habitude à
répéter une proposition banale; jamais elle n'a été examinée,
scrutée, approfondie comme elle mériterait de l'être : cette
cause, c'est le commerce intérieur.

Le commerce, en France, n'a jamais été étudié qu'au point
de vue économique; au point de vue de son action sur le
langage, l'étude en est encore à faire. Et pourtant, quel plus
direct convoyeur du langage, et quel moins sujet à être
contesté que le commerce ! Bien que mon but ne soit pas de

---

[1] Je n'efface pas ces mots. Que le lecteur me le pardonne ! Quand je
les ai écrits, mon dictionnaire n'était pas encore brûlé.

traiter de son action sur la langue générale, m'en tenant à celle qu'il a eue sur la langue populaire de Paris et la banlieue, on ne laissera pas de conclure que ce qui a profité au particulier a profité nécessairement au général, puisque les mêmes moyens de s'étendre et de se propager ont servi à l'un comme à l'autre. L'avantage toutefois est resté au général, grâce aux monuments écrits de chaque dialecte. Chaque jour, ils se rapprochaient de plus en plus les uns des autres par la forme, et les grammairiens allaient venir pour en déterminer les règles. Le particulier, au contraire, c'est-à-dire le patois, persistait dans sa corruption, et il manquait de littérature qui tendît à le fixer, de principes qui en dirigeassent les mouvements.

Il n'y a jamais eu de tout temps que deux moyens de se transporter d'un point à un autre : la terre et l'eau; ils sont encore les mêmes aujourd'hui. Il est vrai qu'on est à la recherche d'un troisième, l'air; mais, en admettant qu'un jour on puisse gouverner un ballon comme on gouverne une voiture, un navire, un bateau, on ne fera jamais de cette manière que des voyages d'agrément; le commerce et les marchandises qui en font l'objet continueront à suivre l'ancienne méthode.

Le contact des dialectes entre eux n'ayant, si l'on peut dire, tourné au mélange que lorsque les relations commerciales furent devenues plus étroites, et l'unité vers laquelle ils tendaient n'ayant été acquise à peu près définitivement, au moins pour Paris, que vers la fin du xvie siècle, il n'est sans doute pas absolument nécessaire de décrire l'état des voies de communication en France avant Henri IV, c'est-à-dire avant le temps où nos rois, soit dans l'intérêt du passage des armées, soit dans celui du commerce, commencèrent à s'en occuper sérieusement et avec suite. J'espère toutefois qu'on ne me saura pas mauvais gré de m'y arrêter un moment.

La grossièreté, la rudesse des mœurs dans un peuple nombreux et disséminé sur un vaste territoire, n'est pas une raison pour que ce peuple ait moins de besoins qu'un autre aussi nombreux que lui, mais plus civilisé. Nous le voyons assez par notre propre histoire. Les Francs n'étaient pas seulement, à l'égard de ces besoins, soumis aux lois générales de l'humanité; ils avaient aussi des goûts très-raffinés, de ceux dont la satisfaction requiert plus d'art et plus de frais que n'en exige le soin de se nourrir, de se vêtir et de se loger. On connaît le luxe de la cour et des seigneurs francs sous les rois des deux premières races; chez eux, on aurait pu se croire chez des Asiatiques. Pour entretenir ce luxe, les moyens étaient les mêmes que ceux dont on fait usage pour pourvoir aux premières nécessités de la vie, c'est-à-dire le commerce.

Quel qu'ait été l'état de confusion et d'anarchie auquel la France fut en proie depuis les successeurs immédiats de Clovis jusqu'à Hugues Capet, les transactions commerciales n'y furent jamais complétement interrompues. Du ve siècle jusque vers la fin du ixe, les chemins et les fleuves leur étaient ouverts [1], ceux-ci tels qu'ils sont encore, ceux-là tels ou à peu près que les avaient faits les Romains. Mais ces chemins n'étant, comme on dirait aujourd'ui, que de grande communication, et n'aboutissant qu'à des centres de population plus ou moins considérables, l'action du commerce en était nécessairement limitée. Il en résultait, si je puis m'exprimer ainsi, la mise hors la loi commerciale d'une partie également considérable de consommateurs, c'est-à-dire de tous ceux qui étaient éloignés des grandes voies, et ne se rattachaient à elles que par des chemins impraticables au commerce.

---

[1] Il faut en excepter pourtant la basse Seine, de Paris à la mer, à cause des incursions intermittentes des Normands pendant le ixe siècle. Mais outre que le commerce de la Normandie avec Paris était alors presque nul, le peu qui s'en faisait prenait la voie de terre; encore reprenait-il celle du fleuve dans les intervalles qui s'écoulaient d'une incursion à l'autre, et qui étaient souvent de plusieurs années. Si le commerce est prudent, il est encore plus avide, et la ruine d'un jour est plus que réparée par des années de prospérité.

Aussi, ne pouvant aller à eux, le commerce dut penser aux
moyens de les faire venir à soi. A cet effet, il chercha à se concentrer, pour un temps plus ou moins long, sur un certain
nombre de points déterminés, et, autant que faire se pouvait,
à l'abri de la violence et des attaques auxquelles il était partout ailleurs exposé. Ces points étaient généralement consa-
crés par des pèlerinages, des expositions ou des translations
de reliques. Telle est l'origine des foires.

La plus anciennement connue en France paraît être celle
de Troyes, dont il est fait mention dans une lettre de Sidoine
Apollinaire, vers la fin du ve siècle. Il y parle d'un contrat
passé *intra formulam nundinarum* [1]. Plus de deux siècles
après, Dagobert Ier fondait la foire de Saint-Denis, dite le
Lendit. Ce nom, commun alors aux foires de ce genre [2], était
tiré de l'obligation qui leur était imposée de se tenir dans
un lieu *indiqué*, et dont on marquait le contour. Elles étaient
fort rares en France; elles le furent encore davantage après
l'édit de Piste, rendu en 884, pendant la minorité de Charles
le Simple, édit qui proscrivait toutes celles dont l'établissement
avait eu lieu sans la permission royale [3]. Mais les marchands
qui y figuraient appartenaient à la localité et aux localités voisines, et dans un rayon très-peu étendu; elles n'offraient pas
ces agglomérations de négociants venus d'un grand nombre
de provinces de France comme aussi de l'étranger, agglomérations connues depuis, et à partir seulement du xiie siècle,
sous le nom de *Foires de Champagne et de Brie*.

S'il faut en croire un poète du xiiie siècle, l'auteur du roman
d'*Anséis*, Charles le Chauve serait le fondateur de ces foires
célèbres [4]. M. Bourquelot n'en croit rien, sous prétexte qu'un
poète qui fait Charles le Chauve fils de Pépin le Bref ne mérite pas de créance. Je n'ose pas être si incrédule, et pense

[1] L. VI, ep. 4.
[2] *Histoire du Duché de Valois*, par Carlier, I, p. 265.
[3] Ibid.
[4] *Les Foires de Champagne et de Brie*, I, p. 68.

que le fait allégué par l'auteur d'*Anséis* n'est peut-être pas aussi invraisemblable qu'il en a l'air. Je conjecture que l'édit de 884 pourrait bien avoir eu pour objet non-seulement de supprimer les petites foires qui s'instituaient sans l'aveu du roi, mais encore de supprimer la concurrence qu'elles faisaient aux grandes foires de l'institution de Charles le Chauve.

Quoi qu'il en soit, et sans attacher plus d'importance qu'il ne faut à ma conjecture, il est constant que l'opinion commune, au moyen âge, était en faveur de la haute antiquité des foires de Champagne, et les poètes dans leurs romans, nos rois dans leurs ordonnances, se faisaient l'écho de cette opinion.

La grande vogue des foires de Champagne ne date vraiment que de Henri *le Libéral,* qui gouverna la province dès 1152 à 1180. Le régime féodal, qui, lorsqu'il commençait à décliner, était la plupart du temps un obstacle à leur réunion, avait pourtant aidé à leur premier essor, bien qu'il ne se fût guère attendu à avoir une influence de ce genre. De l'an 877, date à laquelle elle est définitivement constituée, jusqu'à la première croisade (1096), la féodalité n'est qu'usurpation et violence. Ce qui caractérise les feudataires à tous les degrés, c'est un égoïsme brutal, une soif inextinguible d'indépendance, une passion effrénée d'acroître leur pouvoir et de le perpétuer, sans avoir la moindre notion des meilleurs moyens pour y parvenir. Loin de pratiquer l'économie domestique ou politique, ils n'ont pas même l'idée de cette science, la science de l'intérêt personnel comme de l'intérêt collectif. Ils ne sont presque uniquement occupés qu'à se jalouser, à se combattre et à se détruire. Les paysans sont transformés en soldats, ou plutôt en pillards; les terres, livrées à de continuelles incursions, sont ou mal cultivées ou incultes; les chemins sont ravagés par des gens de guerre, ou effondrés par les pluies, ou ils vont se perdre dans les héritages qu'ils traversent et avec lesquels, faute d'entretien, ils se confondent au point de n'en être plus distingués.

De quelque côté donc qu'il se tournât, le commerce était

en péril. C'est alors que, pour diminuer ce péril, il dut resserrer le cercle de ses opérations, donner rendez-vous aux
marchands sur un ou plusieurs points déterminés, leur indiquer le chemin à parcourir, leur suggérer l'idée de se réunir
en groupes plus ou moins nombreux et armés, afin de re-
pousser au besoin les agressions. Il changea ainsi de théâtre,
sans perdre beaucoup de son activité. Voilà comment la féodalité contribua à l'établissement des foires, sans y avoir jamais
songé.

Les Croisades vinrent ensuite qui aidèrent elles-mêmes à cet
établissement. Elles débarrassèrent le sol de ces hommes dangereux qui, tour à tour paysans et soldats, mais conservant
toujours les instincts pillards de cette dernière profession, in-
festaient ou barraient tous les passages ; et en les entraînant
au-delà des mers, elles rendirent pour un temps la sûreté aux
chemins, la confiance aux voyageurs, la liberté de circulation au commerce.

Il est vrai qu'après chaque croisade, et lorsque les hommes
qui y avaient suivi leurs seigneurs étaient rentrés dans leur
pays, les périls redoutés du commerce, qui avaient diminué
ou cessé pendant leur absence, reparaissaient à leur retour.
Mais les seigneurs, que ces expéditions avaient ruinés, et dont
elles avaient aussi développé l'intelligence, s'aperçurent que
les coups de main pour rétablir leurs finances n'étaient plus
de saison, et que d'ailleurs les occasions en devenaient de
plus en plus rares. Ils comprirent alors que le commerce, lors
même qu'il ne fait que traverser un territoire sans y séjourner, laisse plus d'argent derrière soi qu'il n'en emporte,
et que cet argent leur reviendrait en partie par les impôts
levés sur leurs sujets ; que, si le système des extorsions à l'é-
gard des marchands avait son avantage, cet avantage n'était
que momentané, ceux qui les subissaient ne revenant plus,
et l'éveil étant donné aux autres ; qu'enfin il fallait changer de
méthode, substituer la douceur à la violence, la protection à
la spoliation.

Sans doute, tous les seigneurs ne firent pas ce sage raisonnement, et il y en eut toujours un certain nombre qui aimèrent mieux tuer la poule que d'attendre qu'elle pondît. Mais déjà les rois de France étaient assez puissants pour réprimer ces vassaux cupides et récalcitrants, et forcer les voleurs à restitution. Aussi les seigneurs plus honnêtes et plus intelligents eurent-ils peu de peine à s'entendre avec leurs suzerains, pour établir sur les routes une police sévère, les tenir en bon état, et accorder des exemptions de droits aux marchands qui passaient sur leurs terres pour se rendre aux foires.

Ces routes étaient spécialement désignées sous le nom de « chemins des foires, » et les voyageurs qui les fréquentaient pendant toute la durée de ces grands marchés périodiques jouissaient pour leurs personnes et leurs marchandises, et moyennant un droit qu'on appelait le *conduict*, de priviléges et d'immunités très-importants [1]. On le voit par les ordonnances rendues et les lois promulguées à cet effet pendant les XIIᵉ, XIIIᵉ et XIVᵉ siècles ; elles sont très-nombreuses, et elles reproduisent tour à tour, et presque littéralement, les mêmes dispositions [2], tant le mal auquel elles voulaient obvier était constamment le même et appelait constamment le même remède.

---

[1] « Le conduit des foires est de tele nature, si tost que li marcheans partent de leurs hostiex à toutes leurs denrées, soit avoir de pois ou autre chose, ils ne doivent leurs denrées déploier, vendre, ne aliéner jusques à tant que ils viennent dedans le cors de la foire, puisque ils soient marcheans des foires, et que ils se veulent aidier du conduit. Car en venant ès foires, parmi quelque terre que ils passent, se ils sont robez au chemin, il convient que le seigneur de la terre où la roberie est faite, soit contrains par les mandemens de foires à rendre le domaige, ou li hoste, se ils sont desrobé en hostel ; et se l'hoste n'est solvable, ils sont desrobé en ville de Loy, toujours a l'en recours au haut justicier de ladite ville, et par tele manière de conduit brisié s'engendrent les deffenses. Et quant l'en treuve que les marcheans qui se veulent aidier du conduit des foires, meinent et font descendre leurs denrées ailleurs que ès foires, les denrées sont aquises au roy, et li marcheans doit demourer en la volenté du seigneur. » (Du Cange, vᵒ *Nundinæ*).— Les Ordonnances des rois de France sont remplies de dispositions pareilles.

[2] Voyez notamment le tome II des *Ordonn. des Rois de France*, de la page 230 à la page 461.

Ces mesures garantirent la réunion régulière des foires, de celles de Champagne comme de l'Ile-de-France, et contribuèrent à leur développement et à leur prospérité pendant environ deux siècles.

Déterminer d'une manière précise quel profit apportait à la langue générale ces agglomérations périodiques, sur un même point, de gens venus de diverses provinces et accoutumés à débattre les mêmes intérêts dans des dialectes différents, est une chose à peu près impossible ; la difficulté, du moins, en est si grande que personne jusqu'ici n'a osé l'aborder. Il semble seulement qu'on peut, sans violer les lois du bon sens, admettre ce profit, comme aussi on ne peut pas le mesurer. La durée de chacune des foires de Champagne et de Brie étant de six semaines, et le nombre en étant de six par an [1], c'était par conséquent près de neuf mois de foires sur douze. De ces rendez-vous périodiques et à peine interrompus, aux mêmes lieux et aux mêmes époques, de gens différant entre eux de langues et de pays, du nombre et de la variété infinie des opérations qui s'y accomplissaient, enfin du besoin pour les contractants de s'entendre entre eux, il dut résulter l'emploi forcé ou conventionnel de certaines formes de langage intelligibles à tous et qui, reprises à chaque foire, devinrent, à la longue, communes et définitives.

En considérant d'ailleurs quelles provinces, quelles villes envoyaient leur contingent aux foires de Champagne et de Brie, nous trouvons que Paris, Saint-Denis, Pontoise, Étampes et Senlis, toutes villes situées dans le ressort de l'Ile-de-France, étaient, dès le milieu du XIIe siècle, au plus tard, en relations suivies avec ces foires [2]. On rencontre principalement les Parisiens à Troyes, à Bar, à Lagny et à Provins. Ils y avaient des halles et y tenaient commerce de feutres, de draps, de cuirs, de mercerie et surtout de joaillerie. Ce dernier article était alors, comme il l'est encore aujourd'hui,

[1] *Ordonn. des Rois de France*, t. I, p. 485.
[2] Bourquelot, t. I, p. 138.

l'*article de Paris* par excellence. La faveur en était grande et
la possession très-recherchée. Un poète du temps mène son
héros à la foire de Provins, pour y faire emplette de ces
riches bagatelles ; il en fait l'éloge et il y revient assez souvent [1]. On dirait aujourd'hui, en style de boutique, qu'il
pousse à la vente et fait de la réclame. Quoi qu'il en soit, le
séjour si prolongé des marchands parisiens dans des villes de
foires qui étaient en outre voisines, quelques-unes très-étroi-
tement, de la capitale, invite naturellement à poser cette
question : quelle influence a eue le langage parisien sur le
milieu dans lequel il se parlait aux foires, ou quelle influence
il en a reçue lui-même ?

La question sera résolue au profit du langage parisien, si
l'on admet que, le dialecte de l'Ile-de-France ayant fini par
prévaloir sur tous les autres, il a pu, pendant ces foires,
s'essayer à sa domination future, et en jeter, pour ainsi dire,
les bases au-delà de sa circonscription naturelle. Cette conjecture n'est pas trop invraisemblable ; elle n'est pas surtout
trop téméraire. Mais il vaut mieux dire que c'est du lieu qui
était son berceau, c'est-à-dire de Paris même, que ce dialecte
exerçait son empire. Paris était le centre du gouvernement ;
les actes publics y étaient rédigés dans sa langue et servaient
à la fois de règle de conduite et de règle de langage à tous les
Français ; il avait de plus un commerce immense avec toutes
les provinces, et les marchands [2], comme cela se passe encore
aujourd'hui, y abdiquaient aisément leur dialecte pour adopter
le sien. Par toutes ces raisons, la langue de l'Ile-de-France
devait l'emporter à la longue, et elle l'a emporté en effet. Cela
n'empêche pas que les foires n'aient accéléré, sinon com-

[1] Voyez dans le tome XXII, p. 588 de l'*Hist. littér. de la France*, un
fragment du roman d'*Hervis*, où il est parlé des *juals* de Paris jusqu'à
trois fois.

[2] Il faut excepter toutefois leurs nombreux serviteurs, gens du commun
et grossiers, tenaces dans leurs habitudes, et, comme on le verra plus
tard, moins propres à rectifier leur langage sur le langage des pays où
ils vont, où ils séjournent, qu'à gâter celui-ci.

mencé, le mouvement d'unification. Je me sers de ce néolo-
gisme, plus expressif peut-être que le mot propre uniformité.
En travail dès la fin du xıı° siècle, et précipitant sa marche
au xııı°, l'unification de la langue doit sans doute quelque
chose à ce *mélange* d'hommes qui hantaient les foires et qui y
faisaient leurs affaires sans truchements ; elle s'en est ressentie
certainement dans une proportion notable, et si on ne l'a
jamais signalée, c'est parce qu'on ne l'a jamais étudiée. Le
temps est propre à cette sorte d'études, et la matière en vaut
la peine.

La prospérité des foires et du commerce en général, dans
les pays de la langue d'oil, commença de déchoir, et les chemins d'être moins praticables et moins sûrs, quand le fléau
de la guerre étrangère, plus tard aggravé par celui des discordes civiles, vint s'abattre sur la France et la désoler.
Le signal en fut donné par les Flamands, qui secouèrent
le joug de la France, battirent nos troupes à Courtrai, en 1302,
et furent vaincus à leur tour par Philippe-le-Bel, deux ans
après, à la bataille de Mons-en-Puelle. Les marchands flamands, qui déjà avaient fort à se plaindre des exactions
dont ils étaient l'objet, en entrant en France, de la part des
péagers de Bapaume, et qui, dès l'an 1262, avaient même
décidé, sans toutefois donner suite à cette résolution, de ne
plus fréquenter les foires de Champagne [1], n'hésitèrent plus
cette fois-ci et restèrent chez eux. Mais bientôt, sur la foi
d'une ordonnance rendue en leur faveur par Philippe le Bel,
en 1304 [2], ils reprirent le chemin de la France et de ses.
foires.

Malheureusement, la guerre s'étant rallumée, en 1315, entre
le fils et successeur de Philippe le Bel, Louis le Hutin, et le
comte de Flandre, et des mesures rigoureuses ayant été prises
par le roi de France pour arrêter tout trafic d'un pays à

---

[1] *Inventaire analytique des chartes des comtes de Flandre,* publié par
M. J. de Saint-Genois, cité par M. Bourquelot, t. I, p. 195.
[2] *Ordonn. des Rois de France,* t. I, p. 414.

l'autre [1], les Flamands cessèrent leurs anciennes relations avec les foires de Champagne, et ne les renouèrent jamais. Ce qui ne contribua pas peu à rendre leur abstention à cet égard définitive et irrévocable fut la victoire de Cassel, remportée sur eux par Philippe de Valois, en 1328, victoire qui précéda de dix ans la guerre dite de *Cent ans*.

Dans cette guerre, dont je n'ai à raconter ni la cause ni les différentes péripéties, la France fut plus d'une fois sur le point d'être écrasée à ne pas s'en relever. Mais, si alors elle ne perdit ni son individualité ni son nom en Europe, elle subit la honte d'une prise de possession par les Anglais, qui la dépouilla de son territoire et de son autonomie, de Bayonne à Calais, et qui la ruina de fond en comble. Une des provinces les plus maltraitées par les envahisseurs fut la Normandie, surtout dans les moments où elle était personnellement, si l'on peut dire, l'objet de la dispute entre ses possesseurs intrus et les dépossédés. Car, dans les intervalles où elle ne servait pas de théâtre aux hostilités et où elle respirait un peu, la pression que les Anglais exerçaient sur elle, jointe à l'esprit de gouvernement qu'ils avaient alors comme aujourd'hui plus que nous, la maintenaient dans un ordre et un repos relatifs. Mais à chaque instant le bénéfice en était ravi à la province par de nouvelles prises d'armes, et l'anarchie avait bien vite reconquis le terrain qu'elle y avait perdu. On peut donc juger par l'état où elle était alors de celui des autres provinces occupées par les Anglais, et rien n'est plus capable de nous guider dans cette appréciation que l'*Étude sur la condition de la classe agricole en Normandie au moyen âge*, par M. Léopold Delisle.

Le savant auteur en a puisé tous les éléments aux sources les plus fécondes et les plus authentiques : tels sont les aveux de fiefs, les rôles de taille, les terriers, les enquêtes et autres pièces officielles où le mal est exposé sans phrases, et la vérité

---

[1] *Ordonn. des Rois de France*, t. I, p. 605 et 619.

sans artifices. Pendant cent ans, la province fut courue, pillée, dévastée d'un bout à l'autre par les soldats anglais ou français, souvent par les deux partis à la fois. De part et d'autre, on vivait sur le manant, et ce qui échappait aux pillards anglais était la proie des maraudeurs français. Outre ces rapines et ces brigandages, dont la soldatesque, point ou mal payée, ne se fait pas scrupule, quantité d'impôts plus ingénieux ou plus vexatoires les uns que les autres s'attaquaient en même temps aux sources mêmes de la richesse territoriale et mobilière, et les épuisaient. La solitude et le vide se faisaient partout. Parmi les nombreux exemples qu'en rapporte M. Delisle, je choisis les suivants. Dans une assiette pour les impôts de 1362, bien des paroisses du Bessin ne sont portées que pour un, deux ou trois feux; d'autres n'ont ni feux ni paroissiens, et leurs noms, sur la feuille du collecteur, sont suivis du mot « nient. » Des villes mêmes, comme Longues, sont abandonnées; il n'y reste que « poy de gens et enfans soubz aage. » Les monastères cessent leurs distributions de pain aux pauvres, parce qu'il n'y a plus de pauvres, ceux-ci ayant disparu ou peut-être étant morts de misère ou de faim. Les curés enfin quittent leurs villages, faute de fidèles pour entendre la messe, et peut-être de clercs pour la servir [1].

Si la Normandie faillit mourir de cet épuisement [2], les autres provinces ne s'en portaient guère mieux, et le moment semblait proche où il n'en resterait plus que le sol nu.

La Bourgogne, par exemple, était dans ce cas. Les paysans y étaient si pauvres, en 1371, que, ceux de Tichey ayant à donner au duc de Bourgogne, à titre de redevance, un oison par couvée, la recette de cette redevance fut nulle, car « à cause des guerres qui ont estées en ce pays, ne ont oye, ne oison [3]. » D'après un compte de Jean de Villecessey, rece-

---

[1] *Étude sur la condition de la classe agricole en Normandie au moyen âge*, par M. Léopold Delisle, p. 644.

[2] Voyez-en la preuve dans le *Journal des États généraux de Tours*, par Jehan Masselin, dans les *Documents historiques*.

[3] *Archives de la Côte-d'Or*, série B, 4170, p. 76.

veur général du bailliage de Châtillon, en 1423, lorsqu'il s'agit de percevoir l'aide de 20,000 fr. octroyés au duc par les États de Bourgogne, « pour être convertis aux frais de la guerre et à la défense des pays de Bourgogne, » le nombre des feux était tellement diminué que la cote de plusieurs villages du rôle est remplacée par « néant, » parce que personne n'y habitait [1]. Parmi les villages, dont il ne restait plus que les masures abandonnées, on remarque avec un étonnement douloureux celui qui porte le nom caractéristique de la Grange *Tout y fault*. Enfin, dans le budget du roi Charles VII, qui est aussi dans les archives de la Côte-d'Or, il est dit que les 1,700,000 clochers du royaume se trouvaient alors réduits par les guerres à 100,000 seulement [2]. Ce chiffre est exagéré sans doute ; mais, si les documents statistiques qui témoignent de son exactitude nous manquent, on est fondé à le croire au moins vraisemblable, en calculant le temps qui s'était écoulé depuis le commencement de cette guerre épouvantable jusqu'au temps où fut dressé ce budget. Deux titres principalement semblent autoriser cette croyance : l'ordonnance du roi Jean, en date du 5 décembre 1360 [3], et le *Journal des États généraux de Tours*, en 1484, par Jehan Masselin. Mais l'ordonnance du roi Jean, peut-être parce qu'elle est un titre émané de l'autorité, et qu'on s'attend à trouver dans les pièces de ce genre plus de réserve, alors même qu'elles disent la vérité, expose dans toute leur étendue les ravages dont la France était alors le théâtre. Elle ne craint pas d'entrer, à cet égard, dans les détails les plus minutieux, et il en est quelques-uns qui ne sont pas moins difficiles à croire qu'ils n'inspirent d'effroi et d'horreur. En tout cas, ils font présager la dépopulation signalée, environ soixante ans après, par le budget du roi Charles VII.

D'après tout ce qui précède, il est superflu de se demander

[1] *Archives de la Côte-d'Or*, série B, 4053, p. 59.
[2] Ibid., série A, 12, p. 4.
[3] *Ordonn. des Rois de France*, t. III, p. 433.

ce qu'il advint du commerce et des voies de communication pendant cette période désastreuse. Pour le commerce, on conçoit aisément que celui même des denrées de première nécessité dut éprouver des interruptions et des pertes considérables, d'autant plus que ce siècle fut troublé par une série de déréglements des saisons, et par de nombreuses et terribles maladies épidémiques [1]. D'un autre côté, les chemins que fréquentaient les marchands, sauf à certains égards les chemins royaux, ou périrent faute d'être entretenus pour les besoins de l'agriculture, morte elle-même, ou furent abandonnés par les voyageurs, exposés chaque jour à y être détroussés. C'est en vain que les ordonnances des rois sur la police des chemins se renouvellent, tant pour en prescrire la réparation que pour rassurer les marchands ; la multiplicité de ces ordonnances en atteste l'inutilité. Cependant il se faisait toujours un peu de commerce intérieur, mais il se faisait par les fleuves, et encore était-il languissant. Quant à celui qui avait pour entrepôt et pour centre les foires de Champagne, depuis un siècle déjà, il en oubliait lentement mais irrévocablement les chemins habituels [2], et, par d'autres chemins plus longs et plus à l'abri des incursions de la soldatesque et de la tyrannie des péagers, il s'était reporté vers d'autres points. Les foires de Lyon se formèrent des éléments disloqués de celles de Champagne.

Il n'y avait donc plus que de rares voyageurs sur les chemins situés dans les provinces visitées par la guerre, encore

---

[1] Voyez dans l'*Histoire du Duché de Valois*, t. II, p. 300, celle qui affligea l'Ile-de-France en 1355.

[2] Au parlement de la Pentecôte de l'an 1261, le péager de Crépy représenta que, depuis que sa ferme lui avait été adjugée pour une somme par le roi, les marchands des dix-sept villes (de Flandre, de Normandie et de Picardie) qui passaient tous les ans par Crépy, pour se rendre aux foires de Champagne, n'y passaient plus ; qu'il en avait été lésé, et avait éprouvé de grandes pertes dans le péage de cette ville. Il demandait une indemnité. Le parlement jugea que, comme il avait loué avec connaissance de cause et à ses risques, il devait supporter seul la perte qu'il proposait au roi de partager. (*Histoire du Duché de Valois*, par Carlier, II, p. 168.)

n'appartenaient-ils qu'à la classe des particuliers riches ou élevés en dignité, comme les seigneurs, les évêques qui inspectaient leurs diocèses, les religieux que les intérêts de leurs couvents forçaient à se mettre en route. Dans ce cas, les uns et les autres voyageaient à cheval, étant toujours bien montés, souvent bien accompagnés et capables de se défendre au besoin.

J'ai trouvé dans les archives de la Seine-Inférieure [1] l'itinéraire suivi par un religieux de Fécamp que la communauté envoyait à Paris près du duc de Bedford, pour en obtenir l'autorisation d'élire un abbé [2]. Les documents de ce genre sont rares, et j'ose dire que celui-là est des plus curieux. Bien que, par sa date (vers 1422), il soit de la seconde moitié de la guerre de Cent ans, il doit être l'image exacte de ce qu'était un voyage effectué en France par des particuliers pendant la première. Je me renfermerai dans la limite comprise entre Rouen et Paris, aller et retour.

Jehan de Saint-Riquier (c'est le nom du religieux) partit de Fécamp le 9 novembre, accompagné de maître Jehan Duval, tabellion apostolique, et d'un valet.

Arrivés à Rouen le même jour, qui était un :

Lundi, vers onze heures du matin, ils trouvent la porte fermée, circonstance qu'explique suffisamment l'état de guerre où l'on était alors; ils donnent au portier, pour l'ouvrir, *seize deniers.*—Dîner à Rouen, *six sous quatre deniers;* départ, après dîner, pour Fleury (5 lieues) [3], *six sous;* souper et coucher à Écouis (1 lieue 3[4), *onze sous.*

---

[1] Fonds de l'abbaye de Fécamp. Pièce non datée et non encore classée.

[2] Je dois à l'extrême obligeance du savant et aimable archiviste de la Seine-Inférieure, M. de Beaurepaire, la communication de cette pièce. Je ne saurais lui en être trop reconnaissant. Elle n'a pas seulement un rapport immédiat et nécessaire à mon sujet, mais, à cause des dépenses jour par jour qui y sont détaillées par le menu, elle offre beaucoup d'intérêt pour l'histoire de la vie privée des Français au XVe siècle. On me saura donc gré, je l'espère, de la reproduire intégralement, et comme appendice, à la fin de cette Introduction.

[3] Les mots entre parenthèses sont ajoutés par moi.

Mardi, dîner à Magny (7 lieues), *six sous quatre deniers;* souper à Villeneuve (4 lieues), *douze sous.*

Mercredi, dîner à Pontoise (8 lieues), *sept sous deux deniers;* de là à Saint-Denis (4 lieues), où, pour *repaistre*, ils payent *sept sous*, et, pour un cheval loué, de Pontoise à Saint-Denis, *cinq sous;* de Saint-Denis à Paris, où ils arrivent le 9 novembre (1 lieue). — Total, 30 lieues 3[4.

A Paris, il fallut remplacer les souliers du valet, usés par la route; le malheureux était donc à pied. Aussi est-ce pour le porter, je suppose, qu'on loua un cheval à Pontoise; mais il avait fait à pied vingt-cinq lieues sur trente, et cela en deux jours et demi. La traite était formidable, et c'est un bonheur pour le valet de n'y avoir usé que ses souliers. Jehan de Saint-Riquier, par la même occasion, fit ressemeler les siens pour *deux sous six deniers;* mais, ayant voyagé à cheval, il est probable que, lorsqu'il partit de Fécamp, ses souliers avaient déjà besoin de cette réparation.

Le séjour à Paris dura du 11 novembre au 1er décembre. La nation de Normandie, une des quatre qui composaient l'Université, fut assemblée, et, à diverses reprises, Jehan de Saint-Riquier offrit à dîner à Guillaume Euvrie et à maître Nicole Lemasle, l'un procureur, l'autre bedeau de ladite nation. Le coût et le menu de ces dîners sont relevés avec soin; car il fallait, pour parler comme Saint-Riquier, rendre ses comptes « à messieurs les prieurs et couvent de Fécamp » sur la somme qu'il avait reçue d'eux en partant.

Il quitta Paris avec ses deux compagnons le :

Mardi, 1er décembre. Au moment de se mettre en route, ils payent, comme on dit, le coup de l'étrier, c'est-à-dire un pot de vin assaisonné d'un morceau de pain, *vingt-cinq deniers.* Le même jour, « pour boire » à Épinay (3 lieues), *huit deniers*, et, pour souper à Conflans (4 lieues 1[4), *sept sous six deniers.*

Mercredi, pour passer la rivière d'Oise, *six deniers;* déjeuner à Triel (2 lieues 1[2), *deux sous;* dîner à Meulan (1 lieue 1[2), *six sous;* souper à Mantes (3 lieues), *sept sous six deniers.*

Jeudi, pour déjeuner à Mantes, *quatre sous dix deniers;* pour un « batel pour les porter de Mantes à la Roche » (8 lieues environ, à cause des sinuosités de la Seine, mais réduites à **3**, à vol d'oiseau), *vingt sous;* pour « feurre à mettre dedans ledit batel, » avec une bouteille de vin, *six sous huit deniers;* pour dîner à la Roche, *quatre sous,* et souper à Vernon (3 lieues), *douze sous.*

Vendredi, pour un « batel pour les apporter de Vernon à Andely » (6 lieues), *seize sous;* pour déjeuner à Vernon, *six sous dix deniers,* et dîner à Andely, *trois sous quatre deniers;* pour « une guide » qui les conduisit d'Andely à Pont-Saint-Pierre (3 lieues), *six sous six deniers;* pour « une autre guide » qui les amena de nuit jusqu'à Rouen (6 lieues 1|2), *cinq sous.* — Total, 40 lieues 3|4.

Ces deux voyages attestent une célérité qui semble rendre douteuse l'existence des obstacles que je signalais précédemment. Il n'en est rien cependant, et je dirai pourquoi tout à l'heure. Le premier ne dura que trois jours, et se fit par la route dite depuis « route des plateaux. » Le second eut lieu par une route qui longe la Seine dans près de trois quarts de son parcours, et dont une partie se fit sur le fleuve lui-même. Il était un peu plus long, et il demanda un jour de plus. Il en faut remarquer la dernière traite, qui fut de quinze lieues, et pour laquelle il fallut des guides. C'est qu'entre Saint-Pierre et Rouen il y avait à traverser plusieurs bouquets de bois et la forêt de Longboil. Apparemment que cette traversée n'était pas sûre, et qu'on l'évitait soit en prenant d'autres chemins, soit, ainsi qu'on en usait alors fréquemment, en coupant à travers champ. Des guides, dans ce cas, étaient indispensables, et le délai très-court dans lequel ce long trajet fut exécuté s'explique par la hâte qu'on avait à sortir de ces dangereux parages.

Mais une pareille célérité n'était possible, je le répète, qu'à une certaine classe de voyageurs, desquels était notre religieux. En premier lieu, il allait à cheval, de sorte que s'il se présentait quelque obstacle, comme par exemple une fondrière, il le tournait facilement; ce que n'eût pu faire une voiture. Le valet, qui était à pied, pouvait faire de même. Il n'est pas surprenant d'ailleurs qu'il ait marché, pendant toute la route, au pas du cheval; le religieux et le tabellion étaient certainement moins soucieux de le ménager que leurs montures, les égards pour un valet, dans ces temps d'inégalité sociale, étant à peine ceux qu'on avait pour une bête de somme. De plus, nos voyageurs avaient fort peu de bagages, une mince valise tout au plus; ils voyageaient aux frais du couvent, ce qui les dispensait d'avoir le même soin de leurs bêtes que si elles leur eussent appartenu en propre, et ce qui les portait à leur faire sentir un peu plus l'éperon. Ajoutons que la peur des mauvaises rencontres n'était pas sans doute étrangère à leur diligence.

Telle était la manière de voyager la plus commune au moyen âge; les marchands eux-mêmes n'en avaient pas d'autres, si ce n'est lorsqu'ils avaient des marchandises encombrantes. Dans ce cas, ils se servaient quelquefois de chariots; mais on peut penser ce que devaient être ces chariots pour de pareils chemins. Aussi l'usage en était aussi rare que celui des bêtes de somme était commun. On y suppléait en outre par les transports en bateau. Mais le plus grand nombre des marchands en usaient comme les liniers et les chavenaciers normands dont parle Estienne Boileau : ils portaient leur marchandise en croupe [1].

On ignore en combien de provinces ou de localités, sur quelle route et dans quelle mesure, il existait, au moyen âge, des coches ou voitures publiques. Ces coches étaient appelés *carette tout le monde*. L'exploitation en a été révélée, il n'y a pas longtemps, par le cartulaire de Guise [2] et par la pièce qui

---

[1] *Le Livre des Messiers*, au titre *Chavenaciers*.

[2] A la Bibliothèque nationale, f° 179. Le passage où il est question d'une voiture de ce genre a été cité d'abord par M. Cocheris, dans le

a pour titre : « Lettre de pluiseurs accors que li contes de
Blois fait as religieus de Prémontré, de pluiseurs prises que
les gens le conte de Blois avoient fait as dis religieus en pluiseurs villes... et d'un surcot pris sur le *carette tout le monde*
dou Nouvion, 17 février 1334. » Il est probable que ce mode
de transport n'était employé que sur les grands chemins ou
chemins du roi. En tout cas, il ne paraît pas avoir eu beaucoup
de succès en France, puisqu'il n'en est fait mention que cette
seule fois, et dans la seule pièce que je viens d'indiquer.
Il avait pourtant des avantages : il était pour les gens qui voyageaient ainsi en commun une sorte d'assurance mutuelle
contre la chance, toujours probable, d'une attaque à main
armée; il était en petit ce que les caravanes de marchands
étaient en grand. Mais il est évident qu'on n'en tira pas tout
le fruit qu'on en attendait, sans quoi les témoignages ne se
fussent pas bornés au cas que je viens d'indiquer.

Il était une autre cause de l'abandon des chemins par le
commerce, à savoir les péages. Leurs abus tenaces, et qui, en
dépit des nombreuses ordonnances des rois tendant à les réprimer [1], renaissaient comme les têtes de l'hydre, n'ont finalement cédé qu'à la Révolution. Bien qu'il semble que la
tyrannie de ces abus se soit exercée sur les fleuves et sur les
rivières plus fréquemment et plus impitoyablement que sur
les voies de terre, il n'en est pas moins vrai que le commerce
en eut à souffrir autant que du délabrement de nos voies et
de leur peu de sécurité. Les seigneurs avaient pourtant tout
intérêt à être sinon modérés dans la perception des péages,
du moins observateurs scrupuleux de l'emploi des deniers
qu'ils en recueillaient; mais ils aimaient mieux l'appliquer
tout entier à l'augmentation de leur fortune particulière. Ils

---

tome II, p. 576, de ses *Notices et extraits relatifs à l'histoire de Picardie*,
puis par M. Bourquelot, dans le tome I, p. 130, des *Foires de Champagne.*
[1] Voyez notamment l'ordonnance du roi Charles VI, du 25 mai 1413,
dans le tome X, p. 70, art. 245, des *Ordonn. des Rois de France.* On peut
juger des autres par celle-ci.

ne voulaient pas comprendre qu'en consacrant une partie de
ces deniers, comme c'était leur devoir, à l'entretien des chemins, ils rendraient ceux-ci non-seulement plus viables, mais
aussi plus fréquentés; que les occasions de péage et leur
nombre en augmenteraient nécessairement, et qu'ils se récu-
péreraient par là des sacrifices que leur intérêt particulier
aurait faits à l'intérêt général.

Quelques-uns peut-être l'entendaient ainsi; mais la plupart,
comme les sauvages de la Guyane, coupaient l'arbre pour en
avoir le fruit. Non contents de s'approprier tout le profit des
péages et d'en répudier les charges, ils en surélevaient le
taux, ils en multipliaient le nombre. L'entretien des chemins
semblait le moindre de leurs soucis, et l'aménagement de
l'avenir, si l'on peut parler ainsi, que cet entretien eût préparé, ne valait pas à leurs yeux la jouissance du présent,
quoique précaire, mais réalisable à l'instant. Aussi, dès la fin
du xive siècle, aurait-on eu beaucoup de peine à trouver dans
un état à peu près normal les cinq espèces de chemins, depuis
celui dit de Jules César de soixante-quatre pieds de large, jusqu'au sentier de quatre pieds, indiqués par Beaumanoir dans
sa *Coutume de Beauvoisis*. Le premier pouvait sans doute con-
server encore ses lignes primitives, mais le dernier et même
les intermédiaires étaient pour la plupart effondrés. Comme
ces cours d'eau qui disparaissent çà et là sous les sables et
arrêtent la navigation, ils disparaissaient sous les fondrières,
et obligeaient les voyageurs et les transports ou à demeurer
en place ou à se frayer un passage ailleurs. Les riverains, à
qui pourtant ils étaient si nécessaires, travaillaient à leur destruction. Tantôt ils en enfermaient des parties entières dans
leurs propriétés, sans s'inquiéter de la nouvelle direction qu'ils
devaient prendre aux dépens des propriétés voisines[1]; tantôt
ils en versaient dans leurs champs la bonne terre, ou ils en
faisaient des talus sur lesquels ils plantaient des arbres ou des

---

[1] Arrêt du Conseil du 18 juillet 1670.

haies. Cet abus était encore florissant sous Louis XIV. C'était, dit finement une ordonnance des trésoriers généraux [1], « pour s'essayer à la jouissance d'un terrain usurpé, » et pouvoir, en se clôturant de cette manière, « supposer plus commodément un titre de propriété. » Il n'était pas jusqu'aux carriers qui n'en fouillassent les assises, et cela sous prétexte qu'elles étaient une continuation des carrières possédées et exploitées par eux. Les chemins, n'étant plus étayés, s'enfonçaient d'eux-mêmes, et formaient des trous profonds que l'eau des pluies ne tardait pas à remplir.

Que faisaient alors les voyageurs ? ils tournaient les écueils, passaient au travers des héritages voisins, et ouvraient ainsi, chacun à sa guise, divers chemins. A la fin, ils ne s'y reconnaissaient plus eux-mêmes, et s'égaraient souvent, en s'engageant dans celles de ces voies improvisées qu'ils devaient précisément éviter. C'est pourquoi ils avaient souvent besoin de guides, et ce fut peut-être aussi pour cela, outre le motif dont j'ai parlé plus haut, que le religieux de Fécamp en prit deux dans le trajet de Saint-Pierre à Rouen.

La dévastation des chemins s'étendait jusqu'aux portes de Paris. « Nous avons entendu, dit une ordonnance de Charles VI du 1er mars 1388 [2], que dehors ladicte ville de Paris, en plusieurs lieux de la banlieuë, prévosté et vicomté d'icelle, a plusieurs chauciées, pons, passages et chemins notables et anciens, lesquelz sont moult empiriez, dommagiez et affondrez, ou autrement empeschiez par ravines d'eaues, par grosses pierres, par haies, ronces et autres plusieurs arbres qui y sont creuz, et par plusieurs autres empeschemens qui y sont advenuz, parce qu'il n'ont point esté soustenuz, et que l'on n'y a point pourveu ou temps passé, et sont en si mauvaiz estat que l'en n'y peut aler ni passer seurement à pié, à cheval ne à charroy, sans grans périlz et inconvéniens ; et les aucuns d'iceulx sont delessiez de tous poins, parceque l'en n'y peut converser. »

[1] Du 17 décembre 1686.
[2] *Ordonn. des Rois de France*, t. VII, p. 243.

Quand les chemins étaient ainsi dans le voisinage de Paris, que devaient-ils être aux abords des autres villes et surtout dans les campagnes? Les anciennes voies romaines n'étaient pas elles-mêmes dans un meilleur état; le commerce les avait, comme je l'ai dit, abandonnées, ou il ne s'en servait qu'à défaut des rivières, lorsqu'il n'avait pas d'autres moyens pour le transbordement des marchandises d'une rivière à l'autre. C'est ce qui avait lieu, par exemple, pour les marchandises venant de Lyon et dirigées sur Paris. Pour être transbordées de la Saône à la Seine, au point où celle-ci commençait à porter bateau, elles avaient à franchir tout l'espace qui les séparait l'une de l'autre, et cet espace était considérable. Et il en était de ce trajet comme de tous les autres, plus ou moins longs, faits dans les mêmes conditions. Outre les difficultés matérielles du chemin, on avait à se défendre et contre les extorsions des péagers et contre les attaques des maraudeurs organisés en bandes, et vivant de cette industrie comme les soldats de pillage. Ainsi que les vendeurs à faux poids qui, par une longue série de grains illicites, se sont par avance dédommagés de l'amende dont on punit un seul de leurs méfaits, les négociants s'estimaient dédommagés amplement quand, sur dix expéditions de marchandises, une seulement devenait la proie des voleurs.

Le premier, je crois, qui eut l'idée de centraliser le service des chemins et de leur donner une juridiction spéciale, fut Louis XII. Par son ordonnance du 20 octobre 1508, il déféra cette juridiction aux trésoriers généraux. La mesure, en soi, était excellente; mais l'exécution dépendait de volontés trop diverses pour qu'elles s'accordassent entre elles et produisissent les bons résultats qu'on en attendait. Aussi Henri II transféra-t-il cette juridiction aux Élus, laquelle, peu d'années après, Henri III attribua aux officiers des Eaux et forêts. Tous ces changements accusent la profondeur du mal et la difficulté d'y trouver des remèdes avec les hommes capables de les appliquer. Il faut avouer, d'ailleurs, que les guerres civiles et religieuses qui remplirent presque tout le xvie siècle, et qui vinrent à chaque instant empêcher ou détruire les travaux, furent peu propres à encourager ces agents à y persévérer. Le commerce ne revenait pas aux voies de terre, délaissées par lui depuis plus de deux siècles, ou celui qui se hasardait à les suivre était sans importance.

Henri IV avait assez longtemps fait la guerre en France, et il y avait trop souvent battu l'estrade sur ses divers chemins, pour n'avoir pas été frappé de leur mauvais état. Il n'est donc pas étonnant qu'une fois en possession paisible et incontestée de son trône, il ait songé à faire cesser un mal qui n'avait trouvé jusqu'à lui que des rebouteurs impuissants. Il l'attaqua avec résolution ; et sans doute qu'il eût eu le temps de le détruire s'il eût vécu davantage ; il eut du moins celui de l'enrayer. Pour l'aider dans cette entreprise, il fit choix d'un homme qui devait en comprendre le mieux la grandeur et l'urgence, et le seul peut-être en état de la bien diriger. Cet homme était Sully. Un édit du roi (mai 1599), portant création de l'office de grand voyer de France, l'investit de cet office. Il le conserva, mais considérablement amoindri dans les dernières années, jusqu'en 1626. Le ministre qui avait formulé cet adage si naïf et si vrai, que le commerce et l'agriculture sont les deux mamelles des États, savait aussi que le bon moyen de les rendre fécondes était de les soustraire à un régime dont les excès séculaires s'opposaient à leur fécondité. Ce régime, c'était la mauvaise culture et l'abstinence forcée du commerce, entretenue par le déplorable état des chemins.

Toutefois, ayant affaire à un roi chevaucheur et guerrier, Sully dut peut-être se préoccuper des grands chemins qui servaient de passage aux armées, plutôt que des chemins de bourg à bourg et de village à village. En effet, c'est de l'état des premiers seulement qu'Henri IV pouvait s'assurer *de visu*. C'est ainsi que, passant un jour sur le grand chemin de Picardie, là où l'entretien de cette voie était à la charge des reli-

gieux de Saint-Denis et des seigneurs du duché de Montmorency, son attention fut attirée sur les effets désastreux de la
négligence des péagers dans cette partie du chemin, par les
plaintes et les réclamations des marchands, des voituriers et
et des chasse-marées, tous arrêtés dans leurs marches par cet
obstacle dressé aux portes mêmes de la capitale. De là un
arrêt du Conseil, en date du 11 avril 1609, enjoignant aux
péagers de réparer immédiatement la voie, sous peine de
saisie des péages [1]. Henri se souvenait qu'il avait passé par ce
chemin, douze ans auparavant, pour aller assiéger Amiens
surprise par les Espagnols, et qu'après avoir repris cette place,
il l'avait parcouru de nouveau triomphalement pour rentrer
à Paris. Ce souvenir ne lui était certainement pas indifférent,
et il ne fut pas étranger à l'arrêt que j'indique et dont le public
profita immédiatement.

Quoique Sully n'ait eu ni le temps, ni l'argent, ni surtout,
vers la fin de sa gestion, le pouvoir d'améliorer les voies de
communication de telle sorte qu'elles ne laissassent plus que
peu de chose à désirer, il n'en donna pas moins une impulsion vigoureuse à la réforme. C'est ce qui explique pourquoi
le commerce de certaines denrées de première nécessité,
telles, par exemple, que le sel, et qui s'expédiaient par
masses, prit les voies de terre, au lieu de celles des fleuves
qu'il avait empruntées constamment jusqu'alors ; que le sel
de la Rochelle, destiné à une partie du Poitou et du Berri,
cessa d'être transporté par mer à Nantes ; que le Lyonnais,
le Mâconnais, le Charolais et la Bourgogne s'adressèrent aux
salines de la Provence et du Languedoc, au préjudice des
salines de l'Océan, dépôt primitif de leurs approvisionnements ; qu'enfin la Franche-Comté, bien qu'elle ne fût pas
encore province française, commença d'exporter le produit
de ses salines. Aussi le droit de boîte auquel était soumise
cette denrée sur la Loire, de Nantes à Orléans, tomba-t-il,

[1] *Archives des travaux publics*, collection Poterlet. Cité par M. Vignon,
dans ses *Études sur les voies publiques*, t. I, p. 93, des Pièces justificatives.

dans cet intervalle de vingt ans, de 1,300 à 700 livres, sans que la consommation en ait diminué et que le droit en ait été réduit [1].

Mais bientôt l'assassinat d'Henri IV et les guerres civiles et étrangères sous Louis XIII, firent reporter ailleurs l'attention et les dépenses que réclamait le service des voies publiques. La charge de grand voyer fut supprimée et remplacée par des juridictions ou anciennes ou nouvelles, qui laissèrent subsister le mal auquel on n'avait pas touché encore, sans ajouter à peine au bien qui avait été fait. Cette tâche était reservée à Colbert. En attendant, le commerce par terre dut rêver de meilleurs jours et de meilleurs chemins. Comme, en dépit de sa patience, de sa persévérance et de l'infatigable ardeur qui le possède, il ne pouvait pas toujours, de ce côté, triompher des obstacles, les uns étant à peine vaincus sur un point qu'il s'en dressait de nouveaux sur un autre point, il se reporta, un peu plus encore qu'il ne l'avait fait au moyen âge, là où il trouvait plus de facilité et plus de sûreté à se mouvoir, c'est-à-dire du côté des fleuves et des rivières.

Ainsi, non-seulement le commerce cessa de profiter des améliorations que l'administration avait apportées aux chemins, mais elles furent elles-mêmes gravement compromises.

[1] Dans les lettres patentes de Louis XI, en date du 11 juin 1477, le péage que les marchands fréquentant la Loire sont en possession de lever sur eux-mêmes est pour la première fois désigné sous le nom de *boîte*. La boîte était le coffre dans lequel les receveurs de péages déposaient leurs recettes. L'exercice d'un droit de péage se manifestait par l'établissement, sur le bord de la rivière, d'un bureau où se trouvait le receveur commis à la perception, et qui renfermait la boîte destinée à contenir les espèces recueillies. Le droit d'avoir cette boîte se confondit avec le droit de lever le péage, dont il était l'indication. Droit de péage ou droit de boîte devinrent des locutions synonymes. On disait la *boîte* d'Anjou pour désigner les péages par eau qui se levaient au duché d'Anjou pour le compte du duc; de la même manière, on dit la boîte des marchands pour désigner le péage que levait la communauté des Marchands Fréquentants. Ce fut le nom adopté par les marchands eux-mêmes, et on le rencontre désormais dans tous les documents officiels. (*Histoire de la Communauté des Marchands Fréquentant la rivière de Loire*, par P. Mantellier, p. 191. Orléans, 1867, in-8°.)

Ce qu'en respectaient les bordiers ne fut pas épargné par les intempéries atmosphériques et la végétation parasite; et c'en était fait d'une grande partie des chemins ruraux et communaux si Colbert ne fût venu et n'eût paré aussitôt à cette redoutable éventualité. Il s'y appliqua avec ardeur et un esprit de suite dont fait foi sa correspondance volumineuse à ce sujet. Plus la tâche était difficile, plus la cure était pressante, et plus elle devait être énergique. La corvée ayant paru à quelques intendants le seul remède efficace, ils n'hésitèrent pas à la proposer. Elle n'était pas inconnue; elle avait été l'unique moyen d'entretenir les chemins sous la féodalité, et les seigneurs l'employaient encore sur leurs terres, avec la tolérance du pouvoir central, sinon parce qu'il était impossible à celui-ci de s'y opposer légalement. Lui-même y était demeuré étranger, et Colbert n'en agréa la proposition qu'avec réserve et même avec crainte. Il fallut, pour qu'il y donnât suite, et l'insistance de ses agents et les requêtes des localités, l'excuse des nécessités militaires et des voyages du roi. « Il semblait prévoir combien ce mode d'exécution des travaux publics serait une source d'abus et de misères, combien, par l'effet des inégalités sociales, elle deviendrait odieuse et onéreuse aux peuples. » Aussi « ne fut-ce guère qu'un demi-siècle plus tard que la corvée passa à l'état de mesure générale, mais d'une façon pour ainsi dire subreptice, et sans qu'aucun acte législatif lui ait jamais donné une existence ouvertement légale [1]. »

L'usage qu'en fit Colbert ne s'appliqua d'abord qu'aux chemins du roi, surtout dans la partie qui avoisinait les frontières, les exigences militaires dominant en pareil cas les besoins civils. Mais encore y mettait-il des procédés, tâchant d'imposer les corvées de manière à ce que les corvéables y perdissent le moins possible de leur temps et de leurs peines, et en retirassent même un profit raisonnable. Par exemple,

---

[1] *Études historiques sur l'administration des voies publiques en France,* par E.-J.-M. Vignon, t. I, p. 76. 1862.

les rouliers qui charriaient du vin d'Orléans à Paris furent obligés, par un arrêt du Conseil [1], de passer par Étampes, lorsqu'ils s'en retournaient à vide, et d'y prendre sur leurs voitures du sable et des pavés pour les transporter à l'endroit où l'on continuait la route pavée entre Étampes et l'Orme-d'Assas. Ils obtenaient en dédommagement la permission d'amener à Paris six poinçons de vin, au lieu de cinq qui était la quantité déterminée pour ne pas fatiguer la chaussée. Ce qui gâtait peut-être un peu la libéralité de cette mesure est qu'elle ordonnait en même temps la saisie des chevaux des charretiers qui, pour s'y soustraire, évitaient la route d'Étampes. Mais cela devait arriver rarement, n'y ayant pas d'autre route entre Orléans et Paris, si ce n'est des chemins de traverse où il ne faisait pas bon charrier des marchandises de poids, comme le vin.

J'ajoute que les pouvoirs donnés par Colbert aux intendants, à l'égard des corvées, étaient strictement limités [2]. S'il en eût accordé de plus étendus ou même facultatifs, comme le demandaient ces agents, il en serait résulté de leur part un déploiement de zèle excessif, et, de la part des corvéables, un redoublement de plaintes. C'est ce que le ministre et le roi lui-même ne voulaient pas. Il suffisait que, dans les provinces centrales, on laissât aux communautés ou, comme on dit aujourd'hui, aux communes, la faculté d'acquitter cette charge comme elles l'entendraient, puisque toute la vie active, chez elles, dépendait de la bonne viabilité de leurs chemins. Malheureusement, elles ne l'entendaient pas toujours de la façon qu'on voulait : ou elles étaient insouciantes, ou elles étaient économes; ou elles manquaient de système dans la direction des travaux, ou elles répugnaient à l'emploi de la corvée que réclamaient les intendants. Il fallut donc, à la fin, se résoudre à laisser à ceux-ci plus de liberté, et à leur allonger, comme on dit vulgairement, la courroie. C'est ainsi que

[1] 21 août 1661.
[2] *Lettre de Colbert à l'intendant de Soissons*, du 17 novembre 1680.

la corvée, du vivant même de Colbert, et en dépit de ses honnêtes scrupules, s'imposa peu à peu au pouvoir central, puis
aux pays d'États, et tourna bientôt en habitude. Déjà La Fontaine pouvait la mettre au nombre des maux qui rendaient
quelquefois la vie insupportable aux paysans, et faire ainsi
parler son bûcheron invoquant la mort :

> Sa femme, ses enfants, les soldats, les impôts,
> Le créancier et la corvée
> Lui font d'un malheureux la peinture achevée ;
> Il appelle la mort.

Soit que, dans ce passage, il soit question de la corvée
requise par le pouvoir central, soit qu'il s'agisse au contraire de celle qui se pratiquait sur les domaines communaux et seigneuriaux, elle n'en fut pas moins dans la suite
l'instrument le plus énergique de la réparation des chemins.

Mais, dans la mesure où on l'employait sous Louis XIV, la
corvée était évidemment insuffisante. C'est pourquoi le roi
faisait aux provinces un fonds applicable à des ouvriers
libres, et seulement pour les chemins par où Sa Majesté ou
les troupes pouvaient passer. Tant que l'allocation était maintenue, les travaux l'étaient aussi ; mais ils cessaient avec
elle. Il eût été bon, pour qu'ils continuassent, que le fonds
eût été permanent, et il n'était que temporaire. La circonstance du passage du roi pouvait seule déterminer les provinces à s'imposer des sacrifices personnels, encore était-il
besoin que le roi, les princes ou les ministres le leur com-
mandassent [1].

En 1683, l'année même où mourut Colbert, Louis XIV devant aller au camp de Seurre, en Bourgogne, M. le Prince
écrivait aux élus : « Je ne doute point que vous n'ayez
» apporté tous vos soins à réparer tous les chemins, et les
» rendre plus beaux qu'il a été possible pour le passage de

---

[1] Voyez, pour tous ces détails, le savant ouvrage, cité plus haut, de
M. Vignon, t. I, p. 76 et suiv.

» Sa Majesté. Je crois que vous ne devvez rien espargner pour
» cela pendant le temps qui reste [1]. »

En 1691, Ponchatrain écrivit aux États pour leur indiquer
différents points de la route où, nonobstant les avis de deux
intendants, MM. de Harlay et d'Argouges, ils « n'avoient
point fait travailler » depuis 1688. C'est que Colbert était
mort, et de plus que, depuis ce temps-là, le roi était passé.
En 1701, Chamillart annonce le passage des princes qui se
rendent au camp de Seurre. Il fait aux élus du pays les mêmes
recommandations que leur avait faites M. le Prince huit ans
auparavant ; il stimule leur zèle en même temps que celui de
l'intendant, « comme s'il voulait indirectement soumettre les
uns à la surveillance de l'autre [2]. » De 1701 à 1703, les États
votent 12,000 livres pour la réparation des grands chemins,
et 10,000 pour les chemins de traverse ; mais les résultats
sont médiocres, faute, non de bonne volonté sans doute, on
dépensait assez pour prouver le contraire, mais faute de méthode, de plan et de direction. Comment pouvait-il en être
autrement quand les États prenaient des décisions de ce
genre :

« Les Éleus devront nommer des commissaires dans les
villes et lieux voisins des réparations, pour y veiller et tenir
la main, les États se réservant de reconnoistre leurs services, mais sans qu'il soit permis aux Éleus de leur faire
aucune gratification [3]. »

Quoi que fissent donc les États ou qu'ils promissent de faire,
quelles que fussent l'influence ou l'autorité des intendants,
les prières ou les injonctions de l'administration centrale, les
chemins, en Bourgogne et en Franche-Comté, continuaient à
être détestables et dangereux. Je ne cite que ces deux provinces, mais il en était de même dans toutes les autres. Pour

---

[1] *Archives de la Côte-d'Or*, pièce citée dans *Une province sous
Louis XIV*, par M. Thomas, p. 188. Paris et Dijon, 1844, in-8°.
[2] Ibid.
[3] Ibid., p. 189.

les moindres chemins, le mal était sans exception; pour les grands, ou chemins royaux, il n'y en avait peut-être pas un seul qui ne fût interrompu en quelque endroit et qu'il ne fallût contourner. Il n'y avait ni méthode fixe dans les travaux de réparation, ni unité dans l'exécution. Ici ou là, c'était toujours à refaire, toujours à recommencer.

Tous les bois situés au sud-est de la Bourgogne, sur la route d'Auxonne à Saint-Jean-de-Losne et à Belgarde, étaient infestés de voleurs et d'assassins. Il fallut les couper pour en éloigner ces bandes malfaisantes [1]. Vingt ans plus tard, surtout dans les provinces situées à la même distance de la capitale que la Bourgogne, et à plus forte raison au delà, le commerce était arrêté pendant plus de six mois de l'année par la dégradation ou la ruine des chemins. Ou les fonds manquaient absolument, ou ils suffisaient à peine pour payer les officiers employés aux travaux, et qui, « n'ayant point d'ouvrages à conduire, avoient de gros gages pour ne rien faire [2]. » Ainsi, quand les généralités de Caen, de Rouen et d'Alençon réclamaient, en 1755, le fort portant le faible, environ trois cent mille livres par an pour l'entretien de leurs chemins, elles en obtenaient quarante mille à partager entre elles trois. Or, après avoir payé là-dessus les gages du trésorier de France, subdélégué pour les chemins, de l'ingénieur ou voyer général, du trésorier des ponts et chaussées et de quelques autres officiers subalternes, on comprend qu'il ne soit plus rien ou presque plus rien resté pour tenir en bon état les chemins [3].

Cependant, si l'on en croit l'auteur de l'article *Chemins*, dans l'Encyclopédie, Louis XV ouvrit et perfectionna seul plus de routes que n'avaient fait tous ses prédécesseurs ensemble. L'édit de Louis XVI, daté de février 1776, et qui a pour

---

[1] Arrêt du Conseil du 21 octobre 1713.

[2] *Traité de la construction des chemins*, par Gauthier, architecte, p. 168. Paris, 1755.

[3] Ibid., p. 169.

objet la suppression de la corvée, confirme cette assertion.
« Jamais, y est-il dit, les travaux (de voirie) n'ont été suivis
avec autant d'ardeur que sous le règne du feu roi, notre très-
cher seigneur et aïeul ; plusieurs provinces en ont recueilli
les fruits par l'augmentation rapide de la valeur des terres. »
Cela est vrai, et dans une assez large mesure, pour les chemins
de grande communication, d'autant plus que la corvée y était
requise avec une rigueur impitoyable ; mais cela est évidemment exagéré quant aux autres chemins. Ceux-ci étaient tels
alors que les a vus le commencement du xixᵉ siècle, et tels que
les avait vus la seconde moitié du xviᵉ, c'est-à-dire de simples
tracés sur le sol, que le voyageur changeait selon son caprice
ou selon ses besoins, et auxquels la main-d'œuvre était étrangère. Ajoutez à cela les anticipations ou envahissements
des bordiers. Tout le monde se servait inconsidérément de
ces chemins, et, les trois quarts du temps, ils ne servaient à
personne. La meilleure chance qu'ils avaient d'être réparés,
c'est quand ils se trouvaient sur le théâtre « des plaisirs du
roi. » Le roi, pouvant craindre que ses plaisirs ne fussent
interrompus ou refroidis par la difficulté de s'y rendre promptement et de les goûter dans le moment même où il le dé-
sirait, on mettait en réquisition les paysans, et on réparait
les mauvais chemins par où il devait passer. On usa sans
doute de ce moyen pour « les plaisirs » de Louis XIV ; on en
usa certainement pour les besoins de sa santé et de celle de
ses enfants naturels. On lit dans les Mémoires de Foucault,
intendant de la généralité de Montauban [1] : « Au mois de
» janvier 1675, j'ai fait faire, par ordre du roi, des réparations
» aux bains et chemins de Baréges. La dépense a monté à
» 1,200 livres. Ces réparations ont été faites à l'occasion du
» voyage que M. le duc du Maine, fils naturel du roi et de
» madame de Montespan, conduit par madame de Maintenon,
» y a fait, pour l'arrangement des nerfs d'une jambe dont il
» est boiteux. »

---

[1] Page 31, dans les *Documents inédits*.

Et plus loin [1] :

« Le roi ayant résolu de venir à Baréges , dont les eaux
» avoient été jugées propres au mal qu'a produit l'opération
» qu'on lui a faite, M. de Louvois m'a mandé, le 22 mai 1686,
» de faire raccommoder les chemins de son passage [2]. »

« 22 mai 1686.

« Je vous adresse l'état des journées que le roi fera dans
» votre département dans le voyage que sa Majesté a résolu
» de faire à Baréges, afin que vous donniez les ordres néces-
» saires pour que les moins bons passages soient accom-
» modés, de sorte que la cour puisse passer commodément.
» Elle ne désire point que l'on accommode les chemins à
» grands frais, comme il a été fait dans d'autres voyages
» que Sa Majesté a faits, mais seulement que l'on les élargisse
» de manière qu'il y ait au moins douze ou quinze pieds de
» passage, et que s'il y a des bourbiers qui ne puissent pas
» être raccommodés solidement, l'on ouvre les haies pour
» pouvoir les éviter. Sa Majesté vous recommande aussi, s'il
» y a quelque mauvais pont, de le faire réparer [3]. »

Sous Louis XV, et même sous le roi qui abolit la corvée,
Louis XVI, c'est par des arrêts du Conseil qu'on statua sur
les affaires de ce genre, tandis que, sous Louis XIV, il suffisait, comme on vient de le dire, d'un ordre émané du ministre. « Le roi, dit l'arrêt du Conseil du 27 mai 1778, ayant
été informé que, depuis plus de vingt ans, on a cessé d'entretenir les routes et les ouvrages qui ont été précédemment or-
donnés et exécutés tant sur la montagne d'Hautye que dans
les environs, que Sa Majesté se propose de prendre le plaisir
de la chasse dans ces cantons, il est nécessaire de faire différentes réparations..., etc. »

[1] Page 156, dans les *Documents inédits.*
[2] Ce voyage n'a pas été fait.
[3] Page 527, dans les *Documents inédits.*

Avec les nouveaux préjugés qui font aujourd'hui notre orgueil, on ne saurait comprendre qu'on pût être redevable du moindre bienfait à une fantaisie royale; la vérité est qu'alors elle ne pouvait avoir que des résultats excellents, car, en même temps que partout où le roi chassait on ouvrait des chemins ou on réparait les anciens, ces mêmes paysans, que la corvée convoquait à des travaux de ce genre, entraient en possession des avantages considérables qu'ils étaient appelés à en recueillir pour eux-mêmes, actuellement et à l'avenir.

La Révolution et le premier Empire fatiguèrent plus les chemins qu'ils ne les réparèrent. En tout cas, le peu qu'on fit alors ne fut guère qu'au profit des grandes routes. Les chemins de moyenne et petite communication demeurèrent dans l'état où ils étaient avant ces deux époques. Seul, le roi Louis-Philippe y pourvut, et d'une manière si complète et si libérale, que, n'eût-il fait autre chose sous son règne, c'en serait assez pour lui mériter la reconnaissance de la France entière, mais principalement des habitants des campagnes.

De cette esquisse des chemins de France pendant le moyen âge, et jusque fort avant dans le XIXe siècle, esquisse que j'ai faite aussi courte et aussi fidèle que possible, il résulte que, sauf dans le voisinage de certains centres forains vers lesquels ils convergèrent aux XIIe et XIIIe siècles, ils ne furent jamais qu'un moyen secondaire pour le transport des marchandises et, conséquemment, pour l'expansion du commerce. Mais il résulte également que tout le temps qu'ils furent, pour ainsi dire, des affluents vers ces foires, ils y convoyèrent tous les dialectes qui distinguaient alors la langue d'oïl, et, en aidant ainsi à leur concentration sur un même point, ils aidèrent aussi à leur fusion dans une mesure plus ou moins large, et à leur acheminement vers l'unité.

Le commerce par eau avec Paris contribua également à cette unité; mais peut-être qu'il l'eût retardée si elle n'eût pris de bonne heure assez de consistance pour résister aux éléments de dissolution qui la menaçaient de ce côté. Ces éléments étaient les patois, c'est-à-dire les dialectes provinciaux plus ou moins entachés des vices de prononciation propres à chaque localité, selon qu'elle est plus ou moins éloignée du chef-lieu de la province. Ils avaient pour convoyeurs toute une classe de gens, les mariniers et les paysans riverains de la haute Seine et de ses nombreux affluents. Dès le temps où Paris commençait à consommer au-delà de ce que produisaient son territoire et celui de l'Ile-de-France, ces gens lui apportaient un superflu qui devint bientôt pour lui le nécessaire, et y traitaient leurs affaires dans un langage dont le peuple de Paris et de la banlieue, leur pareil, leur hôte et leur *compersonnier*, s'appropriait peu à peu les formes les plus caractéristiques et les plus agrestes. Pour justifier ce que j'avance, il est indispensable de faire sur les voies de communication par eau une étude analogue à celle qu'on vient de lire sur les chemins de terre.

CHAPITRE II.

Presque tous ceux qui ont écrit sur le commerce en France, ou sur les voies au moyen desquelles il se transportait d'un point à un autre, c'est-à-dire les chemins, les fleuves, les rivières et les canaux, ont pensé qu'ils ne sauraient entrer en matière convenablement s'ils ne citaient les passages de Strabon où ce géographe parle des voies de communication en Gaule, environ trente ans après que César en avait fait la conquête. Si, comme eux, je ne les ai pas rappelés dès le début de ce travail, c'est que, les passages de Strabon ne regardant que la navigation fluviale, ils seront ici mieux à leur place.

« Toute la Gaule, dit Strabon, est arrosée par des fleuves qui descendent des Alpes, des Pyrénées et des Cévennes, et qui vont se jeter, les uns dans l'Océan, les autres dans la Méditerranée. Les lieux qu'ils traversent sont, pour la plupart, des plaines et des collines qui donnent naissance à des ruisseaux assez forts pour porter bateau. Les lits de tous ces fleuves sont, les uns à l'égard des autres, si heureusement disposés par la nature, qu'on peut aisément transporter les marchandises de l'Océan à la Méditerranée, et réciproquement; car la plus grande partie du transport se fait par eau, en descendant ou en remontant les fleuves, et le peu de chemin qui reste à faire par terre est d'autant plus commode qu'on n'a que des plaines à traverser. Le Rhône surtout a un avantage marqué sur les autres fleuves pour le transport des marchandises, non-seulement parce que ses eaux communiquent avec celles de plusieurs autres fleuves, mais

encore parce qu'il se jette dans la Méditerranée, qui l'emporte
sur l'Océan, et parce qu'il traverse d'ailleurs les plus riches
contrées de la Gaule... Ce qui mérite surtout d'être remarqué
dans cette contrée, c'est la parfaite correspondance qui règne
entre ses divers cantons par les fleuves qui les arrosent, et
par les deux mers dans lesquelles ces derniers se déchargent; correspondance qui, si l'on y fait attention, constitue
en grande partie l'excellence de ce pays, par la grande facilité qu'elle donne aux habitants de communiquer les uns
avec les autres, et de se procurer réciproquement tous les
secours et toutes les choses nécessaires à la vie [1]. »

Tous ces avantages ne pouvaient manquer d'être appréciés
par les Romains, lorsqu'ils furent les maîtres des Gaules.
Aussi, grâce à l'admirable économie avec laquelle l'emploi
en fut réglé, et grâce à la législation intelligente qui proté-
geait cet emploi contre ses propres abus, ils ne tardèrent pas
à s'accroître dans une proportion considérable. On com-
prendrait donc qu'un pays si bien doté sous le rapport de ces
voies, que Pascal a si judicieusement appelées « des chemins
qui marchent, » ait pu, à la rigueur, n'avoir qu'un médiocre
souci de ceux qui « ne marchent pas. » En tout cas, ces derniers ne servaient-ils que pour les besoins de l'agriculture,
c'est à savoir pour le charriage des récoltes et la locomotion
des instruments du labourage; ils étaient tout à fait impropres au commerce intérieur. Il est vrai que les Romains ne
négligèrent pas d'en construire de très-propres à remplir cet
office; mais comme le commerce des Gaules, au moment de
l'occupation romaine, était encore bien loin d'être ce qu'il
devint un siècle environ après la conquête, ces magnifiques
voies servirent, en attendant, au passage des armées du
vainqueur et à celui des marchandises qui venaient de
l'étranger.

Les voies de terre dépendant plus que les fleuves des révo-

---

[1] Strabon, liv. IV, ch. I, de la traduction de la Porte du Theil, Coray et
Letronne, t. II, p. 4 et 35, de l'édit. in-4°.

lutions qui bouleversent ou qui changent les empires, celle dont les Gaules furent le théâtre au ve siècle, c'est-à-dire l'invasion des Francs, eut une durée si longue et des effets si destructeurs, que l'entretien de ces voies léguées par les Romains dut être de peu de considération aux yeux de populations soucieuses avant tout de sauver leur vie. Aussi, à la fin du vi^e siècle, ces mêmes voies romaines, dont on retrouve encore des vestiges en certains pays, étaient-elles déjà rompues, effondrées ou noyées par les pluies ; il n'en restait que des tronçons. Ceux-ci mêmes, quelle que fût la dureté ou l'imperméabilité du sol, subirent à leur tour l'action du temps. Au xiie siècle, le commerce, qui en avait tiré parti sous la domination romaine, avait fini, comme je l'ai dit plus haut, par les abandonner, et si quelques marchands s'y hasardaient encore, principalement à l'époque des foires, ils voyageaient à cheval, ayant leurs marchandises en croupe, quand elles n'étaient pas d'une nature encombrante, et, dans le cas contraire, sur des bêtes de somme. Encore avaient-ils souvent affaire à ces bandes de pillards qui faisaient des patrouilles sur les grands chemins, dans un tout autre but que de protéger les voyageurs, et dont les exploits, joints aux exactions des péagers, ne permettaient guère aux marchands d'arriver au terme de leur voyage sans dispersion de leurs marchandises, sans épuisement de leur bourse et sans péril de leur vie. Sur les fleuves, du moins, n'avaient-ils à craindre de ces graves inconvénients qu'un seul, les péagers ; c'est pourquoi les fleuves devinrent plus que jamais le refuge du commerce et, jusqu'au temps d'Henri IV, presque son unique ressource.

Au moyen âge, le commerce intérieur, en France, consistant principalement en denrées de première nécessité, comme le blé, le vin, le sel, le bois, le charbon, les pierres, et tout le monde à cet égard, pillards et pillés, vainqueurs et vaincus, en ayant le même besoin, il fallait bien que le transport de ces objets demeurât libre en quelque endroit, sous peine d'affamer tout le monde et de vouer à une destruction partielle ou générale les consommateurs, sous quelque drapeau qu'ils marchassent. Il pouvait arriver, sans doute, que les vainqueurs s'en adjugeassent la plus grosse part, et que les pillards, sans même admettre ce partage inégal, s'emparassent du tout, s'ils en avaient le pouvoir; mais ce mode de répartition léonine devint plus rare, à mesure que la monarchie franque jeta de plus profondes racines. Car, bien qu'elle dédaignât le commerce et les gens qui en faisaient profession, la race franque, ainsi qu'on le voit par plusieurs capitulaires de Charlemagne [1], n'en méconnaissait nullement les avantages et en favorisait la pratique. L'entretien des voies fluviales, la commodité des moyens de transport, les taxes à lever sur les marchandises, les secours à donner aux marchands engagés dans des voyages lointains, sont autant d'objets qui ont obtenu l'attention et éveillé la sollicitude du fils de Pépin.

Environ trente ans après sa mort, les Normands vinrent troubler cet ordre naissant et en comprimer l'essor. Mais, outre que leurs ravages sur les rives de la Seine, de la Marne et de l'Oise ne furent qu'intermittents, et laissaient aux populations le temps de recouvrer des forces, au commerce fluvial le temps de reprendre son cours, ils cessèrent dès que ceux qui les avaient commis eurent eux-mêmes fondé, au nord-ouest de la Gaule, un établissement sérieux et définitif. Alors les Normands ne furent pas moins intéressés que les Français à la sécurité des fleuves. Et quand enfin la Normandie, tour à tour prise et reprise par les Français et par les Anglais, eut été reconquise une dernière fois par nos armes, le commerce de cette province franchit les limites de l'Ile-de-France, en aval de Paris; et la hanse rouennaise, ayant enfin triomphé peu à peu des obstacles que la jalousie de la hanse parisienne lui suscitait depuis plus de deux siècles, débarqua

[1] Baluze, t. I, p. 788; II, p. 69.— De Rozières, *Marculfi Formulæ*, XXVII, XXVIII, XXIX, XL.

ses marchandises dans les ports de la capitale et étendit ses opérations même au delà.

Il est donc aisé de s'expliquer comment, aux époques les plus désastreuses de notre histoire, le commerce intérieur ne périt jamais tout à fait, et comment même il fut relativement florissant. Il ne dut cet avantage qu'aux fleuves; car la révolution communale, qui, aux xiie et xiiie siècles, eut pour effet soit la création de voies nouvelles, soit l'amélioration des anciennes, ne lui fit guère quitter ceux-là pour celles-ci. Si les propriétaires dont les voies nouvelles traversaient ou longeaient les héritages en avaient les profits représentés par les droits péagers, en revanche ils en éludaient presque constamment les charges, c'est-à-dire les obligations requises pour leur entretien. De leur côté, les marchands n'y eussent trouvé qu'une sécurité douteuse, et ils l'eussent payée fort cher. Aussi l'ouverture de ces voies nouvelles fut-elle moins le fait de la révolution communale que celui des seigneurs. C'était pour eux une source de revenus, et ils avaient soin de construire ces voies de telle sorte que le paysan, à défaut du marchand, fût contraint d'y passer.

Quant à la restauration des anciennes voies, — et par là il faut entendre celles qui reliaient les villes et les bourgs aux banlieues d'où ils tiraient leur principale subsistance, — elle importait à des intérêts trop nombreux et trop exigeants pour ne pas être l'objet de la sollicitude des communes elles-mêmes; elle pourvoyait à ce que les communications entre les producteurs et les consommateurs ne fussent ni interrompues, ni simplement retardées; elle assurait le transport facile et l'arrivée régulière des approvisionnements.

Cependant, les avantages que les fleuves offraient au commerce n'étaient pas non plus sans mélange de quelques inconvénients. Les eaux basses et les grandes eaux l'arrêtaient tour à tour et lui imposaient un chômage plus ou moins prolongé. Mais ces obstacles naturels n'étaient rien en comparaison de ceux dus à l'avarice et à l'incurie des péagers. Outre que les péages sur les fleuves étaient beaucoup plus nombreux, plus arbitraires et plus excessifs que sur les chemins de terre, les chaussées, les turcies, les chemins de halage, à l'entretien desquels était destiné avant tout le produit des péages, tombaient la plupart du temps en ruines, faute de réparations. La preuve de cet abus ne résulte pas seulement du grand nombre d'ordonnances, édits, déclarations des rois et arrêts des parlements, mais encore de la quantité de faits de cette nature à la charge des péagers, relevés par les historiens, les jurisconsultes et les économistes. Ç'a été là vraiment la plaie de la navigation fluviale jusqu'à la fin du xviiie siècle, et il a fallu toute l'énergie dont le commerce est capable, toute la patience et la vitalité dont il est si largement pourvu, pour qu'il n'en mourût pas.

Quoiqu'on ne voie pas bien tout d'abord quel intérêt il peut y avoir pour l'histoire du langage dans la manière dont s'exerçait le droit de péage sur les fleuves, toutefois, si l'on considère que les péages étaient un impôt prélevé sur les produits du commerce, et que le commerce a été le principal véhicule de la langue; que, d'ailleurs, les abus de ce genre d'impôt sont plus généralement présumés que connus, on me permettra de m'arrêter un moment sur ce sujet, et d'en examiner au moins le principal.

Les péages étaient de deux espèces : les uns levés pour le roi et en son nom par ses agents ou fermiers, les autres par les particuliers possesseurs de fiefs ; mais tous appartenaient au roi en propre. Aucun d'eux n'était une prérogative attachée à la justice des seigneurs ; tous étaient de concession royale ; les seigneurs n'en étaient qu'usufruitiers. Ceux mêmes à qui le roi inféodait ou aliénait à titre lucratif ou un duché, ou un comté, ou une baronnie, avec les ports, péages et autres priviléges, « voire tous les droits de régales, » ne pouvaient prétendre ériger, de leur chef, un seul péage [1]. Loin de là, si

---

[1] *Traicté des péages,* par Matthieu de Vauzelles, p. 3, 4. 1550, in-4°.

les lettres d'inféodation royale donnaient à quelque seigneur le droit de créer des péages, les parlements devaient n'en tenir aucun compte, car alors on devait présumer que ces lettres « avoient été concédées par importunité ; » qu'à cause de cela, les juges non-seulement avaient le devoir de ne point les entériner, « ains de les faire révoquer par le roy mesmes qui les ha ottroyées, ou bien par son successeur [1]. »

Tels étaient les principes en matière de péage ; mais, dans la pratique, il n'en était tenu compte pas plus que s'ils n'eussent jamais existé ; la passion d'y déroger était si bien passée en habitude, que cette habitude était devenue la règle et qu'elle s'invétérait chaque jour davantage par la difficulté extrême, pour ne pas dire la presque impossibilité de la réprimer. Plus l'État était troublé, plus elle se fortifiait et s'imposait, avec l'assurance de demeurer impunie ; jamais elle ne fléchit si ce n'est devant la force, et l'emploi en était si rare et n'avait pas plutôt cessé, qu'elle revenait à ses anciens errements avec une ardeur et des excès où elle trouvait à la fois la vengeance et le dédommagement de ses interruptions momentanées. Les considérations de justice, d'humanité, de patriotisme lui étaient étrangères ; la famine, la peste et les autres fléaux qui déciment les populations n'étaient pas même capables de la réprimer, tant les appétits qu'elle entretenait étaient féroces et aveugles.

Le long et malheureux règne du roi Jean fut toute une ère de prospérité pour les péages illicites et violents, et, en général, pour toutes les exactions de ce genre exercées par les particuliers sur les marchands, les laboureurs et les artisans. L'ordonnance de ce prince qui avait pour objet d'y mettre un terme, et qui fut rendue, comme je l'ai dit, le 5 décembre 1360 [2], c'est-à-dire environ quatre ans avant sa mort, entre à ce sujet dans des détails qui eussent dû arracher des larmes aux plus forcenés exacteurs, s'ils n'eussent été accoutumés de

---

[1] *Traicté des péages*, p. 14, 15.
[2] *Ordonn. des Rois de France*, t. III, p. 433.

longue main à en faire répandre eux-mêmes sans en être jamais touchés. Je ne sache pas de tableau plus éloquent des misères de l'homme et de sa méchanceté.

Trois ans après, jour pour jour (le 5 décembre 1364), le même roi rendait une nouvelle ordonnance au sujet des péages. Nous n'en avons pas le texte ; mais elle est rappelée par trois autres ordonnances de Charles V, rendues successivement le 5 décembre 1367, le 17 juin 1371 et le 20 juin 1374 [1], c'est-à-dire à environ quatre ans de distance de l'une à l'autre. Mais tout au plus si les péagers ralentissaient leurs excès la première année ; dès la seconde, le commerce commençait à se plaindre d'un retour aux mêmes extorsions ; il se plaignait encore plus pendant la troisième, et l'administration, avec cette lenteur dont elle n'a pas perdu l'habitude, passait la quatrième à examiner avant d'agir.

Philippe le Bel fut le premier, je crois, qui institua des commissaires pour la réforme des péagers, et le jugement des délits imputés aux péagers [2]. Charles VI suivit cet exemple [3] en 1404. Huit ans après, et sans doute plus édifié qu'il ne l'aurait voulu par les rapports de ses commissaires, il prescrivit par son ordonnance sur la police générale du royaume, en date du 25 mai 1413 [4], l'abolition « de tous péages et acquits, soit par terre ou par rivière, introduits et levés de tel temps qu'il est encore mémoire de leur commencement. » Mais comme rien n'était plus difficile à obtenir que les preuves de ce commencement, et que, dans l'embarras ou plutôt dans l'impossibilité ou étaient les seigneurs d'en produire d'admissibles, ils se réfugiaient dans la possession immémoriale, il fallut déterminer une époque en deçà de laquelle tout péage qui ne justifierait pas de son existence légale serait aboli. C'est

---

[1] *Ordonn. des Rois de France*, t. V, p. 89, 403 ; VI, p. 14.

[2] Voyez un jugement de ce genre dans les *Olim*, t. III, 2ᵉ partie, p 807.

[3] Ordonn. du 23 mars 1404, dans les *Ordonn. des Rois de France*, t. IX, p. 59.

[4] *Ordonn. des Rois de France*, t. X, p. 70-141.

ce que fit Louis XII. Ce prince déclara nuls et non avenus
tous les péages érigés *depuis cent ans*, sauf justification de
leur légalité, c'est-à-dire, selon les termes de Matthieu de Vauzelles, sauf production du « congé et authorité du roy [1]. »
François Ier, Henri III [2], Charles IX et Henri III [3], renouve-
lèrent tour à tour cette déclaration. Mais plus on touchait à
cette grave matière, plus elle paraissait s'embrouiller ; en
quoi elle ressemblait à ces remèdes pharmaceutiques qu'on
agite avant de les avaler, et qui n'en produisent pas pour cela
de meilleurs effets. La mesure, en soi, n'en était pas moins
excellente, mais il manquait toujours d'agents assez résolus
pour l'appliquer avec vigueur et en obtenir des résultats déci-
sifs. Colbert fut le premier qui eut cette vigueur et cette
bonne fortune.

Une remarque est à faire pour montrer qu'on ne perdait
jamais de vue le principe en matière de péages : c'est que,
parmi les édits et ordonnances que je viens de citer [4], la plupart qualifient de *prétendus* les péages soumis à la réforme.
Cela voulait dire qu'on avait le droit de les supprimer ; mais
comme, en beaucoup de rencontres, on ne pouvait ou on
n'osait prendre cette mesure radicale, on se donnait au moins
le plaisir d'infliger à certains péages une qualification qui
rappelait l'illégalité de leur origine. Cette qualification, ils la
reçoivent invariablement, alors même que, par les termes
dont on se sert pour définir ou limiter leur application, on
consacre de fait leur existence. Il n'y a d'excepté de cette note
infamante que les péages appartenant au roi, ou plutôt, puisqu'en droit ils lui appartiennent tous, qui sont levés en son
nom et par ses agents fiscaux. Pour ceux des particuliers, ils
sont tous traités en suspects. François Ier, dans un édit du

---

[1] *Traicté des péages*, p. 13.
[2] Ibid., p. 187.
[3] Vignon, t. I, Pièces justificatives, p. 22.
[4] Si je ne les indique pas, c'est qu'il est aisé de les trouver dans le
recueil des *Ordonnances*, en consultant les indices au mot *péage*.

9 mars 1546, visé depuis par un arrêt du Conseil du 23 juin
1663, par l'exécution de cet édit [1], énumère environ soixante-
dix péages, à aucun desquels il ne fait grâce de l'épithète de
prétendu. Une déclaration d'Henri IV, en date du 26 décembre
1597, s'exprime de même à l'égard d'une trentaine de
péages [2].

Cette manière de protester contre l'existence même des
péages n'était pourtant pas une vaine formule ; elle suspen-
dait encore, pour ainsi dire, la marche du temps à la fin
duquel les propriétaires de péages eussent invoqué la prescription, et elle les tenait sans cesse dans la crainte et sous le
coup des recherches. Néanmoins cette protestation, n'ayant
pas en général plus de force que d'effet, manquait peut-être
aussi de dignité. On la supprima sous Louis XIV [3].

Il y avait, comme je l'ai dit, deux sortes de péages : ceux
du roi et ceux des seigneurs ou possesseurs de fiefs. Les péages
des seigneurs étaient aussi nombreux que les seigneuries, et
il y en avait souvent plusieurs relevant d'un même fief. Quand
une seigneurie nouvelle était érigée, il s'établissait aussitôt
un ou plusieurs péages nouveaux. Les chemins, les fleuves,
les rivières et les simples cours d'eau en avaient chacun plus
ou moins ; les premiers moins productifs que les seconds, à
cause des obstacles que le défaut d'entretien opposait au
transport des marchandises, ce qui en éloignait par conséquent le grand commerce. Ils n'étaient fréquentés que par
les laboureurs, au moment des récoltes, et par les paysans
quand ils allaient à la ville voisine vendre leurs denrées. Les
péagers n'y trouvaient donc à gagner, pour ainsi dire, que
leur pain quotidien.

---

[1] Paris, chez Thomas Charpentier, in-4°.

[2] « Collationné sur l'original, par Nous, Conseiller-secrétaire du Roy,
Maison, Couronne de France et de ses finances. » Sans nom d'imprimeur,
in-4°.

[3] Voyez les *Arrêts du Conseil pour le règlement des droits de péages
sur le Rhône, la Saône et l'Isère*, en date du 25 avril 1664. Petit in-f°,
sans nom d'imprimeur.

L'exploitation des péages avait lieu le plus souvent par des intermédiaires, engagistes ou fermiers ; ceux-ci étaient volontiers qualifiés de publicains quand ils exerçaient au nom et pour le profit du roi. Si les propriétaires de péages étaient durs, les fermiers étaient impitoyables, et il est certain que la moitié au moins des abus était de leur fait. Pour l'autre moitié, les propriétaires ou fermaient les yeux ou étaient complices. Cela n'empêchait pas qu'en cas d'illégalité constatée, ils ne rejetassent la faute sur leurs agents ; mais ils n'en demeuraient pas moins responsables. Toutefois, jusqu'à Louis XIV, cette responsabilité fut à peu près illusoire ; Colbert, à peine en possession de la charge de Fouquet, la leur rappela le premier en ces termes qui ne leur laissaient à l'avenir aucun moyen de s'y dérober :

« Comme lesdits propriétaires et engagistes ont accoutumé de rejetter sur leurs fermiers et commis les exactions qu'ils leur font commettre, dont, en tout cas, on ne peut douter qu'ils n'en pussent arrester le désordre, s'ils y vouloient veiller, et qu'ils n'en tirent le profit par l'augmentation de leurs baux, en sorte qu'une longue dissimulation de leur part ne sçauroit estre exempte de faute : Nous voulons qu'en cas que par les informations qui seront faites... par tous les lieux où lesdits péages seront levez, il paroisse que le dit abus et concession en la levée d'iceux ayent esté faits pendant trois ans...; que lesdits péages soient supprimez comme nous les supprimons si les particuliers en sont propriétaires... et sans que les propriétaires ou engagistes puissent rejetter la faute sur leurs fermiers, commis et préposez à la levée desdits droits [1]. »

Malgré la sévérité de cette clause, on voit que des informations faites par les officiers du roi il devait résulter la preuve, au moins apparente, que l'abus avait duré trois ans consécutifs : c'était se montrer encore assez indulgent. Il

[1] *Déclaration du Roy du dernier janvier* 1663. Paris, chez Thomas Charpentier, in-4°.

semble que le terme d'un an eût dû suffire ; car si , dans ce
court intervalle , les péagers n'eussent pas eu le temps de
faire leur fortune , du moins eussent-ils eu celui de commettre assez d'exactions pour motiver des recherches et provoquer des poursuites.

Bien qu'il fût défendu formellement par les ordonnances
de donner les fermes du roi à des gens de moralité suspecte
et mal famés , les propriétaires de péages n'avaient pas la
même délicatesse dans le choix de leurs agents. « S'il se
treuve quelque homme diffamé , oisif , banquerottier, mauvais garçon , qui aye despendu tout le sien , ce sont ceux qui
se mettent à tenir péages, et qui sont préférez à tous autres ,
en baillant caution ; qui est chose contre toute raison ; car il
ne fault espérer que ceux qui font mal leurs besongnes puissent bien justement lever péages [1]. » Cela est évident ; mais
les coquins sont au moins aussi ingénieux à faire le mal que
les honnêtes gens à faire le bien , et ils n'ont ni cœur ni
honneur. Institués agents fiscaux , ils eussent tiré de l'argent
des pierres. Dans leurs heureuses mains , les revenus d'un
péage augmentaient à vue d'œil. Aussi est-ce à leurs pratiques que Matthieu de Vauzelles attribue l'augmentation des
péages qui se produisit tout au commencement du xvie siècle.
« Les propriétaires , dit-il , baillent à ferme à gens mal famez
et renommez, et coustumiers de faire toutes exactions indues
et au plus hault prys qu'ilz peuvent ; tellement que lesdits
péages sont grandement augmentez depuis quarante ou cinquante ans en çà , et en sorte que communément un péage
qui ne se souloit accenser que cent livres , aujourd'hui s'ac-
cense plus de quinze cens livres. Et pour se acquitter du prys
de leur ferme, sont contraints lesdits fermiers user et inventer
dix mille tyrannies , fraudes et exactions nouvelles et inusitées [2]. » Par où l'on voit que si , par impossible , les fermiers
eussent oublié un moment leurs mauvais instincts , les exi-

[1] *Traicté des péages*, p. 55.
[2] Ib., p. 54.

gences des propriétaires les y eussent rappelés aussitôt.

Toutefois Matthieu de Vauzelles, en dénonçant cette augmentation des péages, véritablement énorme, vu le peu de temps pendant lequel elle s'est développée, aurait dû peut-être en imputer une partie à la circulation devenue alors plus active, surtout sur les fleuves ; mais il était tellement préoccupé de l'abus en lui-même, qu'entre cet abus et une augmentation rationnelle de droits provenant d'un plus grand mouvement de population et d'affaires sur un même point, il ne voyait pas la différence. Il n'admettait donc pas que les péages qui existaient avant les foires de Lyon sur le Rhône et la Saône, et dont les revenus, à cause du peu de commerce qui se faisait alors par ces rivières, étaient relativement médiocres, rapportassent aux péagers plus qu'ils ne leur rapportèrent depuis, et il n'hésitait pas à attribuer ce renchérissement aux seules exactions.

« Et si grande et énorme, dit-il, est l'exaction qui se fait sur les rivières du Rhône et de la Saône, que les péages qui ne souloient valoir anciennement et avant l'establissement desdites foires, que vingt ou vingt-cinq livres tournoises de ferme annuelle, à présent valent quinze cens ou deux mille livres tournoises. Et ay veu vendition de péage avant ledit establissement, qui ne fut vendu que cent ou six vingts livres tournoises en pleine propriété, qui, à présent, se vendroit plus de quinze ou vingt mille livres, à cause desdites exactions indues qui se font sur les marchandises que l'on meine et rameine ausdites foires de Lyon, pour illec estre débitées et vendues, et après estre transportées hors le royaume, ou la plupart d'icelles. Et sans lesquelles foires et exactions lesdits péages ne vaudraient guères, mais seulement comme auparavant lesdites foires [1]. »

Matthieu de Vauzelles ne voyait donc pas dans l'accroissement du commerce occasionné par les foires une raison

[1] *Traicté des péages*, p. 157.

d'élever les droits de péage; mais il taxait ces droits d'exactions, parce que les marchandises allant aux foires et en revenant étaient privilégiées de droit commun, et devaient être à toujours franches de tous tributs, impositions et charges ordinaires et extraordinaires. Quantité d'ordonnances établissant et confirmant ces priviléges étaient émanées des rois et des comtes, principalement à l'occasion des foires de Champagne, et celle qu'avait rendue Charles VII en 1462, pour favoriser les foires de Lyon, était plus explicite que toutes les autres. Elle introduisait une exemption au profit « du vin, de la chair et autres choses quelconques; » ce qui impliquait la même faveur pour le blé, le sel, le bois et autres denrées de ce genre les plus productives pour les péagers. On comprend donc que ces prescriptions, si libérales d'ailleurs et si conformes aux vrais principes économiques, obtinssent peu de respect de la part des péagers, et que l'observation en fût de courte durée; aussi étaient-elles violées presque dans le moment même où elles étaient publiées. Rien ne le prouve plus manifestement que les mesures prises sans cesse, et à des intervalles très-rapprochés, pour en assurer l'exécution, comme aussi rien ne témoigne davantage de l'impuissance de ces mesures.

Quoi qu'il en soit, Matthieu de Vauzelles aurait pu, je le répète, tenir compte, dans l'augmentation des péages, du développement du commerce lui-même, car cette augmentation n'eût pas laissé que de se produire, alors même que les péagers se fussent renfermés dans les limites légales de leur perception.

Il se formait assez communément des associations pour l'exploitation de certains gros péages appartenant à des seigneurs, à des villes, à des communautés. Dans un arrêt du Parlement, rendu en mars 1312, sous le règne de Philippe le Bel, il est fait mention d'une association de ce genre, qui tenait à ferme les péages de la ville de la Réole[1]. On peut

[1] *Olim*, t. III, 2e partie, p. 807.

voir par cet arrêt un exemple de la brutalité et de la violence de ces associés, lorsque les bateliers ou voituriers de la marchandise osaient résister à leurs prétentions injustes, et aussi diverses quelquefois qu'il y avait d'associés.

Ils se relayaient habituellement dans leur service, et chacun à son tour le prenait pour une semaine. Il ne faudrait pas croire qu'ils en agissaient ainsi pour se ménager quelque repos; ils avaient un autre objet que Matthieu de Vauzelles va nous dire, non sans agrément :

« Et se trouvera qu'en un même péage sont quatre ou cinq fermiers. Et chacun d'eux garde le port par semaine. Et quand le marchand ou voiturier arrive au port, celuy à qui eschoit la semaine ne se trouve point, mais y fait tenir son compaignon pour y composer et arrançonner le voiturier, lequel est contraint appeler monsieur le publicain, et le prier teste nue et jointes mains qu'il le despesche. Lors ledit compaignon dira qu'il n'est point semanier, et qu'il le fault aller chercher une lieüe ou deux par de là. Le poure voiturier, voyant qu'il perd la vente de sa marchandise, et désire' gaigner temps pour [1] la despence des batteliers qu'il meine, et craint le mauvais temps ou que sa marchandise ne se détériore sur l'eau, il est à la fin contraint de passer à la mercy de ce gentil compaignon arrançonneur [2]. »

Une autre espèce d'association, composée de vingt-cinq à trente fermiers, avait pour objet de tenir quatre, cinq et six péages à la fois, situés sur une même ligne de parcours. Elle avait pour théâtre principal les rivières et les fleuves. Comme les péagers exploitant cette ligne pouvaient se nuire les uns aux autres ; que, les premiers par exemple, ou ceux en amont, ayant trop pressuré les marchands, les derniers, ou ceux en aval, ne trouvaient plus qu'à glaner là où les autres avaient moissonné ; que d'ailleurs les derniers, quand les marchands remontaient le fleuve, devenant les premiers

[1] A cause de.
[2] *Traicté des péages*, p. 54.

à leur tour, ne manquaient pas de prendre leur revanche, ils convenaient entre eux que « l'un ne mettroit pas sur l'autre, » que tous les gains et profits seroient communs, et qu'ils s'en rendraient compte fidèlement. « Et de peur d'estre descouverts, font leurs monopoles et paches signez de leurs mains, et après s'advertissent les uns les autres de tout ce qui est passé, et de tenir bon, et de se faire payer à telle et telle raison, et que autrement ne les laissent passer [1]. » La plupart des propriétaires de péages ignoraient peut-être ces pratiques odieuses de leurs fermiers; ils étaient responsables, et la loi punissait les *monopoleurs* de la confiscation des biens et du bannissement; mais, en supposant qu'ils en fussent informés, ils ne s'en inquiétaient pas autrement, ayant pour garants de leur impunité non-seulement des consuls, des échevins, des juges et autres magistrats des villes, associés secrets des publicains, mais encore des fils de famille, des gentilshommes, des chevaliers, des courtisans, et même des gens d'église [2].

Bien que les propriétaires de péages ou leurs fermiers fussent obligés d'entretenir les passages, les ponts et les ports, ainsi que toutes les voies parallèles aux fleuves et auxiliaires de la navigation, ils négligeaient effrontément ce devoir, quelque dommage que leurs revenus pussent en souffrir. Mais le contraire avait lieu le plus souvent. Car, outre l'économie qu'ils réalisaient en se dispensant de cet entretien, les péagers trouvaient encore le moyen de bénéficier et des obstacles qui interrompaient naturellement la navigation et de ceux qu'ils y apportaient eux-mêmes et comme à dessein.

Et d'abord, ils établissàient, sans autorisation comme sans nécessité aucune, autant de moulins sur les rivières qu'il leur plaisait. Ces moulins étaient installés sur des bateaux, mobiles par conséquent, et pouvant être dérangés et remis en place avec une certaine facilité. Mais comme une de leurs

---

[1] *Traicté des péages*, p. 57.
[2] Ib., p. 58.

raisons d'être était d'entraver la navigation, on les logeait communément sous les arches des ponts, sans en excepter même celle qui était réservée pour le passage des bateaux de marchandises. En outre, les propriétaires de ces moulins, qui étaient en même temps propriétaires ou fermiers de péages, faisaient des levées, des plassières pour prendre du poisson, et par là exhaussaient le fond du chenal ou le barraient. De plus, comme dans toute ville assise sur un cours d'eau, les arches des ponts, pour la plupart encombrées de moulins, étaient fermées avec de grosses chaînes, et que ces chaînes ne tombaient devant les bateaux de marchandises qu'à la condition, pour les voituriers, de s'acquitter du péage au-dessous du pont, il arrivait souvent que les péagers, sous quelque faux prétexte, ou simplement par malice, refusaient ou d'abaisser les chaînes ou de déplacer les moulins. Alors les voituriers étaient contraints d'aborder au-dessus du pont, de payer d'abord le péage qui n'était exigible qu'au dessous, et là d'attendre qu'il plût aux péagers de leur livrer passage. Ceux-ci n'avaient garde de se presser. Il fallait, dit Matthieu de Vauzelles, « chapperonner » celui qui avait les clefs des chaînes, et « le contenter. » On dirait aujourd'hui lui graisser la patte. Cela fait, il fallait encore «séjourner longuement pour avoir ouverture desdites chaînes et moulins; qui estoit une grosse perte, dommage et retardation. » C'était là « une nouvelle invention des péageurs pour tenir les voituriers à leur mercy et voulenté, en sorte que bien souvent il auroit mieux valu au marchand ou voiturier payer double péage que de tant séjourner, et passer par tant de mains souz ombre d'un moulin qu'ilz ont mis souz ledit arc qui souloit estre franc, et le navigage libère [1]. » Cependant la marchandise courait risque de se gâter, à cause du retard, et, en tout cas, les frais de transport en étaient accrus.

C'était bien pis quand les eaux étaient basses. Si les bateaux

[1] *Traicté des péages*, p. 51.

s'engravaient ou versaient avec leur chargement, certains péagers ne se faisaient pas scrupule de saisir les marchandises qui se pouvaient recouvrer, disant « qu'elles estoient à eux acquises. » Sans doute qu'ils invoquaient alors le droit de *bris*, mais ils ne disaient pas qu'ils avaient préparé le naufrage.

Et qu'on ne croie pas que ces faits étaient l'exception : ils étaient très-communs et, pour le dire en un mot, la règle. Restés ignorés et impunis par suite de l'éloignement et de l'impuissance du pouvoir central, il en résultait pour les coupables, outre la faculté de commettre en paix de pareils attentats, le temps d'en inventer, d'en combiner sans cesse de nouveaux.

Le droit de péage ne se prélevait que sur les marchandises transportées pour être vendues, c'est-à-dire sur toutes choses vénales, et c'était un vol mal déguisé que de l'étendre jusqu'aux objets destinés à la consommation ou à l'usage personnel d'un individu, et voiturés par lui ou pour lui. De plus, toute marchandise transportée, ayant par conséquent acquitté les péages à l'aller, en était exempte au retour, par la raison toute simple qu'elle n'avait point été vendue. Ces prescriptions étaient encore violées audacieusement et tous les jours. Si, par exemple, les priviléges des péagers s'appliquaient aux poissons, cela s'entendait d'une certaine quantité notable de cette denrée, dont la vente devait s'opérer au marché public, ou de grosses pièces, telles que brochets, carpes et esturgeons, valant chacune plus de vingt sous; il ne pouvait être question « des petits poissons ou fritailles qui se disent piscicules, » dont le pauvre faisait sa nourriture et qu'il pêchait lui-même. Mais il n'était pas nécessaire que les péagers eussent des prétextes pour entendre tout autrement leurs priviléges. Aussi, dès que par hasard il s'en présentait un, ils n'avaient garde de le laisser échapper. Une noce, par exemple, ou un banquet domestique, le leur fournissait. Considérant le mariage comme une opération de commerce (ce qui n'est pas absolument contraire à la vérité), ils taxaient tout ce qui devait servir à la consacrer, depuis les vivres jusqu'aux effets et ustensiles de ménage. Après le poisson venaient le vin, le bois, le charbon, le linge, les draps, « et toutes autres choses nécessaires pour faire noces [1]. » Quelques tarifs comprenaient même la table, la couette du lit, enfin le chat [2]. Matthieu de Vauzelles ne paraît pas éloigné de croire que de tels abus pouvaient empêcher les mariages. « Et à la vérité, dit-il, il fault favoriser aux noces et dépendances d'icelles, comme dit le texte *in l. unica, § Si vero. C. de impo. lucra. descript.*, lib. X [3]. » Mais les péagers se souciaient bien du texte !

L'abus d'un double péage sur les marchandises non vendues n'est pas moins révoltant. Un marchand de Lyon expédie des draps en Égypte; il paye tous les péages de Lyon à Aigues-Mortes, «voire les naulages et gabelles, en Alexandrie d'Égypte.» Mais, les draps s'étant gâtés pendant le voyage, il ne put les vendre et dut les rapporter en France. « Les péageurs de Turquie ne luy firent rien payer pour le retour; mais icy, en Provence, Dauphiné et ailleurs, il fut contraint payer lesdits péages à plusieurs esquelz il avait jà payé pour la mesme marchandise non vendue; qui fut une tyrannie plus que moresque dont le poure marchand est presque destruit [4].»

Cependant le pouvoir royal s'était constamment opposé à ce prétendu droit de *retour*, et l'opposition en remontait même très-haut. Les parlements, sous Philippe III, furent fort occupés à le réprimer [5].

Certaines circonstances sembleraient faire croire que, si le

---

[1] *Traicté des péages*, p. 73.

[2] *Histoire de la Communauté des Marchands Fréquentant la rivière de Loire*, par P. Mantellier, p. 249.

[3] *Traicté des péages*, p. 73.

[4] Ib., p. 65.

[5] En 1270, le péager de Pérone, ayant voulu contraindre des marchands de l'Empire qui, après avoir apporté et vendu leurs marchandises à Pérone, et payé pour cela le péage, s'en retournaient chargés d'autres marchandises qu'ils allaient vendre à Cambrai, à payer le droit de travers, *quod vulgariter dicitur* RETOUR, fut débouté de ses prétentions

naturel fiscal étouffait dans les péagers tout sentiment d'équité et de commisération, ce n'est pas parce qu'ils étaient toujours avides, mais aussi parce que, leur profit étant trop mince, la pauvreté leur donnait une industrie qui eût été superflue sans cela. Ainsi, de ce que les pierres en général étaient portées sur leurs tarifs, ils comprenaient sous ce chef les *pierres précieuses.* Ils faisaient payer aux bateliers, comme chose vénale, les mêmes fagots au moyen desquels, pour qu'il ne tombât pas dans l'eau, ils étayaient le charbon. Enfin, s'il n'était pas possible d'équivoquer sur la nature de la marchandise pour la soumettre à une taxe dont elle était exempte, les fermiers ou les commis des péagers, sous prétexte d'étrennes ou autrement, « retailloient les marchands, et les contraingnoient de] laisser quelque bois, vins, bledz, charbons et autres marchandises et denrées, disans que c'estoit pour leur femme et ménage, et provision de leur maison : ce que lesdits marchands n'osoient empescher, de peur d'estre détenuz ou mal traictez à l'advenir [1]. » Les édits s'étaient tus jusqu'à Louis XIV sur ce genre de pourboire ; ils durent enfin s'en occuper. La déclaration du roi du dernier janvier 1663, art. 5, fait défense aux commis et préposés à la levée des péages « de rien exiger ny recevoir par dessus le contenu des pancartes [2], soit en argent ou en espèces de fruits, ou autres denrées ou marchandises, sous prétextes d'estrennes ou autrement, mesme encore qu'il leur fust volontairement offert..., à peine de punitions corporelles. »

S'il était un temps où les propriétaires de péages et leurs fermiers dussent se relâcher non-seulement de leurs préten-

---

et le silence à lui imposé, *super hoc imposito silencio pedagiario.* (*Olim,* t. I, p. 355.)

Même jugement contre le même péager qui voulait que les marchands de Saint-Omer qui, allant à Rheims, passaient par Roisselle, où ils payaient le péage, au lieu de passer par Pérone, payassent comme s'ils eussent passé par cette dernière ville. (*Ib.,* p. 356.)

[1] *Olim,* t. I, p. 68.

[2] Tableaux des objets soumis aux droits de péage.

tions, mais, jusqu'à un certain point, de leurs droits, c'était quand la disette et la famine sévissaient dans une ou plusieurs provinces, auquel cas « chacun est tenu de contribuer, encore qu'il soit exempt et privilégié. » Mais quoi ! cette circonstance était pour les péagers une bonne aubaine. Comme les marchands de blé avaient d'autant plus de hâte de porter leur marchandise dans les localités affamées que l'humanité s'accordait à cet égard avec leurs intérêts, les péagers, « communément mal piteux, » ou leur suscitaient des retards qu'il fallait racheter à un prix quelconque, ou se faisaient payer les péages plus rigoureusement que d'habitude. Les fléaux publics, les remèdes qu'on y apportait et l'empressement qu'on avait à les appliquer étaient assimilés par eux à des marchandises et taxés comme telles, du moment qu'il fallait passer sur leurs terres et devant leur porte pour courir où était le danger.

Il n'y avait guère que les transports de vivres pour les armées qui échappassent à la rapacité des péagers ; encore cette soumission de leur part n'était-elle pas toujours volontaire, et il leur arrivait souvent de disputer. Mais, la dispute n'étant pas le fait des *gens d'armes*, il fallait bien leur livrer passage et se payer de leurs compliments.

D'autres choses échappaient pourtant encore à l'âpreté ingénieuse des péagers, quelque violence qu'ils employassent quelquefois pour les soumettre au péage : c'étaient les objets appartenant aux abbayes. Celles-ci, entre autres priviléges qu'elles devaient aux rois et aux papes, avaient celui d'être exemptes des droits de travers sur les fleuves et sur les chemins, et elles en profitaient pour transporter dans les maisons-sœurs situées dans différentes localités les objets de consommation dont ces maisons étaient dépourvues. Seulement ces denrées étaient parfois en si grande quantité « qu'on n'oserait dire, remarque M. de Fréville, que les religieux n'en revendissent pas [1]. » Ils ne s'en gênaient guère en effet, et

---

[1] *Mémoire sur le commerce maritime de Rouen*, t. I, p. 61.

les défenses de faire le commerce, portées contre le clergé et répétées de siècle en siècle jusqu'au xvie, ne laissent aucun doute à cet égard. Les péagers étaient donc contraints d'en boire le calice.

Ce n'est pas que l'abus de ce privilége n'engendrât des procès ; mais, outre qu'ils étaient interminables, les abbayes, pendant ce temps-là, continuaient provisoirement leurs pratiques, et finissaient communément par gagner leur cause. Quelques-unes semblent avoir voulu joindre une douce raillerie à leur triomphe. Ainsi l'abbaye de Saint-Wandrille, au xvie siècle, après avoir gagné son procès contre le péager de Mantes, qui voulait exercer ses droits sur les denrées qu'elle envoyait dans ses prieurés de l'Ile-de-France, fit insérer cette clause dans ses aveux : « En la rivière de Seine, nous avons droit d'avoir navires et bateaux, lesquelz portant nos biens, en montant et avalant la dicte rivière, sont francs et quittes, pour flajaller en l'endroit de chacun travers ou acquits [1]. »

Flajaller est synonyme de *corner*. Mais, tandis qu'ici le son du cor a pour objet d'avertir le possesseur du péage de ne pas prendre la peine de se déranger, ailleurs on l'avertissait de faire le contraire, non pas, il est vrai, au son du cor, mais par un autre son qui le valait bien. Un seigneur de la Salle du Bois, paroisse de Saint-Germain de Louviers, déclarait, dans un aveu du 23 août 1582, que les bateliers, avant de passer à sa porte, devaient s'arrêter et crier trois fois, en mettant une heure d'intervalle entre chaque *criée*, afin d'avertir ses gens de venir recevoir les droits dus pour le passage [2]. Ainsi les malheureux bateliers devaient attendre deux heures le bon plaisir de l'exacteur ! C'était pour lui le temps, et au delà, de manger son dîner et presque de le digérer.

Je reviens à Matthieu de Vauzelles. « Bref, continue-t-il, je ne saurois escrire ne exprimer tous les autres abus que font lesdits péageurs et publicains. Et ne croy point qu'ils se

---

[1] *Mémoire sur le commerce maritime de Rouen*, p. 62.
[2] *De la Vicomté de l'eau de Rouen*, par M. Ch. de Beaurepaire, p. 236.

puissent jamais sauver sans grande repentance et restitution, laquelle n'est pas en la possibilité de leurs biens, tant est grand le nombre des abus qu'ilz ont commis en ceux-cy que j'ay déclarez, sans ceux qui me sont incongnuz, et lesquelz sont infiniz et possible plus énormes. Dieu leur doint grâce de se amender [1] ! »

Ils ne se sont amendés que lorsqu'ils ont été supprimés. Mais nous ne sommes pas au bout de leurs exploits, de ceux mêmes qu'ils n'ont pu soustraire à la connaissance du public. Quant à ceux qui demeuraient inconnus, ils devaient sans doute en partie cet avantage à la quantité de péages subalternes qui s'étaient établis à la faveur des discordes civiles et par suite de diminution ou de partage de fiefs, et qui, se glissant pour ainsi dire dans les interstices que laissaient entre eux les principaux, ne permettaient presque pas qu'il y eût nulle part solution de continuité. Les péages étaient donc si rapprochés en certaines provinces, qu'ils étaient « quasi de lieue en lieue [2], » et qu'il n'y avait si mince hobereau qui n'eût le sien. Ainsi, de Portalier ou Pontalier, petite ville située sur la Saône, au-dessous de Gray, jusqu'à Lyon, on comptait, vers le milieu du XVe siècle, environ trente péages principaux, et de Lyon à Aigues-Mortes, un nombre plus considérable [3]. Si peu que vous admettiez de péagers marons installés frauduleusement sur cette ligne, vous en trouverez assez de l'une et l'autre espèce pour justifier ces réflexions mélancoliques de Matthieu de Vauzelles, savoir « que les péages ou vectigaulx se montoient communément plus que le prys des bledz et marchandises qui se conduisoient » sur la Saône et le Rhône, et que « de peu sert la fertilité des années que Dieu nous donne de sa grâce, si la multitude des péages tient tousjours les vivres au plus hault prys, et la moytié plus

---

[1] *Traicté des péages,* p. 73.
[2] Ib., p. 35.
[3] Dans l'*Arrest du Conseil* du 20 août 1641, j'en ai relevé de cinquante à cinquante-deux d'Aigues-Mortes à Lyon.

qu'il ne seroit autrement [1]. » L'abus était encore plus criant sur la Loire, à la même époque, puisque, d'après un procès-verbal d'information dressé le 13 novembre 1438, et qui se trouve aux archives de la ville d'Orléans, les bureaux de péage étaient si voisins les uns des autres qu'on en comptait jusqu'à trois en une lieue [2].

De ces créations arbitraires de nouveaux péages, il résultait nécessairement une concurrence pour les anciens telle, que la part de ceux-ci en pouvait être diminuée. Ce n'est pas qu'ils rabattissent rien de leurs prétentions pour cela, et qu'ils ne sussent pourvoir à toute éventualité de déficit ; mais comme, après tout, les anciens péagers ne pouvaient réclamer contre l'intrusion des nouveaux, puisqu'ils n'avaient pas, pour la plupart, de titres de possession plus légitimes que les leurs, ils préféraient composer avec eux, de peur d'en être dénoncés et troublés à leur tour dans leurs propres usurpations. Ils convenaient donc entre eux « de ne rien se faire payer » réciproquement des denrées appartenant à chacun d'eux, et qui passeraient sur leur territoire pour se rendre au lieu où elles devaient être vendues. De ce contrat passé entre de véritables voleurs de grands chemins, c'est encore « le poure peuple » qui payait, comme nous dirions aujourd'hui, le papier timbré.

Toute marchandise soumise au péage était tarifée. Les tarifs étaient inscrits sur des tableaux appelés pancartes, aux ports ou stations où les péages avaient accoutumé d'être levés. Ils devaient être intitulés *De par le roi*, timbrés de ses armes et non de celles du seigneur, et affichés sur un poteau, afin qu'ils puissent être vus de loin par les marchands ou leurs voituriers. L'omission de cette obligation de la part des propriétaires ou de leurs fermiers entraînait ou la suspension ou la suppression des péages. Ils devaient contenir, en outre, l'énumération des objets soumis au droit, selon leur espèce,

---

[1] *Traicté des péages*, p. 1 et 25.

[2] Document cité par P. Mantellier, dans l'ouvrage mentionné ci-devant, p. 142.

leur poids, leur mesure et leur quantité. Quittance devait être donnée aux voituriers des sommes reçues excédant, dit l'arrêt du Conseil du 20 août 1611, cinq sous tournois, sans que les péagers pussent prétendre aucun droit de quittance (car ils avaient aussi cette prétention), ni faire séjourner les voituriers, leurs hommes, leurs bestiaux et leurs chevaux, sous quelque prétexte que ce fût, à peine de privation de leurs péages, et de dommages-intérêts. En cas de refus, délai ou remise, il était permis aux voituriers de consigner les sommes dues pour le péage entre les mains du premier officier public, consul, notaire royal, sergent ou curé, le plus proche des lieux, en la présence de deux témoins, « lesquels leur en faisoient acte qui estoit autant valable que lesdites quittances [1]. » Les voituriers affirmaient par serment devant ces autorités la quantité et la nature des marchandises qui étaient dans leurs bateaux, ou (ce qui valait mieux) ils présentaient une police authentique de leur chargement, délivrée par les officiers du lieu où il s'était effectué; après quoi, ils pouvaient continuer leur chemin, non toutefois sans avoir déclaré au péager l'endroit où ils se rendaient, afin qu'il s'y trouvât, si bon lui semblait. Les mêmes formalités leur étaient prescrites au cas où, en arrivant au lieu du péage, il ne se trouvait personne pour le recevoir.

C'était là la théorie, si l'on peut dire ; mais il n'en allait pas ainsi dans la pratique. Tant de formalités pour sauvegarder le droit du marchand le rebutaient, et il aimait mieux, la plupart du temps, compter avec l'exacteur que de subir les retards qu'elles entraînaient après elles.

On a vu tout à l'heure qu'un des moyens employés par les péagers pour contraindre le marchand à ce genre de composition était de s'absenter de leur poste, de se faire chercher

[1] *Arrest et règlement du Conseil d'Estat* du 20e aoust 1611. Paris, chez la veuve Saugrain, 1720, in-4°, p. 4. Cet arrêt se réfère à nombre d'édits et ordonnances antérieurs, et il ne fait qu'en reproduire les clauses presque textuellement.

longtemps, d'alléguer, quand on les trouvait, qu'ils n'étaient pas semainiers, et finalement de consentir à expédier le marchand, moyennant rançon. Mais ils avaient bien d'autres tours en leur bissac. Comme, par suite du commerce avec l'étranger, surtout avec les Indes, quantité de nouvelles marchandises jusqu'alors inconnues en France s'y étaient introduites sans avoir été portées aux anciens tarifs par l'autorité royale, les péagers les y portaient d'office et les taxaient à leur fantaisie. Quelques-uns y ajoutaient même les deux sous pour livre du principal, et, par le moyen d'un péage qui rapportait cent livres cent ans auparavant, ils se faisaient un revenu de 14 à 1,500 livres, et, d'un autre affermé 39,000 livres à la même époque, ils tiraient un revenu de 90 à 100,000 livres[1]. En outre, ils falsifiaient les chiffres marqués sur les pancartes, et, comme on le reproche quelquefois aux financiers de nos jours, ils leur faisaient dire tout ce qu'ils voulaient. Là où la pancarte portait *deux* deniers, ils mettaient *dix* deniers, et *dix* sous tournois là où il n'y en avait que *deux*. Si l'on était tenu à ne payer dix sous que pour *chaque* cent de bois, *chaque* « botte » de vin, *chaque* millier de fer, non compris les fractions, ils faisaient payer pour ces fractions mêmes, c'est-à-dire un demi ou un quart, autant que pour l'entier [2].

Les monnaies, dont le taux était aussi variable qu'il y avait de provinces et quelquefois de cantons, donnaient lieu aussi à de continuelles exactions. Elles devinrent à la fin si scandaleuses et si intolérables, que Louis XIV, par un arrêt du Conseil en date du 24 avril 1664, dut établir une valeur uniforme des monnaies pour les droits de péage sur tout le parcours du Rhône, et édicter la peine de mort contre les péagers qui en excéderaient l'évaluation [3].

---

[1] Renauldon, *Traité historique et pratique des droits seigneuriaux*, p. 319, 320.

[2] *Traicté des péages*, p. 60.

[3] « En ce qui regarde le prix des monnoyes portées par lesdites pancartes, Sa Majesté... a évalué le sol vieux et de bonne monnoye à 12 de-

On a peine à comprendre comment, pendant tout le moyen
âge, et même jusque sous les derniers rois de la race capé-
tienne, le commerce ait pu non-seulement prospérer, mais
vivre avec les innombrables abus qui résultaient à la fois et
de la création illégitime des péages, et des exactions dont ils
étaient le prétexte. Il n'y a que ceux qui exercent cette profession, et dont toute l'existence en dépend, qui pourraient en
rendre compte. Vainement les papes et les conciles [1] semblent
s'être ligués avec les rois, sinon pour détruire, du moins pour

niers tournois, et la livre, le liard et denier à proportion; le gros simple,
et sans autre expression que de gros, à 15 deniers tournois; le turon d'argent, en la province de Dauphiné, à 6 sols tournois; le sol de turon, à
4 sols 6 deniers tournois, et le denier turon à 4 deniers obole; le gros
vieux et sol fort, à 20 deniers tournois, et les deniers à proportion, la
livre desdits turon, sol turon, gros vieux et sols forts estant comptée pour
20 d'iceux; le sol viennois, à 10 deniers tournois; la parpaillotte, à 14 deniers tournois; le patat, à 2 deniers tournois; et le sol, liard ou denier
dont la qualité ne sera spécifiée seront payez comme tournois. Fait Sa
Majesté très-expresses inhibitions et défenses aux seigneurs desdits péages
d'excéder ladite évaluation, à peine de privation d'iceux et de concus-
sion; et à leurs fermiers, commis et domestiques, et tous autres, à peine
de la vie. » (*Arrest du Conseil d'Estat portant règlement pour les droits
de péages qui se leveront sur le Rhosne*, 21 avril 1664, p. 76.)

[1]   CONCILIUM LATERANENSE III, ANNO 1179, CAP. XXII.

XXII. *De pace servanda.*

Innovamus ut presbyteri, monachi, clerici, conversi, peregrini, mercatores, rustici, euntes et redeuntes, et in agricultura existentes, et ani-
malia quæ semina portant ad agrum, congrua securitate lætentur. Nec
quisquam alicubi novas pedagiorum exactiones sine auctoritate regum et
principum consensu statuere, aut statutas de novo tenere, aut veteres
augmentare aliquo modo temere præsumat. Si quis autem contra hoc
venire præsumpserit, et commonitus non destiterit, donec satisfaciat,
communione careat christiana. (Hardouin, t. VI, partie 2, p. 1682.)

CONCILIUM NARBONENSE, ANNO 1227.

XIII. *Ut nova pedagia et quidagia prohibeantur.*

De novis pedagiis et quidagiis statuit concilium ut per ecclesiasticum
judicem, si necesse fuerit, prohibeantur omnino. (Id., t. VII, p. 147.)

CONCILIUM TOLOSANUM, ANNO 1229.

XXI. *Qui sint immunes a pedagiis, et ne nova exigantur.*

Item præcepimus quod clerici et etiam religiosi, et quilibet peregrini
et milites, cum rebus ipsorum, immunes sint ab omni pedagio, nisi fue-

limiter cet abus; vainement ont-ils fait les plus louables efforts
pour garantir de la rapacité des péagers au moins les choses
nécessaires « à la provision et nourriture » des pauvres gens,
et les objets pour « le seul usage de leur maison : » la violence,
la ruse, ou la patience des exacteurs finissaient toujours
par avoir raison de l'autorité et de l'humanité des pouvoirs
souverains.

Il n'y avait de remède efficace que dans l'abolition des
péages; mais il ne paraît pas que l'idée en soit jamais venue
à pas un de nos anciens rois, même aux meilleurs; leur
propre trésor y eût trop perdu. C'est pourquoi, à la différence
de Néron, qui, au début de son règne, touché des plaintes réité-
rées du peuple contre la tyrannie effrénée des publicains, eut
la pensée d'abolir toutes les taxes, ils furent de l'avis du
Sénat, qui était de se borner à réprimer l'avarice de ces
hommes, de peur que, par des vexations nouvelles, ils ne ren-
dissent plus insupportable encore un état de choses qu'on
avait patiemment supporté depuis tant d'années [1]. Et voilà par
quels scrupules on éternise les abus!

L'époque où il s'établit arbitrairement le plus de péages
est celle de l'occupation anglaise sous Charles VI, alors que
le duc de Bourgogne, allié des Anglais, avait usurpé les droits
régaliens, « imposoit péages » au profit de ses partisans, et
« faisoit du tout à son plaisir. » C'est aussi en octroyant des
priviléges de cette nature, et en ne contrariant pas les parti-

---

rint mercatores. Sed nec ab ipsis aut quibuscumque aliis personis pedagia, quidagia, seu alias exactiones quascumque laïci exigere nec extor-
quere præsumant, nisi ea quæ ab antiqua legum vel imperatorum, vel
principum concessione probaverint esse concessa, vel ex antiqua consue-
tudine introducta. Quod si acquiescere noluerint, per diœcesanam loci
censuram qua convenit desistere compellantur. (Id., t. VII, p. 179.)

[1] Eodem anno crebris populi flagitationibus immodestiam publicanorum arguentis, dubitavit Nero an cuncta vectigalia omitti juberet,
idque pulcherrimum donum generi mortalium daret; sed impetum ejus...
attenuere senatores... dicendo... temperandas plane publicanorum cupi-
dines, ne per tot annos sine querela tolerata novis acerbitatibus ad invi-
diam verterent. (Tacite, *Annal.*, XIII, 50.)

culiers qui se les arrogeaient, que les Anglais faisaient accepter leur domination des seigneurs qui auraient pu la troubler, et dont le faible patriotisme cédait à cet appât grossier.

Loin de disparaître en même temps que l'occupation anglaise, les péages, créés à sa faveur, se perpétuèrent et s'accrurent encore sous les successeurs de Charles VI. Sous Louis XII, les propriétaires de ces péages osaient déjà opposer la prescription ou la possession immémoriale à l'édit de ce roi, qui déclarait nuls les péages « érigez depuis cent ans en ça. » Comme cet édit avait évidemment pour objet d'atteindre surtout les péages d'institution anglaise et bourguignonne, bien peu de propriétaires étaient en mesure de prouver par titres remontant au-delà de cent ans le bien-fondé de leur opposition. Heureusement pour eux qu'il était plus facile de rendre de pareils édits que de forcer à y obéir. Aussi, sauf de rares exécutions, l'édit de Louis XII eut-il peu d'effets sérieux, et les péages arbitraires et révolutionnaires continuèrent-ils à subsister.

En 1549, Henri II renouvela l'édit de Louis XII. Mais les propriétaires des péages durent croire qu'ils en auraient encore meilleur marché que de l'autre ; car, comme il s'était écoulé environ cent quarante ans depuis l'époque de troubles à laquelle remontaient ces péages jusqu'à l'édit de Henri II, la jouissance en était plus que centenaire, et semblait être à l'abri de toute recherche. C'était une erreur. Par cela seul que les propriétaires se prévalaient de leur ancienneté pour les déclarer prescrits, ils trahissaient le faible de leur origine et l'illégalité de leur existence, puisque les édits prohibitifs, comme celui de Louis XII, duraient toujours et interrompaient la prescription. Si donc on n'acceptait pas cette conséquence, il fallait montrer qu'on avait des raisons pour cela et prouver avant tout, « par tiltres et documens du roy, » comme « fiefz, recongnoissances, sentences ou autrement, » la possession immémoriale, ou pour le moins centenaire. A défaut de ces titres, on devait produire des témoins, « par turbes de dix, » pour chaque preuve à faire, âgés de quarante à cinquante ans, qui déposassent qu'on croyait communément à la légalité de la possession, et « qu'ainsy ilz l'avoient ouy dire à tous leurs ancestres; » que pour'eux, ils avaient vu payer ces péages par la plupart, librement et sans contrainte, comme aussi ils savaient de quel nombre, à quel taux étaient ces péages, en quels lieux on les prélevait habituellement. Et il ne suffisait pas qu'ils certifiassent « avoir veu faire les payemens à certains particuliers, ou à gens lointains et ignorans qui ne soucient que de passer, de peur d'estre arrestez; » ils devaient attester que personne ne s'était jamais plaint « ny dolu des exactions, » et n'avaient jamais payé par crainte. Enfin, pour que la vérité de ces dépositions ne pût être mise en doute, il était requis que les témoins fussent sans reproche et *omni exceptione majores*, qu'ils ne fussent point sujets ni familiers de ceux qui les produisaient, ni d'autres seigneurs propriétaires de péages [1].

C'était exiger beaucoup, et bien peu de gens étaient en état de remplir comme il convenait toutes ces formalités; mais ils ne s'en mettaient guère en peine. Outre qu'elles n'étaient pas toutes prescrites par des textes de lois positifs, et qu'elles n'étaient, pour la plupart, que des commentaires de ces textes, œuvres de simples jurisconsultes, ou des formules d'arrêts de cour plus ou moins sujets à cassation, l'expérience des siècles en avait suffisamment établi l'innocuité. D'ailleurs les cours elles-mêmes, soit faiblesse, soit connivence (car un grand nombre de magistrats étaient possesseurs de péages), une fois leurs arrêts rendus, en abandonnaient l'exécution à la grâce de Dieu, c'est-à-dire à la police, qui, dans ce temps-là, n'agissait guère suivant cette sainte inspiration. Matthieu de Vauzelles le remarque avec

---

[1] *Traicté des péages*, p. 29 et 30.

une certaine amertume, et il déplore le mauvais vouloir ou la lâcheté de certains Parlements à cet égard en des termes qui valent la peine d'être reproduits.

« Combien, dit-il, que j'eusse très-bon vouloir et intention de m'acquitter pour le devoir de mon office d'advocat pour le roy audit parlement de Dombes, pour la poursuite de ladite réformation (des péages), comme chose salutaire et proufitable au bien publiq, toutesfois, pource que j'ai congnu que les péageurs des autres Parlements n'ont voulu obéir, ny moins lesdits Parlements bailler lettres de *placet*, et que ceux qui avoient fait l'entreprinse et poursuites, tant les marchands que les voituriers, se sont totalement retirez et refroidis, en sorte que je n'y vois grand espoir; à cette cause, j'avois tout laissé en désespoir [1]. » Si je ne me trompe, ce refroidissement et cette retraite des marchands veulent dire qu'ils ne se sentaient pas de force à entamer des procès contre les seigneurs propriétaires de péages, et qu'ils aimaient mieux payer que plaider. C'était suivre le sage conseil de Salomon : *Cum potentiore ne litiges.*

« Mais depuis, continue l'honnête magistrat, pour m'acquitter et monstrer qu'il n'ha tenu à moy, d'un bon vouloir me suis délibéré, durant le temps de ces vacations de vendanges, estant à Millery, de parfaire ce petit Traicté des péages en langue vulgaire, à ce que chacun entende de ce qu'il doit payer, et de quelles marchandises, et pour retirer les péageurs à ce qu'ilz ne fassent abus et exactions indues [2]. »

Toute proportion gardée, Cicéron, écrivant dans la retraite sur les malheurs de sa patrie, s'exprime avec une éloquence majestueuse, conforme à la grandeur de ses patriotiques regrets et de son orgueil déçu : il n'a nulle part la naïve et touchante simplicité de l'humble magistrat du Parlement de Dombes, ni sa tendre préoccupation pour les faibles et les opprimés.

[1] *Traicté des péages*, p. 2.
[2] Ib., p. 3.

Il est présumable que la connivence et la pusillanimité des Parlements, dans les affaires de péage, suggérèrent l'idée d'instituer des commissaires royaux pour réformer les péages et rendre des jugements contre les personnes qui en abusaient. On a quelques-uns de ces jugements [1] ; mais, pour un coupable qui en était victime, et qui, peut-être, ayant cédé à quelque honnête scrupule, avait, comme l'âne de La Fontaine, confessé ses peccadilles, combien échappaient à toute répression et s'endormaient dans l'impunité de leurs violences, avec le ferme propos de les recommencer !

S'il est vrai qu'une fois les Anglais chassés et la France rendue à elle-même, nos rois, depuis Charles VII jusqu'à Louis XIII, firent tout ce qu'ils purent afin d'extirper les abus des péages, il est également vrai qu'ils ne furent jamais assez forts pour vaincre un ennemi tenace, discipliné, rusé, sur lequel passaient les menaces comme le vent sur les roseaux. Leurs ordonnances portent toutes, plus ou moins accusée, la marque de leur faiblesse ; elles sont toujours de plus en plus sévères, impératives et comminatoires, preuve à la fois de la résistance invincible de l'abus et de l'impuissance de la répression. On n'y revendique pas seulement la liberté du commerce en général ; on n'y déplore pas seulement la ruine des marchands et les vexations des peuples : on y allègue les nécessités de l'approvisionnement des grandes villes, et surtout de Paris [2], et on y laisse voir assez clairement la crainte que cette ville ne soit, sinon affamée par suite des retards qu'éprouvait le transport des subsistances de la part des péagers, du moins réduite à la portion congrue ou à un jeûne qui ne serait pas prescrit pour l'expiation de ses péchés.

On ne saurait donc trop louer Louis XIV, et surtout Colbert, de ne s'être pas contentés de rendre des ordonnances sur la matière aussi rigoureuses que les anciennes, mais encore de

---

[1] Dans le recueil des *Olim.* Voyez les Indices, au mot *Pedagium.*
[2] *Ordonn. de Louis XIII* du 12 janvier 1633.

n'avoir négligé aucun moyen pour empêcher qu'on ne les éludât ou qu'on ne les bravât; d'avoir rappelé les Parlements à leur devoir, soutenu et fait exécuter leurs arrêts, donné enfin à tout le monde une idée si nouvelle et si nette de l'autorité royale, que les lois répressives des abus péagers devenaient souvent inutiles, ceux qui en étaient l'objet ayant soin de les prévenir par une modération qui ne craignait pas leurs atteintes.

Si donc le commerce, dès que Louis XIV eut commencé de régner par lui-même, prit cet essor, eut cet éclat qui ont rendu si justement célèbre l'administration de Colbert, il le dut, j'oserais presque le dire, pour la plus grande partie, aux facilités et à la protection qu'il rencontra sur les rivières comme sur les chemins. Alors aussi la langue, dont il était un des instruments les plus actifs, tendait de plus en plus à concentrer son foyer là où se concentrait en même temps toute autorité. Elle s'y perfectionnait et se fixait aussi rapidement qu'elle avait d'abord été lente à se former. Les dialectes locaux oubliaient de plus en plus leur individualité propre en présence et sous l'empire de celui qui était définitivement la langue générale. Ayant d'ailleurs eux-mêmes déjà perdu une bonne partie de leurs formes primitives, ils n'offraient plus que des restes, lesquels, pour être encore assez respectables, n'avaient plus les qualités nécessaires pour faire naître la tentation de les leur dérober. Seul, le peuple de Paris proprement dit pouvait consentir à se les approprier, et c'est ce qu'il fit en effet, ou plutôt ce qu'il continua de faire, car il avait déjà commencé dès le temps de François Ier. Sous les successeurs de ce prince, et surtout à partir d'Henri IV et de Louis XIII, époque à laquelle furent réparées un peu sérieusement les voies de communication, il se laissa pénétrer davantage de la langue de ceux que ses besoins les plus urgents mettaient en relation plus étroite avec lui; il s'en constitua même peu à peu une langue à soi, et, à la fin du règne de Louis XIII, cette langue avait quelques monuments écrits.

C'est un grossier amalgame des trois principaux dialectes de la langue d'oïl avec celui de l'Ile-de-France. Ces dialectes, il les avait déjà reçus corrompus des paysans qui approvisionnaient les halles et les marchés, et des mariniers qui affluaient dans les ports; ils se corrompirent encore davantage sous l'influence des habitudes inhérentes à la prononciation parisienne.

CHAPITRE III.

DU PATOIS DE PARIS ET DE LA BANLIEUE, DE SES SOURCES, DE SES VARIÉTÉS, DE SES ZONES, DES CAUSES DE SA CORRUPTION ET DE SA FIN.

M'étant proposé de faire connaître ici les sources du patois parisien et de la banlieue, tel qu'on le trouve dans des écrits des XVIIe et XVIIIe siècles, ses variétés selon les zones et quartiers où il se parlait, les causes de sa corruption, ou plutôt de sa dissolution et de sa fin, il est indispensable d'exposer en peu de mots par quels moyens et par quelles voies les denrées nécessaires à la consommation de Paris arrivaient dans cette ville, d'où et comment elles y arrivaient, et où elles étaient déposées avant d'être mises en vente sur les marchés.

J'ai attribué ci-devant aux grandes foires qui se tenaient en France au moyen âge une part incontestable dans la fusion des dialectes de la langue d'oil, et dans leur acheminement à une langue unique et générale; j'ajouterai que ces dialectes, non encore corrompus ainsi qu'ils le furent plus tard, ayant des règles communes, et n'offrant de différence un peu essentielle les uns d'avec les autres que par leurs flexions verbales, préparèrent à cette même langue un terrain solide sur lequel elle assit ses propres règles et jeta les fondements de sa future prédominance; j'ajouterai encore que, si, passé la première moitié au moins du XVIe siècle, elle gardait encore, dans les provinces de la langue d'oil, avec quelques formes dialectales antiques la prononciation familière à chacune de ces formes, elle commençait à être à peu près partout écrite de même.

Mais tandis que son unité se fondait ainsi, et que son autorité, tout en se heurtant encore contre certaines habitudes locales et routinières, ne rencontrait déjà plus de contradiction en forme, les dialectes provinciaux perdaient progressivement, chacun dans le centre où il dominait, et leur unité et leur autorité. Forcés chaque jour davantage dans leurs derniers retranchements par la langue générale, et comme suspendus entre leur obéissance à une nouveauté si impérieuse et leur attachement à leurs vieux procédés phoniques, ils devinrent à leur tour un composé de tous les deux qui, en leur permettant de se survivre en partie, leur imprima les stigmates de la corruption, et, de l'état de dialectes où ils étaient auparavant, les fit enfin descendre à celui de patois. C'est dans cet état qu'à un moment donné, ceux voisins de l'Ile-de-France, et quelquefois même plus éloignés, s'introduisirent dans le langage du peuple de Paris, et qu'ils ajoutèrent leurs vices à ceux qu'il avait déjà.

Le défaut de monuments écrits en patois parisien avant Louis XIII ne permet guère de déterminer d'une manière précise l'époque à laquelle se manifestèrent les premiers signes de cette intrusion. Je présume cependant que ce fut sous les Valois, à partir au moins de Henri II. Le patois parisien pur, qu'on parlait alors aux halles et dans les marchés, ce langage lourd et épais, qui avait frappé Catherine de Médicis, sentait, si l'on peut dire, à pleine gorge, celui des forains, en possession d'étaler et de vendre dans ces parages dès le temps de Philippe-Auguste. Il faut insister un peu sur ce point. A cette époque, et dorénavant, les forains eurent leurs étaux ou leurs *huches*, non-seulement aux halles et dans les marchés, mais aussi dans les ports. On y débitait toutes sortes de marchandises; maints fabricants des cités manufacturières y avaient leur siége fixe ou *section*, et ces siéges ou sections portaient même le nom des villes où ces fabricants demeuraient. Guilbert de Metz, Jaillot et Sauval donnent à cet égard quelques détails curieux.

De plus, quand s'ouvraient les différentes foires qui se tenaient chaque année dans Paris, en des saisons diverses, et dont la durée moyenne était de quinze à dix-huit jours, on avait imaginé, pour augmenter les revenus du roi, en multipliant les places, de contraindre les boutiquiers et même certains artisans de fermer leurs boutiques, et de transporter leur commerce aux Champeaux [1], sur le champ de foire, ou dans les environs. Cette servitude n'accommodait pas tout le monde. Quelques-uns, comme par exemple les bouchers, au lieu de la subir en payant, payaient, et plus cher sans doute, pour s'en exempter. D'autres, qui faisaient à ces foires plus d'affaires en quinze jours qu'ils n'en faisaient chez eux peut-être en un an [2], finissaient par abandonner leurs boutiques, louaient sur le terrain où se tenaient les foires des places à l'année, et, de passagers qu'ils y étaient auparavant, devenaient sédentaires. Ceux enfin qui étaient plus attachés à leurs pénates et avaient l'intention d'y retourner étalaient par terre. De ce nombre étaient les boulangers du dehors, comme ceux de Gonesse, de Corbeil, etc., les drapiers, les tisserands, les marchands de cuir [3], les fripiers, les savetiers et autres négociants *en vieux*. Tous apportaient un nouvel appoint aux étalagistes parisiens sédentaires qui composaient, conjointement avec les forains, la population habituelle des halles et des marchés, et ils ne résistèrent pas plus que leurs anciens à la contagion du langage accentué et pesant des forains. Il en résulta un parler commun à cette foule si foncièrement mêlée et mélangée, parler dont la grossièreté s'aggrava vers le temps que j'indique plus haut, et qui, eu égard au lieu

---

[1] Delamarre, liv. V, tit. xxxiii, ch. ii.

[2] Depping, *Introd. au Livre des métiers* d'Ét. Boileau, p. xxxvii.

[3] Il y en avait aussi qui possédaient des étaux, des huches, des buffets. Voyez Ét. Boileau, aux titres : *Des talmeliers*, art. 54; *Des tisserands*, art. 38.

où il florissait, acquit le droit d'être appelé du nom de patois parisien.

Il était alors assez corrompu déjà pour que ce qu'il avait d'exclusivement parisien se fondît à vue d'œil dans la masse des emprunts étrangers. Il en était à ce point lorsqu'éclatèrent les guerres civiles et religieuses du XVIᵉ siècle, et il n'empira pas beaucoup tant qu'elles durèrent; car alors le principe de sa corruption, c'est-à-dire l'élément forain, lui manqua en grande partie, la destruction des chemins ou leur peu de sûreté ayant suspendu les relations commerciales des provinces limitrophes de Paris avec cette ville, ou les ayant rendues pour le moins beaucoup plus rares. Mais il reprit son développement malfaisant aussitôt après que Henri IV eût fait restaurer les anciens chemins, et qu'il en eût fait ouvrir de nouveaux. Il avait vu plus d'une fois de ses yeux, et jusque sous les murs de Paris, les voies de communication ravagées par la guerre; ses propres soldats y avaient eux-même participé; il mit tous ses soins à réparer le mal, et il y réussit en partie. Les marchands forains des pays limitrophes de l'Ile-de-France reparurent sur les marchés de Paris aussi et bientôt plus nombreux qu'auparavant; ils arrivaient en foule, notamment par les chemins de Normandie et de Picardie aboutissant à Paris, chemins ou nouveaux ou refaits, et leur passage était une distraction pour le dauphin qui, ainsi que je le rapporte ailleurs, s'amusait à les regarder des fenêtres du château de Saint-Germain. C'est le moment où le patois parisien entre dans sa dernière phase, celui où il va bientôt s'affirmer par des écrits.

§ Iᵉʳ.

Du commerce de Paris par eau, en amont de la Seine.

Tant que Paris ne s'étendit point au delà de l'île appelée la Cité, il n'eut pas besoin de chercher bien loin les denrées nécessaires à sa subsistance. Son territoire propre y suffisait, et il n'en produisit sans doute jamais assez pour en revendre aux pays voisins. C'est le contraire qui eut lieu dès que les maisons eurent franchi les limites de la Seine, et se furent éparpillées sur la rive droite, où elles ne tardèrent pas beaucoup à former comme une ville nouvelle en face de l'ancienne. Alors il fallut se pourvoir au loin. Mais, quoique les chemins par terre, œuvre en partie des Romains, fussent alors meilleurs qu'ils ne le furent depuis, c'est-à-dire à partir de Louis VI (époque à laquelle se continue plus ardente la lutte du pouvoir royal contre la féodalité) jusqu'à Henri IV, cependant, vu l'état d'enfance où étaient les moyens de transport, il y avait lieu de craindre que les convois de vivres pour Paris n'arrivassent pas tous à leur destination, et que Paris ne fût exposé quelquefois à être affamé. C'est pourquoi, dès une époque qui est qualifiée d'antique dans les chartes royales [1], et qui méritait de l'être, si les *nautæ parisiaci*, dont on déterra en 1710 un autel érigé par eux à Tibère, étaient institués en confrérie, presque tout le commerce d'approvisionnement de Paris se faisait par eau. Je dis presque, car il y a une exception à faire pour les denrées que Paris tirait des points de l'Ile-de-France d'où elles pouvaient être expédiées par terre; il en est une autre encore qu'il ne faut pas omettre, celle relative au commerce du blé. La plus grande partie suivait les voies de terre, et ce mode de transport fut même préféré à l'autre jusque sous les rois Jean et Charles VI. Ainsi, par leurs lettres patentes du 30 janvier 1350, et de février 1415, ils prescrivent que, des cinquante-quatre mesureurs de grains qui existaient de leur temps, il y en aurait trente-six pour les halles et dix-huit seulement pour la rivière [2]. Au commencement du XVIIe siècle, on aurait pu renverser la proposition; on aima mieux ajouter quatorze nouveaux

---

[1] Consuetudines eorum tales sunt ab antiquo. Leroy, *Dissertat.*, p. XCVI.

[2] Delamarre, liv. V, tit. V, ch. IX.

mesureurs aux dix-huit, ce qui éleva le nombre général à soixante-huit [1].

Les deux seuls ports qui existassent à Paris avant Louis le Jeune étaient le port Saint-Landry et le port aux OEufs, l'un et l'autre aux deux extrémités de la Cité. Sous le règne de ce prince, et avec les agrandissements de la ville au nord de la rivière, Paris ne pouvait plus s'en contenter. On y ajouta le port de la Grève et le port Pépin, le premier dont l'emplacement fut vendu par le roi 70 livres à la Confrérie des marchands de l'eau en 1141; le second qu'elle construisit sur un terrain acheté par elle en 1170 aux religieuses de Haute-Brières, terrain ayant appartenu déjà à un bourgeois de Paris nommé Jean Pepin. C'est dans ces deux ports que cette compagnie, appelée indistinctement *Compagnie des marchands de l'eau*, *Compagnie française et Hanse parisienne*, concentra entre ses mains tout le commerce qui se faisait par la Seine et ses affluents avec Paris, et qu'elle y exerça son monopole, à peu près sans obstacle, jusqu'au moment où Charles VII [2], Louis XI [3], et enfin Louis XIV [4], supprimèrent successivement ses priviléges.

Toutes les marchandises descendant ou remontant la Seine s'arrêtaient à l'un ou à l'autre de ces deux ports. Cependant celles qui remontaient s'arrêtaient de préférence au port Pepin, les bateaux ayant moins de chemin à faire pour toucher barre et y trouvant moins d'encombrement. Elles n'y étaient d'ailleurs pas plus à l'abri de la vigilance de la Hanse que si elles eussent débarqué sous les fenêtres de la *Maison aux Piliers*. Elles n'avaient même pas pu arriver jusque-là sans compagnie française, c'est-à-dire sans un bourgeois de Paris hansé qui allait au-devant d'elles jusqu'au pont de

---

[1] *Édit* de février 1633. *Déclaration du roi* du 20 juin 1690; dans Delamarre, liv. V, tit. VIII, ch. V.
[2] *Lettres patentes* de juillet 1450.
[3] *Ordonn.* de janvier 1460.
[4] *Édit* de décembre 1672.

Mantes, et avec lequel seulement elles pouvaient entrer dans Paris. Le point d'arrêt de celles qui descendaient la Seine était nécessairement la Grève. Ce n'est que plus tard qu'elles durent aborder à quelques ports secondaires, soit en amont, soit en aval, lorsque le port de Grève, ne pouvant plus les contenir toutes, dut se pourvoir de succursales. Tel fut un des effets immédiats de l'accroissement du commerce parisien à cette époque, comme aussi de la nature encombrante des marchandises embarquées. Elles consistaient principalement en bois de chauffage et de construction, en charbon, en vin, blé et foin. « En Grève, dit Guilbert de Metz, est l'estaple des vins, du bois, du charbon, du foing, et autres marchandises en nefz [1]. » Les trois premiers venaient à peu près uniquement de la Bourgogne, les vins surtout, « dont, pour la bonté d'iceux, notre Saint-Père le Pape, Monseigneur le Roi, et plusieurs aultres seigneurs, tant gens d'église et aultres, avoient coustume de faire leur provision [2]. » Le blé et le foin de même provenance n'étaient pas, à beaucoup près, en aussi grande quantité, et de plus ils avaient à subir la concurrence des produits similaires qu'on récoltait sur tout le territoire qu'arrosent la Seine et la Marne, à partir de vingt à vingt-cinq lieues au-delà de Paris.

Avant que Jean Rouvet eût inventé, en 1549, non pas le flottage du bois *à bûches perdues*, mais le flottage *en trains* [3],

---

[1] 1re partie, ch. VII.

[2] Charte de l'an 1395, tirée des archives de la Côte-d'Or, et citée par M. Aubertin, dans la *Revue des Sociétés savantes*, 5e série, t. II, p. 405.

[3] Dans son savant ouvrage de *La Vicomté de l'eau de Rouen*, p. 224, M. Ch. de Beaurepaire dit que Jean Rouvet ne fit que perfectionner le flottage par le moyen des trains; cela est hors de doute. Mais il dit en même temps que Rouvet eut pour associés Jean Tournouer et Nicolas Gobelin. Or on se demande comment ces deux individus, en faveur de qui furent rendus : 1° une ordonnance de l'Hôtel-de-Ville du 28 juin 1656; 2° un arrêt du Conseil du 11 août de la même année; 3° des lettres patentes en date de mars 1662, c'est-à-dire d'une part *cent sept* ans, de l'autre *cent treize* ans après l'époque assignée à l'invention de Rouvet, ont pu être les associés de ce même Rouvet. (Voyez Delamarre, liv. V, tit. XLVIII, ch. v.)

lequel ne fut sérieusement appliqué et perfectionné qu'en
1566 par René Arnoul, successeur de Rouvet [1], le flottage
à bûches perdues était sans doute pratiqué sur certains
affluents de la Seine et de l'Yonne, comme il l'était déjà en
Normandie sur la rivière d'Andelle, en 1498 [2]. Il n'était
guère possible qu'une contrée comme la Bourgogne, si
riche en bois de toute nature, et empêchée de les vendre au
loin faute de moyens faciles de transport, n'usât pas de
celui-là dès qu'elle sut qu'on en usait ailleurs. Mais alors
même que la Bourgogne put généralement s'en servir, ce
qu'elle fit flotter vers Paris, à dater de 1566, ne suffisait déjà
plus ; car Paris consommait assez de bois pour que le Bourbonnais, le Nivernais et même la Comté fussent aussi ses tributaires. Tous ces bois étaient jetés dans les nombreux ruisseaux et petites rivières qui sillonnent la Bourgogne et le
Nivernais, qui se déchargent, les uns dans l'Arce et l'Aube,
affluents de la Seine, les autres dans l'Armençon et la Cure,
affluents de l'Yonne, et sont comme autant de petits vais-
seaux dont la substance alimente ces deux principales artères.
Quand ces mêmes bois étaient arrivés à certains points déterminés sur l'une et l'autre rivière, ils étaient recueillis, façonnés en trains, et abandonnés ainsi au courant jusqu'à Paris.
Par exemple, c'était à Crévant, bourg voisin d'Auxerre, que le
bois flotté du Morvan était ainsi disposé.

Mais toute sorte de bois, même flotté, n'était pas ou ne
pouvait pas être expédiée en trains. Il en partait une quantité
considérable par bateaux, chargés aux lieux mêmes où les
trains étaient accommodés. Or les équipages, tant des trains
que des bateaux, étaient, à très-peu d'exceptions près, bourguignons.

Il n'y avait autrefois à Paris que les ports de la Grève et de

---

[1] *Lettres patentes* de Charles IX du 23 novembre 1566, dans Delamarre,
liv. V, tit. XLVIII, ch. v.

Études sur la condition de la classe agricole, etc., par Léopold Delisle, p. 364.

la Bûcherie, près du petit Châtelet, pour l'arrivée et la vente
du bois venant d'amont. Le port de la Bûcherie, dont le nom
est demeuré à une rue, ayant été supprimé, on créa ceux de
la Tournelle, de Saint-Bernard et du Plâtre, et, « pour les
bourgeois qui faisoient venir du bois de leur crû, » le port
Saint-Paul [1]. A voir encore aujourd'hui le temps que re-
quièrent le débardage des trains et la décharge des bateaux,
on peut conclure la durée du séjour, sur tous ces points du
fleuve, du nombreux personnel bourguignon employé déjà,
dès la seconde moitié du XVIe siècle, au commerce et au transport des bois, et la facilité avec laquelle les gens de journée
parisiens qui l'aidaient dans son travail devaient contracter
quelques-unes de ses habitudes, quelques formes de son langage. Les bateaux ne portaient pas seulement les hommes
chargés de les conduire, ils étaient habités par des familles
entières, comme ils l'étaient aussi sur la Loire au moyen
âge [2], et comme l'usage n'en a pas encore disparu. Pour les
trains, leur conduite ne demandait pas moins de quatre
hommes, se relayant deux par deux. Si l'Armance seule,
petite rivière qui prend sa source au-dessus de Chaource,
sur les limites des départements de la Côte-d'Or et de l'Aube,
fournissait chaque année, au commencement du XIXe siècle [3],
cent quarante trains pour l'approvisionnement de Paris, on
peut juger, par comparaison, de ce qu'en devaient fournir
les cinquante ou soixante cours d'eau en communication directe ou indirecte avec la Seine et l'Yonne, et cela même à la
fin du XVIe siècle, et dans les temps où les besoins de Paris
n'étaient pas ce qu'ils sont devenus depuis. Tout ce mouvement ne pouvait se faire sans un déplacement considérable de
la population des pays bourguignons, et sans que celle-ci
laissât dans les quartiers de Paris où elle séjournait l'empreinte
de son langage et peut-être de ses mœurs.

[1] Delamarre, liv. V, tit. XLVIII, ch. IV.
[2] Mantellier, *Histoire de la Communauté des Marchands Fréquentant
la rivière de Loire*, p. 248.
[3] *Dictionnaire hydrographique*, t. I, p. 15.

Le commerce du charbon, sans être aussi considérable que celui du bois, l'était beaucoup cependant, et produisait les mêmes effets. Le charbon de Bourgogne était plus recherché que tous les autres, à cause de sa qualité supérieure. Il était amené jusqu'à la Seine et à l'Yonne soit dans des bateaux, quand ils étaient d'un faible tonnage et que les affluents de ces deux rivières pouvaient les porter, soit (et c'était le plus souvent) dans des *bennes* ou *bannes*, espèces de chariots longs formés de branches d'arbres maintenues par des traverses, et tels qu'ils sont représentés dans un bas-relief gallo-romain qu'on voit à Dijon. On le déchargeait à Auxerre, Joigny et Sens, pour le transporter par eau dans la Seine, à Montereau, et de là à Paris, au port de Grève.

Le vin *français* d'abord [1], ainsi appelé parce qu'il se récoltait dans l'Ile-de-France et dans le voisinage même de Paris, ensuite le vin de Bourgogne, défrayèrent longtemps seuls la consommation de Paris. Ce dernier était déchargé, dès le milieu du xive siècle, à la Grève même et, au besoin, dans ses succursales, « dedans les ports de Paris, par deçà le grand pont et par toute la cité [2]. » Plus tard, et successivement, ce fut aux ports à l'Anglais, de l'île Louvier, de Saint-Paul, de Saint-Bernard, etc. [3]. Les bateaux de vin devaient attendre là au moins un mois avant d'être déchargés ; s'ils y demeuraient plus longtemps, les propriétaires ou conducteurs de ces bateaux devaient être indemnisés par leurs commissionnaires [4]. Les vins provenant des pays situés sur la Loire ne commencèrent à rivaliser, sur les ports de Paris, avec les vins de Bourgogne que lors de l'ouverture à la navigation du canal de Briare, en 1642, et de celui d'Orléans, en 1692, reliés l'un à l'autre en 1724 par le canal de Loing, et se mettant en

[1] Il faut comprendre sous ce nom le vin d'Orléans, qui arrivait par terre.

[2] *Ordonn. du roi Jean*, 30 janvier 1350; dans Delamarre, liv. V, tit. xlvi, ch. xv.

[3] *Édit* de mai 1703; dans Delamarre, *ib.*

[4] *Édit* de décembre 1672, art. 11; dans Delamarre, liv. V, tit. i, ch. ii.

communication avec la Seine, à Saint-Mamert. Par cette voie, tous les produits de la haute et de la basse Loire, les vins, les eaux-de-vie, les fers, le charbon, le bois, le blé et les farines arrivèrent à Paris. Mais déjà il était bien tard pour que les hommes employés au transport et à la vente de ces marchandises pussent avoir sur le langage populaire de Paris la même action que les Bourguignons exerçaient sur lui depuis plus de trois siècles, et qu'ils exerçaient encore en 1724, nonobstant la présence de ces derniers venus.

Le blé et le foin de la Bourgogne n'arrivaient pas à Paris sans avoir à souffrir la concurrence, et ils la rencontraient, tout le long de leur parcours, et jusqu'aux portes mêmes de Paris, dans le blé de Brie, et dans le foin récolté sur les bords plantureux de la Seine et de l'Yonne, entre Sens d'une part et Nogent-sur-Seine de l'autre. Aussi est-ce à Sens, à Nogent et à Bray qu'on embarquait ces produits de provenances diverses, et d'où ils partaient de compagnie pour Paris. Ils débarquaient à la Tournelle, à l'île Louvier et à la Grève. Le personnel employé à ces transports était sans doute fort mêlé, mais l'élément bourguignon y avait sa place.

§ II.

Du commerce de Paris par eau en aval de la Seine.

Dès la première année de son règne, en 1181, Philippe-Auguste défendit à tout Français ou étranger de faire monter aucun bateau, depuis le pont de Mantes, sans être agrégé à la Confrérie des marchands de l'eau de Paris. Ainsi, tout marchand qui arrivait par la basse Seine était obligé, pour entrer dans Paris, d'avoir ce qu'on appelait des *Lettres de hanse*, de les payer fort cher, et de se faire accompagner d'un Français pendant son séjour à Paris, et jusqu'à ce qu'il eût vendu ses marchandises ; faute de quoi, celles-ci étaient confisquées, moitié au profit du roi, moitié au profit de la Confrérie.

Ces entraves mises au commerce étaient rendues plus étroites encore et plus insupportables par les privilégiés qui les appliquaient et qui faisaient leur propre police. Néanmoins, et quoi qu'il en dût coûter, on aimait encore mieux s'y soumettre que de remporter sa marchandise, ou de la débarquer au pont de Mantes et la transporter ensuite par terre et à grands frais à Paris.

Les entraves mises au commerce d'aval par la Compagnie française ne furent levées qu'en 1672, par un édit de décembre, dont l'article 1er du titre III est ainsi conçu : « Pour laisser l'entière liberté au commerce, et exciter d'autant plus les trafiquans sur les rivières d'ameneren cette ville de Paris toutes les provisions nécessaires, seront et demeureront les droits de la Compagnie françoise éteints et supprimez, sans préjudice du droit de hanse, et sans qu'il soit fait autre distinction entre les marchands que de forains et de marchands de Paris, ès cas portez par les règlements [1]. » Colbert avait dicté cet édit.

Il est présumable qu'aussitôt après la réunion de la Normandie à la couronne de France, en 1204, on envoya à Paris du bois de cette province. Il n'en est question cependant pour la première fois que dans l'ordonnance de Charles VI, en date du 11 février 1415 ; il y est enjoint aux marchands d'aval de n'embarquer sur la Seine aucun bois « entre le pont de Mantes et ceux de Paris, pour rebrousser contremont l'eau, » sans Compagnie française, sous peine de forfaiture et de confiscation [2]. Ce bois venait en bateau par la rivière d'Andelle, qui se jette dans la Seine un peu au-dessus de Pont-de-l'Arche. Ce n'est qu'en 1498 qu'on le fit flotter, comme je l'ai dit, dans cette même rivière, à bûches perdues, et l'on cite un bourgeois de Rouen, nommé Jean le Roux, comme étant le premier qui ait alors mis ce procédé en pratique [3].

[1] Delamarre, liv. V, tit. I, ch. II.
[2] Id., liv. V, tit. XLVIII, ch. V.
[3] *De la Vicomté de l'eau de Rouen*, par M. Ch. de Beaurepaire, p. 224-229.

Le bois d'Andelle, arrivé en Seine, était embarqué et expédié à Paris, où il débarquait, en aval de la Grève, au port Saint-Nicolas ou du Louvre; celui des forêts de Roumare, de la Londe, de Rouvray, de Longboil et de Pont-de-l'Arche, toutes situées sur la Seine ou à proximité, était embarqué de même et débarqué au même port. La Normandie exportait pour Paris bien d'autres denrées; mais comme ces exportations avaient lieu par terre, ce n'est pas encore le moment d'en parler.

Du côté de la Picardie et de toutes les forêts situées sur les rives de l'Oise, telles que celles de l'Aigue, de Compiègne, de la Neuville et de Villers-Cotterets, on envoyait le bois à Paris par l'Oise jusqu'à Conflans-Sainte-Honorine, d'où il remontait également la Seine jusqu'au port Saint-Nicolas.

Le charbon provenant des mêmes localités arrivait au port de l'École-Saint-Germain, établi au commencement du XVIᵉ siècle.

Nul commerce et, par conséquent, nul arrivage de vin de ce côté; mais le commerce du blé, surtout avec la Picardie, était considérable. Noyon et Soissons, qu'on tenait pour les greniers de la France, Chauny, la Fère, etc., en fournissaient Paris abondamment. Une grande partie était voiturée par terre; celui qui venait par eau entrait en Seine par l'Oise et débarquait au port de l'École; celui qui venait de la Beauce ou descendait l'Eure jusqu'à Maintenon, faisant le reste du chemin par terre jusqu'à Paris, ou arrivait dans cette ville sans décharger, si ce n'est à la halle.

Le foin venant d'aval se tirait principalement des prairies de Poissy, de Pontoise, de l'Ile-Adam et de Beaumont-sur-Oise; il arrivait au port au foin d'aval (car il y avait aussi un port au foin en amont), dépendant du port de la Grève.

Tout le commerce par la Seine au-dessous de Paris était donc l'affaire des Normands et des Picards, et les occasions qu'ils avaient d'inculquer leur patois aux Parisiens, dans les parages où ils trafiquaient et cohabitaient avec eux, étaient les mêmes qui s'étaient offertes aux Bourguignons dans des parages tout différents.

De ces invasions de plus en plus pressées de populations géographiquement opposées les unes aux autres, sur des points de Paris également tout opposés, et cela surtout à partir d'Henri IV et de son fils, que faut-il conclure à l'égard du patois parisien ? C'est que l'influence qu'il subit d'abord presque uniquement, c'est-à-dire l'influence bourguignonne, fut plus ancienne et, par conséquent, rencontra moins d'obstacles pour se faire agréer que les influences picarde et normande ; c'est ensuite que les traces de ces diverses influences ne sont pas les mêmes d'un côté que de l'autre, et que le langage populaire parisien se parlait à la Rapée et au port Saint-Bernard un peu autrement qu'au port de l'École et autres lieux de débarquement en aval de celui-ci.

> Tous les compagnons de rivière,
> Depuis Saint-Germain-l'Auxerrois
> Jusqu'au port de la Grenouillère [1],

parlaient un langage où le normand et le picard étaient mêlés à très-forte dose : c'est celui de Vadé ; c'est aussi, mais avec une teinte bourguignonne, celui de L'Escluse et de Boudin. Leurs personnages sont généralement des mariniers, des débardeurs, des lavandières, des blanchisseuses, et le théâtre sur lequel ils agissent et conversent, les quartiers indiqués par le poète. Au contraire, c'est le bourguignon qui se décelait principalement dans le patois parisien en amont de la Grève. J'en ai fait maintes fois l'épreuve ; la première, sans la moindre idée que je dusse un jour avoir des motifs particuliers de la faire ; les autres, pour y avoir été porté et contraint par la nature même de cette étude.

Né en Bourgogne, et venu à Paris à un âge où la principale pièce de notre bagage, et celle qui s'use le moins, est le parler vicieux que nous contractons dès que notre langue se

---

[1] *Les Citrons de Javotte*, p. 14.

délie, j'eus souvent l'occasion de voir des compatriotes que leurs affaires appelaient, plusieurs fois l'an, dans ces parages de la Seine, et les y cantonnaient. Là j'entendais, non sans le remarquer avec une surprise mêlée de joie, des mots, des intonations sentant le terroir bourguignon et sortant de la bouche non-seulement des indigènes de la province, mais aussi des hommes de journée parisiens leurs auxiliaires. Plusieurs années après, les chemins de fer avaient déjà porté une atteinte si profonde aux anciens modes de transport des grosses marchandises, surtout aux transports par eau; si grandes étaient les facilités offertes à l'aller et au retour par ces voies nouvelles; les longs séjours dans la capitale, autrefois forcés, étaient devenus si rares, de si peu de durée et, finalement, si nuls, que c'est à peine si je retrouvai, aux lieux que j'indique, de faibles vestiges du jargon qui s'y parlait un peu plus d'un quart de siècle auparavant, et qui m'avait charmé si fort. Enfin, lorsqu'il y a environ huit ans, je fus amené à faire (qu'on me passe le mot) une expertise, à l'effet de fortifier par des preuves palpables ce que j'ai dit des zones où se cantonnaient certaines variétés du patois parisien, je reconnus que, pour entendre du pur patois de Bourgogne, il fallait dorénavant aller droit aux hommes de cette province. Le vrai peuple de Paris qui se mêlait à eux pour les servir n'en était plus au temps où leur patois lui était presque familier et où il pouvait leur donner plus ou moins la réplique dans ce même patois. Sauf quelques intonations, il n'en a à peu près rien retenu, comme aussi, sur les points en aval de la Seine, du normand et du picard; il a de même oublié le sien propre, lequel, après s'être amalgamé avec ces trois-là, finit, pareil à un œuf battu avec d'autres œufs, par perdre son individualité.

Ainsi, et bien que tardivement sans doute, acheva de se faire dans la langue du commun populaire parisien l'unité qui s'était faite, il y avait longtemps, dans la langue des classes polies et des écrivains. Les dialectes provinciaux, qui, dans leur période de dégénérescence et de corruption, avaient trouvé si bon accueil chez la première, dans le temps qu'elle était déjà bien malsaine, n'y ont plus que des traces clair-semées et peu voyantes, depuis qu'elle s'est assainie; tandis que ces mèmes dialectes, quand les règles, les formes, l'or-donnance en étaient encore intactes, ont aidé à façonner, à enrichir du moins et à fixer la seconde, et qu'ils s'y sont même, et à beaucoup d'égards, survécu.

₰ III.

Du commerce de Paris par terre.

On a vu qu'une certaine partie des principales denrées ali-mentaires de Paris, généralement expédiées par eau, prenait aussi quelquefois les chemins de terre. C'était surtout celles qu'on récoltait à proximité de Paris, à savoir le blé, le foin. Mais tout le bétail destiné à l'approvisionnement de cette ville venait exclusivement par terre. Les lieux d'où elle le tirait et les marchés où il se débitait n'ont pas beaucoup changé depuis le xve siècle, et même depuis Henri IV; mais le principal changement est dans la quantité des bêtes consommées, et il est naturellement énorme.

« Les provisions de bestiaux pour Paris, dit Delamarre [1], se tirent de l'Isle-de-France, de la Brie, de la Beauce, du Per-che, du Vexin, de Normandie, de Picardie, de Bretagne, du Poitou, du Berry, de la Marche, du Limousin, et quelque peu d'Auvergne. Il en vient beaucoup du Neufbourg, en Nor-mandie, qui se débitent à Poissy. Il y a, de Neufbourg à Poissy, vingt et une lieues. Il en vient aussi de la Marche et du Limousin, dont le débit se fait au marché de Sceaux. Il s'en consomme à Paris, année commune, 60,000. Le plus grand nombre de veaux se tirent de Normandie, du Vexin, du Gâtinais. Les veaux que l'on nomme de rivière viennent du pays d'Auge, en Normandie. L'on en tire aussi de la Brie,

---

[1] Liv. V, tit. xvii, ch. ii.

et il s'en consomme à Paris, année commune, 200,000...
Depuis Noël jusqu'au carême, c'étoit du Vexin que l'on tiroit
la plus grande quantité de moutons. Il s'en débite toutes les
semaines à Paris 8,000, ce qui revient, par année commune,
à 416,000. »

Je demande pardon d'entrer dans ces détails, plus faits
pour des économistes que pour des personnes adonnées à
l'étude du langage. Elles aimeraient mieux, sans doute,
qu'on les promenât en quelque jardin, à l'instar de celui des
racines grecques, que sur des champs de foire. Cependant,
même pour l'objet dont elles s'occupent, une excursion sur
un pareil terrain n'est pas à dédaigner. D'ailleurs, comme on
est assuré, par ces détails, que la Normandie est la plus
grande pourvoyeuse de Paris pour la viande de boucherie,
on en doit conclure que le langage des forains normands
avait aussi plus d'action sur celui des revendeurs parisiens
qui avaient affaire à eux. On verra de plus tout à l'heure que
cette action était d'autant plus libre qu'elle était moins con-
trariée par celle des marchands des autres provinces : car,
pour éviter à ceux-ci la peine de venir en personne à Paris,
les Normands allaient chez eux raccoler, si l'on peut dire,
leurs bestiaux, qu'ils vendaient, conjointement avec les leurs
propres, aux bouchers parisiens.

En 1350, le marché aux bestiaux se tenait aux Champeaux,
c'est-à-dire entre le lieu où sont aujourd'hui une partie de la
rue Saint-Honoré, les rues Tirechapes, des Bourdonnais, de
la Limace et des Déchargeurs. Sous Charles VI, il fut enclos
dans la nouvelle enceinte érigée par ce prince [1]. Cependant
ce marché, ainsi qu'un autre situé hors de la porte Saint-
Honoré, était postérieur à celui de Poissy, dont l'ancienneté
même est telle qu'on n'en a pas retrouvé les titres. On sait
seulement qu'on n'a commencé d'en tirer des bestiaux pour
Paris que depuis les premières années du xvɪɪe siècle. En effet,

[1] Delamarre, liv. V, tit. xvɪɪ, ch. ɪɪɪ.

le marché aux bœufs et aux moutons se tenait encore, dans Paris même, en 1577 [1].

Outre celui de Poissy, il en existait hors de Paris quelques autres également anciens, et fondés au profit des seigneurs sur le domaine desquels ils se trouvaient. C'étaient, au nord, les marchés de Montmorency, de Saint-Denis et du Bourget; au midi, ceux de Châtres, de Longjumeau, de Montlhéry et celui du Bourg-la-Reine, plus tard transféré à Sceaux [2]. Mais le plus grand concours des bouchers de Paris et des marchands de bestiaux, normands et bourguignons, avait lieu à Poissy et à Sceaux, c'est-à-dire au nord et au sud de Paris [3]. Les autres marchés de la banlieue ne furent bientôt plus que des stations où les forains avaient des étables, et où ils faisaient reposer leurs bêtes avant de les conduire sur les deux grands marchés.

Ces bestiaux étant donc d'origines si diverses, et appartenant à tant de provinces, depuis la Flandre jusqu'au Limousin, et depuis la Bretagne jusqu'à la Franche-Comté, il semble qu'il devait en résulter, sur les marchés de Paris ou avoisinant Paris, un concours à peu près égal des marchands de ces provinces et de leurs piqueurs et bergers. Il n'en était pas tout à fait ainsi. D'un côté, les marchands normands achetaient dans les provinces de l'Ouest, et même en Picardie, les bestiaux, soit engraissés, soit pour les engraisser, et les conduisaient à Poissy; de l'autre, les marchands bourguignons et champenois faisaient le même trafic dans les provinces du centre et de l'est, et se rendaient ensuite au marché de Sceaux. Je ne vois guère que les Beaucerons et les Briois qui conduisissent eux-mêmes leurs bestiaux et les vendissent sans intermédiaire.

Un autre genre de commerce considérable, quoiqu'il ne le

[1] Delamarre, liv. V, tit. XVII, ch. IV.
[2] Par lettres patentes de mai 1667, enregistrées au Parlement le 19 août 1671.
[3] Delamarre, liv. V, tit. XVII, ch. IV.

fût pas autant, à beaucoup près, que celui des bestiaux, n'en a pas moins aidé, dans une très-grande mesure, à la propagation des patois de l'Ouest, aux halles et sur les marchés de Paris : c'est le commerce du poisson de mer.

Le poisson de mer qui se consommait à Paris était pêché dans l'Océan, et venait aussi par terre. Seul le hareng salé était expédié simultanément par terre et par eau. Faute des moyens de transport qu'on a aujourd'hui, il ne venait de la Méditerranée que des anchois, des sardines et d'autres poissons soumis, comme ceux-ci, à une préparation qui leur permettait de voyager sans risque de se corrompre.

De Dunkerque au Havre, du Havre à Saint-Malo, les côtes de la Manche étaient fouillées pour que la marée ne manquât pas à Paris. C'était donc de la Picardie et de la Normandie que venaient les marchands de poissons. Mais déjà, sous Louis XIV, soit à cause des mauvais chemins, soit parce qu'on n'était pas suffisamment outillé en Picardie pour faire ce commerce avec Paris, les pêcheurs et les chasse-marées picards avaient pris l'habitude de vendre leur poisson dans les villes, les châteaux et les grosses abbayes de la province, et de l'envoyer en Artois et en Flandre, et non plus à Paris : de là, disettes intermittentes et, conséquemment, élévation du prix de ce comestible aux halles et dans les marchés [1]. Quoi donc ! les Picards seraient-ils responsables de la mort de Vatel ? « Cette diminution, dit gravement Delamarre, d'un aliment si nécessaire pendant une partie considérable de l'année, pourrait bien exciter un jour l'attention des puissances pour y pourvoir. »

En 1258, on transportait la marée en charrette ou à sommier [2]. Il en était de même encore au xvᵉ siècle. « Et le vendredy, dit Jean de Troyes, la plupart desdits Bourguignons vindrent et arrivèrent à Sainct-Denis, en France, eulx loger illec. Et ce jour venoit à Paris trente chevaux de marée, dont

[1] Delamarre, liv. V, tit. xxv, ch. III.
[2] *Ordonn. de saint Louis* de 1258, au titre : *Des poissonniers*, art. 10.

lesdits Bourguignons en prindrent les vingt-deux; les aultres
se sauvèrent et vindrent à Paris [1]. » Mais, à partir de Louis XII,
les maréyeurs ou chasse-marées n'amenèrent plus le poisson
qu'en charrette [2]. Ils devaient être rendus en deux jours, des
bords de la mer à Paris. Cette rapidité supposait de bons chemins et d'excellents chevaux. Aussi y avait-il des officiers qui,
sous le titre d'*Élus de mer*, veillaient à ce que les routes fussent
constamment entretenues, et les chevaux en bon état. On n'y
épargnait pas la dépense, tant il importait que la marée arri-
vât fraîche ou à peu près, que les arrivages fussent prompts
et réguliers, et que les Parisiens reçussent exactement leur
pitance de chaque jour. Cette promptitude avait un autre
résultat ; maint voyageur qui aurait pu dire avec Charles
d'Orléans :

> Mauvoise odeur m'est plus fleurant que basme,

ne dédaignait pas, afin d'arriver plus vite, de prendre place
dans les voitures de chasse-marées, et de faire route de compagnie avec les soles, les raies et les merlans. « Je prends la
commodité des chasse-marées, dit un personnage de la *Fausse
Coquette,* pour vous aller voir plus promptement [3]. »

Il va de soi que tout le commerce de poisson était fait par
les Normands, les Picards y ayant, comme je l'ai dit, renoncé
à cause de la difficulté qu'ils éprouvaient à remplir les conditions imposées aux maréyeurs. Elles étaient en effet assez
onéreuses ; car on lit dans une ordonnance de Jacques d'Es-
touteville, prévôt de Paris en 1500, que les marchands maréyeurs avaient jusqu'à deux cents chevaux [4].

C'est saint Louis qui établit la halle au poisson vis-à-vis
celle des Champeaux ou la Grande-Halle fondée par Philippe-
Auguste. Les revendeurs et revendeuses y avaient leurs étaux.

---

[1] *Chroniques*, p. 277, édit. de Petitot.
[2] *Édit de François Ier* du mois de mars 1543.—*Ordonn. du prévôt de
Paris* du 28 septembre 1500; dans Delamarre, liv. V, tit. XXIX, ch. II, et
tit. XXXV, ch. III.
[3] *Théâtre de Gherardi*, t. V, p. 317. La pièce est de 1694.
[4] Delamarre, liv. V, tit. XXIX, ch. II.

Quant au poisson, il était vendu en gros et à la criée par les jurés-vendeurs, dans un lieu proche de la halle, appelé le *Parquet à marée*, nom qu'il porte encore aujourd'hui. Cependant, comme il restait plusieurs places vides aux environs du parquet, l'excellent roi les donna aux femmes qui vendaient le poisson en détail, avec défense aux receveurs des droits de rien exiger pour ces places [1]. On appelait celles-ci *places Saint-Louis*. Il semble que le souvenir de cette charité royale se soit perpétué dans le respectable corps des détailleresses de la halle ; en dépit de toutes nos révolutions, elles ont conservé des sentiments monarchiques. Mais ce qu'elles ont surtout conservé, c'est leur langage pittoresque, riche en figures de pensées et en tropes à confondre toute rhétorique, hardi jusqu'à l'indécence, personnel jusqu'à l'injure, à qui toute contradiction se soumet, toute éloquence quitte la place, et qu'elles parlent communément à quiconque est assez osé pour discuter le prix ou la qualité de leur marchandise. Elles en usaient déjà de cette manière au temps du roi Jean, surtout quand le fisc, oublieux du privilége qu'elles devaient à saint Louis, voulait leur faire payer les *droits du roi*. Un article de l'édit du roi Jean sur la police de Paris a pour objet de réprimer et de punir cet abus [2].

Si, dès lors, ce petit peuple des halles, accoutumé à vivre dans la société, dans la familiarité des maréyeurs normands, a pu se croire plus d'une fois de la même langue qu'eux ; si du moins il en a retenu l'accent, comme on retient un air en ne respectant pas toujours les paroles, combien plus ne fut-il pas atteint de cette disposition lorsque, dans la suite, il eut affaire non-seulement aux maréyeurs, mais encore aux coquetiers normands, lesquels inondèrent les halles dès qu'ils purent s'y rendre plus commodément par terre, et à mesure que la consommation de Paris devint plus considérable.

[1] Delamarre, liv. V, tit. XXXIII, ch. II.
[2] « Que nuls, ne nul ne face, ne ne die villenie ou dépit, etc. » (*Édit* du 30 janvier 1350, au titre : *De la marchandise du poisson*, art. 42.)

Les coquetiers faisaient le commerce d'œufs, de beurre, de volailles et de fruits. Réparti d'abord dans les différents marchés de la capitale, parce qu'il était libre et presque tout entier dans les mains des maraîchers et nourrisseurs de la banlieue, ce commerce fut concentré aux halles et pourvu de contrôleurs et autres officiers [1], du moment que, par suite de la concurrence progressive des Normands, il parut offrir au fisc royal une matière imposable susceptible d'un bon revenu.

Les coquetiers de Normandie et les poulaillers, avec lesquels on les confondait assez communément, amenaient leur marchandise en charrette ou à somme. Il en vint d'abord des parties de cette province les plus rapprochées de l'Ile-de-France, c'est-à-dire le Vexin, puis des plus éloignées, comme la Manche et le Calvados. En 1694, l'intendant Foucault obtint de Ponchartrain l'autorisation d'imposer de 60,000 livres la généralité de Caen, pour l'achèvement d'un chemin allant de cette ville à Lisieux, par où débouchaient, outre les bestiaux, les toiles, etc., les denrées telles que volailles, beurre, œufs, etc., dirigées de la basse Normandie sur Paris. Ce chemin, qui se reliait aux routes d'Alençon et de Rouen, était fait « de cailloutage et de moellons meilleurs, plus durables et de plus petit entretien que le pavé. » Il fut achevé en 1696. Foucault dit que cette réparation lui valut « bien des bénédictions des voituriers ; » et il ne dit que ce qui était vrai [2]. Les coquetiers normands, dont le passage sous les murs du château de Saint-Germain-en-Laye divertissait Louis XIII quand il était enfant, ne venaient pas encore de si loin ; c'est du Vexin qu'ils remontaient vers Paris, et du Vexin français plutôt que du normand.

Les halles étaient donc, sous Louis XIV, le point où se rendaient le plus de Normands, et celui où leur patois exerça nécessairement le plus d'influence. Là, il parvint à dominer

---

[1] *Édit* de mars 1673 ; dans Delamarre, liv. V, tit. XXIII, ch. X.
[2] *Mémoires de Foucault*, p. 305 et 323, de la collection des *Documents inédits*.

le patois parisien même, tandis qu'il était mêlé de picard en
aval de la Seine et qu'il laissait le bourguignon dominer à
peu près tout entier en amont. Quant aux lieux où le vrai
patois parisien était le plus à l'abri de ces influences diverses,
ce sont les marchés particuliers, dont le personnel était exclusivement parisien, étant composé de revendeurs qui ne paraissaient aux halles que pour y faire leurs achats. Je ne
parle pas des rapports qu'il avait avec le patois des paysans de
la banlieue, surtout de la banlieue située au midi de Paris;
leur langage différait à peine du sien, et eût-il différé davantage, qu'il n'eût eu ni le temps ni la force de s'imposer, vu le
petit nombre, les courtes apparitions et le peu d'importance
des affaires de ceux à qui il était propre. Quelques-uns de ces
marchés, tels par exemple que ceux de la place Maubert et
du cimetière Saint-Jean, le premier sur la rive droite, et le
second sur la rive gauche, étaient renommés, sous Catherine
de Médicis, comme des écoles en quelque sorte du pur patois
parisien. Les écrits qui en offrent le type le plus exact sont de
1644 : les *Nouveaux Compliments de la place Maubert, du cimetière Saint-Jean*, etc.; en 1649, la *Gazette de la place
Maubert*, et, en 1750, les *Lettres de Montmartre*.

Ni les uns ni les autres ne mettent en scène des personnages vivant sur les ports, tels que débardeurs, pêcheurs,
blanchisseuses, etc. Dans les deux premiers, les acteurs ou
interlocuteurs sont des marchands de l'un et l'autre sexe, soit
de légumes, d'herbes, de fruits, d'œufs et de volailles, toutes
denrées provenant des régions de la banlieue parisienne au
sud et au sud-ouest, soit de poissons de Seine et de poisson
de mer, ce dernier acheté à la halle conjointement quelquefois avec une partie des denrées énumérées ci-dessus,
quand les arrivages de la banlieue étaient insuffisants. Dans
les *Lettres de Montmartre*, on reconnaît, outre la main d'un
homme plus habile, celle peut-être d'un Bourguignon. Je tire
cette conjecture du pseudonyme de *Georgin* qu'il s'est attribué,
pseudonyme qui était le vrai nom d'une famille de Bourgogne,

connue de moi pendant mon enfance, et qui n'est peut-être pas encore éteinte. Le langage de cet auteur est bien le patois parisien tel qu'on le parlait encore à l'époque où parut ce petit livre (1750) ; il est toutefois plus foncièrement bourguignon, soit que le patois de la province de l'auteur ait plus déteint sur ce langage, soit que l'auteur ait simplement reçu et gardé plus pure la tradition parisienne. En effet, le héros de son livre (ou plutôt Jeannot Georgin lui-même, puisqu'il signe les lettres de son nom) est le fils d'un meunier de Montmartre. Il est bien vrai que ce n'est là qu'une fiction ; mais, eu égard au dialecte qu'il parle, Georgin ne pouvait avoir pour demeure habituelle un lieu plus convenable que celui-là. Éloigné, par sa *position* en haut de la butte Montmartre, de tous les points où prédominaient le normand et le picard, et sa profession ne l'obligeant point à les fréquenter, Jeannot Georgin ne donne place en son langage qu'à un certain nombre de formes de ces patois qui avaient pénétré partout, et qu'il n'était déjà plus en son pouvoir de dédaigner.

Les écrits de Vadé, de L'Écluse et de tous les petits auteurs poissards qui les ont imités, représentent, comme je l'ai dit, plus particulièrement le langage des ports et de la rivière, et plus particulièrement encore le langage d'aval. Boudin se ressent du langage d'amont, par l'usage qu'il fait de nombreuses formes du patois bourguignon. J'en dirai davantage, sur ces auteurs et quelques autres *minoris farinæ*, dans des notices personnelles à chacun d'eux.

§ IV.

De la communauté de patois entre Paris et sa banlieue.

Il nous reste à examiner comment le patois de la banlieue de Paris était le même que celui de Paris, comment il s'est maintenu dans ces localités plus longtemps que dans la capitale, comment enfin le peu qui leur en est resté jusqu'à ce jour est moins à revendiquer par le peuple parisien que par les provinces voisines de l'Ile-de-France, desquelles Paris et la banlieue tenaient également ce patois.

Au XIIIe siècle, ce qu'on appelait la banlieue de Paris comprenait certaines parties de territoire situées au nord, au nord-est, à l'est et au sud. Le même nom ne paraît pas avoir appartenu au territoire situé à l'ouest.

A l'est, elle s'étendait jusqu'à Assy-en-Mutien, trois lieues en deçà de Crépy, en Valois; de là, elle descendait à Meaux, de Meaux à Lagny, de Lagny à Gournai, de Gournai à Charenton, et de Charenton à Paris. D'Assy à Meaux, les communications par eau avaient lieu par la rivière d'Ourcq, qui se jette dans la Marne à Lizy, et de là jusqu'à Charenton par la Marne.

Au nord-est, la banlieue allait jusqu'au-delà de Senlis, à l'Orme de Ognon, d'où, communiquant avec l'Oise par la petite rivière de l'Aunette, elle descendait à Beaumont, de Beaumont à Pontoise, de Pontoise à Conflans, où l'Oise se jette dans la Seine, et de Conflans à Paris.

Au midi, elle finissait à Corbeil, puis, en tirant de là une ligne droite, à Montlhéry; de Montlhéry, elle descendait à Juvisy, et de Juvisy à Charenton, toujours en suivant la Seine.

Je ne vois à l'ouest que Poissy qui ait eu le nom de banlieue, et Poissy est sur la Seine. Tout le reste du territoire de ce côté, formant un angle entre Poissy et Montlhéry, et dans lequel sont Limours, Chevreuse, Montfort-l'Amaury, Versailles, etc., n'était pas de la banlieue proprement dite.

Tous les pays indiqués ci-dessus, et qui étaient compris dans l'Ile-de-France, font aujourd'hui partie des départements de la Seine, de Seine-et-Marne, de Seine-et-Oise et de l'Oise[1]. Ils sont traversés par des cours d'eau dont les plus considérables se jettent dans la Seine, là où cette rivière entre ou va entrer dans Paris.

C'est dans les deux directions du nord et de l'est que la

[1] Depping, *Introduction au Livre des métiers d'Estienne Boileau*, p. 309, note 1.

banlieue s'étendait le plus. Elle perçait par là en Picardie, entrait dans le Vexin français, en se rabattant sur Pontoise et Poissy, par où elle confinait au Vexin normand.

Dans la suite, la banlieue ne fut plus que le territoire situé autour de Paris, dans un rayon de huit lieues au plus et de quatre au moins. On s'accoutuma peu à peu à cette mesure, parce que la juridiction du prévôt des marchands embrassait tout cet espace. En effet le prévôt connaissait de tout ce qui regarde les arrivages, la vente et la livraison des denrées destinées à l'approvisionnement de Paris : non seulement, disaient les ordonnances [1], dans toute l'étendue de la prévôté et vicomté de Paris, mais encore « dans les huit lieues aux environs de cette ville. » C'était ce qu'on pourrait appeler la banlieue judiciaire.

Il n'est pas douteux que, dans les localités de la banlieue de Paris les plus rapprochées des deux Vexins et de la Picardie, il ne se soit, par le seul fait du voisinage, glissé bien des locutions propres à ces deux provinces; mais cela n'eût pas suffi pour façonner, si l'on peut dire, le patois polygène, qui était en pleine floraison dans la banlieue sous Louis XIII et pendant la minorité de Louis XIV, et dont un certain nombre de mazarinades offre le type parfait. Ce qui explique le développement de ce patois et sa forme définitivement fixée à l'époque que j'indique, c'est d'abord le nombre toujours croissant des marchands forains qui venaient à Paris, nombre déjà plus considérable sous les Valois, mais qui, après avoir sensiblement diminué pendant les guerres civiles, reprit, comme tout mouvement produit par réaction, sa marche ascendante avec une nouvelle force, aussitôt que la France fut pacifiée sous Henri IV, et qu'on eut des chemins plus sûrs et mieux entretenus. C'est ensuite que, vu la défense faite et réitérée à satiété depuis des siècles aux forains contribuant à alimenter Paris, de ne s'arrêter nulle part, « depuis qu'il

[1] Voyez, entre autres, l'édit de juin 1700; dans Delamarre, liv. I, tit. x, ch. VI.

seront partis des lieux où ils seront premièrement chargez, et qu'ils seront entrez dedans les termes de quatre lieues près et à l'environ de Paris [1], » ils s'arrêtaient nécessairement, séjournaient et se refaisaient des fatigues de la route dans tous les bourgs et villages qui ne dépassaient pas ces *termes* en deçà de Paris. Ils s'arrêtaient même avant d'arriver jusquelà, car, la juridiction du prévôt de Paris ayant été étendue à huit lieues au-delà de l'enceinte, et les forains y étant soumis à cette distance comme à la distance de quatre lieues, ils n'étaient pas plus en contravention dans une limite que dans l'autre. En tout cas, plus ils étaient éloignés, moins ils se croyaient exposés à l'inquisition de la police prévôtale, toujours ardente à rechercher les infractions aux ordonnances sur la marchandise.

Ces infractions étaient si communes, qu'on serait porté à croire que le contraire était l'exception. Il n'est pas un édit, un arrêt, un règlement concernant la marchandise, depuis Philippe-Auguste jusqu'à Louis XV, qui n'en porte le témoignage. En effet, ce n'était pas seulement pour se reposer que les forains s'arrêtaient aux endroits prescrits; c'était aussi pour y emmagasiner, même clandestinement, leurs denrées, afin de se réserver la liberté de les amener ou non à Paris, selon qu'ils penseraient y avoir plus ou moins d'avantage. La découverte de ces dépôts illicites était l'objet de toute la sollicitude de la police prévôtale, et était punie de la confiscation, sans préjudice de peines corporelles. Mais les manœuvres des forains leur rapportaient plus de profit que le châtiment ne leur causait de dommage. Ainsi, quand ils trouvaient à vendre sur place, c'est-à-dire là où ils demeuraient provisoirement, tout ou partie des denrées qu'ils étaient tenus de conduire intégralement à Paris, ils ne s'en faisaient pas scrupule; ils gagnaient à cela, pour le moins, de ne pas faire le voyage de Paris, de vendre sans payer des droits d'octroi et

[1] *Ordonn. du Prévôt de Paris* du 20 avril 1393; dans Delamarre, liv. V, tit. I, ch. II.

d'étal, enfin de retourner chez eux plus tôt. D'autres fois, ils avaient des intermédiaires dans Paris, espèces de commissionnaires ou courtiers qui allaient au-devant d'eux pour acheter les marchandises sur les lieux mêmes où elles étaient emmagasinées ou recélées, et qui les amenaient ensuite aux halles, où elles étaient vendues alors de seconde main. Quelques-uns même de ces intermédiaires, au cas où les forains, à qui ce genre de marché était sévèrement défendu, eussent été retenus par la crainte de la confiscation, étaient « si mal affectionnez au public, ou mal advisez ou indiscrets que d'offrir plus grand prix que le marchand n'avait première-ment demandé[1]. » Si, au contraire, les forains avaient résolu d'obéir aux ordonnances et de se transporter, eux et leurs mar-chandises, à Paris, ils retardaient leur départ autant que pos-sible, afin qu'une sorte de disette se produisant peu à peu aux halles et dans les marchés, les prix s'y élevassent en pro-portion. La hausse une fois établie, ils arrivaient tout à coup, et, s'ils contribuaient à la faire cesser, ce n'est qu'après avoir eu tout le temps nécessaire d'en tirer parti.

Il en était ainsi pour toute marchandise quelconque, mais « en espécial pour bœufs, vaches, moutons, poulailles, œufs, froumaiges, foin, advoines, etc.[2] » Le vin, sans doute, était traité de même, encore qu'il fût permis aux marchands d'avoir des magasins ou étapes plus rapprochés de Paris, c'est-à-dire à trois lieues[3]. Enfin il n'était pas jusqu'aux marchands de poissons qui ne recélassent dans la banlieue du poisson salé, comme l'indique une mesure prise contre cette fraude par une ordonnance de police du 20 février 1640, et une autre du 18 février 1662[4]. La banlieue de Paris était donc, la plupart du temps, presque littéralement peuplée de

[1] *Ordonn. du Châtelet* du 28 septembre 1590; dans Delamarre, liv. V. tit. I, ch. III.

[2] *Ordonn.* du 17 mai 1408; dans Delamarre, liv. V, tit. XVIII : *Des Mar-chands forains de bestiaux.*

[3] Delamarre, liv. V, tit. XLVI, ch. XXII.

[4] Idem, *ib.*, tit. XXIX : *Des Règlements généraux.*

tous ces pourvoyeurs, fort peu désintéressés, de la ville de Paris, et l'on a vu assez, par les motifs que j'en ai donnés précédemment, que les Normands et les Picards étaient les plus nombreux. Aussi ne craindrai-je pas d'affirmer que plus d'un bourg à proximité de Paris à l'est, au nord, et quelque peu à l'ouest, Lagny, par exemple, Claye, Gonesse, Dammartin, Senlis, Nanteuil-le-Haudouin, Luzarches, Beaumont, l'Isle-Adam, Montmorency, Argenteuil et Pointoise, sans parler des nombreux villages dépendant de ces diverses localités, ont vu leur population et leur bien-être s'accroître, en raison du passage continuel et du séjour plus ou moins prolongé des forains chez eux.

Il n'en fut pas tout à fait ainsi dans les bourgs et villages au sud de la Seine. Si leurs populations reçurent quelque accroissement par suite du séjour au milieu d'elles des pourvoyeurs de Paris venus de la Beauce, de l'Orléanais, de l'Anjou et de la Touraine, le nombre de ceux-ci étant de beaucoup inférieur à celui des pourvoyeurs venant du nord et de l'est; et leur patois, étant presque nul, le langage de leurs hôtes n'en subit pas de modifications très-sensibles. En revanche, le bourguignon a été en mesure de le marquer de son empreinte; car, outre que de tout temps les Bourguignons avaient leurs logis dans la cité et dans les faubourgs qui se déployaient autour de la montagne Sainte-Geneviève, sitôt que les chemins furent rendus praticables, et qu'à leur ancien commerce par la Seine avec Paris les forains bourguignons eurent ajouté celui des bestiaux, ils prirent aussi les voies de terre, et il est sans doute permis de croire (car ils ne pouvaient pas faire autrement) qu'ils eurent des étapes à Longjumeau, à Montfort-l'Amaury, à Chartres, à Montlhéry et à Sceaux, conjointement avec les Beaucerons, les Orléanais, les Angevins et les Tourangeaux.

Quelques doutes qu'on puisse avoir sur le degré d'influence accordée ici aux patois provinciaux sur le patois parisien, et encore que les preuves alléguées à l'appui de mon sentiment

à cet égard puissent ne pas sembler à tout le monde d'une
égale force, et en telle ou telle circonstance ne laisser rien à
désirer, cependant, à ne considérer cette influence que par
les effets dont l'évidence éclate dans plusieurs monuments
écrits, il n'est guère possible de la contester, non plus que de
nier, après les raisons que j'en ai données, comment elle s'est
introduite, comment elle s'est répartie, comment elle s'est
fomentée, accrue, entretenue.

Je reconnais, d'ailleurs, que ces écrits en patois parisien
ne représentent pas toujours exactement, et dans sa nuance
propre, le langage du quartier de Paris ou celui du village où
ils sont censés avoir été composés ; mais on n'en doit pas
moins les tenir pour les fidèles organes du patois parisien ou
de cet amalgame de tous les patois qui le constituent. Que si
j'ai essayé d'en faire la répartition, c'est-à-dire d'assigner sa
zone à chaque nuance, ce n'est pas que je m'en sois exclusivement rapporté aux pièces écrites en ce patois, aux lieux
dans ou pour lesquels elles ont été écrites, enfin aux acteurs
qu'elles mettent en scène ; j'ai dû m'appuyer aussi sur
d'autres pièces qui démontrassent clairement, quoique indirectement, la vraisemblance, sinon la vérité de mes asser-
tions. Ces pièces sont les ordonnances des rois, les édits des
prévôts des marchands, les arrêts du Châtelet et du Parlement, et autres documents officiels concernant la police de
Paris. Là, rien n'est omis de ce qui regarde le commerce de
cette ville avec les provinces : la nature de ce commerce, les
hommes, les instruments qui y étaient employés, les voies
qu'il suivait par terre ou par eau, les endroits où lui était
défendu ou permis de remiser ses marchandises avant de
les introduire dans Paris, ceux où il devait les amener, les
étaler et les vendre une fois qu'elles y étaient entrées ; les
infractions qu'il commettait, ses ruses pour provoquer des
disettes momentanées et la hausse qui en résultait, ses ca-
chettes, ses repaires dans la banlieue et jusque dans Paris.
De tous ces renseignements, j'ai tiré mes conclusions. Puis-

sent-elles avoir du moins le mérite de paraître vraisem-
blables!

J'ai indiqué plus haut les causes qui ont amené la dissolution et la ruine du patois parisien dans Paris; elles ont agi de
même sur ce patois dans la banlieue. Elles sont tout économiques et découlent, je le répète, principalement de la révolution radicale et presque instantanée produite par les chemins de fer dans les rapports commerciaux de Paris avec la
province. Désormais un seul jour, et souvent moins, suffit
aux transactions les plus importantes; on les entame et on
les achève, pour ainsi dire, entre un bonjour et un adieu, et
chacun des intéressés se retire après avoir eu à peine le temps
de s'asseoir. Si, pourtant, il reste encore dans la banlieue quelques formes et surtout des intonations normandes, picardes et
bourguignonnes, il faut l'attribuer à la persistance opiniâtre
du paysan suburbain dans ses habitudes, et aussi à ce que bon
nombre de forains attardés et embarrassés de marchandises
continuent à se loger, eux et elles, dans la banlieue, évitant
par là le séjour trop coûteux de Paris, et sont néanmoins en
mesure d'y aller à leur guise, promptement et commodément,
et à en revenir de même. Eux seuls prolongent encore, par
leur présence, l'agonie de notre patois; mais, même au point
où il en est, on peut dire avec assurance qu'il a vécu.

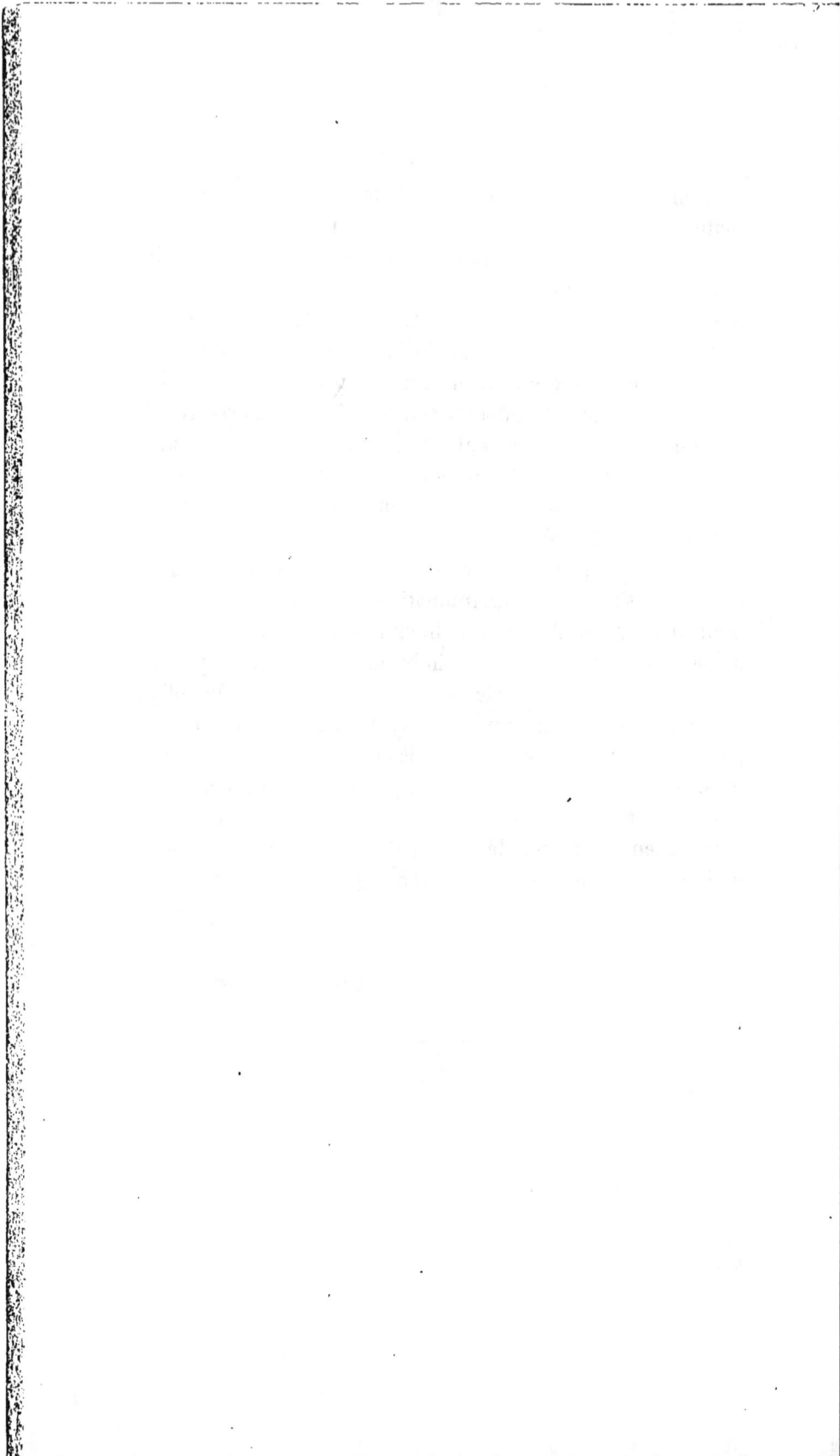

APPENDICE [1]

Compte de moy Jehan de Saint-Riquier [2], religieux de
Fescamp des receptes et mises par moy faites par le comman-
dement et ordonnance de messieurs les prieurs et convent de
Fescamp par leur procuracion et leurs lettres en la poursuite
que jay faite envers monsieur de Bethefort et son grant conseil pour avoir licence deslire pour ledit convent avecques
moy maistre Jehan Duval, tabellion apostolique et un varlet
en plusieurs voyages quil a falu faire pour ladicte poursuite.

PREMIEREMENT.

Recepte.

Le lundj ixe jour de novembre pour aler a Paris par devers monsieur de Bethefort poursuivre ledit congie deslire par la main du
prieur de Saint-Gervais qu'il presta audit convent. xii l.

Autre recepte faite par moy pour aler a Vernon pour
impetrer ledit congié.

Le mercredj ixe de decembre de Losmonier les-
quiex il presta au convent la somme de. . . . . vi l.

Ce jour semblablement du tresorier et du
chantre de chacun c s. quj valent x l. desquiex
je nay receu que. . . . . viii l. viii s. viii d.

Dudit prieur de Saint-Gervais. . . . . lx s.

Du Culerier. . . . . xl l.

Dudit Culerier le ij^e jour de janvier. . . . . c l.

Despense faicte par moy sur la dicte Recepte.

PREMIEREMENT.

Le lundj ixe jour de novembre pour le vidimus
du patent fait a la viconte de Rouen. . . . . vii s. ii d.

Item ce jour pour une voitture qui mena

[1] Archives de la Seine-Inférieure, F, de l'abbaye de Fécamp. Pièces non classées.
[2] Voyez page 19.

ij poincons plains descriptures [1] de Rouen à Fescamp a eulx baillie en rabatant de v s. qu'ilz
devoient gainguier. . . . . XXII s. VI d.

Item pour le vin aux portiers de Rouen qui
ouvroient la porte a XI heures pour ce quelle
estoit fermee a eulx baillie. . . . . XVI d.

Item pour nostre disner a Rouen. . . . . . VI s. IIIj d.

Ce jour apres disner a Fleury. . . . . VI s.

Item au souper et a coucher a Escouyez. . . XI s.

Le mardj ensuiv. a disner a Maigny. . . . . VI s. IIIj d.

Ce jour au souper a Villeneuve. . . . . . . XII s.

Le mercredj ensuiv. xj[e] jour dudit mois de novembre a disner a Pontoise. . . . . VII s. IJ d.

Item ce jour à Saint-Denis pour repaistre. . . VII s. IIIj d.

Item ce jour pour j cheval loue depuis Pontoise
jusques a Saint-Denis. . . . . V s.

Item ce jour a Paris pour une paire de souliers
pour nostre varlet. . . . . V s.

Item pour unes semelles a mes souliers. . . IJ s. VIII d.

Item ce jour au souper pour pain. . . . . . XVIII d.

Pour IIIj pintes de vin. . . . . II s. VI d.

Item pour mellens et harens. . . . . II s. IJ d.

Pour œufs. . . . . X d.

Pour burre. . . . . VI d.

Pour VI fagos et IIIj bourrees. . . . . II s. J d.

Pour demj livre de chandelle. . . . . . . XIII d.

Le XII[e] jour ensuiv. que maistre Guillaume
Euvrye et maistre Nicole le Masle dignerent a⸵ ⸵
nous pour j XII[e] de petit pain. . . . . III s.

Pour vin. . . . . II s. VI d.

Pour une pomme de choux. . . . . V d.

Pour beuf et mouton pour tout le jour. . . VI s. X d.

Pour j XII[e] dalouetes a disner. . . . . . . II s. IX d.

Pour lart a faire tesmoings. . . . . XVI d.

Pour buche. . . . . , . XII d.

Item ce jour au souper ou furent les diz
maistres Guillaume Euvrye et Nicole Lemasle, qui

[1] Papiers, tels que registres, comptes, etc.

furent avecques nous a monsieur de Bethefort

pour une xii^e d'alouetes. . . . . ii s. vi d.

   Pour lart a faire tesmoings [1]. . . . . xii d.

   Pour saffren a jaunir le haricot. . . . . . . iiij d.

   Pour poires dangoisse. . . . . ii d.

   Pour pouldre de duc [2] a mettre dessus. . . . iiij d.

   Pour bourrees et fagos. . . . . xx d.

   Pour trois pos de vin. . . . . v s.

   Pour demi livre de chandelle. . . . . x d.

Le vendredi ensuiv. xiii^e jour de novembre a
disner ou furent maistre Guillaume Euvrie procureur de la nacion de Normandie maistre Nicole
le Masle le bedeau de la nacion qui assemblerent
la nacion de Normandie pour notre besoingne

pour pois. . . . . viii d.

   Pour j xii^e de petit pain. . . . . iii s.

   Pour buche. . . . . xx d.

   Pour harens sors. . . . . xv d.

   Pour demj quarteron de harens fres. . . . . ii s. vi d.

   Pour œufs. . . . . x d.

   Pour burre. . . . . viii d.

   Pour vi mellens. . . . . iii s.

   Pour j demj livre de burre a faire le chaudume [3]

pour les meslens. . . . . xvi d.

   Pour une quarte de vin blanc. . . . . . . xx d.

   Pour v pintes de vin vermeil. . . . . iiii s. ij d.

Ce dit jour a souper ou furent les diz maistres
Guillaume et maistre Nicole pour gaudons et
vandoises [4] pour friture. . . . . xx d.

   Item pour farine a les enfleurer. . . . . . iiii d.

   Pour huille a les frire. . . . . xv d.

   Pour bourrees et fagos. . . . . xv d.

   Pour iiij quartes de vin. . . . . vi s. viii d.

   Pour saulce vert. . . . . iiii d.

   Pour demi livre de chandelle. . . . . . . x d.

Le samedj ensuiv. pour le desjeuner du procureur de la nacion de Normandie et le bedel qui

---

[1] Bardes à barder les alouettes.
[2] Mélange de cannelle et de sucre pilé. Je ne devine pas l'origine de cette appellation.
[3] Friture (?)
[4] Petits poissons d'eau douce. *Friture* est dit ici pour les poissons et la sauce ensemble : une friture.

furent avecques moy chiex monsieur de Bethe-
ford. . . . . iiii s. vi d.

    Item au disner ou furent les diz maistres apres
ce que nous fusmez retournez de pardevers
monsieur de Bethefort pour j xii^e de petit pain.   iii s.

    Pour vi harens frez vi harens sors et iiii merlens.   vi s. viii d.
    Pour demj livre de burre. . . . .   xv d.
    Pour œufs. . . . .   x d.
    Pour buche. . . . .   x d.
    Pour poree. . . . .   i d.
    Pour j pinte de vin blanc. . . . .   viii d.
    Pour ij quartes de vin vermeil. . . . . . .   iii s. iiii d.
    Pour poires. . . . .   iiii d.
    Pour pouldre de duc en lieu de formage. . .   iiij d.
    Ce jour a souper pour gardons et vendoises a
faire fritures. . . . . :   xx d.
    Pour fleur a les enfleurer. . . . .   iiii d.
    Pour huille a les frire. . . . .   vi d.
    Pour saulce vert. . . . .   iiij d.
    Pour bourrees et fagos. . . . .   xx d.
    Pour papier et enque. . . . .   viii d.
    Pour ij quartes de vin. . . . .   iii s. iiij d.
    Pour demj livre de chandelle. . . . . . .   x d.

    Le dimenche ensuiv. pour ce que nous ne dis-
nasmes mie a lostel. Ce jour baillie a maistre
Guillaume Duval qui partj de Paris pour aler a
Fescamp devers vous j escu dor qui valoit. . .   xxxij s. vi d.
    Ce jour au souper pour demj xii^e de petit pain.   xviii d.
    Pour j quartier de mouton duquel lespaule fut
mengee avecques une piece quj fut mise u
haricoq pour ce que le bedeau y souppa et l demourant pour lendemain. . . . .   vi s. vi d.
    Pour saffren a jaunir le haricoq.. . . . .   iiii d.
    Pour buche. . . . .   xx d.
    Pour ij quartes de vin. . . . .   iii s. iiij d.
    Pour demj livre de chandelle. . . . . . .   x d.

    Le lundy ensuiv. au disner ou furent messieurs
le procureur de la nacion maistre Thomas le
Moyne N. Lemasle et le bedeau quj furent a
monsieur de Betefort proposer notre besoingne

pour pain. . . . . iij s.

Pour ij pieces de beuf avec le demourant du quartier de mouton de souper. . . . . iii s. iiij d.

Pour j bruquet [1] de veel. . . . . vii s. vi d.

Pour une jeune poule. . . . . iiij s. ij d.

Pour cameline [2]. . . . . iiij d.

Pour j quarte de vin blanc au matin avant quilz alassent proposer devant monsieur de Bethefort. xvi d.

Pour buche au matin. . . . . xx d.

Pour moustarde. . . . . ij d.

Pour j quarteron de poires a cuire. . . . . x d.

Pour pouldre de duc en lieu de formage. . . iiij d.

Pour une quarte de vin blanc a disner. . . . xvi d.

Pour v pintes de vin vermeil. . . . . iiii s. ij d.

Pour choux blans. . . . . v d.

Ce jour a souper pour j^e xii^e dalouetes. . . . iii s.

Item pour lart a larder le bruquet et le poulet et pour faire des tesmoings aux allouetes. . . . ii s. vi d.

Pour buche. . . . . xx d.

Pour iij pintes de vin. . . . . ij s. vi d.

Pour demi livre de chandelle. . . . . . . xx d.

Le mardj ensuiv. au disner pour demj xii^e de pain. xviii d.

Pour iij pieces de char. . . . . vi s. ij d.

Pour choux blans. . . . . iiij d.

Pour buche au matin. . . . . xx d.

Pour une quarte de vin. . . . . , xx d.

Ce jour au souper ou furent maistre Guillaume Euvrye et son compere lequel Euvrye geta une supplique pour bailler a monsieur de Betheford et une autre a son confesseur pour pain blanc. vi d.

Pour j xii^e d'alouetes . . . . ii s. vi d.

Pour cinq pintes de vin. . . . . iiii s. ij d.

Pour navez. . . . . iiii d.

Pour moustarde. . . . . ii d.

Pour bourrees et fagos. . . . . xx d.

Pour j livre de chandelle. . . . . xx d.

Le mercredj ensuiv. au disner ou furent maistre N. Lemasle pour demj xij^e de pain. . . xviii d.

---

[1] Poitrine.
[2] Sauce. Voyez Ducange, v° *Camelatum*.

Item pour buche. . . . . xx d.

Pour poree. . . . . ii d.

Pour harenc sor. . . . . xviii d.

Pour iiij merlens frez. . . . . iii s. ix d.

Pour demj livre de burre. . . . . xiiii d.

Pour j pinte de vin blanc. . . . . viii d.

Pour iij pintes de vin vermeil. . . . . . . ii s. vi d.

Ce mercredj au souper ou fut le scribe de
luniversite pour iij merlens. . . . . iij s. iiij d.

Item pour œufs. . . . . x d.

Item pour demi quarteron de poires. . . . . iiij d.

Pour buche. . . . . x d.

Le jeudj ensuiv. au disner ou fut maistre N. Lemasle pour ce quil fut avecques moy a monsieur
de Bethefort pour pain. . . . . xviii d.

Pour iiij pieces de char pour tout le jour. . . iii s. ix d.

Pour poree. . . . . iiii d.

Pour j pinte de vin blanc. . . . . viii d.

Pour iij pintes de vin vermeil. . . . . . . ij s. vi d.

Pour moustarde. . . . . ij d.

Pour buche. . . . . x d.

Ce jour au souper pour iij pintes de vin. . . ij s. vi d.

Pour buche. . . . . x d.

Pour demi livre de chandelle. . . . . x d.

Le vendredj ensuiv. xxe jour de novembre que
nous Thomas le Moine maistre Guillaume Euvrie
et maistre Nicole le Masle avec un tabellion
furent pour nous devers monsieur de Bethefort
pour ce a eulx donne a disner.

Pour le desjuner des diz maistres. . .   . . . xx d.

Pour j xiie de pain a disner. . . . . iij s.

Pour harens sors et frez. . . . . iiii s. iiij d.

Pour vi meslens. . . . . vi s.

Pour pois. . . . . viii d.

Pour œufs a disner. . . . . x d.

Pour une raye. . . . . iii s. iiij d.

Pour huille a la foire [1]. . . . . xviii d.

Pour saffren. . . . . x d.

Pour demj quarteron de pouldre fine. . . . . ii s. ij d.

[1] Faire.

Pour demj once de pouldre de canelle. . . . xx d.
Pour pouldre de duc. . . . . xx d.
Pour j quarte de vin blanc. . . . . xx d.
Pour vii pintes de vin vermeil. . . . . . . vi s. viii d.
Pour buche à disner. . . . . xx d.
Pour fleur a frire la raye. . . . . iiij d.
Pour moustarde. . . . . ij d.
Pour ongnons. . . . . iiij d.
Pour pomes. . . . . iiii d.
Pour burre. . . . . viii d.
Ce jour au souper pour chandelle. . . . . . xii d.
Pour œufs. . . . . x d.
Pour demj xiie de pain. . . . . xviii d.
Pour buche. . . . . xv d.
Pour v pintes de vin. . . . . iiij s. ij d.

Le samedj ensuiv. que les dessus diz furent
devers monsieur de Betheford et monsieur le
chancellier.

Pour iiij merlens. . . . . vi s.
Pour j xiie de harenc que frez que sor. . . . ii s. vi d.
Pour œufs. . . . . x d.
Pour pain. . . . . xviii d.
Pour poree.. . . . . ij d.
Pour j quarteron de burre. . . . . viii d.
Pour bois. . . . . xx d.
Pour trois pintes de vin vermeil. . . . . . ii s. vi d.
Pour verjus et vin aigre. . . . . v d.
Pour poires. . . . . iiij d.
Ce jour a souper pour bois. . . . . v d.
Pour une quarte de vin. . . . . xx d.
Pour chandelle. . . . . xii d.

Le dimenche ensuiv. pour deux pieces de beuf
et une de mouton. . . . . iiij s. ij d.
Pour vi pains. . . . . xviii d.
Pour choux. . . . . ij d.
Pour ij quartes de vin presentees a maistre
Thomas le Moine et G. Euvrye. . . . . . . iiij s. ij d.
Pour iij pintes de vin pour notre disner. . . ii s. vi d.
Pour bois tant pour cuire notre viande que
pour nous chauffer. . . . . xv d.

Item apres disner pour faire boire maistre Guillaume Euvrie. . . . . xx d.

Pour moustarde. . . . . ij d.

Pour cinq pintes de vin a souper. . . . . . iiij s. ij d.

Le lundj ensuiv. pour char tant de beuf que de
mouton. . . . . iiij s. ix d.

Pour pain. . . . . ii s. iii d.

Pour choux et moustarde. . . . . iiij d.

Pour pomes. . . . . v d.

Pour buche. . . . . ij d.

Pour iiij pintes et chopines de vin. . . . . . iij s. ix d.

Pour chandelle. . . . . xii d.

Le mardj ensuiv. pour char. . . . . ij s. xj d.

Pour pain. . . . . xii d.

Pour choux. . . . . v d.

Pour moustarde. . . . . ij d.

Pour poires. . . . . v d.

Pour iij pintes de vin. . . . . ii s. vi d.

Pour j quartier de formage. . . . . ii s. j d.

Item pour char de provision. . . . . vii s. xj d.

Pour vin au souper. . . . . xx d.

Pour bois. . . . . xx d.

Le mercredj ensuiv. pour mellens a disner. . ij s. vi d.

Pour vi harens. . . . . xv d.

Pour pain. . . . . x d.

Pour vin. . . . . ij s. iiij d.

Ce jour a souper pour navez. . . . . ij d.

Pour vivre et moustarde. . . . . v d.

Pour trois harens frez. . . . . xii d.

Pour bois. . . . . x d.

Pour poires. . . . . ii d.

Pour pain. . . . . vi d.

Pour ij quartes de vin. . . . . iii s. iiij d.

Pour chandele. . . . . xii d.

Le jeudj ensuiv. que luniversité proposa pour
nous pour donner a disner au proposant et aux
maistres pour char de beuf et de mouton. . . vii s.

Pour pain. . . . . iiij s.

Pour j connin et j oyseau de riviere. . . . . xj s. iij d.

Pour lard. . . . . xii d.

Pour choux. . . . . viii d.

Pour poires. . . . . iiij d.

Pour moustarde. . . . . ij d.

Pour espices et saffren. . . . . xviii d.

Pour iiij quartes de vin. . . . . vi s. viii d.

Au souper pour mouston tant bouilli que rosti. iiii s. ij d.

Item pour bois tant pour disner que pour souper. . . . . iii s.

Item pour v pintes de vin. . . . . , . iiij s. ij d.

Le vendredj ensuiv. que disna avecques nous maistre N. le Masle et le procureur de la nacion.

Pour pain. . . . . v s.

Pour iij harens frez. . . . . xv d.

Pour harens sors. . . . . xv d.

Pour choux et moustarde. . . . . iiij d.

Pour burre. . . . . xv d.

Pour viii œufs. . . . . xx d.

Pour pouldre de duc. . . , ... xx d.

Pour poires a cuire. . . . . iiij d.

Pour bois. . . . . xxij d.

Pour ongnons. . . . . ij d.

Pour chandelle. . . . . xii d.

Pour v pintes de vin. . . . . iiij s. ij d.

Pour ij quartes de vin presentées a monsieur le Recteur de luniversite. . . . . vi s.

Au souper pour iiij harens. . . . . xv d.

Pour v œufs. . . . . xii d.

Pour viii (blanc). . . . . iii s. iiij.

Le samedj ensuiv. a disner pour pain. . . . . iiij s. ij d.

Pour œufs et burre. . . . . ii s. ij d.

Pour harens. . . . . iij s. iiii d.

Pour poires. . . . . ij d.

Pour vin. . . . . iiij s. ij d.

Pour bois. . . . . xx d.

Pour j quarte de vin au vespre et j pain. . . ij s.

Le dimenche ensuiv. vigille Saint Andrieu que maistre Thomas Hobe devoit aler querir les responces du propos qu'il avoit fait pour luniversite

8

et pour nous disna et soupa avecques maistre
Guillaume Euvrie, maistre N. Lemasle et le be-
deau de la nacion pour beuf et mouton. . . . . vii s. vi d.
   Pour j capon. . . . . iii s. ix d.
   Pour pain. . . . . ij s. vi d.
   Pour une piece de veau. . . . . iiij s. iiij d.
   Pour fleur a faire j paste. . . . . x d.
   Pour grefse [1] de beuf. . . . . iiij d.
   Pour choux. . . . . vi d.
   Pour poires et moustarde. . . . . iij d.
   Pour buche. . . . . iij s. ix d.
   Pour ix pintes de vin. . . . . vij s. x d.
   Pour œufz. . . . . v d.
   Ce jour au souper pour mouton. . . . . . iiii s. vii d.
   Pour allouetes et lard. . . . . iiij s. ij d.
   Pour chandelle. . . . . xii d.
   Pour pouldre et saffren. . . . . xii d.
   Pour oingnons. . . . . ij d.
   Pour vin. . . . . vii s. viii d.

Le lundj desrain jour dudit mois que nous
fusmes devers monsieur de Betheford pour avoir
response par le proposant de luniversite et di-
nasmes maistre Guillaume Euvryre maistre N. le
Masle maistre Jehan et moy à la taverne pour
iceluj disner. . . . . xiii s.
   Pour vi petiz pains. . . . . xviii d.
   Pour j chappon. . . . . iiij s. ij d.
   Pour une xij e d'allouetes avec le lard. . . . iiij s. vii d.
   Pour vin. . . . . iiij s. x d.
   Pour œufz et espices. . . . . xiii d.
   Pour bois. . . . . xx d.

Le mardj ensuiv. premie jour de decembre
que nous partismes de Pari pour nous en venir
pour pain et j pinte de vin. . . . . xxv d.
   Ce jour pour boire a Espina . . . . viii d.
   Pour souper a Coufflans. . . . . vii s. vi d.

Le mercredj ensuiv. pour passer la rivière
doise. . . . . vi d.
   Ce jour pour desjuner a Triel. . . . . . . ij s.

[1] Gresse.

Item pour disner a Meullenc. . . . . vi s.
Item pour souper a Mante. . . . . vii s. vi d.

Le jeudj ensuiv. pour desjuner audit lieu. . . iiij s. x d.
Item pour j batel pour nous porter. . . . . xx s.
Item pour feurre a mettre dedans ledit batel
avecques une bouteille de vin. . . . . vi s. viii d.
Pour disner a la Roche. . . . . iiij s.
Ce jour a souper a Vernon. . . . . xii s.

Le vendredj ensuiv. pour j batel pour nous ap-
porter de Vernon à Andely. . . . . xvj s.
Pour nous desjuner audit lieu de Vernon. . vi s. x d.
Pour disner à Andelj. . . . . iii s. iiij d.
Item pour une guide qui nous conduit depuis
Andelj jusques au pont saint Pierre. . . . . . vi s. vi d.
Pour souper au Pont saint Pierre. . . . . . xi s.
Item pour une guide quj nous admena par nuit
dudit lieu jusques a Rouen.. . . . . v s.

Le samedj ensuiv. pour noz despens a Rouen. xv s.
Ce jour a souper a Barentin tant pour nous que
pour noz chevaulx. . . . . x s.

Le dimenche ensuiv. pour disner a Beauquesne
pour nous et pour noz chevaulx. . . . . . . vii s. vi d.

Autrez mises extraordinaires faites ou dit voyage.

PREMIEREMENT.

Baillie a maistre Jehan Duval j escu qui
vault. . . . . xxii s. vi d.
Item pour les labeurs et peines que avoit fait
maistre Guillaume Euvrie tant pour escripre que
autres choses à luj ij escuz qui vallent. . . . lv s.
Item pour les peines que Pierre tailleu et ses
gens avoient prins pour nous à eulx donne. . . xx s.
Item pour ij chevaulx pour aller de Rouen à
Fescamp tenuz par nous vi jours et gaignerent
chacun jour v s. vallent. . . . . lx s.
Item pour le loyer d'un varlet qui fut avec
nous trois sepmaines a Paris pour ce. . . . . l s.
Item pour j clerc que je envoyay a Fescamp
pour porter lettres a luj baillie. . . . . . . xxx s.

Autres mises faites pour le voyage de Vernon.

PRIMO.

Le samedj xII^e jour de decembre que nous
partismes maistre Jehan Duval moy et j varlet
pour aler de Rouen a Vernon devers monsieur de
Betheford pour ij paires de souliers pour maistre
Jehan et pour moy. . . . . xi s. viii d.

    Pour desjuner a Rouen. . . . . x s.

    Pour repaistre au pont Saint-Pierre. . . . vii s. vi d.

    Item pour souper et coucher à Andelj. . . . xj s.

    Dimenche ensuiv. a desjuner à Pormer. . . iiij s.

    Item a disner a Vernon. . . . . vii s. vi d.

    Item pour notre souper audit lieu. . . . . . x s.

Le lundi ensuiv. pour envoyer notre varlet a la
roche querir damp Philipe a lui baillie. . . . ii s. vi d.

    Ce jour pour faire escripre une supplicàcion. . v s.

    Pour disner. . . . . xi s.

Pour vin et viande presentez chiex monsieur
Raoul lesage. . . . . LXX s.

    Item pour souper a cause davoir conseulx. . . xxv s.

Le mardj ensuiv. pour disner ou fut damp
Philipe et autres notables personnes amis de
notre eglise. . . . . xx s.

    Pour souper ou furent les dessus diz. . . . . xv s.

Le mercredj ensuiv. pour notre despense de
toute la journee. . . . . xxii s. vi d.

Le jeudj ensuiv. presente aux secretaires du
Roy chappons et counins pour ce. . . . . . XLV s.

    Ce jour pour envoyer notre varlet à Fescamp. xv s.

    Pour quarreller ses soulliers. . . . . ii s. vi d.

    Pour noz despens ce jour en tout. . . . . . xx s.

Le vendredj ensuiv. xviij^e jour dudit mois pour
avoir donne a disner a j des chambellans du
prince pour ce. . . . . xxv s.

    Item pour faire faire plusieurs suplicaçions et

plusieurs escriptures à maistre Pierre de Mine-
ray. . . . . xv s.
    Item pour papier. . . . . ii s. vi d.

Le samedj ensuiv. pour noz despens de toute
la journee. . . . . xv s.

Le dimenche ensuiv. pour faire disner avec
nous celuj quj nous devoit faire notre lettre pour
nostre congie pour toute despense du disner et
du souper. . . . . xxxv s.

Lundj ensuiv. pour disner avec nous le secre-
taire du Roy. . . . . xl s.
    Ce jour pour notre lettre de congie tant pour
maistre Jehan Milet que pour les clers iiij escus
dor quj vallent chacun xxvii s. vi d. ainsi. . . Cent x s.
    Item pour nous en venir par eaue depuis Ver-
nom jusques a Andelj pour ce. . . . . xv s.
    Pour pain pour mettre ou batel. . . . . . . xx d.
    Item pour feurre pour mettre ou batel. . . . ij s. vi d.
    Item pour souper à Andelj. . . . . xii s. vi d.

Le mardj ensuiv. pour j varlet qui porta noz
besaches pour labsence du nostre a luj baillie. . v s.
    Pour disner au Pont Saint Pierre. . . . . . viii s.
    Pour repaistre a Rouen. . . . . v s.

Le mercredj xxiij⁰ jour dudit mois pour disner
a Rouen Damp Ph⁰ maistre Jehan i varlet et moy. xii s. vi d.
    Ce jour pour ij fers de cheval a Barentin. . . xx d.
    Item pour souper et gesir au boschericon tant
pour nous que pour noz chevaux. . . . . . . xv s.

Le jeudj ensuiv. pour repaistre a Beauquesne. vi s.
    Item pour le louage de trois chevaulx pour
Damp Phe maistre Jehan et moy et les avons euz
pour vi jours chacun cheval pour jour v s. vallent. . . . . iiij l. x s.

Le samedj xxvj⁰ jour dudit moy que M⁰ Jehan
moy et j varlet partismes de Fescamp pour aler a
Rouen quérir les conseulx pour venir celebrer et
faire lelettion pour souper et coucher a beauquesne tant pour nous que pour noz chevaulx. . xv s.

Le dimenche ensuiv. pour disner a barentin.   x s.
Ce jour a souper a Rouen. . . . .   viii s.

Lundj xxviiie jour dudit mois que nous par-
tismes de Rouen iceulx conseilz maistre Nicaise
Mourisse maistre Robert Doulce maistre Nicole
Charles maistre Robert Neel et Colin delafresnoye
et chacun son clerc avec ce maistre Jehan Duval
et moy pour disner à Rouen pour beuf et mou-
ton. . . . .   xiii s.
  Pour ij pastez de chappons. . . . .   xx s.
  Item pour iiij pintes de vin. . . . .   viii s.
  Item pour pain. . . . .   ij s.
  Item pour faire ouvrir la porte aux angloiz. .   v s.
  Item pour entrer a Caudebec au vespre que la
porte fut fermee baillie aux portiers. . . . .   v s.
  Ce jour pour souper audit lieu de Caudebec
pour pain. . . . .   iiij s.
  Pour vin tant presenté a maistre Jehan Doulle
que pour notre despense de souper pour che-
vaulx et belle chiere. . . . .   vi l. x s. iiii d.

Le mardj xxixe jour dudit mois pour iiij fers de
cheval a Caudebec. . . . .   x s.
  Item pour disner audit lieu tant pour nous que
pour les chevaulx. . . . .   lx s.
  Item pour trois bouteilles de vin dauxoie [1] de
v pos. . . . .   xxv s.
  Item pour espices apportees de Rouen a Fes-
camp baillie au celeer. . . . .   vi l. viii s. ix d.
  Item pour le louage de xii chevaux pour
vi jours quj coustent chacun cheval pour jour
v sols vallent. . . . .   xviii l.
  Item pour j fer de cheval. . . . .   xv d.
  Item pour les portiers de Fescamp pour le vin.   vii s. vi d.

Samedj ij^e jour que nous partismes de Fescamp pour retourner a Rouen messieurs les
conseulx maistre Jehan et moy a xii chevaulx
pour souper a Caudebec tant pour despense de
bouche que pour les chevaux et pour vin pre-
sente a maistre Jehan Dolle. . . . .   vi l. iij s. iiij d.

[1] D'Auxois.

Ledit jour pour vi fers a cheval. . . . . xv s.

Item pour desjuner audit lieu. . . . . . . LXIIIj s.

Ce jour a Rouen quant nous fusmes venuz pour disner et prendre congie. . . . . xLV s.

A Messieurs les conseulx et aux notaires quj ont este a Fescamp pour le fait de lelettion cest assavoir maistre Raoul Doulce maistre Nicole Charles maistre Nicaise Morice Robert Neel et Colin de la Fresnee a chacun baillie xIj l. x s. vallent. . . . . LXIj l. x s. t.

Pour leurs clers qui leur ont este donnes pour leur vin pour la despense daucuns deulx en lostel de Saint Gervais. . . . . xLV s.

En ces mises nous comptons le voyage que feismes Damp Philippe messire Laurent le prieur de Mante son clerc Bardin et moy avecques ung cheval qui nous fu destrousse a Paris et avecques nos biens et nos cedules faisans mencion de nos diz despens par quoy ne povons rendre bon compte se non en conscience de quoy nous nous actendon a vous et a vos noblez discrecions en regardant que ledit voyage commenchie le vIII[e] jour de janvier jusques au xxve jour dudit mois auquel eusmes plusieurs griefz et grans empeischemens.

ÉTUDE

SUR

LE LANGAGE POPULAIRE

OU

PATOIS DE PARIS ET DE SA BANLIEUE.

ÉTUDE

SUR

LE LANGAGE POPULAIRE

OU

PATOIS DE PARIS ET DE SA BANLIEUE.

~~~~

Avant d'aborder l'analyse des formes du patois de Paris et de la banlieue, j'indiquerai en peu de mots le caractère général de ce patois, et désignerai ensuite d'une manière exacte quelques-uns des monuments que j'ai interrogés pour en étudier et en décrire scrupuleusement l'organisme.

Il faut d'abord être et demeurer bien persuadé que ce patois n'existe plus. Paris l'a entièrement oublié, et le peu d'endroits de cette ville où il a tenu le plus longtemps, comme les halles, les marchés, les ports et peut-être un ou deux faubourgs, en ont à peine conservé quelques formes. Si la banlieue en a gardé davantage, c'est si peu de chose qu'il n'y a pas là de quoi suffire à une restitution, même partielle, de ce bizarre langage. On peut donc dire que la civilisation en a tout dévoré. La civilisation, comme la barbarie, a ses exécutions, mais du moins ne s'en prend-elle qu'aux ruines, et souvent pour les réparer. Ainsi, quand, en parlant de ce patois, je m'exprime au présent, il doit être entendu que je me transporte au temps où il florissait; car, je le répète, c'est un patois mort, et, s'il n'a pas la sottise de revendiquer une chaire où on l'enseigne, il mérite au moins ce degré d'attention que les anatomistes scrupuleux ne font pas difficulté d'accorder aux produits anormaux de la génération.

Il est presque superflu d'ajouter qu'on ne parlera point ici de cet argot parisien, décoré du nom de langue verte, et qui doit son origine au théâtre, aux cafés, aux bals publics, aux prisons, aux journaux même et des mieux famés; cet argot n'est pas et n'a jamais été, si ce n'est à de très-rares exceptions près, le vrai patois parisien, encore qu'il tende de jour en jour à le devenir tout à fait. Il s'agit simplement du langage vicieux parlé par le peuple de Paris, et qu'on ne voit se produire avec quelque suite et quelque étendue que dans les écrits de la première moitié du xvii⁰ siècle. Toutefois des écrits très-antérieurs à cette date, et surtout à partir de Villon, en offrent déjà des traces; ce sont ceux des grammairiens du xvi⁰ et même du xvii⁰ siècle, d'autant plus précieux pour mon objet, qu'ils abondent en détails sur la prononciation du populaire parisien, et que ces détails, parce qu'ils étaient étrangers au langage normal, n'ont obtenu aucune attention sérieuse des grammairiens postérieurs. Ce sont aussi les conteurs, les poètes dramatiques du xvi⁰ siècle. En remontant plus haut encore, c'est-à-dire au moyen âge, on pourrait, dans certaines chartes, et même dans des ordonnances et édits de nos rois, trouver des mots que reconnaîtrait comme sien le patois parisien, mais ils sont rares; ou du moins on est rarement assuré, si ce n'est quand le fait est nettement affirmé, qu'ils soient du langage de Paris véritablement populaire.

Quoiqu'il en soit, c'est en consultant ces divers monuments, que j'ai recueilli les matériaux et de mon Dictionnaire, — duquel on doit dire désormais, comme de notre patois, qu'il n'existe plus [1], — et des remarques auxquelles les mots dont il se composait ont donné lieu. Je ne nommerai toute-

[1] Voyez la *Préface.*

fois que les monuments intégralement écrits en pur patois parisien, qui sont les plus étendus et les plus importants, où l'on ne saurait ne pas reconnaître l'image et la continuation d'une tradition, et dont on ne peut, en conséquence, contester l'autorité. Ce sont :

Les Nouveaux Compliments de la place Maubert, des Halles, Cimetière S.-Jean, Marché-Neuf et autres places publiques. Ensemble, la Resjouissance des Harangères et Poissonnières faite ces jours passés au gasteau de leurs Reines. 1644, in-8°. — Anonyme.

Agréable Conférence de deux païsans de Saint-Oüen et de Montmorency sur les affaires du temps. A Paris, 1649, in-4°. — Anonyme.

C'est la première de cinq mazarinades qui ont toutes à peu près le même titre ; mais ce nombre est porté à sept, quand on y ajoute les deux suivantes :

Nouvelle et suitte de la cinquiesme partie de l'Agréable Conférence de Piarot et de Janin, païsans de Saint-Oüen et de Montmorency, sur les affaires du temps, par le mesme autheur des précédentes parties. — Janin va chercher Piarot morte-paye ou garde du Havre, pour estre son compère. A Paris, 1651, in-4°.

Nouvelle et suitte de la sixiesme partie de l'Agréable Conférence de Piarot et de Janin, païsans de Saint-Oüen et de Montmorency, sur les affaires du temps présent. A Paris, 1649, in-4°. — Anonyme.

La Gazette des Halles touchant les affaires du temps. Première nouvelle. A Paris, chez Michel Métayer, imprimeur ordinaire du Roy, demeurant en l'Isle Nostre-Dame, sur le Pont Marie, au Cygne. 1649, in-4°. — Anonyme.

Autre mazarinade, partie en vers de huit syllabes, partie en vers de douze.

La Gazette de la place Maubert, ou suitte de la Gazette des Halles, touchant les affaires du temps. Seconde nouvelle. A Paris, chez le même, 1649, in-8°. — Anonyme.

En vers de huit syllabes.

Suitte de la Gazette de la place Maubert, par *l'autheur de la Gazette des Halles, touchant les affaires du temps.* A Paris, chez le même, 1649, in-4°. — Anonyme.

Aussi en vers.

La Conférence de Janot et Piarot Doucet de Villenoce, et de Jaco Paquet de Pantin, sur l'entrée de la reyne. A Paris, 1660, in-4°. — Anonyme.

Lettre de remerciement envoyée au cardinal Mazarin... avec la harangue de la dame Denise, etc. Paris, 1651, in-4°. — Anonyme.

La Micaresme des Harangères, ou leur entretien sur les affaires de l'Estat. Paris, 1649. — Anonyme.

La Noce de village, comédie en 1 acte et en vers, par M. de Rosimont, comédien du roy pour le comique. Paris, 1705, in-18.

Cette pièce est tout entière dans le style des *Conférences ;* elle a même pris de la cinquième, l'histoire plaisante de l'origine des cornes, racontée par Janin. C'est dans la dernière scène.

Pièces et Anecdotes intéressantes, savoir les Harangues des habitants de la paroisse de Sarcelles (par Jouin), un *Dialogue des Bourgeois de Paris*, etc., *qui n'ont pas été publiés : le Philotanus et le Porte-feuille du diable, qui en est la suite. Revu et corrigé.* Deux parties. A Aix en Provence, aux dépens des Jésuites, l'an de leur règne 210 (1754), in-12.

Les Harangues de ce recueil sont au nombre de dix ; la première est datée de novembre 1730, et la dernière d'avril 1748. Ce sont des satires très-spirituelles et très-violentes contre les évêques qui persécutaient les jansénistes, et en général de tout ecclésiastique rebelle à la constitution *Unigenitus.*

Harangue des habitans de la paroisse de Sarcelles à Monseigneur Christophe de Beaumont du Repaire, archevêque de Paris, sur les affaires du temps. A Aix, chez Jean-Baptiste Girard, rue de Brest, à l'enseigne du Hérault, vis-à-vis le Tronc fleury. 1754, in-12.

Cette harangue ne fait pas partie du recueil précédent, mais elle aussi de Jouin.

Les Très-humbles et Très-respectueuses Remontrances des Habitants du village de Sarcelles au Roy, au sujet des affaires présentes du Parlement de Paris, avec des notes critiques, historiques et politiques. A Rotterdam, chez Richard Sanspeur, à la Vérité, dans la place d'Érasme, 1732, in-12.

Les Très-humbles Remercîments des habitants de Sarcelles au Roi, au sujet du retour du Parlement de Paris. A Sarcelles, aux dépens de la Société. Chez Claude Fétu, 1733, in-12.

Compliment inespéré des Sarcellois à M. de Vintimille, au sujet du pèlerinage de S. Médard. 1733, in-12.

Toutes ces pièces sont généralement appelées *Sarcelles.* Les trois dernières ont été désavouées par Jouin; elles sont en effet beaucoup moins spirituelles que les siennes, quoiqu'elles soient aussi violentes.

Les Écosseuses ou les OEufs de Pâques, suivis de l'Histoire du Porteur d'eau, ou des Amours de la Ravaudeuse, comédie. A Troyes, chez la veuve Oudot, 1739, in-12.

Ces pièces sont de Caylus.

Rapsodie ou Chansons des rues, au sujet du mariage de Mgr le Dauphin (Louis, fils de Louis XV). S. d. (1745), in-8°.

Les écrits poissards de Vadé, tant en vers qu'en prose, compris dans l'édition de ses *OEuvres complètes* en 4 vol. in-8°, publiées en 1757, ou dans les *OEuvres poissardes de Vadé et de Lécluse.* Paris, chez Didot jeune, l'an IV (1796), in-18 ou in-4°.

Les Lettres de Montmartre par Jeannot Georgin (pseudonyme d'Antoine Urbain Coustellier). 1750, in-18.

Type du patois parisien, sinon le plus fidèle, du moins le moins mélangé.

Madame Engueule ou les Accords poissards, comédie-parade en 1 acte (par Boudin). 1754, in-12.

Le Goûté des Porcherons. — Le Déjeuné de la Rapée (par Lécluse). *— Les Citrons de Javotte,* en vers. *— Le Poissardiana* (par Lécluse). *— Les Amusements à la grecque* (par le même).

— *Dessert du petit souper dérobé au chevalier du Pélican*, attribué au même. (De 1758 à 1764.) Je cite en bloc.

Les Porcherons, poëme en sept chants ; dans *Amusemens rapsodi-poétiques contenant Mon Galetas, Mon Feu, et autres pièces*. A Stenay, chez J.-B. Meurant, imprimeur et libraire de M⁀ᵍʳ le Prince de Condé. 1773, in-12. — Anonyme.

Plus de deux cents pièces politiques, pamphlets et journaux en langage poissard, publiées pendant la Révolution, à partir de 1789.

Riche-en-Gueule, ou le Nouveau Vadé, publié par un Enfant de la joie. Paris, 1822, in-12. — Anonyme [1].

J'ai passé sous silence quelques pamphlets du temps de la Ligue, et près d'un millier de mazarinades, non écrits en patois il est vrai, mais où j'ai ramassé quantité d'expressions notoirement populaires et parisiennes. Les titres exacts, avec les exemples à l'appui, étaient indiqués dans le Dictionnaire.

En voilà plus qu'il ne fallait peut-être pour former un dictionnaire et le faire gros, surtout en ne ménageant pas les exemples, — comme aussi je ne les avais pas ménagés, — et pour établir le véritable caractère du langage dont j'ai fait le dépouillement.

Ce langage que j'appelle patois, pour être bref, ne mérite guère ce nom, pris surtout dans le sens de dialecte ; il n'en a ni l'unité, ni l'originalité, ni les règles ; c'est une marqueterie où les diverses pièces qui la composent sont si pressées, qu'on ne distingue pas toujours nettement le fond sur lequel elles sont ajustées. Il met largement à contribution le bourguignon, le normand et le picard anciens et modernes, et quelquefois le wallon. Tantôt il garde tels qu'ils sont les mots qu'il leur dérobe, tantôt il les dénature, comme il fait aussi des mots français, mais ceux-ci plus brutalement, et à la manière des voleurs qui dénaturent les objets qu'ils se sont appropriés.

---

[1] Je donnerai, dans la dernière partie de cette étude, des notices et des extraits tant des ouvrages qui figurent dans cette nomenclature que d'autres de la même espèce et dont quelques-uns sont peu connus.

La cause en est à la disposition de l'organe vocal du peuple de Paris, tour à tour empâté et élastique, brusque et traînard, fin et grossier; à son goût pour certaines lettres, qui les lui fait prodiguer à tort et à travers, de la façon la plus illogique et dans les circonstances les plus contradictoires; à la faveur qu'il accorde aussi bien aux sons larges qu'aux sons amincis, et au plaisir qu'il semble prendre à en intervertir les rôles; enfin à une affectation évidente à corrompre ou à forcer la prononciation régulière, toutes les fois qu'il veut se moquer, ou qu'il veut imiter le bien dire. Cette manie est surtout re marquable dans Vadé et son groupe. Il a aussi une passion effrénée pour l'épenthèse, la métathèse, la prothèse et l'apo cope. Quant à la syncope, il y a peu de voyelles et même de consonnes et de syllabes qu'elle ne supprime sans façon, et alors même que cette suppression n'a pour objet ni pour effet de précipiter le discours.

Il cède d'ailleurs à certaines influences euphoniques, tout comme les langues régulières, et à cette force qu'on a nommée assimilatrice, et qui est exercée par une lettre sur une autre lettre, par le radical sur la flexion, et réciproquement; il maintient d'anciennes formes régulières, aujourd'hui inusitées, et qui ne semblent vicieuses que parce qu'il les emploie; il laisse à certains mots actuellement masculins le genre féminin qu'ils avaient autrefois, et fait aussi, mais plus rarement, le contraire.

En un mot, ce patois, puisque patois il y a, est l'inconséquence et le dérèglement mêmes. Vadé, Coustellier, Boudin et Jouin sont, selon moi, ceux qui le peignent avec le plus de fidélité, quoique chacun avec des nuances. Vadé est plus picard; il se ressent de son pays. Coustellier est plus bourguignon; il était Parisien, ainsi que Boudin, qui se balance pour ainsi dire entre le bourguignon et le picard. Jouin était de Chartres, pays à peu près dépourvu de patois local. Ses *Sarcelles* sont émaillées de formes françaises archaïques, et assez fortement empreintes de picard. Quant aux *Conférences*, elles

sont un mélange assez bien pondéré de tous ces patois, mélange qui était propre aux paysans des environs de Paris,
parce que, par des motifs que j'ai exposés dans mon Introduction, et sur lesquels je reviendrai, la plupart des marchands bourguignons, picards et normands qui vendaient à
Paris, logeaient dans ces quartiers. Ces mêmes paysans, maraîchers, grainetiers, coquetiers, etc., abondaient dans les
halles et les marchés, où ils avaient aussi leurs étaux.

J'ai dit, et je le répète, il ne faut demander à ce patois aucune méthode, et, s'il a été possible d'en dresser un dictionnaire, il ne le serait pas d'en composer une grammaire. Tel
qu'il est cependant, il a sa curiosité, son intérêt ; il est mort
d'ailleurs. Il me reste à former le vœu qu'on ne le juge pas
tout à fait indigne d'une oraison funèbre ; je l'ai faite avec une
impartialité difficile, comme chacun sait, dans ces sortes de
pièces, mais que l'impossibilité d'avoir une vertu quelconque
à faire valoir dans le défunt m'a imposée naturellement.

§ Ier.

VOYELLES.

A.

Dans notre langage populaire, principalement au xviie siècle,
a devient *ai* dans les monosyllabes la, ma, ta, sa, ça : *lai, mai,
tai, sai, çai,* et dans cela, déjà, deçà, voilà : *celai, déjai,
deçai, voilai* ou *velai.* C'est une prononciation bourguignonne,
laquelle affecte aujourd'hui un nombre de mots plus considérable. On en use aussi en Lorraine, mais plus sobrement.

La même voyelle composée *ai* se substitue à l'*a* dans *clairté,
chairette, tairder, raige, raicine.* Mais *clairté* était également
propre à la bourgeoisie, car cette forme est dans Régnier [1].
Elle s'explique par l'influence du son de l'adjectif, clair, à
laquelle l'adverbe, clairement, est resté soumis.

[1] *Discours au Roy,* vers 2.

Ailleurs, je trouve dans mes textes, au lieu de *ai*, son équisonnant *e*, quand cet *e* est suivi de deux consonnes dont la première est un *r*, ou d'un *r* redoublé : *erière* ou *erier*, mot que les charretiers emploient indistinctement pour faire reculer leurs chevaux ; *erticle, lermes, gendermes, chermes, cherbon, berbe, bizerre, caterrhe*; encore *lermes, gendermes, chermes*, qui sont dans Villon et dans Jean Marot, ne sont-ils pas imputables au peuple de Paris, cette prononciation étant, comme on le verra plus loin, en contradiction formelle avec le goût décidé de ce peuple pour le son *a*, surtout quand l'*a* est, comme ici, suivi de *r*. Peut-être n'en usait-il ainsi quelquefois (et mes textes du xviie siècle, plus que les plus récents, en sont une preuve) que par imitation ou par singerie d'un modèle qu'il avait sous les yeux. En effet, ce son mou *er* pour *ar* était familier à la bourgeoisie parisienne, non-seulement au xviie siècle [1], mais encore pendant presque tout le xviiie, époque à laquelle elle tend à disparaître. Il n'est personne qui ne s'aperçoive encore quelquefois du penchant invincible qu'ont les bourgeoises, parisiennes de naissance, à prononcer *er* le son *ar*, celui-là se prêtant mieux au grasseyement qui leur est habituel, et qui devint de bonne heure une partie de leurs grâces naturelles. Pour ne rappeler qu'un exemple, une vraie Parisienne ne dira point l'aris, avec l'expansion qu'on donne à l'*a* dans ce mot, et qu'il réclame ; elle dira *Péris*, donnant à l'*e* le son plus ou moins exigu, selon qu'elle y mettra plus ou moins d'affectation.

C'est par un *é* fermé que l'*a* est remplacé dans quelques mots où il est précédé d'un *i*, mais sans former diphthongue avec lui. Au xviie siècle, et souvent encore au temps de Vadé, le peuple prononçait *guiéble, guiément*, pour diable, diamant. Mais les courtisans et les dames disaient *diéble, diément*, sans s'y aider du gosier. La mouillure de la bivocale *ia* semble provoquer l'affaiblissement tonique dont elle est ici frappée,

[1] *L'Art de bien parler françois*, par de La Touche, t. I, p. 3, 1696.— *Grammaire françoise* d'Antoine Oudin, p. 1, 1656.

et cet affaiblissement se fait sentir d'autant plus volontiers que les muscles de la langue en éprouvent véritablement moins de fatigue.

Une certaine paresse de prononciation se manifeste également dans les formes populaires du xviie siècle, *cataplesme*, *henneton*, *héché*, pour cataplasme, hanneton, haché. L'aspiration même, dans ces deux derniers, en est presque détruite.

L'*a* suivi de *n* ou *m*, dans le corps ou à la fin du mot, se prête avec une certaine complaisance, surtout aujourd'hui, à son changement en *i*. Vous entendrez dire, par exemple :

Binde, chince, cinquinte, dinse, frinc, finfaron, grind, jimbe, lingue, mechint, minche, pintalon, rimpe, singfroid, timbour, timpon, vinter, vanter.

Il en est de même de l'*e* placé devant les mêmes consonnes; car alors, ayant le son de l'*a*, il tombe sous la même loi que lui :

Cintre, cint, cintime, dint, gindarme, finme, femme; *lindemain, pindint, printimps, rindre, sinsible, timps, vingince, vinte,* vente.

Ajoutez à cette nomenclature les mots dont la désinence est en *ment*.

Si en passant ainsi de la nasilité lourde *en* à la nasilité pincée *in*, le peuple a le dessein de nous ramener à la prononciation latine de quelques-uns de ces mots : *centum, temporis, venditum,* etc., il possède plus de science qu'on ne lui suppose communément; mais il n'a ni autant de science ni autant de prétention. Ce qui est vrai, sans l'être toutefois, des autres intonations qu'il dénature, c'est qu'il met une certaine affectation à faire ressortir celle-là. Il n'y a qu'à surprendre cette nasilité outrée au sortir de la bouche d'un gamin de Paris, pour connaître la vérité de mon observation. Écoutez-le donc quand il dit : *cinq frincs cinquinte cintimes* — *voyez voir la vinte* — *la vingince* — *j m'in vinte* — *c'est pour cela que le printimps s'avince :* n'y a-t-il pas un peu de parti pris en tout cela? Sans doute, mais il y a autre chose : c'est-à-dire la force assimilatrice qui s'exerce d'une voyelle à l'autre, soit en remontant, soit en descendant. Ainsi, dans *cinq frincs, cinquinte* et *printimps*, cette force est progressive, c'est-à-dire qu'elle agit de la pénultième sur la dernière ; dans *lindemain*, elle est regréssive et remonte de la dernière à l'antépénultième. Le même phénomène a lieu en latin : regressivement, dans *soboles* pour *suboles*, et dans les parfaits *momordi, poposci*, pour *memordi, peposci*; progressivement, dans *teretis, hebetis*, pour *teritis, hebitis* (comme *militis*, de *miles*)[1]. En toute langue, le sain et le malsain ont la même origine, le peuple.

Bien que cette nasalité soit remarquable dans la bouche des Méridionaux, principalement quand ils s'expriment en français, qu'elle ne soit pas étrangère au poitevin, et qu'elle caractérise aussi certaines variétés du patois bourguignon, où elle est figurée par *ain*, elle est toutefois plus essentiellement et plus généralement picarde. C'est elle qu'Henri Estienne attribue à son Celtophile[2], lorsqu'il lui fait dire *meslinge* pour mélange. Il la dénonce comme étant d'introduction récente et propre à la bourgeoisie parisienne. Serait-ce donc des bourgeois que le peuple l'aurait prise ? Je ne saurais l'affirmer, quoique j'incline fortement à le croire, cet exemple d'un emprunt fait de bas en haut n'étant pas le seul dans le langage qui fait l'objet de cette étude. Mais ce que je puis affirmer, c'est qu'avant comme après Vadé, et, à plus forte raison, dans le temps qu'il écrivait, le peuple de Paris faisait un usage si outré du son *in* pour *an* ou *en*, qu'à défaut de mots où la présence de ces deux syllabes lui eût fourni l'occasion naturelle de céder à son penchant à les altérer, il se rejetait sur ceux d'où ces mêmes syllabes étaient absentes, pour peu qu'ils offrissent d'analogie de forme avec d'autres mots régulièrement nasalisés. Ainsi, sur quatre exemples de l'*a* non appuyé sur l'*n*, il y en a trois où cette analogie

[1] *Théorie de l'accentuation latine*, par H. Weil et L. Benloew, p. 148.
[2] *Dialogue du nouveau langage français italianizé*, 1579.

n'est que l'effet d'un quiproquo : ce sont *infecté*, *infection*, *infectionné*, pour affecter, affection, affectionné. Le quatrième, s'*encoquainer*, pour s'accoquiner, ne rappelle une analogie qu'en ce qu'il rentre dans la catégorie des verbes où le préfixe *en* a le sens, ou propre ou figuré, de *aller dans*, comme s'engraisser, s'encourager, s'encanailler. Ces quatre exemples sont pris des *Sarcelles* et des *Lettres de Montmartre*; mais leurs pareils ne manquent pas non plus dans les écrits contemporains de cés deux-là.

On dirait que la consonne *n*, en tous ces exemples, exerce une sorte d'attraction sur l'*i*, et qu'elle le dégage autant qu'il se peut de l'*a* et de l'*e*, quand elle les a pour voisins. Ce vice, si invétéré dans notre langage populaire, apparaît comme une règle dans certains mots latins tirés du grec. Ainsi, où l'éolien dit μαχάνα, πατάνα, βυκάνα, τρυτάνα, le latin dit *machina*, *patina*, *buccina*, *trutina*, en reportant l'accent sur l'antépénultième [1]. Je ne compare pas, je rapproche.

Une autre disposition du peuple parisien est de donner quelquefois à l'*a* le son *o* sourd, plus fréquemment représenté par *au*. Il dit *ovons* pour avons, *ovant* pour avant, *occident*, pour accident. C'est un son lorrain. Le son *au*, plus sourd que l'autre, appartient au bourguignon, et se substitue à *al* dans *mau*, *chevau*, *animau*. Je n'ai pas trouvé plus d'exemples de cette double mutation, et je crois qu'il n'y en a pas d'autres. Il est possible qu'ils se raréfient encore à la longue, mais celui d'*ormoire* ne périra jamais, je m'assure, tant il a toujours d'ampleur et de fraîcheur dans la bouche de nos faubouriens. Je crois aussi que les gamins de Paris diront toujours un *animau*, comme aussi les charretiers, mon *chevau*, forme à laquelle il ne manque qu'un *s* à la fin pour représenter exactement le cas sujet singulier de ce mot au XIIᵉ siècle.

[1] Voyez *Théorie de l'accentuation latine*, par H. Weil et L. Benloew, p. 177.

E.

Cette voyelle, dans notre langue populaire, ne le cède à aucune autre pour les transformations diverses auxquelles elle se prête, et le nombre en est considérable. La plus fréquente est en *a*. J'en ai relevé plus de deux cents exemples différents dans mes textes, sans parler des troisièmes personnes plur. du parfait des verbes en *er*. Ce changement frappe la lettre *e*, quelle que soit la place qu'elle occupe dans un mot, et y eût-il plusieurs *e* dans ce mot, il les atteint parfois tous ensemble. Citons quelques exemples : *afronté, aclairé, acouter* (v. fr.), *acrire, axemple, avangile, apouser* ; puis *aglise*, où le préfixe *a* n'est peut-être autre chose que l'*a* de l'article féminin, incorporé à *glise*, forme appartenant au xiie siècle, et qui est dans les *Dialogues* de saint Grégoire et la *Moralité* sur Job [1]. Citons encore *chamin* (en picard *camin*), *davenir, davotion, diadame, catachisme, cimatière, ébaniste, collage, infraction, retanir, salpastre, satallite, jarretiare*.

Remarquez encore ici l'action de la puissance assimilatrice progressive, non-seulement sur l'*a* plus rapproché de l'*a* normal, comme dans *catachisme, diadame, satallite, salpastre*, mais encore sur l'*e* séparé de ces *a* par une ou plusieurs syllabes, comme dans *santinalle, jarretiare*. Toutefois, dans ces six derniers mots, l'*a* de la première syllabe est normal, et l'influence assimilatrice en découle naturellement ; mais, alors même que cet *a* n'est que la transformation ou la corruption d'un *e* radical, il ne laisse pas non plus de s'assimiler l'*e* qui le suit, comme s'il n'était pas lui-même anormal ; c'est ce qui apparaît dans les mots *marvaille, availler, parsonniare, parfarence, ravarence* et *ravardir*.

De tous les exemples qui précèdent, il résulte que l'*a* se substitue principalement à l'*e* lorsque celui-ci est suivi d'une

---

[1] « Quand li temps de sainte *Glise* serat accompliz, etc., » p. 461. — Éd. de M. Leroux de Lincy, dans les *Documents historiques*.

des sifflantes *c*, *s* ou *x*, et d'une des liquides *l*, *n* ou *r*; on serait donc en droit d'en conclure que ce changement a le caractère d'une règle. Il n'en est pas absolument ainsi; mais la règle se manifeste, impérieuse et sans exception, toutes les fois que l'*e* est suivi d'un *r*; elle s'étend même quelquefois jusqu'aux mots où il en est précédé. Elle permet, dans ce dernier cas, de dire *pras*, *apras*, *aupras*, *expras*, *prâcher*, *ratourner*, *hérasie*, *raciter*, *rataper*; elle trouvera même bon qu'on ajoute quelques mots à cette liste; mais aucun des mots ayant la syllabe *er* initiale ou médiane, et quelquefois même finale, ne trouve grâce devant elle; tous ceux qui paradent dans le dictionnaire sont soumis à ses lois.

Pour qu'on ne croie pas que j'exagère, je ferai un choix de ces mots dans l'immense quantité de ceux que j'ai pu recueillir:

Alarte, *aparcevoir*, *areinter*, *avartir*, *bargerie*, *barlue*, *çarcueil*, *çarimonie*, *çartain*, *çarvelas*, *çarvelle*, *charcher*, *compare*, *consarver*, *darnier*, *darrière*, *dévargondé*, *disçarner*, *divartir*, *divars*, *ensarrer*; *farmer*, et ses composés; *fiar*, *fiarté*, *garme*, germe, *garre*, guerre, *gobarger* (se), *gouvarner*, *guarir*, *harbe*, *hiar*, *lantarne*, *libarté*, *libartain*, *marcenare*, *marci*, *marle*, *marveille*, *pardu*, *parfide*, *parfarence*, préférence; *parle*, *parmettre*, *parsonne*, *patarnel*, *provarbe*, *priares*, *ravarence*, *ravardir*, *sarmonner*, *sarrer*, *sart*, *sarvir*, *sarviteur*, *sargent*, *sarpette*, *tarme tarre*, *tarrible*, *travarser*, *varrai*, *varrons*, *varser*, *vars*, *envars*, *varre*, *vartu*, *visiare*.

Le dialecte de la Bourgogne seul prodigue avec un égal excès le son *ar*, et il n'en est pas plus pauvre pour en avoir ainsi (comme je crois le prouver ailleurs) fourni les Parisiens.

Ce son, avec toute son intensité rurale, si l'on peut dire, était déjà tellement une habitude de la population parisienne aux xve et xive siècles; il en caractérisait si énergiquement le langage réfractaire aux nuances, aux demi-tons, aux grâces, que des écrivains, des poètes, comme Villon et Rabelais, en subissaient l'empire. Rabelais surtout en use jusqu'à paraître s'en délecter [1]. Il y a telles phrases dans son livre où ces parfaits définis, à la désinence en *arent*, sont si rapprochés dans la construction qu'il en résulte, lorsqu'on les lit, une sorte de roulement pareil à celui qu'on exécuterait sur un tambour [2].

[1] Si, dans les éditions de Villon données par Marot, les mots où l'*e* était prononcé *a*, sont écrits par *e*, la rime indique aussitôt que cette orthographe doit être rectifiée conformément à la prononciation du peuple de Paris, et Marot lui-même ne manque pas de la noter. Par exemple, Villon dit dans le *Petit Testament* :

> Mes parens, vendez mon haubert,
> Et que l'argent ou la pluspart
> Soit employé dedans ces Pasques.

« *Haubert* rimé contre *part* monstre, dit Marot, que Villon estoit de Paris, et qu'il prononçoit *haubart* et *robart*. »
Et dans le *Grand Testament* :

> Si ne suis, bien le considère,
> Filz d'ange portant dyadème
> De estoille ne d'autre sydère;
> Mon père est mort, Dieu en ait l'âme!

« Dyadème, observe Marot; faut prononcer *dyadame*, à l'antique ou à la parisienne. »
Et enfin, dans la même pièce :

> Or firent, selon ce décret,
> Leurs amys, et bien y appert,
> Et les aymoyent en lieu secret,
> Car autre que eulx n'y avoit part.

« Fault dire *appart*, ajoute Marot, à l'usage de Paris. »
Cette remarque de Clément Marot est également applicable à Jean Marot, son père. Ainsi, dans la deuxième complainte de son *Voyage de Gênes*, Jean Marot reproche aux Génois leur lâcheté, eux qui avaient promis que

> Si le roy de France
> Passoit les monts, sans aucune doubtance,
> Ils le prendroient, malgré tous ses gendarmes;
> Mais près du feu couards tiennent gros termes.

Et dans le *Voyage de Venise*, les Crémonais

> Apportent clefs, du roy prennent les armes,
> Luy promettant d'être loyaux et fermes,
> Et louant Dieu, selon leurs dits et termes
> D'avoir tel prince.

Il fallait lire *tarmes* et *farmes*.

[2] « Tant feirent et tracassarent... qu'ils arrivarent à Sevillé, et destroussarent hommes et femmes. » (*Gargantua*, I, 27; et ailleurs.)

Rabelais, selon moi, y a bien plutôt l'air de se moquer de la
prononciation parisienne que de viser à rendre à la voyelle *a*
sa prononciation originelle, *amarunt, aimarent,* et à rajeunir
une forme abandonnée à peu près partout, dans la langue
littéraire, dès la fin du xiie siècle. Je dis à peu près parce que
cette forme, si usitée alors en Bourgogne qu'elle peut s'en
croire originaire, est constamment dans les sermons de saint
Bernard. On la retrouve encore aujourd'hui dans quelques
villages de cette province; mais les villes l'ont abandonnée
tout à fait. Quand si peu de monuments échappent aux ruines
que le progrès, parfois complice du temps, sème sur son passage, comment une prononciation vieille de près de six siècles
y échapperait-elle?

Le peuple de Paris, qui, à partir du moment où les provinces de l'ancienne France et celles qui y furent successivement annexées devinrent tributaires de ses besoins, reçut
d'elles plus de formes de langage qu'il n'en inventa; le peuple
de Paris, dis-je, ne tiendrait-il donc pas des Bourguignons,
qui de toute ancienneté lui envoyaient leurs produits par les
rivières d'Yonne et de Seine, une prononciation qui leur était
si naturelle, et qui devait lui agréer plus qu'aucune autre?
Car, en admettant que les Parisiens fussent eux-mêmes en
possession de prononcer les parfaits définis comme Rabelais
plus tard les écrivit, ils recueillirent de leur trafic avec les
marchands bourguignons quantité d'autres mots où cette
prononciation avait lieu, et ils en enrichirent leur langage.
Il n'y en avait pas à Paris de plus antique, comme dit Marot,
et, jusqu'au commencement du siècle actuel, il n'y en eut pas
de plus familière aux marchandes d'herbes de la place Maubert, aux forts de la halle au blé et du marché au poisson,
aux mariniers et débardeurs des ports au Foin et de Grève.
Louis XIII, dont la première enfance fut confiée à des nour-
rices de la classe du peuple, qui fut élevé par elles à peu près
comme Gargantua le fut par les siennes, qui en suça les
mœurs avec le lait, et qui en parla le langage jusque fort

avant dans l'adolescence, Louis XIII prononçait les parfaits
définis comme un enfant du peuple, et quantité d'autres mots
encore, ainsi que l'atteste le curieux Journal de Jean Héroard,
son médecin : « L'on parloit du dégât que les soldats avoient
fait sur les noisettes au jardin de son logis, à Meudon....., le
Dauphin dit : *C'étoit là où ces méchants cadets me* dérobarent
des noisettes que j'avois fait serrer [1]. Et plus loin : « *Ho ! velà ;*
je ne les reverrai jamais; elle sarre *tout ce qu'on me donne* [2]. »

La même règle qui gouvernait le changement d'*e* en *a* devant *r* gouvernait aussi le changement d'*e* en *a* devant *l* et *n*.
On a ainsi *alle, balle, prunalle, sentinalle, crualle, intalligence,*
tal et *talle*. On a de même *mian, tian, sian, mianne, tianne,*
pian, bian, moyan, viant, tiant, vianne, tianne, et leurs composés. Palsgrave donne même cette dernière prononciation
comme normale, et comme rentrant dans la règle en vertu
de laquelle on prononçait *famme,* quoiqu'on écrivît femme [3].
Il ajoute qu'elle avait quelque chose de nasal, « some thing
in the noose. » On disait donc *mian-ne, vian-ne*, etc., en nasa-
lisant la première partie du mot, comme aussi *fam-me,* et non
fame, ainsi qu'on le dit aujourd'hui, excepté le peuple. C'est
avec l'indifférence d'un étranger qui constate un effet phonique d'une langue autre que la sienne, sans en rechercher
la cause, que Palsgrave signale cette nasalité; on voit seulement qu'elle était alors le propre de toutes les classes de la
société et l'une des intonations de la langue générale. Mais,
moins de cent ans après lui, elle semble déjà déchue, et, à la
fin du règne d'Henri IV, à peu près exclusivement du domaine du peuple. « Il (le Dauphin, depuis Louis XIII) écrit à
la reine une lettre où il ne voulut jamais écrire ce mot, *bien ;*
il vouloit écrire *bian,* disant que c'étoit mieux dit, et s'y opiniâtre de telle sorte qu'il lui fallut dresser une autre lettre où
ce mot n'étoit point [4]. »

[1] *Journal de Jean Héroard*, t. I, p. 295.
[2] Ibid., I, p. 374.
[3] P. 3 de l'édition Génin.
[4] *Journal de J. Héroard*, t. I, p. 304.

On conçoit qu'avec un goût si prononcé pour le son *a* qu'il substituait avec cette indépendance au son *e*, le peuple de Paris n'ait pas favorisé la substitution contraire, qui était, comme je l'ai dit, de mode à la ville ainsi qu'à la cour. S'il eut un moment cette faiblesse, les traces en sont rares, et ne se montrent çà et là que dans les mazarinades, où des personnes de la cour hostiles au cardinal ont certainement mis la main. Dans toutes les autres pièces contemporaines des mazarinades ou postérieures à elles, l'*a* surmonte l'*e*, et l'étouffe. Il traite de même la fausse diphthongue *ai*, homophone à *e*, et en fait brutalement sauter l'*i*. On le verra quand il sera question de cette fausse diphthongue.

Le peuple pouvait-il aller plus loin ? Sans doute, n'y ayant pas plus de bornes à la faculté qu'il a de créer des mots qu'à celle de les corrompre ; toutefois il se laissa vaincre à cet égard par un grammairien ! L'abbé Bouillette, auteur d'un *Traité des sons de la langue* (1760), prétend qu'on doit prononcer les petits mots comme les, des, mes, *las, das, mas* [1], et dire *las* hommes, *mas* amis. C'est encore aujourd'hui la prononciation à l'Opéra ; mais elle n'est reçue qu'à cette académie. Ajoutons pourtant qu'elle est franc-comtoise. L'abbé Bouillette ne l'était-il pas aussi ? Quoi qu'il en soit, c'est par ces procédés de conquérant et de despote que l'*a* populaire cherchait à restreindre la place que la voyelle *e* occupe dans la langue générale, et à ne pas lui laisser même la portion congrue ; car, dit Geoffroy Tory, « la plus grande part des dictions françoises contiennent en elles plus souvent la vocale *e* que nulle autre vocale ni lettre [2]. »

Dans cette usurpation continue du son *a* sur les sons *e, ai*, faut-il ne voir que l'effet d'un caprice du peuple, ou bien une réaction contre le parler de la cour, atteint, dès le temps de

---

[1] On lit dans la Passion de Jésus-Christ (ixe siècle) :
Pilat *sas* mans dunques laved.
De *suas*. L'accent n'a fait qu'une seule voyelle des deux, et a choisi, pour se fixer, la seconde.

[2] *Champfleury*, f° xl, recto, 1529.

Villon, d'une disposition contraire ? Est-ce le résultat d'une influence venue du dehors, ou d'une influence locale, ou de toutes les deux à la fois ?

Bien qu'un simple caprice du peuple ait quelquefois décidé de la façon dont serait prononcé telle lettre ou tel mot, on ne pourrait cependant l'alléguer ici, vu la persistance de sa durée ; et rien n'est éphémère comme un caprice, si ce n'est l'œuvre qu'il a produite. Il faut donc écarter cette cause.

La réaction contre le parler des courtisans n'est pas plus fondée. Outre que le peuple de Paris était déjà en possession de la prononciation *a* pour *e, ai*, quand la prononciation opposée s'introduisait à la cour, on ne peut admettre qu'il fût choqué de cette nouveauté au point de former la résolution de la détruire en en établissant une autre. Quand le peuple veut détruire quoi que ce soit, il ne rebâtit pas en même temps qu'il détruit, et rien ne serait plus rare que de le voir, en fait de langage comme en fait de gouvernement, démentir ses habitudes.

L'influence du dehors est-elle plus probable ? Geoffroy Tory raconte que les dames de Lyon prononçaient « gracieusement » *a* pour *e*, et il en attribue la cause « à la fréquentation des Italiens, qui est aux ferez et banquez (foires et banques) de Lyon [1]. » Comme échantillon de cette grâce des Lyonnaises, il donne cet exemple, où j'avoue n'entendre pas grand'chose : « Choma vous choma chat affeta [2], » et, ajoute-t-il, « mille aultres motz semblables que je laisse pour breveté. »

Mais encore que les dames de Paris, précisément à la même époque, prononçassent *e, ai* pour *a*, on n'en peut pas conclure que ce fût pour faire pièce aux dames de Lyon. Il y avait, de plus, trop loin de l'une à l'autre ville pour que l'esprit de contradiction pût s'exercer à son aise. Il eût fallu pour cela qu'il s'engageât une polémique en règle, et l'on ne paraît pas y avoir songé. Ce n'est donc pas sur le langage des dames de

---

[1] *Champfleury*, f° XXXIII, verso.
[2] Peut-être : Chômez-vous, chômez cette fête ?

Paris qu'a influé l'accent lyonnais ; il n'a pas influé davantage sur le langage du peuple de Paris. Au temps où cet accent, ou, pour être plus précis, cette prononciation devint parisienne, le commerce que Lyon faisait avec Paris était loin d'être aussi considérable qu'il l'est devenu depuis ; et comme, en outre, il n'avait pas pour objet le débit des denrées de première nécessité, le peuple parisien proprement dit n'y prenait aucune part et n'y trouvait conséquemment aucune occasion d'y gâter son langage.

En était-il de même des relations entre les pays bourguignons et Paris ? non sans doute. Dès le temps de Philippe-Auguste, le commerce de vin de ces pays avec la capitale de la France, soit pour sa propre consommation, soit de transit, était déjà énorme ; le commerce de blé et de bois s'y joignit ensuite, et l'un et l'autre étaient si considérables à la fin du xive siècle, qu'au port de Grève, principal point des arrivages, la langue des importateurs et du nombreux personnel attaché à leur service ne cessait de retentir aux oreilles de la population marinière de Paris, et que celle-ci dut finir par contracter quelques-unes de ses plus fortes intonations. Ne vivant que de son travail journalier sur la rivière et sur les ports, et y étant constamment mêlée aux hommes d'équipe bourguignons, elle formait avec eux une sorte de tribu où le langage n'était pas la dernière chose qui fût commune à ses membres. C'est aussi dans les ports et dans les halles que le parler né de ces rapprochements quotidiens fleurit le plus et se soutint le plus longtemps. Il y en avait encore de beaux restes au milieu du xviiie siècle ; partout ailleurs, il dépérissait et commençait à faire place à une espèce d'argot, ignoble mélange de mots repris aux gueux et aux voleurs, ou dus à l'imagination parisienne. Vadé lui-même en offre déjà quelques exemples ; mais les personnages qui figurent dans ses écrits soit en vers, soit en prose, sont presque exclusivement des mariniers, des débardeurs et des forts des halles au blé ou au vin. Il en est de même chez tous ses imitateurs.

C'est donc à la faveur des rapports de cette population avec les marchands bourguignons que s'introduisirent dans la langue populaire de Paris soit les thèmes avec un *a* radical, au lieu d'*e*, comme *façons* [1], faisons, *faroit* [2], *davons* [3], *davoit* [4], *mattre* [5], *promattans* [6], *lattre* [7], *macredi* [8], *sambădi* [9], *rappaler* [10], etc., soit les mots où la consonne *r* semble (ainsi qu'on le verra plus loin) favoriser les entreprises de l'*a*, comme *prastre* [11], *forterasse* [12], *Commarci* [13], etc., soit enfin tout mot, de quelque espèce qu'il fût, pourvu qu'il offrit un *e* à débusquer.

Les *Lettres de Montmartre,* ce type à la fois du langage et de l'esprit du peuple de Paris, en fourmillent d'exemples.

Outre cette cause particulière de la prononciation *a* pour *e* chez les Parisiens, il y en avait une autre qui était générale : c'est celle qui, en donnant à l'*e* latin suivi de *m* le son de l'*a*, ôtait à la syllabe *em* tout ensemble sa nasalité originelle et son orthographe étymologique. Palsgrave, ainsi qu'on l'a vu plus haut, a parlé de cette intonation comme étant d'un usage général au commencement du xive siècle, et Pelletier, son contemporain, la dénonce comme un outrage à la langue et au sens commun.

Au xve siècle (et il n'est pas nécessaire, pour appuyer ma remarque, de remonter au delà), la foi était vive ; le clergé, alors tout-puissant, était respecté et obéi ; seul, il enseignait la jeunesse, et les maîtres d'école, chargés de l'éducation de l'enfance, appartenaient tous à cet ordre. Le peuple suivait les offices ; sa voix y accompagnait la voix des officiants, et sa langue articulait les mots latins comme les percevaient ses oreilles, quand ils étaient énoncés par les prêtres et les

[1] *Mémoires historiques sur la ville et seigneurie de Poligny,* par Fr. Félix Chevalier, 2 v. in-4°, avec Pièces justificatives, 1769 ; t. II, p. 551, Pièce just. n° 1.

[2] Ibid., p. 607 ; ib., n° 59. — [3] Ib., p. 552 ; ib., n° 1. — [4] Ib., p. 603 ; ib., n° 53. — [5] Ib., p. 558 ; ib., n° 2. — [6] Ib., p. 559 ; ib., n° 2. — [7] Ib., p. 559 ; ib., n° 2. — [8] Ib., p. 603 ; ib., n° 2. — [9] Ib., p. 607 ; ib., n° 65. — [10] Ib., p. 563 ; ib., n° 7. — [11] Ib., p. 562 ; ib., n° 6. — [12] Ib., p. 568 ; ib., n° 14. — [13] Ib., p. 597 ; ib., n° 42.

chantres. Il en était de même dans les écoles, où, de temps
immémorial, l'instruction latine, inculquée aux enfants, persistait à tous les âges de leur vie, et, déteignant, si l'on peut
dire, sur l'intonation française, y laissait son empreinte.

L'action de chanter en général, et en particulier à l'église,
ayant pour effet de maintenir la bouche dans un état de dis-
tension excessive et continue, et cet état étant alors celui de
cet organe quand il émet le son *a*, il en résulte que les autres
sons se ressentent plus ou moins des efforts dépensés pour
obtenir celui-là, et qu'il en est qui semblent parfois se confondre avec lui. Ce qu'il y a de certain, c'est qu'au moyen âge
le clergé avait l'habitude, qu'il n'a point perdue d'ailleurs,
surtout dans les campagnes, de prononcer l'*e* comme l'*a* toutes
les fois que cette voyelle était suivie des consonnes *m* ou *n*.
Ainsi il disait : *omnam hominam veniantam in hunc mundam*,
pour *omnem hominem venientem*, etc. C'est à cela qu'il faut
attribuer la prononciation de mots français dérivés du latin,
tels que science, diligence, firmament, testament, etc., comme
s'ils étaient écrits *sciance, diligance, firmamant, testamant*.

Je ne crois pas qu'on puisse contester la vérité de cette remarque; on conviendra du moins qu'elle est ingénieuse, et si
j'en parle avec si peu de modestie, c'est qu'elle ne m'appartient pas. Elle est de Jacques Peletier [1]. Il proteste contre le
vice de prononciation et d'orthographe qui affectait l'*e* dans
tous les mots de provenance latine, et il en considère les
effets avec amertume, et les conséquences avec une sorte de
désespoir.

« Duquel vice, dit-il [2], notre France à peine se pourra
jamais guères bien purger; vu même que ceux qui ont été
érudits, ce semble, en bons lieux, sont imbus de cette odeur.

---

[1] *Dialogue de l'ortografe e prononciacion francoese, departi en deus
livres, par Jaques Peletier du Mans.* A Lyon, par Jan de Tournes, 1558,
in-8°.
[2] P. 120. Peletier, comme Meigret, tenta de réformer l'orthographe
française et de la régler sur la prononciation. Je n'ai pas cru devoir le
transcrire ici selon son procédé, la lecture de son texte étant d'une difficulté extrême, pour ne pas dire insupportable.

Et parce que les prêtres avaient tout le crédit le tems passé (qu'on appelait le bon tems), et qu'il n'y avait guères qu'eux qui sût *(sic)* que c'était que de latin (comme la barbarie et puis la littérature renaît par vicissitude en tous pays du monde), et que tous les jeunes enfants, tant de ville que de village, passoient par leurs mains, Dieu sait comment ils étaient instruits ! Et cependant, ces savants montreurs, qui étaient estimés comme dieux en matière de science (car, de la vie, elle était, ce crois-je, bien bonne), donnaient forme en notre langue : de sorte qu'auprès du vulgaire, et même auprès des hommes de moyen esprit, comme il est à croire, ils parlaient plus souvent leur latin qu'autre langage, pour se faire estimer comme borgnes en terre d'aveugles ; desquels le peuple retenait toujours quelque chose du patois... Par quoi le vulgaire apprit à dire *sciance, consciance, diligance,* etc. Voire, de sorte qu'aujourd'hui ce nous est un patron qui nous demeurera à jamais. Et si nous proférions *science, diligence* par le vrai *e* latin, nous nous ferions moquer. »

Je me permets donc de douter fort que l'influence de l'*a* italien, remarquée par Geoffroy Tory dans le langage des dames de Lyon, ait été ressentie à Paris par aucune des classes de la population. Ce n'est pas, en effet, ce son *a* qu'Henri Estienne reproche aux courtisans, mais bien l'abus du son *e* ou *ai,* ainsi que je le ferai voir plus loin. Le son *a* était généralement usité non-seulement à Paris, mais fort au-delà de son enceinte ; il ne commença de s'adoucir et de fléchir en *ai* ou *e* à la cour qu'à partir de François Ier ; il gagna la ville ensuite par voie d'imitation, puis enfin, mais par une voie toute différente, le peuple lui-même.

Jusque-là, et même au delà, il maintint l'*a* en possession et saisine de la place de l'*e* partout, notamment où l'*e* est en contact immédiat avec l'*r,* et il continua à prononcer surtout la troisième personne du pluriel du parfait indicatif, de la 1re conjugaison, de manière à rendre jaloux le goguenard curé de Meudon.

C'est qu'il y a en effet dans la lettre *r* je ne sais quelle propriété de forcer et conséquemment de dénaturer l'intonation des voyelles qui l'accompagnent. Cela est de toute évidence pour la voyelle *e*.

Martianus Capella dit de l'*r* « qu'elle est prononcée de la langue faisant strideur et son ronflant apertement : *in spiritu lingua crispante corraditur* [1]. » Aussi les Anglais lui rendent-ils toute justice en la prononçant *ar*. J'ajoute que, les dernières années du XVIe siècle, nombre de Français, au rapport de saint Lien, la prononçaient comme les Anglais [2]. Ils n'avaient, certes, aucun dessein de les imiter ; d'où vient donc qu'ils se rencontraient avec eux ? Il ne faut pas croire, parce que j'allègue ici Capella, que je sois, pour parler comme M. F. Baudry (*Revue de l'instruction publique*, 3 décembre 1869), « un de ces partisans attardés » des rêveries qui ont eu pour effet « d'attacher certains sons, certaines lettres à des idées déterminées, et qui ont égaré tant de penseurs, depuis Platon jusqu'à Court de Gébelin. » Je n'oserai donc croire avec Platon que *r* signifie mouvement et rudesse, comme il est dit dans le Cratyle ; mais je n'ai pu m'empêcher toutefois de remarquer çà et là, dans le cours de cette étude, que les faits de corruption les plus fréquents et les plus insignes, dans le langage populaire, proviennent de la présence de l'*r* au commencement, à l'intérieur ou à la fin des mots.

De cette mutation si fréquente, et la plupart du temps si illogique de l'*e* en *a*, je conclus que si, dans la langue réglée, c'est le premier qui domine, le second prend sa revanche dans le langage populaire de Paris. Cette revanche est surtout éclatante dans les monuments écrits en ce dialecte, aux XVIIe et XVIIIe siècles. Ainsi non-seulement le patois parisien, mais quelques patois provinciaux, et par-dessus tous le bourguignon, semblent, pour leur compte du moins, justifier l'opinion de quelques grammairiens qui ont regardé le son *a* comme le

---

[1] *Champfleury*, f° LV, recto.
[2] *De pronuntiatione linguae gallicae*, libri duo, p. 32.

son fondamental des voyelles, et contredire celle de Bopp, qui, tout en déclarant que l'*a* est la voyelle la plus forte, ajoute qu'elle est aussi la plus exposée à se détériorer.

E, radical ou médial, s'aiguise en *i*, avec réserve dans les écrits populaires du xviie siècle, avec excès dans ceux du xviiie, comme les *Sarcelles* et les œuvres de Vadé et consorts. La proportion entre ceux-là et ceux-ci est environ comme douze est à cent. Ce vice n'est, à tout prendre, que l'extension outrée et irréfléchie de l'ancienne règle de permutation qui, d'un *e* latin, accentué ou atone, a fait un *i* en français, et qui régit quantité de mots de la langue fixée ; il semble donc reprendre et continuer une tradition. Mais il s'en donne, si je l'ose dire, à cœur joie.

Deux circonstances influent particulièrement sur cette transformation de l'*e* :

1° Lorsqu'il est suivi d'un *a*, comme dans agréable, céans, créature, doléance, fainéant, fléau, néanmoins, préalable, théâtre, etc., qu'on prononce et écrit *agriable, cians, criature, doliance, fainiant, fliaux, nianmoins, prialable, thiâtre* ;

2° Lorsqu'il est précédé ou suivi d'un *r*, comme dans agrément, enterrement, maréchal, précaution, regarder, grenier, premier, opéra, cérémonie, trébucher, trémousser, etc., qu'on prononce et écrit *agriment, entirrement, marichal, pricaution, rigarder, grinier, primier, opira, cirémonie, tribucher, trimousser.*

Ici nous rencontrons encore la consonne perturbatrice *r*, donnant à l'*e* un son plus aigu, après lui en avoir tout à l'heure donné un démesurément sonore. Mais, ainsi que je l'ai dit, tout est contradiction dans le langage du peuple comme dans ses idées.

Dans les mots où l'*e* n'est ni suivi d'un *a*, ni voisin d'un *r*, il passe à l'*i* avec une égale facilité, et donne *dijeuner, diça, dila, chiveux, dispotique, garniment*, je *jiteray, minagère, michant, miche, malice, liger, ligétaime, miglieur, pipie, remide*, etc.

Nombre de ses formes se retrouvent en bourguignon et en picard.

Rarement *e* se change en *i* quand il est préfixe : *inorme*, *inervé*; plus rarement encore, quand il est final et muet : *paroli* ou *paroly*, parole. Rabelais (*Garg.*, I, ch. xxvi) donne une désinence semblable à Capitole. « Les fouaciers... se transportarent au Capitoly. » C'est sans doute du patois tourangeau.

On voit que toutes les sortes d'*e* sont atteintes par cette mutation. Mais l'*é* fermé l'est bien davantage. Occupant, dans l'échelle de la voix humaine, le poste le plus rapproché de l'*i*, qui en est le point culminant, il est plus exposé à être absorbé par lui et à se perdre dans lui.

Initial ou final, *e* comme *a*, devant *n* [1], se change quelquefois en *o*. Le peuple dit *oncore*, *ondroit*, pour encore, endroit, comme il dit *avont* pour avant. Ce sont là les dernières profondeurs de la nasalité, et il ne faut entendre parler qu'un moment le gamin de Paris pour être frappé de l'aisance avec laquelle il les explore.

Le changement d'*e* en *u* est aussi violent qu'il se prodigue peu. Je ne trouve que *fumelle* et *prumier*, au xvie siècle, pour femelle, premier, et *sumer*, *suminaire*, au xviiie siècle, pour semer, séminaire. Mais *prumier* s'explique par l'ancienne forme *primier*, de *primarius*, et par la mutation de l'*i* en *u*, qui a dû se faire comme elle s'est faite dans *fumier*, de *fimus*.

On aurait peine à croire que le même peuple qui aiguisait l'*é* fermé en *i* l'ait aussi émoussé en *ai*. Rien n'est plus vrai pourtant. Seulement il se bornait à mettre cet *ai* à la fin des mots, tandis qu'il fourrait son *i* au commencement, à la fin, au milieu, partout. Il disait donc aussi correctement qu'un paysan des environs de Beaune et de Dijon le peut dire : *bariolai*, *égarai*, *maugrai*, *rafinai*; il altérait, à la manière des Franc-Comtois, non-seulement la flexion de la deuxième personne plur. du conditionnel, mais celle de la deuxième per-

---

[1] Il a été parlé, à la voyelle *A*, du changement en *i* de l'*e* devant *n*, dans le corps et à la fin des mots.

sonne plur. de l'indicatif et de la deuxième plur. du futur ; il disait : vous *aimais, aimiais, aimeriais;* vous *boirais, boiriais, mangerais, mangeriais;* vous *pouvais, pouviais, souffrais, souffriais,* etc. Je cite tous ces exemples, relevés dans mes textes de toutes les époques.

Je doute fort que ces sons, qui n'ont pas péri tout entiers dans quelques localités de la banlieue, à l'est de Paris, sortent jamais aujourd'hui de la bouche d'un Parisien né dans les faubourgs, ou de celle d'une étalière des halles. Mais, au xviie siècle, et même tout à la fin, ils avaient cours non-seulement parmi le peuple, mais encore dans toutes les classes de la société. Ils sont formellement condamnés, à vingt-cinq ans de distance, dans le *Dialogue des lettres de l'alphabet*, par Frémont d'Ablancourt [1], et dans l'*Art de bien parler françois*, par de la Touche [2]. Tous les écrits en langage populaire qui me sont passés sous les yeux portent de nombreux témoignages de cette prononciation, et, si les écrits en français littéraire n'en offrent pas de semblables, les protestations des grammairiens ne permettent pas de nier qu'elle ait été reçue par les gens bien élevés dans la conversation. « Il y en a, dit l'auteur du *Dialogue*, qui prononcent *boirais, mangerais,* pour boirez, mangerez. » Et il introduit l'*e*, reprochant à l'*a* cette autre usurpation de ses propriétés, dans laquelle ce même *a* avait l'*i* pour associé et pour complice.

Serait-ce pour trancher sur le thème adopté par les classes au-dessus de lui que le peuple en épaississait encore l'intonation bêlante, et disait volontiers *ferias, chantias, lirias,* pour feriez, chantiez, liriez ? je n'oserais l'affirmer ; car, s'il est vrai qu'en général le peuple se fait un mérite fanfaron de ne pas parler correctement, et qu'il se moque des gens de sa classe qui ont cette faiblesse, il n'est pas moins vrai que, dans les circonstances, par exemple, où il se croit tenu

---

[1] Dans le tome III, p. 323 du *Lucien*, de la traduction de Perrot d'Abancourt. 1674.

[2] T. I, p. 4.

d'être plus poli qu'à l'ordinaire, il affecte la recherche dans
ses expressions ; et encore, bien que ses efforts à cet égard ne
soient pas très-heureux, et qu'il y ait même dans cette affectation quelque chose de plaisant, il ne laisse pas de la croire
nécessaire, persuadé que s'il y manquait il manquerait également à la politesse. Les *Lettres de la Grenouillère*, de Vadé,
sont un modèle charmant de ce langage populaire raffiné.

C'est assez l'opinion commune que les Normands ont apporté à Paris la prononciation *ai* pour *é*, à la fin des mots.
S'ils ne l'y ont point apportée, ils ont certainement contribué
à l'y entretenir. L'usage à Paris n'en remonte pas assez haut
pour qu'on puisse, sans injustice, en attribuer l'introduction
exclusive aux Bourguignons ; car, bien qu'ils trafiquassent
avec Paris bien longtemps avant les Normands, toutefois le
commerce de ceux-ci par eau avec la même ville commençait
à n'être plus, au xviie siècle, soumis aux mêmes restrictions
dont il avait été l'objet au xve, et était devenu plus facile et
plus étendu.

Celui qui avait lieu par terre consistait alors principalement en beurre, œufs, fruits, légumes et autres denrées de
même nature. La consommation en était considérable à une
époque où il n'y avait pas de famille parisienne qui ne fît
maigre au moins deux fois par semaine et tous les autres
temps de l'année prescrits par l'Église pour l'observation de
ce régime. Les marchands de ces divers comestibles vendaient aussi de la volaille, et c'est pourquoi sans doute on les
appelait *poulaillers.* « Mené promener au bout de l'ormoie
(du château de Noisy) [1], dit J. Héroard, le Dauphin regarde
passer les poulaillers qui vont à Paris, venant de Normandie ;
leur demande d'où ils sont, ce qu'ils portent [2]. » Je ne parle
pas du commerce de bestiaux, qui se faisait aussi par terre,
et qui n'était pas moins considérable.

Tout ce qu'on peut donc dire, c'est que Bourguignons et

[1] Village de l'arrondissement de Versailles.
[2] *Journal de J. Héroard*, t. I, p. 292.

Normands, qui, par des motifs difficiles à préciser, avaient et
ont encore cette prononciation de l'*é* final [1], ont travaillé de
concert à l'inculquer aux Parisiens, et qu'ils y sont jusqu'à un
certain point parvenus. Mais les vrais Parisiens s'en sont
depuis tout à fait déshabitués ; elle n'a plus d'adeptes, comme
je l'ai dit, que dans une partie de la banlieue. C'est, en effet,
dans cette partie que logeaient et stationnaient les marchands
normands, quand ils venaient à Paris débiter leurs denrées ;
c'est là qu'ils en avaient des dépôts, soustraits avec soin à la
connaissance de la police du prévôt des marchands, très-
sévère pour cette clandestinité. On comprend ainsi avec quelle
facilité ceux qui hébergeaient les caravanes normandes ont
dû contracter leur accent.

Le renforcement de l'*é* fermé ou de l'*e* ouvert en *eu* est
extrêmement commun jusqu'au milieu du xviiie siècle, et
même au delà : *bienveuillance* (qui est dans Plutarque), *beu-
gueule*, *beugnet*, *cheux*, *cheumin*, *ceu* pour ce, qui est constamment dans les sermons de saint Bernard ; *euvangile*, *eupitre*, *leuvrier*, *preumier*, *reuster*, *seu* pour se, *queustion*, *teul*,
queul, *veuille*, pour bienveillance, bégueule, beignet, chez,
chemin, évangile, épître, lévrier, premier, rester, question,
tel, quelle, veille.

Ce son n'est déterminé ni par la nature des sons voisins,
ni par l'influence des consonnes adjacentes, ni par l'étymologie, comme dans le bourguignon et le picard anciens, où
le son *eu* : *li lieus*, *li feus*, *li jeus*, représente l'*o* latin de
locus, *focus* et *jocus*, ni par l'analogie, ni par quoi que
ce soit indiquant l'observation d'une règle quelconque ;
c'est l'effet purement physique d'un organe vocal habitué à
n'émettre que des sons hors de la mesure commune, tantôt
éclatants, tantôt rauques, tantôt, pour ainsi dire, encrassés,
comme l'ont les Wallons, à qui ce son est également familier.

Le peuple parisien le tient-il des Wallons ? Je ne le pense
pas ; il ne peut l'avoir été chercher si loin, l'ayant pour

[1] On ne l'entend plus guère avec toute sa force qu'en Franche-Comté.

ainsi dire à sa porte, c'est-à-dire en Picardie. J'ajoute qu'il est fort vraisemblable qu'il l'a reçu aussi d'un autre côté, de la Bourgogne, pays auquel il a emprunté tant d'autres modes de prononciation, et qui, à cet égard, a obtenu chez le populaire parisien l'avantage sur tous les autres pays. Je n'affirmerai pas que, dans ce concours, la première de ces deux provinces ait eu moins d'influence que l'autre; j'observerai seulement que le dialecte bourguignon, dans l'état de corruption où il est aujourd'hui, par un respect sans doute inconscient pour une prononciation caractéristique de son ancienne forme, donne, tout comme le peuple de Paris, à la lettre *e*, avec ou sans accent, un son très-sourd, ou plutôt tout ensemble guttural et nasal. En tout cas, il n'est rien de plus grossier, de plus offensant, même pour une oreille qui ne serait pas absolument délicate. Ainsi beignet y devient *beungnet*, prunier, *preungnier*, meunier, *meungnier*, brunette, *breungnette*.

Il est incontestable pourtant que, dans les monosyllabes le, me, te, se, de, je, que, le son *eu* est caractéristique; aussi la manière dont le peuple de Paris le prononce diffère-t-elle à peine de celle des bien-disants. Cette différence a déjà été remarquée, et sans doute elle existe encore. Oudin dit : « Prenez garde à les prononcer fort court, et ne pas les traisner [1]. »

I.

La voyelle *i*, dans l'échelle de la voix humaine, vient immédiatement après l'*e*, dont elle est, pour ainsi dire, une émanation; mais comme la langue épaisse du peuple ne parvient pas toujours à faire vibrer facilement le son aigu qu'elle représente, cette voyelle redescend, dans sa bouche, l'échelle vocale d'un degré, et rentre dans le sein de l'*e*, sa mère, pour ne produire avec lui qu'un seul et même son.

---

[1] *Grammaire françoise*, p. 7.

C'est ainsi que certains mots où cette fusion a lieu recouvrent la forme qu'ils avaient primitivement, et semblent perpétuer la tradition à travers le plus grand désordre phonique et orthographique.

I se change en *é* fermé partout où cet *é* n'est pas suivi de *n*, *m*. Il y a quelques exceptions, mais, ainsi qu'on le verra plus loin, elles sont aussi rares qu'inconséquentes. Le peuple dit *disciplaine* (v. fr. *décipline*), *déficile*, *gérofe*, *incévil*, *mélice*, *archéduc*, *Maré-Jeanne*, *dérimant*, *frécassée*, etc.

C'est une des variétés caractéristiques de l'accent populaire de Paris et des campagnes qui l'avoisinent, que la nasalité. On a déjà vu qu'elle frappait désagréablement Henri Estienne, bien qu'elle n'atteignît encore rigoureusement que peu de mots où l'*a* suivi de *n* semblait en quelque sorte l'y convier. On a vu aussi que ce vice était commun au bourguignon et au picard ; mais il y avait des limites ; il n'en a presque plus dans notre langage populaire, au temps de Vadé ; il y est presque systématique. Tantôt le son nasal naturel formé de l'*i* joint à l'*n* ou à l'*m*, qu'il soit initial ou final, est assourdi en *an* ou *en* ; tantôt il est représenté par *ain* ou par *ein*, comme pour indiquer qu'il faut en épaissir en quelque façon, ou, si l'on aime mieux, en allonger la nasalité ; tantôt il prend la place des préfixes *irr* et *ill* dans les mots tirés du latin où ces préfixes étaient primitivement en *in* ; tantôt enfin il reparaît dans les mots d'où les savants l'ont expulsé.

An pour *in* domine surtout dans les *Sarcelles* et dans toutes les positions. Il est préfixe dans *ambécille*, *ampénitence*, *amposture*, *antardit*, *animiquié*, *antrigance*, *anstruction* ; il est radical dans *sancère*, *pante*, pour sincère, pinte ; il est final dans *festan*, *matan*, pour festin, matin.

Ce même son est également dans les *Conférences*, et appliqué à des mots analogues ; mais il y est le plus souvent sous la forme *en*, qui représente la forme orthographique régulière du XIIIe siècle, alors que le préfixe latin *in* était rendu en français par *en*. On y lit *entention*, *enjonction*, *enclination*, *enflammation*, *enfini*, *enfection* ; puis les formes *loen*, *poen* point ou poing ; *poentu*, *fen*, fin ; *prence*, prince. Je croirais assez que cette orthographe indique dans la prononciation une nasalité moins sourde que celle qui résulte de l'orthographe des *Sarcelles*. J'ajoute qu'elle est aussi employée par Vadé et les écrivains qui l'ont imité.

Mais toutes les fois que la syllabe *in* est suivie d'un *e* muet ou fermé, quelquefois même sans cela, la nasalité s'allonge et se marque par un *è* ouvert, ou par *ai* ou *ei*, ses équisonnants. Ainsi babine, gésine, machine, signe, signifier, chopine, frime, chagrine, estime, mine, cuisine, poitrine, rime, et une foule d'autres, font *babène*, *gésène*, *machène*, *ségne*, *ségnéfier* ou *sènéfier*, *chopène*, *frème*, *chagrène*, *estème*, *mène*, *cuisène*, *poitrène*, *rème*; de même, assassiner, câliner, examiner, étamine, famine, farine, matines, ruine, vermine, champignon, tignon, font *assassainer*, *câlainer*, *examainer*, *étamaine*, *famaine*, *faraine*, *mataines*, *ruaine*, *vermaine*, *champaignon*, *taignon*.

Je ne donnerai pas d'exemples du changement de *in* en *ein*, parce que cette dernière forme est aussi commune que les deux autres, et s'applique indistinctement au même mot. Tous les textes soit du xviie, soit du xviiie siècle en font foi. Les *Conférences* surtout offrent ces variantes capricieuses, souvent dans la même page, et elles donnent ainsi au texte de ces pièces je ne sais quelle ressemblance avec les textes du xive siècle.

Quand l'*i* est suivi d'un double *m* ou *n*, l'un appartenant au préfixe, l'autre au mot auquel ce préfixe est joint, il se produit, en énonçant ce mot, un son qui expire, comme si le premier *m* ou *n* était suivi d'un *e* muet : ainsi immortel, immoral, innocence, immoler, et autres semblables. Ils rentrent par conséquent dans la catégorie de la plupart de ceux que je viens de citer, et ils se nasalisent de la même manière : *ainmortel*, *ainmoral*, *ainnocence*, *ainmoler*. Vous entendez cette même musique en Bourgogne, où vous n'obtiendrez jamais des paysans un *i* correctement prononcé.

Par la nasalité qu'il imprime aux sons *il* et *ir* dans les mots illicite, irrégulier, irrévérence, illusion, illégal, lesquels il prononce, *inlicite, inrégulier, inrévérence, inlusion, inlégal*, le peuple de Paris rend à ces mots le préfixe *in* qu'ils avaient dans le latin archaïque, et il n'en est pas plus fier pour cela.

Au xvııᵉ siècle, et même jusqu'à la seconde moitié du xvıııᵉ (car il a, je crois, tout à fait perdu cette habitude), il nasalisait les parfaits définis et les participes passés des verbes prendre, mettre, et de leurs composés. Il disait *prins*, il *print*, ils *prinrent*, comme s'il eût savamment dégagé ces formes de l'ancienne forme latine contracte *prensus, prendit, prenderunt;* mais il ne faisait que continuer une tradition dont l'origine remonte à la seconde moitié du xıııᵉ siècle, car c'est alors seulement qu'on commença de parler et d'écrire ainsi.

Par une de ces bizarreries qui sont aussi bien dans son langage que dans son caractère, le peuple de Paris renverse tout à coup son principe de nasalité, et choisit pour céla les mots où l'alliance régulière de l'*i* avec une nasale a précisément donné lieu à l'établissement de ce principe : ainsi il dit, avec un *é* très-aigu et très-personnel, *émaginer, émiter, énutile, énanimé, énanition;* tant il est peu soucieux d'être d'accord avec lui-même, et tant sont contradictoires les influences qui, pendant des siècles, ont pesé sur sa diction !

Il se rencontre dans les textes, depuis les *Mazarinades* jusqu'aux *Sarcelles*, et même après, quelques exemples du changement d'*i* radical en *u* : *effugie, çumetière, fin funale, lubel*, libelle; *sullabe*. Je ne sache pas qu'aucun patois provincial ait à revendiquer cette prononciation [1].

Une seule fois *i* se change en *eu* : *geubecière* pour gibecière. Cette forme, qui est dans les *Sarcelles*, indique une forme primitive, *gebecière* venant de *gebecer* (v. fr.), chasser au gibier. *E* radical y est devenu *eu*, par la raison qui a été donnée plus haut du changement de cette voyelle en *eu*.

---

[1] On dit pourtant en rouchi *tulupe* pour tulipe; mais c'est un fait isolé.

Y.

Une altération particulière à cette lettre, si improprement appelée *i* grec, est, dans le langage populaire parisien, sa transformation en *j* consonne ou en *g* doux. Bèze cite en exemple les mots *aije* = aye, *plaige* = playe, *loijal* = loyal, *roijal* = royal, *loijauté* = loyauté, *joije* = joye, *joijeux* = joyeux, *loijaux* = loyaux, auxquels il faut ajouter *paijer* = payer, *paijement* = payement, et *monnoijeur* = monnoyeur ; car, tandis qu'il nous apprend la manière de prononcer régulièrement ces trois derniers mots, il sous-entend qu'on les prononçait donc aussi mal que les autres [1]. Ainsi, à l'exception de *monnoijeur* et de *aije*, tous ces mots sont refaits sur le latin, et ont les dehors savants ; et cependant ce n'est pas d'une académie qu'ils ont reçu cette nouvelle livrée : le peuple seul en a fait la façon ; encore fallut-il que les gens de cette classe qui mirent les premiers cette prononciation à la mode sussent lire, et voici pourquoi.

Avant d'être représenté par ce signe, *y*, l'*i* grec imitait la forme *v* (upsilon), familière aux copistes latins : de là son nom d'*i* grec, parce qu'on prononçait la voyelle grecque *ipsilon* et non *upsilon*. Dans la suite, le second jambage de l'ipsilon s'étant allongé en cette forme *j*, la forme *y* en est naturellement résultée. Mais dans plusieurs provinces de France, depuis la Saintonge, qui est très-éloignée de Paris, jusqu'à l'Orléanais, qui en est voisin, le peuple semble n'avoir longtemps considéré l'*y* que comme un *i* et un *j*, d'autant plus que cet *y*, dans nombre de livres imprimés au xvie siècle et depuis, était surmonté de deux points. Là donc où il rencontrait cette lettre, il la prononçait comme il la lisait. Il fit plus, il syncopa le premier *i*, ainsi que Bèze le reproche aux Orléanais, et comme il aurait pu le reprocher plus tard au peuple de Paris, et au lieu de roi-jal, loi-jal, etc., il dit *rojal* et *lojal*.

---

[1] *De francicae ling. recta pronuntiatione,* p. 42. Éd. de 1868.

Enfin, la corruption devenant plus profonde à mesure qu'elle se propage, le *j*, dans le patois parisien, se change en *g*, et l'on a dans les *Conférences* et autres pièces analogues contemporaines : *poiger* ou *pager* = payer, *envoger* = envoyer, *vogez* = voyez, *noger* = noyer, *ennuger* = ennuyer, etc. Les diphthongues *ay, oy, ya, ye, uy*, et les triphthongues *yau, yeu*, y appellent inévitablement ce *g*. J'y ai relevé l'indicatif *je poyge*, et l'impératif *poyge* du verbe *poyger* = payer ; les participes *poygeant, poygé* ; les futur et conditionnel *poygerai, poygerois* ; le subjonctif *que je poyge, que nous poygions*. *Envoger* y fait au futur *envogerai* (pour *envoirai* et non enverrai) ; *noger* ne se rencontre qu'à l'infinitif, ainsi que *ennuger*, verbes qui devaient nécessairement former tous leurs temps sur ces infinitifs. Enfin, *voir* fait à la seconde personne du pluriel de l'indicatif présent *voguez* ou *vogez*, et à toutes les personnes du subjonctif présent : *que je voge, que tu voges... que nous vogions, que vous vogiez*, etc. Le participe présent est *voigeant*, dans *La Ville de Paris*, en vers burlesques, par Berthaud, édition de 1665, in-18, p. 19.

> Et je sis si fort en colère
> Que pargué je ne me pis taire,
> *Voigeant* mes brebis en prison.

Je ne considère pas comme des formes analogiques *il tarje, il tarji* = il tarde, il tarda, qui sont dans les mêmes textes, parce qu'elles viennent d'un ancien infinitif *targer, targier*, d'un bas latin probable, *tardicare*.

Du reste, ces formes bizarres étaient déjà en usage aux ixe et xe siècles, et peut-être dès le viiie. On lit *pagiens* = payens, dans la Cantilène de Sainte-Eulalie :

> Et poro fut presentede Maximiien
> Chi rex eret a cels dis sovre *pagiens* [1].

La Passion de Jésus-Christ donne *neger* = nier :

> Pilat sas mans dunques laved
> Que de sa mort posche *neger* [2].

---

[1] *Chrestomathie de l'ancien français*, par Karl Bartsch, p. 5.
[2] Ibid., p. 10.

Dans les *Glosses de Reichnau,* dont M. Diez fait remonter le
manuscrit au-delà même du viiie siècle, le *g* doux, faisant fonction de l'*i* consonne, apparaît dans les mots *abgetarii* (latin)
= *abietarii,* et *anoget* (roman), troisième personne du singulier de l'indicatif présent du verbe *anoger*=ennuyer. C'est le
même qui reparaît ou peut-être qui ne fait que se continuer
plus de huit cents ans après, sous notre forme *ennuger.*

Il y a une remarque à faire sur ces trois mots romans ou
français : c'est que les deux premiers, au lieu de se refaire
sur le latin comme nos mots de patois de la décadence, *plaje,*
lojal, rojal, noger, se calquent sur ce même latin, en attendant
qu'ils prennent leur forme française définitive; c'est ensuite
que le troisième, *anoger,* formé selon toute apparence d'un
type bas-latin comme *inodiare* = *in odio habere,* ayant perdu
son *d* médial, a laissé les trois voyelles *o, i* et *a* en contact les
unes avec les autres, et a produit le même effet singulier de l'*i*
transformé en *g,* que nous voyons dans notre patois parisien.

Le principe de cette forme dans les verbes peut s'expliquer
scientifiquement : c'est la flexion *ie,* dérivée des flexions latines *eam, iam,* dont on usait fréquemment, dans les premiers siècles de notre langue, au subjonctif présent des verbes
tirés des deuxième et quatrième conjugaisons latines : *teneam,*
que je *tenie; veniam,* que je *venie.* Appliquée d'abord au
subjonctif des seuls verbes où elle avait sa raison d'être, elle
s'étendit quelquefois à ceux des première et quatrième conjugaisons françaises, lesquelles correspondent aux première
et troisième conjugaisons latines, où les flexions du subjonctif
sont *em* et *am.* En même temps donc que l'on disait que je
tenie, que je *venie,* on en vint à dire que j'*aimie,* que je *chan-*
tie, que je *rendie,* que je *vendie.* Or c'est cet *i* de la flexion
subjonctive qui, dans l'ancien français, fut traité maintes
fois comme *i* consonne ou *g* doux, et c'est lui qui persiste
encore dans plusieurs patois, notamment en Saintonge [1]. J'ai

---

[1] On y dit : *entenge* = entende; *boège* = boive; *mèye* = mette. Voyez *His-*
toire et théorie de la conjug. française, par M. Chabaneau, p. 64, 69, 87.

dit que Bèze en dénonçait l'abus chez les Orléanais ; c'est de là sans doute que cet abus s'est introduit dans le patois parisien, où il n'atteint guère, comme on l'a vu, que certains verbes de la première conjugaison, mais où il touche à presque tous les *temps*. Il cesse d'être un abus et devient au contraire une dérivation conforme à la flexion latine *eam*, au subjonctif présent du verbe voir : que je *voge*, que tu *voge*... que nous *vogions*, etc. Toutefois, *vogons*, et *vogez* ou *voguez*, à l'indicatif et à l'impératif, et *vogeant* ou *voigeant* au participe présent, ne sauraient se justifier, si ce n'est par l'analogie avec la forme du subjonctif.

Plus on approche du xviiie siècle, plus cette forme, soit dans les noms, soit dans les verbes, échappe au patois parisien. Elle ne sort plus guère que de la bouche des paysans beaucerons qui viennent vendre leurs denrées dans nos halles et sur nos marchés, et qui rendent cet hommage à la patrie absente. Si elle a encore quelque vie dans les *Conférences*, il n'y en a pas trace dans les *Sarcellades*, non plus que dans Vadé.

O.

Les mutations qui affectent cette voyelle sont peu nombreuses, sauf celle en *ou*, qui seule est le triple des autres.

Le changement en *a*, très-commun dans l'ancienne langue, est motivé principalement par la position de l'*o* devant *n* ou *m*; *an*, *man*, *tan*, *san*, pour on, mon, ton, son ; *amelette* pour omelette, vieux français encore en usage dans le dialecte rouchi ; *hanorer*, *mains* (anc. fr.), *hanni*, *Sarbonne*, *namer*, ce dernier lorrain pur, pour honorer, moins, honni, Sorbonne, nommer. Ajoutez-y *vacation* pour vocation, qui n'est peut-être qu'une méprise [1].

Cependant ces exemples deviennent assez rares au temps de Vadé.

[1] Aujourd'hui le peuple fait la confusion contraire, et dit *vocation* pour vacation.

L'*e* remplaçait aussi l'*a* dans les mêmes circonstances, et l'on disait *en, men, mensieur, volentiers* (anc. fr.), pour on, mon, monsieur, volontiers. Mais, au xviiie siècle, l'*e* prend quelquefois le son de l'*i*, car Lécluse, le collaborateur de Vadé, écrit, conformément à ce son, *min, minsieur*, à la picarde.

On ne disait pas tomber, tromper, succomber, mais *tumber, trumper, succumber*. Le son sourd très-accentué qui résulte de l'*o* joint à la double consonne *mb* et *mp* devenait tant soit peu métallique, par suite de cette substitution de l'*u* à l'*o*. Si ce n'était la prononciation de Rabelais, c'est du moins constamment son orthographe; c'est aussi celle de presque tous les écrits de la seconde moitié du xviiie siècle, en langage populaire de Paris. Elle rendait ainsi plus *savante* la formation de ces mots, en indiquant avec plus d'exactitude leur étymologie latine [1].

L'*o* latin s'assourdissait en *au* dans *caume, paume, baune, haume*, pour comme, pomme, bonne, homme. Je trouve *auxisé* pour *occisé* = *occis*, dans les *Citrons de Javote* :

> Sans quoi, tiens, ma pauv' enfant,
> Je l'aurois *auxisé* dans l'instant.

Cette forme rappelle le provençal *aucir*, infinitif que les poissards parisiens dotaient vraisemblablement du même suffixe qu'ils donnent à son participe. Toutefois, n'ayant reconnu cette notation *au* pour *o* (sauf *caume* employé dans les *Conférences*) que dans les *Lettres de Montmartre*, je n'ose la porter au compte du peuple de Paris, qui l'a déjà suffisamment chargé. D'un autre côté, ces Lettres étant un des monuments qui représente avec le plus de fidélité le langage de ce peuple, il est bien difficile de ne pas se rendre à leur témoignage. En tout cas, même dans les cinq ou six mots que je viens d'indi-

---

[1] Et grecque peut-être (τύμϐος, *tombe*). Mais il est assez probable que *tomber* vient directement du bas-latin *tomba : Qui enim* tumbatus est, dit dom Carpentier, *seu in* tumba *jacet, is prostratus est.* Cependant M. Burguy le dérive de l'ancien narois *tomba*, culbuter. C'est peu probable.

quer, le son *au* est infiniment plus rare que le son *eu,* si pro-
digué au xviiie siècle, et si retentissant aux halles et dans les
ports, comme l'attestent tous les écrits poissards de cette
époque. Ainsi on y trouve fréquemment les formes *queume,*
quement, quemencer, également propres au bourguignon, au
poitevin, au lorrain et au normand, pour comme, comment,
commencer, *heume, cérimeunie, casteur, eufficier, requeunaître,*
pour homme, cérémonie, castor, officier, reconnaître : par
où l'on voit qu'à l'égard de *eufficier, cérimeunie, requeunaître,*
le peuple, sans y viser le moins du monde, rentre dans la loi
de mutation qui de l'*o* latin fait *eu* en français, et il tire *heume*
de *homo*, *eufficier* de *officiarus*, *cérimeunie* de *cerimonia*,
queume de *quomodo*, *requeunaistre* de *recognoscere*, comme
on a tiré bœuf de *bovem*, neuf de *novem*, seul de *solus,*.etc.

Ce n'était pas seulement les suppôts de la place Maubert,
pour parler comme Henri Estienne, mais la bourgeoisie et
même les courtisans, qui donnaient à l'*o* le son d'*ou*. Longue
est la nomenclature des mots où il se faisait entendre ; et ce
qui doit nous étonner, c'est qu'après avoir obtenu une si
grande vogue, il n'ait pu venir à bout de s'établir, au moins
en partie, dans la langue générale. J'abrégerai autant que
possible cette nomenclature, mais je ne saurais la dérober à
la connaissance du lecteur.

Apoulorgie, apologie ; *assoumer,* assommer ; *boune,* bonne ;
brouche, broche ; *chouse,* chose ; *cours,* corps ; *couchon,* cochon ;
coulère, colère ; *counoistre,* connaître ; *dous,* dos ; *douré,* doré ;
doumage, dommage ; *drougue*, drogue ; *égourger,* égorger ;
fourcer, forcer ; *froument,* froment ; *foussé,* fossé ; *grou*,
grousse, gros, grosse ; *gourge,* gorge ; *hours,* hors ; *houneste,*
honnête ; *mout,* mot ; *noutre, voutre,* notre, votre ; *pourter,*
porter ; *proufit,* profit ; *proumis,* promis ; *poulisson,* polisson ;
pouche, poche ; *poussedé,* possédé ; *roube,* robe ; *roussignol,*
rossignol ; *repous,* repos ; *sourcier,* sorcier ; *soumes,* sommes ;
trou, troup, trop ; *troune,* trône ; *tantou,* tantôt ; *trésour,* trésor ; *outer,* ôter ; *nouce,* noce ; *nous,* nos ; *vous,* vos.

11

C'est dans les premières années seulement du xvɪᵉ siècle que
cette prononciation commença d'infecter le langage des
classes polies de la société ; elle était depuis longtemps reçue
dans celui du peuple. Ronsard la trouva bonne, au moins
pour la rime [1], et la lui emprunta. Mais ce qui, à ses yeux
peut-être, n'était que la rime, aux yeux des autres était la
raison, tant on avait de vénération pour son génie, et tant on
était résolu à croire que tout lui fût permis. Voici des vers
où il fit usage de cette prononciation :

> Mais la main des dieux jalouse
> N'endurera que telle *chouse*.

Et ailleurs :

> Quand mon prince espousa
> Jane, race divine,
> Que le ciel *compousa* [2].

Je ne tiendrais donc pas pour un grand coupable celui
qui imputerait à Ronsard la responsabilité de ce vice, con-
tracté d'abord par les courtisans et ensuite par la bourgeoisie.

Quoi qu'il en soit, on le trouve déjà dans des pièces officielles
du xɪɪɪᵉ siècle, écrites en dialecte bourguignon [3]. Il s'étendait jusque dans le Lyonnais, le Berry et autres lieux encore.
Meigret, qui était lyonnais, le patronne et le recommande,
non-seulement par patriotisme, mais encore parce que, l'ayant
vu florissant à la cour de François Iᵉʳ, qu'il se fait gloire
d'avoir fréquentée avec une certaine assiduité [4], il s'arro-
geait le droit de le considérer comme étant du beau et du
bon langage. On le voit se produire dans les *Gazettes des*

---

[1] Ce qui me le fait croire, c'est que Ronsard n'hésitait pas à changer
au contraire *ou* en *o*, dans une nécessité pareille. Son élégie, la *Dryade
violée*, offre ces deux vers :

> Où premier, admirant la belle Calliope,
> Je devins amoureux de sa neuvaine *trope*.

[2] Cité par Ch. Maupas dans sa *Grammaire et Syntaxe*, p. 19.

[3] *Mémoires de Poligny*, cités plus haut, dans les Pièces justificatives,
passim.

[4] Préface de la traduction du *Menteur*, de Lucien. 1558, in-4º.

Halles et de *la Place Maubert*, mais surtout dans les *Confé-rences*, avec un éclat qui montre combien il était commun alors.

Ce n'est pas qu'un certain nombre de ces mots n'aient eu le son *ou* pour *o* dans l'ancien français, et qu'à cet égard, ils ne fussent, au temps dont nous parlons, les représentants vénérables de la tradition ; mais c'était les déprécier certaine-ment que d'y mêler tant d'intrus, et, en ce qui touche les personnes de la cour, elles témoignaient mal, en favorisant cette intrusion, qu'elles eussent ce goût et cette intelligence de la délicatesse du langage, dont elles se piquaient d'ailleurs à bon droit. Cette prononciation n'en avait pas moins encore des partisans à la cour de Louis XIV. Toutefois elle tomba en discrédit bien avant la mort de ce prince, et les *Sarcelles*, qui parurent dès les premières années du règne de Louis XV, n'en offrent pas un seul exemple.

U.

Cette voyelle est tellement incompatible avec le son *a*, que celui-ci n'a pu venir à bout de faire un échange avec elle nulle part. Je me trompe : un mot, un seul, s'y est prêté : comparution, écrit en 1705, *comparation*. C'est que cette forme dérive du verbe de la première conjugaison, compa-rer, comme préparation vient de préparer, et séparation, de séparer. Or, *comparer* est l'ancienne forme normande de *comparoir*, forme bourguignonne restée dans la langue du droit, et qui signifie comparaître. On lit dans Rabelais (*Pant.*, liv. III, ch. xxxviii) : « Pourquoy ne livrez-vous ceste chanse le jour et heure propre que les parties controverses *comparent* devant vous ? » Ce verbe *comparer,* pour compa-raître, existait sans doute alors dans le langage populaire parisien, bien que mes textes en ce langage ne m'en four-nissent que cet exemple. A défaut de certitude à cet égard, il est permis de penser que, dans le mot comparution, l'*u* aura succombé sous la force assimilatrice progressive de l'*a*, ayant pour appui l'*r*, toujours prêt, comme on l'a vu, à favoriser les empiétements de cette lettre, et à entraîner dans sa propre sonorité expansive toute voyelle placée dans son voisinage immédiat.

L'*u* ne s'est guère laissé plus entamer par l'*e*. Il ne lui cède que dans plume et excommunié, écrits par l'auteur des *Sarcelles*, *plème*, *excomègnié*; puis dans jusque, dont il fait *jesque*, fréquemment employé dans la traduction des *Quatre livres des rois*, écrite en dialecte de l'Ile-de-France.

L'*i* a pénétré plus avant que l'*e* dans les retranchements de l'*u*. Les mots qui suivent nous le montrent en possession de tous les points où cet *u* est radical : *dépité* pour *député*; *riban* et *enribanné*, pour ruban, enrubanné [1]; *himeur* pour humeur; *in*, *ine* des patois bourguignon et lorrain, pour un, une; *polli* pour pollu, adjectif vieilli, auquel on préfère aujourd'hui le participe passé pollué; *tidieu* pour tudieu, aphérèse de vertudieu, interjection; *timulte* pour tumulte, et *titrice* pour tutrice. Le picard offre aussi maints exemples de cette prononciation vicieuse.

La lettre *o*, quoiqu'elle puisse revendiquer sa descendance de l'*u* latin : nombre de *numerus*, ongle de *ungula*, noces de *nuptiæ*, n'a pu trouver l'occasion de prendre, aux dépens de l'*u* français, une place qu'elle aurait pu croire lui être due, et par droit de conquête, et par droit de naissance.

Dans le changement d'*u* en *eu*, on reconnaît la même influence déjà signalée à propos du changement d'*i* en *è* ou *ai*, c'est-à-dire celle des consonnes *m* et *n* sur l'*u*, qui les précède dans un mot, et la nasalité plus obscure et plus rude qu'elles impriment à cette voyelle. On dit donc, conformément aux patois bourguignon et picard, dont l'influence est ici hors de doute : *éceume*, *couteume*, *forteune*, *heumeur*, *heurler*, *eune*, *leune*, lune; *meur*, *seur*, l'un et l'autre de deux syllabes au XIIIᵉ siècle *(meür, seür)*, pour mûr, sûr; *neu*, nu; *neullité (neuls*

---

[1] Antoine de Baïf, dans les *Sorcières :*
De trois *ribans* en trois nœuds soyent liez.

dans les Serments de Strasbourg, *niule* dans la Cantilène de Sainte-Eulalie); *pleume, preune, preunalle, ranceune, rheume,* qui revient à sa source grecque, en passant par le pays latin; *voleume.*

U devient *oi* dans buvant, *boivant,* de l'infinitif bourguignon *boivre,* qui faisait au présent de l'indicatif je *boif.* Il se change de même dans écriture : *écritoire*, qui paraît peu vraisemblable, à cause de l'équivoque à laquelle il donne lieu, et qui est pourtant dans les *Écosseuses.* Il prend aussi le son et la forme *ou* dans ahuri, allumette, huile, truie : *ahouri, alloumette, ouile, trouye.* Mais cet assourdissement de l'*u* en *ou* n'a lieu que dans un très-petit nombre de mots. Il est parisien, sauf peut-être dans *alloumette*, qui est de l'extrême sud de la Picardie.

Enfin, *u* se change en *l* dans les mots terminés en *gue.* On dit *harangle, seringle, meringle, bastringle*, pour harangue, seringue, meringue, bastringue.

§ 11.

VOYELLES COMPOSÉES ET DIPHTHONGUES.

Ai.

Par un de ces caprices qui lui sont familiers, et qui ont néanmoins pour effet de rapprocher encore certains mots de leur forme originelle, le peuple de Paris, qui tout à l'heure changeait *a* en *ai*, et restreignait ainsi le domaine légal ou usurpé de cette voyelle, élargit actuellement son horizon, et là où la langue française change l'*a* latin en *ai*, il rétablit cet *a*, et dit *ar* pour air; *char,* pour chair (au XIᵉ siècle, *car*; au XIIᵉ, *charn*); *clar,* comme au XIᵉ siècle, *éclar*, pour clair, éclair; *vra, vrament,* pour vrai, vraiment; *rason, tratre, tratraisse* (*ratio, traditor*) pour raison, traître, traîtresse; *fas, feras,* pour fais, ferais, le premier, d'un infinitif, *fare,* qui est dans Tristan (II, p. 128); *plasir* pour plaisir, forme primitive usitée jusqu'à la fin du XIIIᵉ siècle ; *jamas (magis)* pour jamais, *mastre (magister)* pour maître, *frenasie, douzane, mauvas,* pour frénésie (au XVIIᵉ siècle, *frénaisie*), douzaine, mauvais. Le même changement a lieu à la première personne du singulier du parfait des verbes de la première conjugaison : *j'aima, j'alla,* et quelquefois à la première personne du futur des verbes de toutes les conjugaisons : *j'aimera,* je *finira,* je *recevra,* je *prendra.*

Ces différentes formes, tant dans les noms que dans les verbes, se présentent assez fréquemment dans le langage populaire de Paris, aux XVIᵉ, XVIIᵉ siècles, et même au XVIIIᵉ, jusqu'en 1760 ou environ ; après quoi elles disparaissent rapidement. Elles sont, surtout pour le parfait défini et le futur, des patois de la haute et de la basse Bourgogne, c'est-à-dire parlés à l'est et au nord de Dijon ; car les compatriotes de Lamonnoye se piquent à juste titre de parler le bourguignon pur et classique. Ces patois retranchaient l'*i* de la première pers. sing. du prés. de l'indic. du verbe avoir, et écrivaient j'*a* pour j'ai. Et comme il a été surabondamment prouvé que le futur d'un verbe n'est autre que l'union du radical du verbe avec le présent de l'indic. du verbe avoir, au lieu de j'*aimer-ai,* je *finir-ai,* les Bourguignons disaient j'*aimer-a,* je *finir-a.* Les exemples ne manquent pas ; mais il est bon d'en rapporter quelques-uns :

« Sauf ce que je dois à lad. seneschallie desservir, et faire l'office que à ce appartienne, toutes les fois que j'en *sera* requis pour M livres de bons estevenants, lesquelles j'ai hües... et les *a* tournés à mon proffit, et *a* quitté à lad. comtesse Madame tous les fruits, les issües et la valüe, que je *aura* et *recevra* desd. choses.

» Et *a* promis por moi et por mes hoirs que contre cette vandue je ne *vandra* à nul jor por moi ne por autru, ne en fait, ne en dit [1]. »

Au reste, c'est peut-être aller trop loin que d'accuser le

---

[1] *Mémoires de Poligny,* t. II, p. 630 ; Pièces justificatives, nᵒ 78, année 1266.

peuple de Paris d'être inconséquent, lorsqu'après avoir changé
a en *ai*, il change ailleurs *ai* en *a* ; car, en opérant ce dernier
changement, il cède moins au besoin de se contredire qu'au
penchant irrésistible qui le porte à transformer l'*e* en *a*, et,
conséquemment, à faire subir le même sort à une diphthongue
qui sonne, à très-peu de chose près, comme l'*e*.

Bèze signale, dans la prononciation du peuple de Paris, le
changement de *ai* en *e* féminin, dans faisons, faisant, qui de
spondées deviennent iambes, *fesons, fesant*, et il déclare nettement que cette prononciation est un vice. Il a raison. Mais,
cent ans après lui, ce vice était passé de la langue du peuple
dans la langue générale, et bientôt toutes les classes de la
société en furent atteintes. La Touche, dans son *Art de bien
parler* [1], dit formellement : « *Ai* se prononce comme un *e*
féminin, dans quelques temps du verbe *faire*, que voici : nous
faisons, je *faisois*, tu *faisois*, il *faisoit*, nous *faisions*, vous *faisiez*, ils *faisoient*; *faisant* : prononcez je *fesois*, nous *fesons*,
fesant, etc. Quelques auteurs écrivent ces temps par un *e*; c'est
assez bien fait. »

Oudin n'est pas moins précis [2] : « *Ai*, au verbe *faire*, dit-il,
en la première personne plur. du présent de l'indicatif, et en
tout l'imparfait, se prononce comme notre *e* féminin : *faisons*,
fesons ou *fsons*; *faisois*, *faisoit*, *faisions*, *faisiez*, *faisoient* :
fesois, *fesoient*, *fesoie*, etc. De même au gérondif et noms ver-
baux : *faisant*, *faiseur*, *faiseuse*, lisez : *fesant*, *feseur*, *feseuse*. »

Le peuple de Paris est resté fidèle à la double prononciation
fesons (celle-ci employée par Voltaire) et *fsons*, principalement
à la seconde. Dans l'un et l'autre cas, il trouve encore des
imitateurs parmi ceux qui ne parlent pas ou qui se piquent
de ne pas parler habituellement son langage.

Pour la mutation de *ai* en *i*, le peuple, comme s'il eût eu
affaire à une diérèse, *aï*, laissait quelquefois tomber l'*a*. Ainsi
il obtenait *connistre* (1755) de connaistre; *ide* ou *yde* de aide ;

[1] T. I, p. 45.
[2] *Grammaire française*, 1656, p. 39.

scis-tu de sçais-tu; *porceline* de porcelaine. *Connistre* est une forme corrompue de l'ancien normard *conuistre*, qui est dans la *Chronique des ducs de Normandie*, par Benoît, t. I, vers 2073 :

> Si li faimes tant à saveir
> E *conuistre* e apperceveir.

Aide, que le peuple prononçait *aïde*, comme Marguerite d'Angoulême [1], et plus souvent avec l'aspiration, *ahide*, perdit son *a* d'autant plus facilement que lorsque ce mot était précédé de l'article la, cet article s'élidant forcément devant l'autre *a* qu'il rencontrait, on avait *l'ahide*, qui sonne comme *la hide*, et qui, par une seconde élision, devint l'*hide*, puis l'*ide* ou l'*yde*. C'est en effet sous cette dernière forme qu'on le trouve dans la quatrième *Conférence*, p. 3 : « *Alyde, alyde*, au meutre, aux volleux ! ah ! je sis mor. »

Une seule fois *ai* se change en *u* : *umer* pour aimer. Cette forme n'est que dans les *Sarcelles*, mais elle y est partout et exclusivement. J'avais cru d'abord que c'était une prononciation particulière aux Sarcellois, mais ayant rencontré *eumer* dans les *Conférences*, j'ai vu qu'il n'y avait entre les deux formes qu'une différence orthographique, et que le peuple devait prononcer alors *eumer*, comme il prononçait *couteume*, *forteune*, etc. Si l'on objecte qu'il pouvait bien changer *u* en *eu*, mais non pas *ai* en *eu* ou *u*, n'y ayant pas d'affinité entre ces deux derniers sons comme entre les deux autres, je répondrai d'abord que le peuple n'y regardait pas de si près, et ensuite qu'il dit aussi bien *bienfeutrice* (1799), pour bienfaitrice, qu'*eumer* pour aimer, et sans savoir pourquoi. Il dit *fleurer* pour flairer avec la même insouciance, et quoique ce mot soit de l'ancien français. D'ailleurs, il n'est pas possible de tout expliquer dans un dialecte qui s'est formé du contingent de tant d'autres, qui en a gâté le bon, rendu pire le mau-

---

[1] On lit dans le *Coche* :

> Et Dieu et saints requérant et priant
> Pour mon *aïde* :
> Car je n'y voy sans miracle remide.

vais, et fait un mélange de tout cela, à ne pas s'y reconnaître lui-même.

On trouve dans les *Conférences* : *moison*, *boiser* [1], *boigner*, *roison*, *secrétoire*, pour maison, baiser, baigner, raison, secrétaire. D'autres Mazarinades donnent aussi ces formes. A qui sont-elles empruntées, ou plutôt d'où sont-elles venues naturellement? Encore du bourguignon, qui dit *moître*, *boissé*, *époizé*, *jaimoi*, *moigre* et *moison*, pour maître, baisser, apaiser, jamais, maigre, maison. Toutes ces formes sont dans les *Noëls* de Lamonnoye.

Au.

Pour la mutation d'*au* en *a*, le peuple procède de même que pour celle d'*ai* en *i*, sauf qu'ici, au lieu d'éliminer la première voyelle de cette fausse diphthongue, c'est la seconde : *Aroit*, *saroit*, anciennes formes encore usitées en Saintonge, pour aurait, saurait. C'est la contraction de *averoit*, *saveroit*, formes propres à tous les anciens dialectes, devenues, vers le milieu du xiiie siècle, *auroit*, *sauroit*, par le changement de *v* en *u* et la suppression de l'*e*. Le bourguignon est celui qui les employait le plus fréquemment; on ne saurait dire toutefois s'il les employa le premier. Elles étaient en usage dans toutes les classes de la société au temps de Robert Estienne et de Bèze, qui les approuvent, ou qui les présentent du moins comme ayant des droits égaux à notre respect. Louis XIII les observait étant enfant : « M. Fréminet, dit Héroard, lui fait le visage marqué C, disant : Faites un visage comme celui-là.— Ho, oh! dit-il en souriant, je ne *sarois* [2]. »

Mais les formes aurait, saurait, l'ont définitivement emporté dans la langue générale; le peuple seul a gardé les autres; pour le moins, il dit encore *arais*, *arai*.

---

[1] M. Burguy (t. III, *Glossaire*, au mot *Baisier*) a remarqué je *bois* à la rime, pour je baise, dans le *Roman de la Violette*, publié par M. Francisq. Michel, v. 57.

[2] Il parle du maître de dessin du prince. *Journal de J. Héroard*, t. I, p. 235.

Deux mots : la locution adverbiale, au lieu de, et la proposition, auprès, offrent seules le changement d'*au* en *en*: *englieu* et *emprès* qui est normand, et dans le roman de *Brut* (v. 9232). *Englieu* jouissait même d'une certaine faveur dans les hautes classes, à la fin du xviie siècle, puisque les grammairiens de cette époque la proscrivent à l'envi.

Le changement d'*au* en *ou* est assez commun : *chouma,* chaudmal; *chousses*, chausses; *fout,* faut; *gouche*, gauche; *housser,* hausser; *houte*, haute; *joune,* jaune; *ou,* au; *oussi,* aussi; *oujourd'hui*, aujourd'hui; *oussitôt,* aussitôt; *outrefois,* autrefois; *sousse-Robard*, sausse-Robert; *ourez,* aurez; *sourois,* saurais.

Il n'y a pas plus de raisons de changer *au* en *ou* qu'il n'y en avait à changer *o* en cette même voyelle composée; mais l'impulsion était donnée; la similitude des sons *o* et *au* la déterminait. J'excepterai pourtant la forme du régime indirect *ou* pour au, à le, mitoyenne entre *au* et *eu*, et qui a eu cours à la fin du xiie siècle jusque dans la seconde moitié du xive [1]. Elle était à la fois bourguignonne et normande; mais elle avait descendu plutôt que remonté la Seine pour venir s'établir à Paris, les relations commerciales de la Bourgogne ayant précédé de beaucoup celles de la Normandie avec cette ville. Elle ne tarda pas à y devenir chère au peuple, qui l'appliqua aux syllabes initiales des mots indiqués ci-dessus, comme aux mots analogues. *Outre* était une forme picarde qui entraîna sans difficulté les formes *outrement, outrefois, outrui* et *outre-part.*

Eau.

Un vice de prononciation, si vice il y a, puisqu'il a eu sa raison d'être dans l'ancienne langue, est celui qui de la fausse triphthongue *eau*, à la fin des mots, fait *iau* et *iô*. Il est toujours familier au peuple de Paris. « Je te prie, Meigret, dit Jacques Peletier [2], garde-toi, en voulant être trop curieux, de

---

[1] Voyez-en des exemples dans M. Burguy, t. I, p. 51.
[2] *Dialogue de l'ortografe*, p. 17.

tomber... au vice des Parisiens, qui, au lieu d'un sceau d'eau,
disent un *sio d'io*. »

Il ne faut pas prendre ici l'épithète de curieux comme im-
pliquant le désir qu'aurait eu Meigret de se conformer, en
parlant ainsi, à quelque loi du langage particulier et qu'il
n'entendait pas ; à cet égard Meigret n'entrevoyait pas plus la
vérité que son censeur ; il n'y faut voir que ce que Peletier y
voyait lui-même, c'est-à-dire une curiosité vaine et déréglée,
ayant pour objet et pour fin de confondre le langage des honnêtes gens avec celui de la populace. Peletier n'en avait pas
moins raison de recommander à son ami de fuir une prononciation assez désagréable à l'oreille, et qui surtout lui semblait tout à fait irrégulière. Mais elle ne l'était pas, et si Peletier en eût connu la cause, il eût dit à Meigret qu'il y avait
une règle de dérivation, en vertu de laquelle la forme *ell*,
dans les mots latins, devint successivement en français, *el, ial,
ial, eaul,* quand aucune voyelle ne suit. Ainsi *sio,* que Peletier
eût alors écrit *siau,* suivait cette règle, venant de *sitella,* et
parce que le *t* disparaissait dans l'intérieur des mots. On
observait donc cette règle, et le peuple de Paris l'observe
encore, lorsqu'il dit : *biau,* de *bellus; batiau,* de *batellus,* diminutif de *batus; chapiau,* de *capellus,* diminutif de *capa : cer-
viau,* de *cerebellum,* diminutif de *cerebrum ; musiau,* de *musel-
lum,* diminutif de *musum ; morciau,* de *morsellus,* diminutif
de *morsus; nouviau,* de *novellus,* diminutif de *novus; oisiau,*
d'*aucellus,* formé peut-être d'un diminutif d'*aucus,* comme
aucella est un diminutif d'*auca ; mantiau,* de *mantellum ;
piau,* de *pellis; viau,* de *vitellus,* etc., etc.

Quant à *iau, yau,* pour *eau,* les formes diverses de ce mot,
à partir du latin *aqua,* ayant été *aigue, aighe, aiwe, aive, awe,
ave, éve* et *iéve,* c'est la confusion faite par le peuple, dans
cette dernière forme, du *v* consonne avec le *v* voyelle qui
aura déterminé la prononciation *iaue,* ou *iau;* peut-être même
est-ce tout simplement le résultat d'une assimilation, le
peuple amollissant ainsi la diphthongue *eau* partout où il la

rencontre, et alors même qu'elle ne s'y prêterait pas étymologiquement.

J'ai trouvé dans mes textes quelques exemples de la forme *io*, comme l'écrit Peletier, substituée à la forme *iau*; mais le son est le même; la différence n'est que dans l'orthographe.

Il est plus aisé de constater l'existence de la prononciation *iau* à Paris que dire de qui il la tient. Elle était commune à plusieurs dialectes; mais la forme *eal* permutable en *eaus* étant la racine immédiate des mots en *eau*, et *al* étant une forme picarde et normande, ces deux dialectes pourraient. prétendre à l'honneur d'en avoir doté la capitale.

Ei.

En négligeant de faire sentir l'*e* de cette diphthongue dans les mots meilleur et seigneur, et en les prononçant *milleur* et *signeur*, le peuple de Paris les rend au vieux français qui les réclame.

Eu.

Cette fausse diphthongue, dérivée d'un *o* latin, est quelquefois remplacée par un *a* dans le dialecte parisien. Rêveur, dormeur, bonheur, etc., donnent *rêvar, dormar, bonhar*. Comme ce changement n'a lieu que quand la syllable *eur* est finale, il faut peut-être y reconnaître l'influence de la lettre *r*, ainsi qu'on l'a déjà reconnu dans la transformation de *er* en *ar*.

Eu se change en *au* dans filleul, la lettre finale *l* étant supprimée : *fillau ;* ou en *o* pur, cette même lettre *l* demeurant : *fillol*, qui est dans la *Chanson* de Roland. Il se change en *ou* dans gueule, meurtre, pleurer, *goule* (v. fr.), *moutre, plourer* (v. fr.), et reprend l'*o* latin dans ce même mot pleurer et dans sœur : *plorer* (v. fr.), *sor* (v. fr.).

Enfin, il prend l'*u* dans feuille, feuillet, feuillée : *feille, feillet, feillée,* et au contraire il perd l'*e* dans heureux et ses composés, dans bleu, feu, pleuvoir, Eustache, Europe,

Eugène : *hureux*, qui était du bel usage aux XVIᵉ et XVIIᵉ siècles, *blu*, *fu* (v. fr.), *pluvoir* (v. fr. *pluveir*), Ustache, Urope, Ugène.

OEi.

Bèze [1] remarque que, de son temps, le peuple de Paris se servait encore du singulier suranné *(singulari obsoleto) ieul* pour œil. Le vieux français ne dit pas *ieul* mais *ueil*. Je n'ai pas trouvé dans mes textes d'exemples à l'appui de l'assertion de Bèze ; j'y ai trouvé seulement *mon yeu* pour mon œil.

Oi.

Cette bivocale, qui, dans les mots où elle est suivie de l'*n*, comme besoin, coin, loin, etc., a le son d'une voyelle simple, même dans le langage délétère du peuple de Paris, y subit des changements nombreux, principalement dans les écrits du XVIIᵉ siècle, où il a été le plus généralement fait usage de ce pseudo-dialecte. Les variétés qu'elle présente sont *a, oa, oua, ouai,* ou *ouay, e, é, ai.*

Quelques substantifs seulement prennent l'*a* pur et très-allongé : *bourgeas, gravas, tournas.*

Ce même *a* se rencontre aussi fréquemment aux trois pers. sing. de l'imparfait indic. : j'*allas*, il *allat*, tu *étas*, il *état*, je *faisas*, etc. [2]. A quoi il faut joindre *sas* (sois), je *vas* (je vois), tu *vas* (tu vois).

Les trois formes *a, oa, oua,* s'appliquent simultanément aux mots *char, choar, chouar,* choir ; *cras, crous, crouas,* crois et et croix ; *savar, savoar, savouar,* savoir ; *recevar, recevoar, recevouar,* recevoir ; *tras, troas, trouas,* trois.

---

[1] *De franc. linguae recta pronuntiatione*, p. 58.

[2] La terminaison *a* à l'imparf. est très-commune encore dans l'ancien duché de Bourgogne. Ici, elle domine seule ; là elle admet le partage avec *oue*, comme dans le Doubs, et avec *ô* long, comme dans la Côte-d'Or. *Ô* est la terminaison classique bourguignonne ; mais elle n'est pas également respectée partout, et elle a pour rivale chez les paysans une terminaison en *a* très-allongé et pâteux.

Les formes *oa*, *oua*, apparaissent seules dans *doa, doua,* doigt; *doas, douas,* je ou tu dois; *joa, joua,* joie; *moa, moua, toa, toua,* moi, toi; *moas, mouas,* mois; *foas, fouas,* fois; *roa, roua,* roi; *soar, souar,* soir; on trouve aussi *sair.*

Les mots suivants n'admettent que la forme *oua : bouas,* bois; *choua*, choix; *chouasir,* choisir; *dégouaser,* dégoiser; *glouare,* gloire; *matouas,* matois; *ouasiau,* oiseau; *poualle,* poêle; *touaser,* toiser.

Tous ces exemples indiquent combien de nuances le peuple donne au son *oi;* ils montrent avec quelle licence l'*a*, ainsi que je l'ai fait voir amplement au titre de cette voyelle, jouit de la prérogative qu'il s'est arrogée dans le langage populaire de Paris, et combien peu il paraît d'humeur à s'en dessaisir. Il consent néanmoins à la partager, car il souffre la concurrence des sons *ouai, ai, é* et *e,* dans les mêmes proportions et souvent dans les mêmes mots où il se déploie lui-même, et avec une égale promiscuité.

On trouve donc comme variantes du son *oa,* et dans les mots déjà cités, *douay,* doigt; *mouay, touay, souay,* moi, toi, soi, sans préjudice des formes *dait, mai, tai, sai.* On dit et on écrit encore *fouai,* foi; *dégouaiser, rouay,* roi; *vouay,* voit.

D'autres mots se contentent du thème unique *ai : cai,* coi; *quai,* quoi, pronom interrog.; *craire,* croire; *naier,* noyer; *plaier,* ployer; *nétayer,* nétoyer; *sait, sayez,* soit, soyez; *vaisin,* voisin.

Les seules circonstances où, dans mes textes, *ai* alterne avec *e,* c'est quand cet *e,* étant suivi des dentales *d, t,* et de la liquide *r,* suivie elle-même d'un *e* muet, semble alors appelé à représenter le même son que la diphthongue *ai : frait, fret,* froid; *drait, dret,* droit; *baire, bère,* boire; *naire, nère,* noire.

Quant à *é* fermé, mis pour la bivocale *oi,* radicale, médiale ou finale, on le rencontre dans *émouver,* émouvoir; *paresse,* paroisse; *véci, véla,* voici, voilà; *pétrinal,* poitrinal.

Tous ces thèmes en *ai* (diph.), en *é* fermé et en *e* féminin sont du patois normand, où ils sont représentés aujourd'hui

par l'*e* féminin seul, faiblement marqué de l'accent grave,
tandis qu'ils étaient autrefois représentés dans le même dialecte par la forme *ei* : *freit*, *dreit*, *neire*, *creire*. Cette forme,
quoique n'étant ni plus ancienne ni plus organique que la
bivocale *oi*, est cependant prépondérante, non-seulement dans
les écrits en dialecte normand pur, mais encore dans d'autres
écrits, soit bourguignons, soit picards, où ce dialecte a plus
ou moins pénétré. Du xie au xve siècle, de la Chanson de
Roland à Villon, plus on remonte haut, plus nombreux en
sont les exemples. Ils sont rares dans Villon, et amenés le plus
souvent par les nécessités de la rime; ils ne laissent pas toutefois de constater l'influence notable que le normand avait
acquise dans le langage parisien, puisqu'un poète, enfant de
Paris, habitué à la bivocale *oi*, chère à ses compatriotes, ne
pouvait se soustraire entièrement à cette influence. Elle n'en
était pas moins fort affaiblie du temps de Villon, et bientôt,
dès les premières années du xvie siècle, aux efforts combinés
des grammairiens pour arrêter les conquêtes du son *oi* sur le
son *ei* ou *e*, on pouvait s'apercevoir que la forme normande,
dans la langue générale, ne se maintiendrait qu'en abandon-
nant une partie de son bagage.

C'est ce qui eut lieu en effet. Le français rejeta les formes
ei ou *e* féminin de tous les mots où règne aujourd'hui la forme
oi. Quand je dis qu'il les rejeta, je vais trop loin; il en garda
l'*i*. Cet *i*, combiné avec l'*a* au lieu de l'*o*, produisit la forme *ai*,
qui est aujourd'hui celle des imparfaits et des conditionnels.
Elle s'établit également dans un certain nombre de mots, tels
que connaître, harnais, etc., où la forme normande *ei* n'avait
même jamais été employée, mais où la bivocale *oi* qui caractérisait ces mots lui semblait apte à recevoir ce changement.

Ce n'était pas là une nouveauté, comme on en a, si j'ose
m'exprimer ainsi, donné les gants à Voltaire; c'était une restauration. La forme *ai*, ainsi appliquée, date du xie siècle.
M. Guessard en a relevé maints exemples dans les Chroniques

anglo-normandes [1], ainsi que M. Bernard Jullien [2], dans plusieurs textes postérieurs à cette date. Nos *Conférences* elles-mêmes l'appliquent aussi souvent que l'autre. Personne toutefois, et Voltaire pas davantage, ne soupçonnait cette antiquité de la forme *ai*, et l'avocat Bérain, qui en avait déjà proposé l'adoption en 1675, n'était pas plus savant que Voltaire. Quoi qu'il en soit, il y avait, dès le commencement du xvie siècle, je ne sais quelle tendance à revenir à elle. Ces formes *ei*, *e* appliquées partout où se rencontrait la bivocale *oi*, suivant ou contre les règles de l'étymologie latine, tour à tour préconisées et honnies, acceptées et repoussées, semblaient devoir se fondre, à la fin, en une forme commune qui mettrait d'accord toutes les parties. Cette forme, je le répète, fut *ai*, résultant d'une sorte de compromis entre *oi* et *ei*, réunissant deux lettres comme l'un et l'autre, et ayant un son où, avec un peu de bonne volonté, l'un et l'autre purent encore se reconnaître. Mais le compromis n'a définitivement assuré la prise de possession de *ai* qu'aux imparf., aux condit. et dans un certain nombre de mots; la plupart ont repoussé et repoussent encore toute transaction.

Si, au commencement du xvie siècle, ou, plus exactement, sous le règne des Valois, le peuple de Paris avait été assez indifférent à la révolution qui menaçait sa prononciation favorite, il était à présumer qu'il ne tarderait pas beaucoup à la ressentir, et même à lui prêter les mains. En effet, tandis que l'*e* picard, qui n'est autre que l'*e* latin, cherchait vainement à s'établir dans les mots d'origine latine, où il est représenté par *oi* en français, l'*ei* normand, dont le son se rapprochait de l'*e* grave, par conséquent du son *ai*, était plus heureux. Cette fortune, il la devait au commerce qui se développait dans des proportions considérables entre la Normandie et Paris, et au plus grand besoin qu'avait le peuple de la capitale des produits variés, peu coûteux et de première nécessité que

[1] *Biblioth. de l'École des Chartes*, t. II, p. 229, 2me série.
[2] *Thèses de grammaire*, p. 51 et suiv., 1855, in-8°.

lui envoyait cette province. Le commerce par terre, difficile,
lent et très-restreint jusqu'à Henri IV, à cause du mauvais
état des chemins, prit bientôt, grâce aux travaux de viabilité
commencés par Sully, et poursuivis avec constance, un essor
extraordinaire. Quant au commerce par eau, entravé jusque-
là par la jalousie de la hanse parisienne, et aussi par un reste
de préjugé des Français de l'Ile-de-France contre une province qu'ils se rappelaient toujours avoir été anglaise, il avait
vu enfin, d'abord sous Charles VII, ensuite sous Louis XI,
s'abaisser devant lui quelques-unes des formidables barrières
opposées depuis deux siècles à ses entreprises. Si de ces rapports plus fréquents et plus étroits entre les producteurs normands et les consommateurs parisiens ne date pas d'une
manière précise la corruption de la bivocale parisienne *oi*; si
même on en trouvait déjà des traces fréquentes, notamment
dans les imparfaits, en remontant un peu plus haut, c'était au
moins un développement de cette corruption, sinon en intensité, du moins en étendue.

D'un autre côté, les hautes classes, par suite d'une influence
venue d'ailleurs, ainsi que je le suppose un peu plus loin, les
lettrés, les savants et la bourgeoisie dans une certaine mesure,
tendaient de plus en plus à substituer un son mou et efféminé
au son virile et populaire de la bivocale *oi*.

Sous cette influence que quelques auteurs, et le plus considérable de tous, Henri Estienne, ont cru, à tort selon moi,
d'origine italienne, la cour, à cette époque, commençait à
donner au son *oi* le son *è* dans certains mots, et le son *oè* dans
d'autres mots. Et ce qui paraît n'avoir été d'abord qu'un pur
caprice ou une marque de bon ton devint peu à peu un dogme
qui eut des défenseurs fanatiques et des proscripteurs. Je
n'exagère pas, et j'ai mon garant.

« Nous avons, dit Estienne Pasquier, une diphthongue *oy*
qui est née avec nous, ou qui, par une possession immémoriale, s'est tournée en nature, diphthongue dès piéça reconnue
pour estre nostre par les estrangers, » ainsi que « ce docte

12

personnage Érasme l'a sceu fort bien remarquer en son livre
de la Prononciation [1]. Puisqu'elle nous est si naturelle, et
que l'estranger ne s'en est pas voulu rendre incapable, quelle
faute a elle commis depuis laquelle il la faille exterminer de
France [2] ? »

Pasquier outre peut-être un peu la pensée d'Érasme en la
commentant, car Érasme se borne à constater la popularité du
son *oi* en France; mais il est vrai que sa qualité d'étranger
donnait une grande autorité à son témoignage. Il vécut assez
d'ailleurs pour voir de ses propres yeux les premières attaques
dont elle fut l'objet dans les écrits des savants, c'est-à-dire des
grammairiens. Elles lui vinrent notamment, et dans le cours
de trois années successives, de trois grammairiens étrangers
à Paris, à l'Ile-de-France et à la France elle-même.

L'un, Palsgrave, était anglais; l'autre, Geoffroy Tory, était
berrichon; le troisième, Jacques Dubois, en son nom de savant
Sylvius, était picard. Tous trois sont d'accord pour dénoncer
l'abus du son *oi* chez les Parisiens et ceux de l'Ile-de-France,
et tous trois allèguent le même exemple, comme la plus haute
expression de cet abus.

Après avoir parlé des différents sons que recevait la lettre *l*
chez les Romains, G. Tory ajoute :

« Et à ce propos je veulx bien en cest endroit enseigner la
juste et deue pronunciation de toutes les lettres abécédaires,
en laquelle chose je voy mille personnes errer, quand ilz
disent *a, boy, coy, doy*, où il fault dire *a, b, che, de*, comme si
leur nom, excepté des vocales, s'escrivoit en façon de syllabe... L'erreur de la susdicte sotte pronunciation est venue
de je ne scay quelz maistres d'escole tant de ville que de village, qui se meslent de vouloir enseigner aultruy, et eulx
mesmes ne le sont comme ilz debvroient estre [3]. »

---

[1] C'est à la page 73 du dialogue *De recta latini graecique sermonis
pronuntiatione*. Basle, 1558, in-12.

[2] *Lettres d'Est. Pasquier*, t. I, p. 135. Paris, 1629, 2 vol. in-12.

[3] *Champfleury*, p. XLVIII, verso, 1529.

Voilà ce que G. Tory écrivait et imprimait à Paris même.
La prononciation qui le choque, il l'entendait à Paris, et les
maîtres d'école qu'il met en cause étaient ou des Parisiens, ou
des Français de l'Ile-de-France.

L'année d'après, c'est-à-dire en 1530, Palsgrave, sans s'é-
chauffer comme G. Tory contre cette manière de prononcer
les mêmes lettres de l'alphabet, remarque toutefois qu'elle est
abhorrente à l'étymologie latine; ce qui est un blâme indirect. « En nommant ces consonnes, dit-il, les Français ne les
nomment pas comme on fait en latin, car au lieu que dans
cette langue elles sont énoncées en commençant par les lettres
mêmes et finissent en *e* : *be*, *ce*, *de*, etc., en français elles
finissent en *oy*, et sonnent de même : *boy, coy, doy* [1]. »

Le langage de Jacques Dubois est beaucoup plus explicite
et plus nettement accentué, et il est en outre une revendica-
tion des droits et du latin et du picard sur la langue française, droits méconnus par l'outrecuidance parisienne. « La
prononciation naturellement vicieuse des Français, dit J. Dubois, est cause qu'ils changent l'*e* (latin) en *oî*, et qu'ils disent
toîle, estoîlle, roî, loî, etc., venant de *tela, stella, rex, lex*, etc.
Ils font de même pour les imparfaits de l'indicatif, et les pré-
sents et imparfaits du conditionnel des verbes : *aimoîe, voioîe,
dormoîe, aimeroîe, voiroîe* ou *verroîe, dormiroîe*, etc., formes
dont j'eusse ôté l'*e* final, s'il n'y était pas si enraciné... Quoi
qu'il en soit, la diphthongue *oi* pour *e* plaît tant aux Parisiens
qu'ils la substituent même à l'*e* muet à la fin des mots, et prononcent par exemple *boî, coî, doî, goî, poî, toî*, les consonnes
be, ce, de, ge, pe, te. Il ne faut donc pas s'étonner si les Français prononcent ainsi. Seulement, qu'ils cessent désormais de
railler les Picards, fidèles conservateurs de l'antiquité et de la

---

[1] But in the namyng of the sayd consonantes the frenchemen differ
from the latin tong, for where as the latins in soundynge of the mutes,
begyn wich the letters self, in the ende in *e*, saying *be, ce, de*, etc., the
frenchemen, in the stede of *e*, sounde *oy*, and name them *boy, coy, doy*.
(*L'Esclarcissement de la langue françoise*, etc. 1530; Introd., p. xxiii de
l'édit. Génin, in-4°, 1852.)

pureté de la langue, parce que les Picards disent *mi, ti; si* rarement, *mè, tè, sè,* de *mihi* ou *mi; tibi, sibi,* ou *ti, si,* par analogie avec la première personne *(mi).* Je conviens pourtant que *moî, toî, soî* sont plus supportables, et peut-être conformes au grec, comme je le fais voir au titre *Pronom* [1]. Que dorénavant aussi ils ne se moquent plus des Normands, lesquels prononcent les mots ci-dessus et autres semblables, non par *oî,* mais par *e,* et disent *tele, estelle, sée, ser, dé, teis, vele, vere, ré, lé, amée, aimerée,* etc., pour *toile, estoille, soie, soir, doi(s), toict, voile, voire, ròi, loi, amoie, ameroie.* Au reste, j'apprends qu'aujourd'hui la prononciation *é* est, pour ainsi dire, rappelée d'exil, et rentre dans le langage des proches voisins de Paris, comme dans celui des habitants de cette ville, c'est-à-dire des Parisiens eux-mêmes. Ainsi est vérifié le propos d'Horace : *Multa renascentur quæ jam cecidere.* Plusieurs disent encore *estoîlle* pour *stella;* mais si quelqu'un prononce, pour *stellatus, estoîllé* et non *estellé;* pour *adveratur* (c'est-à-dire ce qui est affirmé, certain, hors de doute), *avoîré* et non *avéré;* pour *indebitatus* (c'est-à-dire qui a des dettes), *endoîbté* et non *endebté; soîete,* diminutif de *sericum,* et non *seete,* tout le monde crève de rire, et le siffle comme un barbare [2]. »

---

[1] C'est aussi le sentiment d'Érasme, *loc. cit.*

[2] E in *oi,* depravata, opinor, nativa ejus pronuntiatione Galli persaepe mutant, ut *tela,* toîle, *stella,* estoîlle, *rex,* roî, *lex,* loî, *amabâm,* aimoîe, *amarem,* aimeroîe, *viderem,* voiroîe ou véroîe, *dormirem,* dormiroîe, etc. Similiter in caeterorum verborum praeteritis imperfectis indicativi, et praesentibus ac præteritis imperfectis optativi, in quibus *e* postremum sustulissem... nisi altius in Gallorum sermone haesisset... Quid quod hæc diphthongus pro *e* supposita Parrhisiensibus adeo placuit, ut ipsarum quoque mutarum voces in *e* desinentes, per *oi* Parrhisienses corrupte pronuntient *boî, coî, doî, g-oî, poî, toî,* pro, *be, ce, de, ge, pe, te?* Quo minus mirum est Gallos pronomina *moî, toî, soî* pronuntiare. Desinant igitur Picardis, puritatem linguæ et antiquitatem integrius servantibus, illudere Galli, quod dicant *mî, tî, sî* raro ; et *mè, tè, sé,* a *mihi* vel *mi, tibi, sibi,* vel, *ti, si,* analogia primae personae. Quanquam *moî, toî, soî* tolerabilia sint, et forte graecanica, ut in pronomine ostendimus. Neque posthac in Normannos cavillentur, omnia haec praedicta et consimilia non per *oî,* sed per *e* pronuntiantes, *telle, estelle, sée, ser, dé, teis, vele, vere, ré, lé, aimée,* etc., *aimerée,* etc. Quam pronuntiationem velut postliminio rever-

Il n'est pas téméraire de voir une satire de la prononciation
normande dans une ancienne *Farce*, où, appliquée aux con-
consonnes *b* et *c*, elle donne lieu à des quiproquo, on dirait
aujourd'hui à des calembours, qui sont, comme chacun sait,
une des formes de la raillerie les plus chères à l'esprit parisien ; car, bien que cette pièce soit anonyme, je la crois l'œuvre
d'un Parisien, au moins d'un enfant de la langue d'*oi* ou de
l'Ile-de-France. Elle, a de plus, un caractère évident de con-
contemporanéité avec nos trois grammairiens [1]. J'en citerai
le passage qui a rapport à la question, et n'est pas incapable
de l'égayer. Elle est à trois personnages : Pernet, sa mère et le
maître. La mère conduit son fils à l'école et le présente au
maître. Celui-ci, après un court préambule, interroge Pernet.

LE MAISTRE.

Où est vostre leçon?

PERNET.

Icy.

(C'est) tout au fin commencement [2].

LE MAISTRE.

Or dictes donc (des ores mais).

PERNET.

Croisette de par dieu.

LE MAISTRE.

Après?

PERNET.

A.

sam hodie audimus in sermone accolarum hujus urbis, et incolarum,
atque adeo Parrhisiensium. Ut verum sit Horatianum illud : Multa renascentur quae jam cecidere. Esse quid hoc dicam ? Pro stella, *estoille* dicunt
adhuc nonnulli ; pro stellatus autem si quis *estoillé*, non *estellé* ; pro adve-
ratus (sic enim pro asserta re et affirmata loquuntur) *avoïré*, non *averé* ;
endoïblé ab indebitatus, id est ære alieno oppressus, non *endebté* ; *soïete*,
non *seete*, diminutivum a sericum pronuntiat, omnes risu emori et bar-
barum explodere. (*In linguam latinam Isagoge*. 1531, p. 20, 21.)

[1] *La Farce nouvelle... à troys personnaiges, de Pernet qui va à l'escolle*,
dans *Ancien Théâtre François*, t. II, p. 364, de l'éd. Jannet.

[2] Les mots entre parenthèses sont ceux qui manquent dans le manuscrit, et qui ont été rétablis avec assez de vraisemblance par l'éditeur.

LE MAISTRE.

Après?

PERNET.

A.

LE MAISTRE.

Encore ung.

PERNET.

A.

Et que diable, il y en y a.
Il y a longtemps que le sçay bien.
Je le sçavoye desja bien,
Quant je fuz battu de mon père.
Je crioye : Ah ! a ! ma mère,
Je vous prie, venez me deffendre.

LE MAISTRE.

Ça, mon filz, achevez de rendre.

PERNET.

Et que vous ay-je desrobé?

LE MAISTRE.

Me voicy très-bien arrivé;
Parachevez vostre leçon.

PERNET

Ma foy, je ne suis point larron,
Je vous le dy à un brief mot.

LE MAISTRE.

Quelle lettre esse là?

PERNET.

Je ne sçay.

Demandez le donc à ma mère.

LE MAISTRE.

B.

PERNET.

Saint Jehan! il ne m'eu chault voyre;
Je (re)viens tout fin droit de boire.
Je ne puis boire si souvent.

LA MÈRE.

Ah! il dy vray, par mon serment!
Maistre, montrez luy en son livre;
Je ne veuil point que facez yvre;
Il boit assez avec(ques nous.)

LE MAISTRE.

Non feray, non, (et) taisez-vous.
Mais me voulez-vous faire acroire
Que je le veuil prier de boire?
Dites cette lettre icy : B.

PERNET.

Dictes cette lettre ici, B.

LE MAISTRE.

Après; C.

PERNET.

Et, j'ay le dyable si j'ay soif !
Je ne sçay moi où vous pensez,

Ce qui, dans ce passage, fait ressortir surtout l'intention satirique du poète à l'égard de la prononciation normande, c'est le soin qu'il a d'écrire, ainsi qu'il le prononçait sans doute, *voyre, boire, accroire, tout fin droit,* à la parisienne.

Des citations qui précèdent, ou, pour parler plus vrai, de celle qui est tirée de la grammaire de Jacques Dubois, il résulte que les premiers symptômes un peu remarquables de la révolution qui tendait au renversement de la prononciation *oi* apparurent, dans la capitale et une bonne partie de l'Ile-de-France, au début du xvi⁰ siècle. Ce n'est pas que, dès la fin du xiii⁰, les formes du langage normand n'aient eu accès dans cette province, et jusque dans les actes du gouvernement [1], et qu'à cet égard, Jacques Dubois ne soit fondé à signaler cette révolution comme un retour à une forme primitive; mais, si cela est vrai dans une certaine mesure, et pour certaines formes de la langue écrite, cela ne l'est pas à l'égard de la prononciation *oa = oi*, alors en vigueur dans le langage du peuple de Paris et des localités circonvoisines. Là, en effet, tandis que presque partout ailleurs, en deçà de la Loire, on prononçait encore à l'infinitif *eir* pour *oir* ; qu'à l'imparfait, au condi-

---

[1] Voyez dans l'*Histoire de l'Hôtel-de-Ville de Paris,* par Leroux de Lincy: Sentence du 3 oct. 1298, p. 139; Sentence du 23 mars 1301, p. 154; Sentence du 12 mars 1302, p. 156; Sentence du 19 août 1303, p. 157, etc., etc.

tionnel et dans les noms communs où entrait cette diphthongue, on prononçait *ouè*, ou *oé* qui n'en est que la simpli-
fication orthographique, le peuple de Paris prononçait *oa* à
pleine bouche, et avec une telle autorité que, selon la remarque
de Pasquier, les étrangers regardaient cette prononciation
comme la seule française, et s'y conformaient. Que le changement dont elle fut l'objet dans les trente premières années
du xvi⁰ siècle lui ait été imposé par les courtisans, ou qu'elle
l'ait accepté des provinces en relations commerciales chaque
jour plus fréquentes avec Paris, c'est une question que j'examinerai tout à l'heure ; mais le fait en soi est constant. Et déjà
environ quinze ans après Jacques Dubois, l'*e* picard qu'il
voyait poindre à l'horizon, la forme *ei* normande, et la forme
oè propre à la Touraine, au Lyonnais et à d'autres localités,
cherchaient à se glisser, l'une dans les imparfaits et conditionnels, l'autre dans certains noms communs, tels que *reine*,
qui est resté, et *aveine* ; la troisième, dans les temps des verbes
que je viens d'indiquer, et surtout dans les monosyllabes
comme *roè, foè, loè, moè;* toutes trois enfin, et pour ainsi
dire à l'envi, passaient lentement, mais hardiment, dans la
pratique, quand un grammairien parut à point pour en fonder
la théorie.

Ce grammairien était Louis Meygret ou Meigret. On peut
croire que s'il eût été Parisien, il eût hésité à prendre parti pour
une prononciation efféminée et répugnante, à cause de cela,
au peuple de Paris ; mais il était de Lyon, où l'on prononçait
ainsi, et peu modeste. Si donc il eût pu douter un moment
que la prononciation de son pays fût la bonne en général, il
dut changer d'avis et croire qu'elle l'était au moins à certains
égards, du jour où il entendit quantité de Parisiens prononcer
oi à la lyonnaise, c'est-à-dire *oè*. Il en posa donc la loi dans un
traité de la grammaire française [1], où, sans respect pour l'étymologie, il subordonna toute l'orthographe à la prononciation.

---

[1] *Le Tretté de la Grammere francoeze fet par Louis Meigret, Lionoes,*
1550.

C'était fonder sur du sable, la prononciation étant aussi mobile que lui. Aussi « le bastiment de son escripture, » manquant de solidité, ne résista guère aux attaques dont il fut l'objet. Guillaume des Autels, sous le pseudonyme de Glaumalis de Vezelet, dans son *Traité de l'orthographe des Meigretistes,* lui porta les premiers coups ; Meigret se défendit avec plus de passion que de raison, et il eut en outre le dépit de rencontrer, dans le camp même de la réforme, un avocat, Jacques Peletier, qui ne lui fit pas moins de mal que son adversaire même [1]. Pour comble de disgrâce, il ne trouva plus d'imprimeur ! Il est manifeste qu'on ne voulait pas, en l'imprimant, se donner l'air de s'associer ou à la vanité ou au ridicule de son système. Lui-même fut contraint d'en faire l'abandon et de suivre l'orthographe usuelle dans sa traduction du traité d'Albert Durer, sur les proportions du corps humain en 1557.

Ce système, dans son ensemble du moins et dans son radicalisme, ne fut point repris ; toutefois Ramus s'en appropria la thèse sur la diphthongue *oi,* de laquelle thèse il devint bientôt un ardent promoteur. Aussi est-ce à lui, et avant qu'il ait publié sa grammaire, que Pasquier adressait les plaintes mélancoliques qu'on a lues plus haut ; c'est lui qu'il feint de croire innocent des entreprises téméraires qu'on lui attribue, et à qui il dit encore : « Le courtisan aux mots douillets nous couchera de ces paroles : *reyne, allèt, tenèt, menèt* ; ni vous, ni moy, je m'asseure, ne prononcerons et moins encore écrirons ces mots de *reyne, allèt, venèt* et *tenet* ; ains demeurérons en nos anciens qui sont forts : *royne, alloit, venoit* et *tenoit* [2]. »

---

[1] Voyez dans *La Grammaire française et les Grammairiens du* XVI° *siècle,* par M. Livet, une histoire de la querelle de Meigret et de Des Autels, et une analyse piquante et instructive des écrits singuliers auxquels elle a donné lieu.

[2] *Lettres,* t. I, p. 129.

« Je ne suis plus *Francé* ; c'est comme on prononce maintenant, » est-il dit dans une pièce intitulée : *La Grande Propriété des bottes sans cheval en tout temps, nouvellement découverte, avec leurs appartenances, dans le grand magasin des esprits curieux.* A Paris, chez Nicolas Alexandre,

Mais cette confiance, un peu jouée d'ailleurs, dans la raison d'un homme qui ne démordait pas aisément de ses opinions, fut déçue misérablement. Pasquier en fut pour ses doléances et ses frais de comédie.

Après tout, Ramus n'était pas l'inventeur de la prononciation nouvelle ; il la trouvait en possession d'une certaine vogue à la cour, où, tantôt sous la forme *oè*, tantôt sous la forme *è*, elle balançait presque alors l'antique prononciation *oi* dans les noms et les pronoms, et dans les imparfaits et conditionnels ; à la ville, où le peuple lui-même, atteint de la contagion, commençait à dire, ainsi que Bèze le lui reprochera plus tard, *allet*, *venet*, etc. Enfin Meigret l'avait prescrite ; en quoi il avait eu pour précurseurs G. Tory, et principalement J. Dubois. Elle jouissait donc déjà d'un crédit réel, non moins encourageant pour les réformateurs qu'inquiétant pour leurs adversaires. H. Estienne le constate ; Claude de Saint-Lien *(Claudius à Vinculo)*, dans un livre fait pour les Anglais qui apprennent le français, le constate également [1] ; Bèze le confirme, ajoutant que quelques-uns se dispensaient même de prononcer l'*o* dans *oai = oè*, et prononçaient seulement *ai* [2]. Cette remarque de Bèze a son prix ; elle donne une date à la réapparition dans la langue du son et de la forme *ai*, et, bien que Bèze ne parle que de la prononciation, la manière dont il exprime ce son indique assez qu'on le représentait ainsi derechef dans l'écriture. La même nouveauté, environ cinquante ans après Bèze, choquait vivement Charles Maupas, auteur d'une *Grammaire et Syntaxe françoise*, dont la troisième édition parut en 1632. Le passage

rue des Mathurins, 1616, p. 34, de la nouvelle édition publiée par M. Ed. Fournier dans le tome VI, p. 29 et suiv., de ses *Variétés historiques*.

A peu près dans le même temps, Courval Sonnet se faisait ainsi l'écho des plaintes d'Estienne Pasquier, et peu d'années après la mort de celui-ci, dans une de ses satires :

> Bref, que dirai-je plus ? Il faut dire il *allet*,
> Je *crès*, *francès*, *anglès*, il *diset*, il *parlet*.

[1] *De pronuntiatione ling. gall.*, p. 23, 1580, in-12.

[2] *De francicae ling. recta pronuntiat.*, p. 53, éd. de M. A. Tobler. Berlin, 1868.

où il dresse contre elle une sorte de réquisitoire est double-
ment curieux, et par le dégagé de la forme, et par la mauvaise
humeur du grammairien contre ceux qu'il accuse d'avoir introduit cette nouveauté.

« *Oi* ou *oy*, dit-il, la naïve et vraye prolation de cette diphthongue devroit estre quasi comme *œ*, *e* ouvert [1] : ainsi *foy*,
loy, *roy*, *voir*, *trois*, *mois*, etc. Mais la dépravation qui s'est
rampée depuis plusieurs années en ça l'a grandement brouillée
et rendue incertaine ; car on s'est pris à la proférer comme *e*
ouvert, ou plustost comme la diphthongue *ai* en ces mots :
mais, *jamais*, *faire*, *plaire*. Ce qui est survenu à la Cour du
Roy, à mon opinion, par une folle imitation des erreurs des
estrangers qui ne sçachans bien prononcer nostre langue, la
corrompent ; et les courtisans, singes de nouveautez, ont
quitté la vraye et anciène pour contrefaire le baragouin es-
trangier. Mais les doctes et bien-disans ès Cours de Parlement
et ailleurs, retiennent toujours l'antique et naïve. Mesme,
l'erreur ne s'estend pas sur tous mots, ains principalement sur
les prétérits imparfaits des verbes, comme pour *j'aimoy*, *tu
aimois*, *il aimoit*, ils diroient : *j'aymay*, *tu aimais*, *il aimait ;
j'aimerois*, *tu aimerois*, *il aimeroit : j'aimerais*, *tu aimerais*, *il
aimerait*. Item quelques autres mots à plaisir, comme pour
droit, *froid*, *estroit*, *croistre*, *connoistre*, *paroistre*, à l'adven-
ture diront-ils *drait*, *fraid*, *estrait*, *craistre*, *connaistre*, *pa-
raistre*. Mais non pas *chaisir*, *lay*, *fray*, *ray* [2], *trais*, *mais*, au
lieu de *choisir*, *loy*, *foy*, *roy*, *trois*, *mois*. Ils diront peut-être
craire, pour *croire*, mais non pas *la craix* pour *la croix*, ni
baire, *naire* pour *boire*, *noire*, ni *une fais*, *deux fais*, *quelque-
fais*, pour *une fois*, *deux fois*, *quelquefois* ; en quoy se void
qu'il n'y a que volage incertitude. Et qui la voudra ensuivre,
je ne m'y oppose pas, ains il en a icy l'advertissement [3]. »

---

[1] Ainsi, Maupas voulait qu'on prononçât *oi*, quasi comme *oè*. « *OE*, *e*
ouvert, » ne veut pas dire autre chose.

[2] Bèze remarque que beaucoup le disaient.

[3] P. 31 et suiv.

Le temps qui s'est écoulé depuis Maupas et son avertissement a laissé pour la plus grande partie subsister la même
« volage incertitude, » et la prononciation de la bivocale *oi*,
dans les mots où elle entre, est encore loin d'être et ne sera
probablement jamais uniforme. A ne s'en tenir qu'aux noms
de peuples, pourquoi, par exemple, disons-nous Anglais,
Français, et avons-nous tant de peine à dire Hongrais que
nous lui préférons obstinément Hongrois? pourquoi Dijon-
nais et Lyonnais, et Quimperois et Saumurois? pourquoi
Morbihannais et Ardennais, et Champenois et Blésois? Mais la
coutume est une femme, il ne faut pas lui demander compte
de ses caprices.

Mais quels étaient ces étrangers que daubent à l'envi les
grammairiens, qui donnaient ainsi le ton à la cour, et régen-
taient en quelque sorte notre langue? ce ne pouvaient être les
Espagnols. Eux et nous, au temps de G. Tory, H. Estienne et
Ch. Maupas, n'étions guère bons amis, et l'on n'en voyait point
à la cour. Leur influence directe ne s'y fit sentir que sous
Anne d'Autriche, et ce ne sera pas celle de leur langage, mais
celle de leur littérature et de leurs mœurs. Toutefois cette
dernière influence ou l'hispanisme, comme on le voit par
Brantôme, n'avait pas attendu l'arrivée de cette princesse en
France pour s'y manifester. Au contraire, il y avait eu, et longtemps, des Italiens à la cour. Les artistes, entre autres, que
François Iᵉʳ y avait appelés formaient une petite colonie, et le
plus ou moins d'action que ces étrangers avaient eu sur le goût
et sur le langage s'était continué sous les règnes de son fils
et de ses petits-fils. On y avait vu ensuite les domestiques.
amenés de Florence par Marie de Médicis, lorsqu'elle vint
épouser Henri IV; Concini, dont la faveur dura dix-sept ans;
les gentilshommes qui formaient sa garde, et qu'il payait de
ses deniers; enfin quantité d'aventuriers de la même nation.
Maupas fut le contemporain de ceux-ci, comme Henri Estienne
l'avait été de ceux-là, et ce sont bien les Italiens que Maupas
désigne par les mots « d'estrangers qui, ne sçachans bien pro-

noncer nostre langue, la corrompent. » Il est donc d'accord
avec Henri Estienne à cet égard, et, en particulier, sur l'amollissement qu'ils donnaient à la bivocale *oi* en la prononçant *é*
ou *ai*.

Ainsi, tandis que, selon G. Tory, les Italiens propageaient
à Lyon le son *a*, c'est, selon Henri Estienne, Maupas, et
d'autres encore, le son *ai* qu'ils mettaient à la mode à Paris. Il
n'est pas aisé de concilier ces deux opinions, et je ne l'en-
treprendrai pas. Je ferai seulement cette remarque : que les
Français prennent aux étrangers des mots de leur langue,
et qu'ils les francisent ; cela s'est vu et se voit encore.
Mais que ces mêmes Français, et par-dessus tous, les Parisiens, si prompts à tourner en ridicule les étrangers qui
parlent plus ou moins mal la langue française, aient la complaisance d'adopter ces vices de prononciation dont ils se
moquent habituellement, et qu'ils s'en parent comme de
grâces dont ils auraient fait la façon, c'est ce que j'ai peine à
comprendre. « L'homme du peuple, disent excellemment
MM. Weil et Benloew, n'est pas choqué de certaines fautes
contre la grammaire ; mais le *son* étranger lui est antipathique, et le fortifie davantage dans l'amour pour l'idiome
national [1]. » C'est, au contraire, avec une certaine complaisance que le peuple de Paris souffrait les sons provinciaux,
variantes, à ses yeux, de son propre idiome ; et c'est à peu
près ainsi que la langue latine, après la guerre sociale, et
quand les peuples voisins de Rome eurent obtenu le droit de
cité, subit l'influence de leurs dialectes, provinciaux à son
égard, à cause des affinités qu'ils avaient avec elle. Peut-être
même est-ce au mélange de ces peuples avec les Romains qu'il
faut attribuer en partie la prépondérance que l'accent acquit
peu à peu sur la quantité prosodique, et qui finit par n'en
laisser que des ruines. En tout cas, si c'est aux Italiens que
nous devons en partie les sons *è*, *ai* pour *oi*, ils n'ont fait que

---

[1] *Théorie de l'accentuation latine.* p. 250. 1855.

nous aider à recouvrer notre bien, la flexion *ai* à l'imparf. et
au condit. ayant été, comme on l'a dit, signalée dans les monuments littéraires des xie et xiie siècles.

Quant aux flexions *oè*, *ouè*, qui avaient cours conjointement
avec les flexions *e*, *ai*, et qui en étaient comme les complices
dans la violence faite à la flexion *oi*, elles se réclamaient elles-
mêmes d'une aussi haute antiquité. On les rencontre pour la
première fois tout à la fin du xiie siècle. Formées de l'imparfait latin en *abam* de la première conj., comme les flexions *oie*,
eie l'étaient de l'imparfait en *ebam* des trois autres, elles sup-
plantèrent peu à peu celles-ci mêmes, et s'introduisirent du
même coup dans différents dialectes de la langue d'oil, quelquefois sur les points de son territoire les plus opposés. La
forme *oe* [1] était surtout en usage en Touraine et dans la partie
est de l'Anjou, puis au sud-est du Maine ; la forme *oue*, dans le
reste de ces deux provinces, dans la Normandie et dans le
Poitou. Ajoutons-y la Bourgogne centrale, où les deux formes
étaient simultanément employées ; le Lyonnais, où la première
seule, *oe*, commençait à pénétrer, et où nous la voyons fleurir
au xvie siècle ; enfin la Franche-Comté en possession des deux
formes, comme la Bourgogne centrale, et où l'imparfait en *oue*
a des partisans retardataires jusque dans Besançon.

Appliquées d'abord aux seuls verbes, les formes *oè*, *ouè*
atteignirent la forme *oi* dans tous les mots où elle avait son
domicile naturel, et ce n'est guère qu'à ce moment, comme
l'attestent les passages cités plus haut de J. Dubois, Pasquier
et Bèze, qu'elles rendent les grammairiens et les savants attentifs, excitant les protestations des uns et l'approbation des
autres.

Ces formes étaient-elles sourdes, comme le croit M. Burguy ?
cela est très-probable. Néanmoins je pense que cette surdité,
si elle affecta dans le principe les formes entières *oe*, *oue*, dut
cesser à la longue, en Normandie comme en Touraine, de

---

[1] Burguy, *Gramm. de la langue d'oil*, t. I, p. 219.

frapper l'*e*, pour se concentrer sur *o* et sur *où*, en Touraine faiblement, fortement en Normandie; que cette concentration de la surdité sur *o* et sur *ou*, ayant eu pour effet de dégager l'*e*, lui permit de prendre un son indépendant, à savoir de devenir un *é* fermé, de muet qu'il était auparavant.

J'en conclus donc (et les dates sont là pour autoriser ma conclusion) que, pendant les séjours fréquents et plus ou moins prolongés à Blois des rois François Ier, Charles IX et Henri III, les personnes de la cour, soit pour rendre hommage au langage d'une province qui passait déjà et qui passe encore pour parler le français le plus pur, soit par manie de le contrefaire, soit enfin par habitude, prirent des Tourangeaux le son *oé*, et lui donnèrent une vogue qui, avec des vicissitudes et des formes orthographiques diverses, avec des applications de moins en moins justifiées par l'étymologie, se prolongea jusque vers la fin du xviiie siècle.

Ce son *oé*, dont il est facile de se figurer la grâce affectée et la délicatesse dans la bouche d'un homme de cour, s'épaississait dans celle d'un homme du peuple en *ouè, ouai,* sans qu'on puisse dire pourtant que ce dernier son fût une imitation préméditée de l'autre. Le peuple n'empruntait rien aux courtisans, en fait de langage, mais le contraire est arrivé plus d'une fois. Les seigneurs qui, sous les Valois et les deux premiers Bourbons, allaient faire des parties dans les lieux où se réunissait, buvait et s'amusait le peuple, ne se proposaient pas de lui enseigner leur langage; mais bon gré, mal gré, ils y apprenaient le sien ; en quoi, selon Ramus , le terrible champion de l'usage populaire, ils ne faisaient que leur devoir et ils ne s'en trouvaient pas toujours mal, non plus que la langue française elle-même [1]. On sait le cas particulier

---

[1] « Le peuple est souverain seigneur de sa langue, et la tient comme un fief de franc aleu, et n'en doit recognoissance à aulcun seigneur. Lescolle de ceste doctrine n'est point es auditoires des professeurs hébreux, grecs et latins en l'Université de Paris; elle est au Louvre, au Palais, aux Halles, en Grève, à la place Maubert. » Cité par M. Livet, dans *Grammaire française et Grammairien du* xvie *siècle*, p. 179.

que faisait Catherine de Médicis de la langue des halles [1]. Ce
n'était pas pour détourner les courtisans d'aller l'y apprendre.
Ils n'y apprirent pourtant pas à prononcer *oé*, quoique ce son
puisse aussi bien être un raffinement de *oué*, que celui-ci un
renforcement de celui-là. L'un et l'autre se disaient simultanément, chacun dans son milieu. Mais le son *oué*, plus usité
d'ailleurs dans la banlieue qu'à Paris, bien qu'on l'entende
encore quelquefois dans la bouche de la petite bourgeoise
parisienne, le peuple le devait aux Normands qui hantaient
ses marchés, et qui, en lui donnant ses denrées pour de l'argent, lui donnaient aussi pour rien son langage.

Parmi les causes plus ou moins appréciables qui font que
deux dialectes, issus de la même souche et en contact journalier, se font des emprunts et se pénètrent réciproquement,
il faut compter l'imitation. Si donc il est vrai, et personne
n'en peut douter, que l'imitation, prise au sens de contrefaire, est un des attributs du peuple de Paris, on doit en conclure que la population singeresse et gausseuse des halles,
s'amusant à la fois et s'impatientant de la bonhomie astu-
cieuse des paysans normands, jointe à leur vocalisation traî-
nante, en aura contrefait le plus facile, c'est-à-dire l'accent,
et aura fini par en garder quelque chose. Aujourd'hui encore,
il n'en a presque rien perdu, surtout dans la banlieue, à
l'ouest, le peuple ayant été là plus mêlé et avec plus de durée
aux marchands normands, et de plus, ayant été leur hôte,
leur entrepositaire, leur associé, et, quand il s'agissait de
violer les ordonnances sur la marchandise, leur complice.

Voilà pourquoi dans les *Sarcelles*, dans les *Conférences*, et
dans toutes les pièces de théâtre à rôles de paysans des environs de Paris, on rencontre si souvent les sons normands *è*,
et, *ouè*, *ouai*, à côté des sons parisiens *oa*, pour représenter
la bivocale *oi*; car les *Sarcelles* comme les *Conférences* ne
laissent pas de se conformer en même temps à la vieille pro-

---

[1] *Scaligerana*, au mot *Catherine de Médicis*.

nonciation parisienne, et d'écrire *moa, toa, soa, loa, foa, voar, savoar, croare*, etc., etc., avec un *a*, comme si elles eussent eu honte de refuser ce tribut à une forme dont l'antique et éclatante sonorité charmait si fort les oreilles du bon Pasquier. Les imparfaits mêmes et les conditionnels ne s'y écrivent pas autrement en plusieurs rencontres. Les *Conférences* donnent j'*envoyas*, je *regardoas*, j'*enragoas* [1]. Si cette flexion n'y est pas aussi communément employée que les autres, c'est, je le répète, que le normand a déteint davantage sur le patois de la banlieue, dans lequel les *Conférences* et les *Sarcelles* sont plus spécialement écrites. Mais le fond parisien s'y distingue toujours nettement. Il en est de même aujourd'hui. Les paysans, à l'ouest et au nord-ouest de la capitale, sont encore (je l'ai déjà dit) fidèles à l'intonation normande, qui prévaut, sans cependant l'étouffer, sur l'intonation parisienne. Elle prévaut également au nord, soit parce qu'elle s'y est infiltrée à la faveur des rapports du voisinage, soit parce que, la région du nord étant traversée par le chemin des Flandres et du Hainaut, par où passait et passe encore le commerce de ces provinces avec Paris, cette région l'a prise des Wallons, qui l'ont au même degré que les Normands.

Ainsi, dans le traitement de la diphthongue *oi*, c'était, au commencement du xviie siècle, la prolation normande *ouè* (= *ouai*) qui exerçait ses ravages dans la banlieue et poussait ses excursions jusque sur les marchés de Paris ; au contraire, c'était la prolation tourangelle *oè* (= *oai*), qui, soutenue par la faveur des courtisans et des doctes, butait de plus en plus à caractériser le beau langage. Il faut croire qu'elle avait un principe de vitalité réelle, puisqu'elle n'était pas encore éteinte à l'époque de la Révolution, et que depuis même, à la cour de Louis XVIII et de Charles X, elle a eu des partisans.

Plus d'un siècle après Th. de Bèze, et près de trois quarts

---

[1] Une faute très-grande des Parisiens, dit Bèze, est, à l'imitation des Doriens πλατειάζοντες, de prononcer *fouare, voarre, troas*, pour foire (feurre) voirre (verre), trois. (*De francic. ling. recta pronuntiatione*, p. 54.)

de siècle après Maupas, La Touche, écrivant sous l'empire d'une coutume qui n'était pas encore près d'abdiquer, veut que *oi*, dans les monosyllabes, soit prononcé *oai : loai, roai, moai, boais, doait, droait,* pour loi, roi, moi, bois, doit, droit; qu'il en soit de même lorsque *oi* est suivi d'un *e* muet : *joaie, foaie,* etc., pour joie, foie ; dans les noms et dans les verbes en *oir* et en *oire : voair, recevoair, dortoair, mouchoair, oratoaire,* pour voir, recevoir, dortoir, mouchoir, oratoire ; au présent de l'indicatif de ces mêmes verbes : *je reçoais,* j'*apperçoais,* pour je reçois, j'aperçois ; dans la plupart des noms de nation et de pays : *Gauloais, Génoais, Hongroais,* l'*Artoais, le Rhetéloais,* l'*Angoumoais,* etc. [1]. Ne dirait-on pas une règle de grammaire à l'usage des mariniers et des débardeurs ? Le père Bouhours voulait même qu'on prononçât *ouai,* tout comme s'il eût fait sa cour au peuple ; mais il en est repris par La Touche, et nettement. Il n'y avait vraiment pas de quoi.

Enfin, en 1776, c'est-à-dire quatre-vingts ans après La Touche, l'abbé Cherrier imagine un système d'orthographe qui doit rendre visible à l'œil la prononciation de *oi,* sans en altérer la forme : c'est de mettre un accent grave sur l'*e : è.* On saura alors que cet *e* doit être prononcé comme un *è* ouvert [2]. Cette proposition n'a pas fait fortune.

Une si longue persistance dans une prononciation qu'on trouverait aujourd'hui aussi ridicule qu'anti-parisienne, et le parfait accord avec lequel les grammairiens l'érigèrent en théorie, semblaient lui promettre un établissement solide et définitif dans la langue dont ils étaient les législateurs. Il n'en fut pas tout à fait ainsi. Après avoir passé par toutes les phases qui marquent le cours des institutions comme de la vie des hommes ; après avoir régné longtemps à la cour et à la ville, dans le langage du peuple de Paris et dans celui de la banlieue, sous les formes diverses que j'ai indiquées et dont la

[1] *L'Art de bien parler françois,* t. I, p. 36. 1696.
[2] *Équivoques et bizarreries de la langue française,* p. 13. 1776.

banlieue retient encore quelque chose, elle se réduisit, dans
la langue générale, d'une part au son et à la forme simple
ai, de l'autre au son et à la forme *oi*, que le peuple articule
de nouveau *oa*, comme au xv⁰ siècle. Le son *ai* s'établit finalement dans les imparfaits, les conditionnels, et dans une
grande partie de noms de peuples. On ne l'en trouve pas
moins un peu avant cette époque, et avant que Voltaire lui ait
donné le branle, employé au temps des verbes précités, dans
les *Conférences*, où il a plus de vingt-cinq ans d'avance sur la
proposition de l'avocat Bérain. La remarque en est bonne à
faire, n'ayant point été faite jusqu'ici. Quant au son *oi*, il
chassa l'usurpateur *oé* de toutes les autres places où une mode
opiniâtre l'avait longtemps maintenu, et il recouvra ainsi la
jouissance de plus quatre cents mots dont il avait été déposs-
sédé. J'aime à croire que les mânes de Pasquier en reçurent
quelque consolation.

J'ai tâché de raconter l'histoire des vicissitudes de la bivocale *oi*, tant dans la langue française que dans le patois parisien. Mais elle a, bien avant moi, exercé l'esprit non-seulement de plusieurs grammairiens français, mais encore
d'autres qui ne l'étaient pas. Des écrivains, même étrangers à
cette profession, s'en sont occupés ; j'ai nommé, entre autres,
Étienne Pasquier, qui n'était pas loin d'y voir le fond de la
langue, tant il s'était pris de passion pour elle. De nos jours,
M. Bernard Jullien lui a consacré une thèse [1], en forme de
dialogue, où il s'est donné le plaisir d'un contradicteur poin-
tilleux et pressant, afin de mieux déployer, en le combattant,
cette force ou plutôt cette inflexibilité de logique qui lui est
propre, et qui s'affile au frottement de la contradiction. Si
j'ai traité à mon tour de cette bivocale, c'est parce que l'étude,
même spéciale, dans laquelle je me suis renfermé, m'en faisait une loi ; et si je m'y suis étendu, au risque de redire
quelquefois ce qui a été dit, c'est qu'après avoir observé com-

---

[1] *Thèses de grammaire*, p. 51. 1855, in-8⁰.

bien de travestissements la bivocale *oi* revèt dans le patois parisien, il m'a semblé qu'on en pouvait déterminer la manière dont les Parisiens la prononçaient généralement, et depuis combien de temps.

J'avoue néanmoins qu'en exécutant un travail aussi aride, dont l'utilité n'est pas de premier ordre et qui est d'un agrément très-relatif, j'ai hésité plus d'une fois. On a peine à se retrouver et à se conduire dans ce dédale de formes si nombreuses et si illogiques, et l'on se heurte à chaque instant contre l'impossibilité presque absolue de leur donner des dates précises. J'estime cependant que Pasquier avait raison quand il affirmait la haute antiquité de la prononciation qu'on donnait en France à la diphthongue *oi*. Cela, sans doute, n'était pas rigoureusement vrai à l'égard de la France, il s'en fallait même de beaucoup; mais c'était très-vrai à l'égard de l'Ile-de-France, et principalement de Paris. Il est certain, d'après la dénonciation en forme de J. Dubois, que, jusque dans la première moitié du XVIᵉ siècle, les Parisiens, traduisant régulièrement la flexion *ebam*, écrivirent et prononcèrent *oie*, exactement comme nous prononçons aujourd'hui le nom de la volatile, aux imparfaits et conditionnels des verbes, et *oa* (par *o* et *a*) dans les noms communs et propres et dans les pronoms de la première personne, et, de la part du peuple, dans toutes les rencontres. Quant aux formes *ouè*, *oè*, qui visèrent à supplanter les deux autres à la même époque, bien que je pense avoir suffisamment établi par quels intermédiaires elles agirent sur la prononciation parisienne, j'aurais pu avoir quelques scrupules à cet égard, en considérant que dans les flexions *oe*, *oue*, l'*e*, selon M. Burguy, avait été muet autrefois. Mais je crois avoir expliqué avec assez de vraisemblance comment le son *è* normand avait revendiqué son indépendance, et s'était détaché peu à peu du son *ou* qui le précédait. Or c'est ce son *è*, soit simple, soit combiné avec l'*i* (*ei*), son caractéristique de la prolation normande, que le peuple de Paris et de ses environs lui ont momentanément

emprunté, et cela par les moyens et à la faveur des circonstances que j'ai indiqués ci-devant. Il est à remarquer seulement, sans doute parce que la langue du peuple parisien et
des paysans de la banlieue est plus déliée que celle des Normands, que la prononciation de ceux-là est moins épaisse, et
généralement plus tourangelle que normande. Ils disent en
effet plus volontiers *moè, toè*, que *mouè, toué*. C'est comme
une reprise, chez les paysans du moins, de la prononciation
des seigneurs de la cour des Valois, opérée par des gens qui
furent autrefois leurs vassaux, et qui ne sont pas aussi certains de parler le langage de leurs anciens maîtres que de
posséder leurs propriétés.

Oi perd l'*o* dans *rine* ou *ryne* [1], ancien français *roine*, pour
reine, et dans *rial, riaume*, pour royal, royaume, formes que
donnent les *Conférences*. Il faut y joindre *mi* pour moi, forme
picarde qui est aussi celle du régime indirect dans l'ancien
dialecte bourguignon. *Oi* perd l'*i*, au contraire, dans *bosson*,
posson, mosson, voture, prononciation actuelle des habitants
de la banlieue, conforme à celle des paysans de la basse Bourgogne.

Ou.

J'ai parlé du changement d'*o* en *ou ;* le contraire a lieu
aussi dans quelques mots. Cou, coups, fourcher, tourner,
tourment, reprennent leur ancienne forme : *col* (écrit plus
volontiers *co*), *cos, forcher, torner, torment*. C'est la prononi-
ciation du Dauphiné, de la Bourgogne et de la Savoie ; mais il
est bien peu de pays qui n'en offrent des traces, quoiqu'elle
soit effectivement plus familière aux patois de ces trois provinces. Le son de cet *o* est très-ouvert, trop ouvert même pour
le peuple de Paris, qui lui substitue volontiers le son plus
fermé *au*, comme dans boutre, goudron, dont il fait *bautre*,

---

[1] Claude de Saint-Lien reproche cette prononciation aux Parisiens de
la fin du xvie siècle. (*De pronuntiatione linguae gallicae*, p. 76.)

gaudron. Il dit encore *équeute* pour écoute, par une transformation propre au patois bourguignon, et *crupion* pour croupion.

Ui.

Il retranche l'*i* de cette bivocale aussi bien dans les mots où
ui vient du latin *o* que dans ceux où il vient d'un *i* et d'un *u*
de la même langue : *curassier, cusaine,* cuisine ; *cuyère, cuye-
rée, cussot, hussier, jun, julliet, lusant, nusible, russiau,* ruis-
seau ; *russelant, sus,* suis.

Au contraire, c'est l'*u* qui tombe, dans *brit, brière,* bruyère ;
depis, ensite, frit, li, nit, pis, pisse, pissant, puis, puisse, puis-
sant ; *plye,* pluie ; *sis, sivant, sivi,* de l'ancienne forme picarde
sivir. Il y a même une forme toute particulière pour ce dernier mot, qui est *sieuvi.* Elle est dans les *Sarcelles,* première
partie, p. 262 :

> A *sieuvi* la chose à la piste.

J'en parle au titre *Flexions des verbes.*

⸹ III.

CONSONNES.

B.

B se change en *r,* par euphonie, dans *sub,* préfixe des mots
submerger, su(b)jet, subvenir, qu'on trouve écrits *surmarger,
surjet, survenir,* dans les monuments du langage populaire de
Paris. Toutefois on trouve *survenir* employé au sens de subvenir, dans Amyot, *Vie d'Agésilas,* ch. vi : « Estimant, y est-il
dit, que rien ne pouvoit estre mauvais de ce que lon fait pour
survenir à un ami. » Quant à *surjet,* il est possible que l'*r* soit
simplement épenthétique.

C.

Par euphonie encore, *c* dur initial se change en *g* dans calice, canif, *galice*, *ganif*. Le premier est du français du XIIe siècle :

> N'i demorra ne *galice*, ne chape.
> (*Li coronement de Looys*, v. 434.)

On ne dit plus *ganif*, prononciation patronnée par Ménage, que dans quelques provinces, par exemple le Bourbonnais. Final, *c* se change en *t* dans avec : *avet*. *C* doux médial devient également *t* dans *exortiser*, et *cc* devient *ss* dans *sussession*. Suivi de *h*, il se change en *j* consonne ou en *g* doux : *ajeter*, encore usité quelquefois, *hager*, hacher, *bouge*, bouche, toutes formes qui sont dans les *Gazettes des Halles*. Suivi de *l* (*cl*), *c* donne le son dur de *que*, *e* muet : *cerque*, *couverque*, *bésiques* *artique*, *manique*, manicle; *ostaque*, *onque*, oncle, *oraque*, *pinaque*, *spectaque*. Il tombe dans havresac : *havresa*.

C, dans nos textes, se changeant presque toujours en *t*, à la fin de l'adverbe donc, n'est pas une simple méprise orthographique; c'est la marque de la nasalité pesante que le peuple donnait à ce son en le prononçant, à la différence de ceux qui l'allégent en faisant vibrer doucement le *c*. On trouve pourtant ce mot ainsi orthographié non-seulement dans les poètes du XIIIe et du XIVe siècle, mais même dans ceux du XVIe :

> A tant prins congié d'elle
> Disant, or adieu *dont*,

dit le poète J.-G. Alione, dans la *Chanson d'une bergère*.

D.

Dans tarder, *d*, par un retour à une ancienne forme, se change en *j* ou en *g* : *tarjer* ou *targer*, qui supposent un mot bas latin *tardiare*. L'analogie a produit *garge*, de garde ; *garger*, de garder; sans parler de *margelle* qui est resté, tandis que *mardelle*, dit conjointement avec lui en 1606, comme l'atteste le dictionnaire de Nicot, n'est plus usité.

Le peuple dit aussi communément *cousre* pour coudre, revenant ainsi, par le changement du *d* intercalaire en l's radicale latine, *consuerre*, à une forme probablement primitive, mais antérieure au xiiie siècle, car, dans ce siècle, on disait déjà et on écrivait *coudre* :

> Di as enfans dant Gilemer
> Ke tu fais l'aiguille enfiler
> Dont tu lor dois *coudre* les mances.
> (*Vers sur la Mort*, IX. Publié par Méon.)

Suivi d'un *i*, et à quelque endroit qu'il soit ainsi placé dans le mot, *d* ne saurait échapper à sa transformation en *gu*, d'où nous avons :

Attenguions, attendions; *amoguier*, amodier; *congéguier*, congédier; *coméguie*, comédie; *étuguier*, étudier; *éguifier*, édifier; *Guieu*, Dieu; *guiable*, diable; *guiantre*, diantre; *guiau (d'iau)*, d'eau; *guiamant*, diamant; *limonaguier*, limonadier; *menguier*, mendier; *reméguier*, remédier, etc., etc.

Ce vice de prononciation est très-commun dans la basse Bourgogne, et il y est si invétéré, qu'il est un de ceux dont est le plus choquée l'oreille des personnes qui n'en ont pas l'habitude. Il est fort probable que, comme tant d'autres vices de ce genre, celui-là aura été communiqué aux Parisiens par les Bourguignons. Il est surprenant toutefois que les anciens grammairiens, ceux du moins en assez grand nombre que j'ai consultés, et qui sont si attentifs à signaler les formes corrompues du langage du « petit peuple » de Paris, n'aient rien dit de celle-ci.

G.

G. devant *a* se change en *c* dans vagabond, *vacabond*, et dans grangrène, *cangrène*, où il reprend le *c* étymologique, ce mot étant venu de l'italien *cangrena*. Cette prononciation tout à fait anti-euphonique est plus dans la nature du peuple parisien, aussi antipathique à l'euphonie qu'à l'euphémisme. C'est pourquoi il ne faut pas toujours prendre pour euphonie ce qui, la plupart du temps, n'est chez lui que *glossocnie*, ou paresse de la langue. Ainsi *g* disparaît dans *siner* ou *seiner*, signer, et dans ses composés *assiner*, *consiner*, ou *asseiner*, *conseiner* [1], dans *companie*, *croquinole*, *esparne*, épargne ; *inomainie*, *malaine*, maligne ; *poniée*, poignée.

H.

Cette lettre s'intercale dans pays et aider, qui deviennent alors *pahis* et *ahider*, celui-ci, selon la prononciation picarde, *aïder*. Elle se place devant ahuri, *hahuri*, et se substitue au *g* dans gluaux, godelureau, et guenilles : *hluaux*, *hodelureau*, et *henilles*, lequel est dans Rabelais : « les *hennilles* de Gaietan [2]. » Cette orthographe, qui est celle des *Conférences*, implique, dans la prononciation de ces mots, un renforcement extraordinaire du son guttural propre au *g*, lorsqu'il précède les voyelles fortes *o*, *a*, *u*, les diphthongues *eu* et *ui*, et au moins la liquide *l*. Cette forte *expiration* du gosier est plus familière aux Anglais et aux Allemands qu'au peuple de Paris.

L.

Précédée de *f* et suivie d'un *e* muet, cette lettre est, pour ainsi dire, emportée dans l'orbite de l'*f*, et s'assimile *progressivement* à lui. D'où il résulte *giffe* pour gifle, *morniffe* pour mornifle, *giroffe* pour girofle, *marouffe* pour maroufle. C'est

---

[1] *Assener* est employé pour assigner ou ajourner, et avec le régime indirect : *assener* à quelqu'un, dans les actes de l'Hôtel-de-Ville de Paris, à la fin du XIIIᵉ siècle : « Ce ouï, *assenames* audit Jaques par devant nous. » (*Assignation pour répondre*, etc., 1297 ; dans l'*Histoire de l'Hôtel-de-Ville de Paris*, par Leroux de Lincy, p. 135 et 136.) — « Est *assené* par devant nous à Fouques Haouys, etc. » (*Assignation de témoins*, 1297 ; ib., p. 137.) Deux ans plus tard, les mêmes actes se servent d'*assigner* avec le même régime (ib., p. 148). En 1305, ils disent *adjorner* on semondre, avec l'accusatif (ib., p. 170).

[2] *Pantagruel*, liv. II, ch. VII.

le contraire du latin, où l'assimilation est provoquée par le
retentissement des liquides, dans lequel se perd aisément le
son plus sourd des consonnes fortes, et où elle est régressive :
pellegere = *perlegere*; *pellucidus* = *perlucidus*; *irritus* = *in-
ritus*.

L se change en *i* dans *piace, piaisir, piume, pieume, despiaise*,
selon la loi de mutation italienne, pour place, plaisir, plume,
déplaise. Henri Estienne ne manque pas d'attribuer ce vice de
prononciation, qui était commun au peuple et aux courtisans,
à l'influence italienne. De la part des courtisans, surtout de
ceux qui vivaient sous François Ier et Henri II, cela est fort
possible. La grande conformité qui existe dans ces mots entre
le français et l'italien invitait si naturellement à singer la
prononciation de celui-ci que, la mode y aidant d'ailleurs, la
conséquence était inévitable. Mais ce n'est pas pour cette
raison qu'on parlait ainsi à la place Maubert; là, il y avait
longtemps qu'il était d'usage de substituer dans les mots dont
il s'agit et autres analogues les sons épais aux sons liquides.
Le peuple tenait plutôt cet usage de la province que des courtisans, car on ne prononçait pas autrement, comme on le fait
encore aujourd'hui, notamment en Bourgogne et en Lorraine.

Initiale ou médiale, *l* se change en *n* et donne *nune* (pat.
bourg.), *nazzis, nantilles* (pat. bourg.); *n'an* (*n'on*), *nilas* et
linas, orphenin, pour nulle, lazzis, lentilles, l'on, lilas; or-
phelin. Il devient *r* dans les mêmes positions; d'où il résulte : *artesse, armanach, cérèbre, compriment, crin d'œil, mé-
rancolique, région*, légion; *ruette*, luette.

Ce changement de *l* en *r*, s'il est indigène à Paris, ne laisse
pas non plus de sentir aussi sa province. Paris, dans ce
cas, en serait peut-être redevable aux écoliers bourguignons
et forésiens. Ce qui rend cette opinion vraisemblable, c'est un
passage de Geoffroy Tory que je vais rapporter. Le quartier
des écoles étant celui de la place Maubert, il n'est nullement
impossible que certains vices de la prononciation provinciale

se soient introduits dans le langage du peuple par le canal des écoliers.

« *L* est mal prononcée, dit Geoffroy Tory, en dictions latines au pais de Bourgoigne et de Forest, quant pour ladicte lettre *l*, on y prununce le *r*, comme j'ay veu et ouy dire à maints jeunes escoliers desdicts pais, quant ilz venoient icy en l'Université de Paris au Collége où pour lors je régentoye. En lieu de dire *mel, fel, animal, Aldus, albus*, et maintes autres semblables dictions, ils pronunçoient *mer, fer, animar, Ardus* ou *arbus* [1]. »

Ce n'était pas certainement par une raison tirée du latin même que ces écoliers prononçaient ainsi la lettre *l*; c'est uniquement parce qu'ils la traitaient de même dans leur dialecte provincial. L'un des deux vices n'était que la conséquence de l'autre.

L meurt pour renaître en *u* dans quel, quelle, qui devient *queu*, des deux genres et des deux nombres. Il fait de même dans tringle, épingle, *tringue, épingue*. Il se change en *s* dans fillcule : *filleuse*.

Deux *ll* mouillées ou *l* simple, précédées ou suivies des sons *ai* (= *aï*), *ia, ie, iu*, se changent en *y* : *atteyer, ayance, aiguiye, ayeurs, anguiye, boutaye, batayon, babyer, bryant*, brillant; *canaye, cavayé, cayou, escayer, écayère, fye*, fille; *fretyer, gouayer, gryade, gayard, habyer, meyeur, mangaye, meyeu*, milieu ; *paye, payer*, paille, pallier ; *souyers, singuyer, vayant*, vaillant, etc.

Cette mouillure outrée, propre au bourguignon, au wallon et au lorrain, est portée si loin dans le premier, que là même où *l* simple est entre deux voyelles simples, il l'applique à cette *l*, et de malice, délice, fait *maillice, deillice* = *mayce deyce*.

---

[1] *Champfleury*, p. XLIX, recto.

M.

Des deux *mm* qui se suivent dans flamme et enflammer, le second se change en *b* : *flambe* (xII[e] siècle), *enflamber*, qui est picard, et dont le simple, *flamber*, est resté dans la langue.

N.

Par une sorte de loi de réciprocité, *n* initiale ou médiale se change en *l*, comme *l* s'est changée tout à l'heure en *n*. On dit donc : *chaloine*, *velin*, *velimeux*, *envelimé*, *lacre*, nacre, *lommé* et *relommé*, *lapolitain*, etc. Ce vice est propre à d'autres patois provinciaux, parmi lesquels sont le bourguignon et le rouchi.

Dans inhumain, *n* cède la place à *r* : *irhumain*.

Quand le monosyllabe *en* est suivi d'un mot commençant par une voyelle, le peuple détache l'*n* et l'incorpore à ces mots : *il se nest allé*, *on me na parlé*, pour il s'en est allé, on m'en a parlé ; rétablissant ainsi par la prononciation l'*e* élidé de s'en, m'en, et traitant l'*n* comme s'il avait affaire à la particule ne, dont l'*e*, devant une voyelle, serait remplacé par une apostrophe. Bèze a déjà fait cette remarque [1].

P.

P ne souffre de changement que devant l'*h*, auquel cas il se convertit en *fl* : *triomfle*, pour triomphe. Il ne se prononçait pas dans psaume : les *Sept siaumes*. Henri Estienne reprochait au peuple de ne pas le faire sonner la plupart du temps à la fin de coup, beaucoup, trop, prétendant que cette lettre devait y avoir le même son que dans ces cris de matelots grecs ὠόπ, ὠοπόπ [2]. Cette critique d'Henri Estienne était apparemment justifiée par l'usage de son temps ; mais le peuple n'en ferait

---

[1] *De francicæ linguæ recta pronuntiatione*, p. 35.
[2] *Hypomneses*, p. 66.

pas plus d'état aujourd'hui que jadis, et tout le monde serait
de son avis.

_Q._

On a vu plus haut le changement de *cl* en *qu*; on voit ici
le contraire dans le même temps et dans les mêmes écrits.
Authentique, boutique, musique, maniaque, Pâques, se prononcent et s'écrivent *autenticle*, *bouticle*, *musiqle*, *maniacle*,
Pasqles. Mais perruquier fait *perrutier*, par la raison que la
dernière syllabe de ce mot, au lieu de terminer par un *e* muet,
se termine par la diphthongue *ié*. Comme c'est le contraire
qui arrive ordinairement, c'est-à-dire que *tier* se change en
quier, tandis qu'ici c'est *quier* qui se change en *tier*, on verra
plus loin la belle revanche que prend le son *qu*, de cette unique usurpation du *t* sur les droits que ce même son s'arroge
partout où le *t* est suivi de *ié, ier, iau, ion*.

Q s'échange contre *g* dans *chiguenaude, haguenée*.

R.

R ayant pris, comme on l'a vu en certains mots, la place
de *l*, qui n'est elle-même, ainsi qu'il a été remarqué, qu'un *r*
affaibli, voit la sienne prise en certains autres mots par cette
même lettre. Tous les grammairiens du commencement du
XVIᵉ siècle mettent cette permutation à la charge des Parisiens [1]. On dit donc *Chalenton*, *désalteur*, déserteur; *molluë*,
pâller, parler; *proculeux*, *ralement*, *teleste*, terrestre; *Val-de-
Glace*, *palain*, parrain.

Dans nombre de mots qui se terminent en *eur*, *r* est suppléé
par *x*; mais il arrive le plus souvent qu'il est tout uniment
supprimé. On écrit donc *avaleux* et *avaleu, casseux* et *casseu,
chanteux* et *chanteu, conseilleux, danseux, dénicheux, dépen-
deux, ergoteux*, etc.

Mais la révolution la plus singulière que subit cette lettre

---

[1] Voyez, entre autres, Charles Bouville, p. 25 et 36.

dans la langue du peuple de Paris, et même, au témoignage de nos anciens grammairiens, dans celle des gens bien élevés, est le changement de cette consonne en *s* ou *z*, mais plus souvent en *z*. Il n'est peut-être pas dix mots dans les *Conférences*, munis d'un *r* au commencement, au milieu ou à la fin, qui n'y soient soumis, et ce n'est pas une des moindres cacophonies qui rendent la lecture de ces pièces si difficile. Il faut tout l'esprit et tout l'enjouement dont elles sont remplies pour faire supporter cet inconvénient.

Nos anciens grammairiens, à partir du xvi⁰ siècle, et Geoffroy Tory, dès les premières années mêmes de ce siècle, sont unanimes pour rappeler que le changement de *r* en *s* et de *s* en *r* était fréquent chez les Grecs et chez les Romains ; ils ne manquent pas d'alléguer Quintilien et Festus qui indiquent, l'un les formes primitives *Valesius*, *Fusius*, *arbos*, *labos*, *vapos clamos* ; l'autre *majosibus*, *meliosibus*, *lasibus* et *fesiis*. On s'attend à ce qu'ils concluent de là que nous avons hérité cette mutation des Romains et des Grecs ; mais ou ils gardent le silence à cet égard, ou ils restent dans un vague qui nous permet de considérer leur allégation comme un simple rapprochement, et non pas comme une raison.

La vérité est que cette étrange prononciation venait encore de la province. Geoffroy Tory disait en 1529 : « Laquelle mode de prononcer est aujourd'hui en abus tant en Bourges, d'où je suis natif, qu'en cette noble cité de Paris [1]. » Les écoliers de Bourges l'y avaient sans doute apportée dans leurs bagages, comme la prononciation de *l* en *r*, et ils l'appliquaient aussi au latin. Ils disaient :

Mura mihi cauras memosa quo numine laero,

au lieu de :

Musa mihi causas memora quo numine laeso.

Elle vint également, et plus immédiatement, de la Bourgogne, comme Bèze le témoigne [2]. Il était du pays, et consé-

[1] *Champfleury*, f⁰ LV, verso.
[2] P. 37 de l'ouvrage déjà cité.

quemment son témoignage n'est pas suspect. Il aurait même pu alléguer la traduction des Sermons de saint Bernard, où il est dit : « Anz *misent* lor genoz à terre, si l'onorarent si cum roi, et aorèrent si cum Deu [1]. » Accueillie à Paris à une époque certainement antérieure au xvᵉ siècle , puisque Jacques Dubois [2] et Pillot [3] en parlent comme d'un usage solidement établi de leur temps; elle fit, selon eux, son chemin par les femmes, et gagna ensuite les hommes. Ces hommes-là, Dubois les appelle *parum viri*. Il y avait en effet dans cette prononciation une mollesse qui semblait devoir ne plaire qu'aux dames, étant assez conforme à leur grasseyement habituel. En tout cas, le peuple en fut le premier atteint, parce qu'il se trouva plus tôt mêlé et plus constamment à ceux qui la lui avaient apportée. C'étaient les marchands de bois , de charbon et de vin de la Bourgogne et de l'Auxerrois, les mariniers de la haute Seine et de l'Yonne , qui descendaient vers Paris au commencement de l'automne , y séjournaient jusqu'au printemps, y vivaient en véritables amphibies, soit dans leurs bateaux, soit dans les *garnis* du littoral , et propageaient leur langage sur les deux rives du fleuve , à partir de la pointe méridionale de l'île Saint-Louis jusqu'au port au Foin.

Obligé de choisir parmi deux cents mots environ , déjà choisis eux-mêmes entre quatre à cinq cents autres, et triés , comme on dit , sur le volet, je ne prendrai que ceux dont la forme est le plus étrangement altérée par cette mutation bizarre , et ceux qui, étant dans cet état, ne seraient pas compris , si le sens des phrases où ils sont enchâssés n'aidait à les comprendre.

---

[1] P. 550, 551 , éd. de Leroux de Lincy , dans les *Docum. inédits.* Cette forme est devenue *mistrent* et *misrent* dans Villehardouin. Elle vient de *miserunt* par recul de l'accent de la pénultième sur l'antépénultième.

[2] *In linguam gallicam Isagωge*, p. 51, 52.

[3] *Gallicae linguae institutio*, p. 10.

MONOSYLLABES.

Cœux, coux, chair, mez, noiz, oz, or ; *peux, pouz, tiz, touz.*

DISSYLLABES.

Baze, barre ; *boize, braize ; cazé,* carré ; *chaize, chèze, clèze,* claire ; *craize,* craire ou croire ; *couzons, cuzé, dizai, donsai,* donrai ou donnerai ; *dozmi, faize, fize,* firent ; *foize, foizé, frèze, fusent, frize, gaze,* guerre ; *guèze,* guères ; *heuzeux, jazetz,* jarrets ; *maze, mazi, mason, méze, misoi,* miroir ; *ordse,* ordre ; *oza,* aura ; *ozet,* aurait ; *pazé, Pazi,* Paris ; *pazain,* parrain ; *pèze, poize, psince,* prince ; *quézir, rize, sezoit, size, soupiz, sueuz, taze,* terre ; *tesme,* terme ; *tizai, vinzent, voize.*

POLYSYLLABES.

Affaize, apzanti, apprenti ; *arrièze, assuzer, avantuze, aimezoit, boulangèze, cabazet, cazème, cazillon, césimonie, contezai, coulèze,* colère ; *counestzoit, cousage, cousonné, couvartuze, demeuze, dozuze, enduzi,* endurai ; *fanfazon, figuse, grimoise, guézite, histoize, jazeza,* jasera ; *luminaize, mangeza, mariza, mazaine, minagèze,* ménagère ; *moque-zait, muzaille, opézé, ouzezais,* oserais ; *ozeilles, pandezait, pasesseux, pasole, peintuze, pessonne, psomener, quatzon, raillezie, rapozter, refusezoit, revanchezoit, révzance,* révé-rence ; *sépazé, vessera,* versera ; *vézité, vicaize, vignezon, voituze.*

On ne peut guère pousser plus loin la corruption systéma-tique des mots. Je dis systématique, car il me paraît difficile que les auteurs des *Conférences,* des *Gazettes des Halles* et *de la place Maubert,* d'où sont tirés presque tous ces mots, n'aient pas outré à dessein un défaut qui, pour être alors le défaut mignon des Parisiens à tous les degrés, avait proba-blement des limites. Dans les *Conférences* surtout, il n'en a aucune. C'est au point que si le lecteur vient à tomber sur un mot qui a échappé à la contagion, il en est comme dépaysé. Cependant l'ancienneté de cette prononciation et la popularité dont elle jouissait sont incontestables. Les protestations unanimes des grammairiens, tout au commencement du XVIe siècle, permettraient de croire qu'elle avait ses racines fort avant dans le XVe. Au rapport de Charles Bouville, non-seulement on parlait alors et on écrivait ainsi généralement à Paris, mais les plus doctes eux-mêmes avaient peine à s'en défendre. On ne voyait partout qu'enseignes de ce genre : « *Au boeuf cousonné ; A l'estelle cousonnée ; Au gril cousonné* [1]. » C'est ce qui faisait en outre que des rimes par simple assonance, comme *ise* et *ire*, devenaient des rimes riches par suite de l'uniformité de prononciation des consonnes *s* et *r*, et qu'un poète parisien pouvait sans difficulté faire rimer *cérise* avec *écrire* :

> Prunes de Damas *! cerises !*
> Concombres ! beaux arbrisseaux !
> De bon encre pour écrire !
> Beaux melons ! beaux artichauts [2] !

Telle était, encore un siècle environ après la remarque de Bouville, l'antipathie pour la lettre *r*, qu'à la cour et sous la minorité de Louis XIII, il y avait des personnes qui ne se donnaient même pas la peine de lui substituer l's, mais qui la supprimaient tout à fait. Les *beaux* du temps du Directoire et du Consulat ont renouvelé ce parler enfantin. Louis XIII ne put jamais bien prononcer Paris, et autres mots analogues ; il disait *Pahis* à trente ans, comme il l'avait dit à cinq. Louis XIV hérita de cette blésité, qu'il légua aussi à ses descendants ; elle a été propre à tous les Bourbons de France. J'ignore si les derniers survivants de cette illustre dynastie

---

[1] Et non solum id vitii habent in labiis, sed id quoque patrant in scriptura ; ut vix quidem docti, nisi diligenti animadversione pinguiusculam et vitio obnoxiam suo labiorum pulpam castigent, norint ab eo genere vitii abstinere. (*De differentia vulgarium linguarum*, p. 36, 37.)

[2] *Chanson nouvelle de tous les cris de Paris. Et se chante comme la volte de Provence. S. D.*

s'en sont corrigés, mais le temps et le progrès les ont dépouillés de tant d'autres apanages qu'ils peuvent bien leur avoir aussi enlevé celui-là.

Quoi qu'il en soit, il n'y avait déjà presque plus trace de cette blésité parisienne vers le milieu du xviiie siècle. L'extrême sobriété, pour ne pas dire l'abstinence, à cet égard, des écrits populaires de cette époque, comparée à l'intempérance de ceux du xviie, serait-elle une marque que cette intempérance n'a pas été, comme je le crois, absolument irréfléchie?

S.

La même cause qui a produit le changement de r en s, z, a produit celui de s, z en r, et probablement dans le même temps. On ne trouve que contradictions de ce genre dans notre patois, où elles sont comme une marque de l'inconséquence et du caprice du peuple qui le parlait. C'est encore sur les femmes que nos vieux grammairiens, entre autres Jacques Dubois et Pillot, rejettent la faute de celle-ci, en quoi ils se trompent sans doute, le grasseyement féminin ne pouvant se donner un si violent démenti. Quoi qu'il en soit, ils allèguent quelques exemples : *Jeru Masia*, pour Jesu Maria, *courin*, *courine*, pour cousin, cousine, et, ajoute Pillot, « mille autres semblables. » Henri Estienne cite les mêmes exemples et, de plus, *rairon* pour saison, qu'il approuve, ce mot étant plus voisin du grec καιρόν que saison. Il approuve également *caraque* pour casaque, forme, selon lui, de notre ancienne langue, mais qui ne date que du xvie siècle, et vient de l'italien *casacca* ; car, ajoute-t-il en son dialecte de prédilection, le grec, « la langue du peuple en se trompant parle vraiment comme il faut. [1] »

Le nombre des mots où l'*r* prend la place de l'*s*, quoique très-inférieur à celui des mots où se fait la mutation contraire, ne laisse pas encore d'être fort respectable. Ils offrent les

[1] Γλῶσσα ἁμαρτάνουσα ἀληθὲς τὸ ὀρθὸν λέγει. (*Hypomneses*, p. 67.)

mêmes bizarreries de forme, et sont parfois aussi difficiles à deviner, pris isolément :

Berouin, *bairer*, *béricles*, *chore*, *cramoiri*, *caure*, *conduirit*, *choiri*, *courain*, cousin ; *cuiraine*, cuisine ; *courtiran*, comparairon, *douraine*, *damoirelle*, *déguiré*, *dirent*, disent ; *dirputer*, *épourer*, *farciner*, *églire*, *Jéru*, Jésus ; *marchandire*, *muricle*, musique ; *murissian*, musicien ; *mairon*, *oiriau*, oiseau ; *par un*, pas un ; *paririan*, parisien ; *préridan*, président ; *priron*, *piteure*, *rore*, *quatore*, quatorze ; *rairon*, *tourjou*, tousjours ; *Sararin*, *voirain*, voisin ; *virage*, *quari*.

Une autre particularité, également propre à quelques variétés du patois bourguignon, est celle qui, étant donnés deux mots dont le premier se termine par les sifflantes *s*, *x*, *z*, et dont le second commence par une voyelle, a pour effet de transformer ces sifflantes en *r*, et de détacher cet *r* du premier mot pour l'adjoindre au second. Ainsi, dans les *Conférences*, on trouve fréquemment des formes de ce genre :

Au'renfans, aux enfants ; *dé'reux*, des œufs ; *di'rans*, dix ans ; *dou'rieux*, doux yeux ; *deu'rieux*, deux yeux ; *dir'huit*, dix-huit ; *plu'rutile*, plus utile.

Le latin offre cette mutation de *s* en *r* aux cas obliques de certains mots, comme *moris* pour *mosis*, de *mos*; *honoris* pour *honosis*, de *honos*; *floris* pour *flosis*, de *flos*; dans quelques formes du verbe *esse* : au futur, *ero*, *eris*, etc., pour les formes antérieures *eso*, *esis*; à l'imparfait, *eram* pour *esam*, etc.

Dans notre patois, la même mutation, ainsi qu'on peut le voir par les exemples ci-dessus, s'opère dans quelques dérivés et composés : *douraine* de douze, *paririen* de Paris, *tourjours* pour tous-jours, *virage* de *vis* (v. fr.), *époure* et *épourer*, d'épouse et épouser ; dans les flexions des verbes dire et conduire : *dirons*, *dirent*, pour disons, disent; *conduirit* pour conduisit ; à l'infinitif du verbe choisir : *choirir*; à la fin d'un mot terminé par un *s*, lorsque cet *s*, venant à se heurter contre la voyelle initiale du mot suivant, est contraint de se lier avec elle pour éviter l'hiatus : *au'renfants*, aux enfants ; *de'reux*, des œufs, etc.

Est-ce par goût pour l'euphonie que le peuple de Paris parlait ainsi ? Je ne le pense pas, la forme qu'il substituait à la régulière étant assurément moins euphonique que celle-ci, et la preuve, c'est qu'elle n'a pas survécu aux écrits qui l'ont recueillie et prise, pour ainsi dire, sur le vif. Elle n'est donc encore qu'un de ces accidents communs aux patois déréglés ou gâtés, ou plutôt une mauvaise habitude consciente de sa propre dépravation et qui s'y complaît. Gagnée par le peuple de Paris, au contact de son langage avec les patois de Bourgogne, elle s'aggrava par suite de l'engouement de ce peuple pour toute nouveauté qui lui semble originale, et ne se calma que lorsque cet engouement se refroidit. Je ne sache pas qu'il en reste aujourd'hui un seul vestige.

On trouve le changement de *s* en *ch* dans peu de mots : *chifflet, chiffler, rebroucher*, pour sifflet, siffler, rebrousser. Bouville y ajoute, comme étant communs aux Belges et aux Parisiens, *torche* pour torse, *chis blancs* pour six blancs [1].

T.

Cette lettre ne se change en *d* que dans un seul mot, tragédie : *dragédie*.

Là où elle est précédée de l'*s*, elle s'assimile à lui, comme en lorrain, et de juste, poste, artiste, indigeste, digestion, elle forme *jusse, posse, artisse, indigesse, digession*. Ajoutez-y *lusse*, de lustre, où de plus l'*r* disparaît, pour permettre au deux *s* qui se suivent de glisser plus facilement.

Suivi de *ié, ia, ier, iau, ien, ion, eo, eau* à la fin comme au commencement des mots, *t* se change en *qu*. Cette règle, si règle il y a, est sans exception. On dit :

Amiquié, anquier, entier ; *anquienne, baquiau*, bateau ; *carquier*, quartier ; *chaquiau*, château ; *chaquière, créquien, entrequien, friquier*, fruitier ; *moiquié, méquier, maltoquier*,

[1] *De differentia vulgarium linguarum*, p. 30.

maquière, *piquié*, pitié; *quesquion*, *quiars*, tiers; *quiologien*, théologien; *quient*, *senquier*, *sequier*, etc., etc., etc.

Cette forme, Paris semble ne la devoir à aucun patois; elle lui est bien propre, et l'on peut dire qu'il s'y délecte. Cependant, à y bien regarder, on reconnaît bientôt qu'elle procède de la forme bourguignonne *gu* pour *d*, comme dans *guieu*, *guiable*. Du moment que la dentale douce *d* se convertissait en la gutturale douce *g*, il était à parier, eu égard au penchant du peuple parisien à outrer ce qu'il imite, que la dentale forte *t* se convertirait en la gutturale forte *q*, cette dernière forme n'étant que l'accentuation plus énergiquement marquée de la première.

Les observations des grammairiens du XVIe siècle sur les vices de langage du peuple nous en font connaître un autre qui, dès le commencement de ce siècle, distinguait la prononciation du peuple de Paris, et affectait également le *t*. Ce vice, comme bien d'autres qui ont la même source, est devenu la règle, et il faut s'en féliciter, car s'il était ramené aujourd'hui à celle qu'il violait autrefois, nous en aurions autant de déplaisir que nos pères, s'ils revenaient à la vie, en auraient de satisfaction. Il consistait à rendre muet *devant une consonne* le *t* final des troisièmes personnes du pluriel. Nous trouvons aujourd'hui que le peuple avait tout à fait raison, et nous n'aurions garde de ne pas l'imiter. Il n'en était pas de même au temps où Jacques Dubois, Bèze, Henri Estienne et Claude de Saint-Lien écrivaient. Le bel usage ou la règle voulait alors qu'on fît sonner plus ou moins le *t* aux troisièmes personnes du pluriel, non-seulement devant une voyelle, comme il est encore d'obligation, mais devant une consonne. Ainsi, dans cette phrase : *mais tous ceux qui en viennent parlent bien un autre langage*, il fallait, selon Henri Estienne, s'exprimer de manière à faire entendre le *t* dans les mots *viennent* et *parlent* [1], sous peine de passer pour ignorer sa langue.

[1] *Hypomneses*, p. 96.

Claude de Saint-Lien n'est pas si absolu ; il a le bon sens de reconnaître que, dans une phrase lue d'un seul trait (comme le serait, par exemple, celle d'Henri Estienne), les consonnes finales ne sont pas toutes entendues, afin que la diction en ait plus de douceur ; mais il veut que le *t* sonne lorsque le verbe termine une phrase ou un membre de phrase, ou lorsque le lecteur est forcé de s'interrompre soit par un accès de toux, soit par le besoin de cracher, soit faute de souffle. Ainsi, dans cette phase : *ceux qui m'entendent, sçavent si je mens,* supposez qu'après le mot *entendent* le lecteur soit surpris par l'un ou l'autre de ces trois accidents, il devra faire sonner le *t* final, et ensuite achever sa phrase. Les puristes, selon notre grammairien, ne manquaient jamais à cette règle, encore que le mot qui suivait le *t* commençât par une consonne. « Nous touchons à cette lettre, dit-il, et nous l'*enlevons* comme en passant ; en quoi les étrangers admirent la dextérité merveilleuse de notre prononciation. » Je le crois bien. « C'est vainement, continue-t-il, que les Bourguignons s'efforcent de parler ainsi ; ils prononcent le *t* trop fortement et trop grossièrement [1]. » Aussi, par les Bourguignons de Saint-Lien, il faut entendre, je crois, les Picards : *ils veule-te bien,* disent ceux-ci, *mais ils ne peuve-te pas.* Ce dicton est même passé en proverbe, pour faire mieux ressortir le vice de la prononciation picarde. On ne comprend pas en effet comment il était possible de faire sonner le *t* dans ces diverses positions, sans nuire à cette douceur du langage français que Saint-Lien vante à tout propos. En tout cas, cela était, au témoignage de Jacques Dubois, qui écrivait cinquante ans avant Saint-Lien, extrèmement difficile au peuple. Il ne fallait pas qu'il lui prît fantaisie de faire le beau parleur, car, au lieu de *il amet* (on ajoutait alors le *t* à la troisième personne de l'indicatif des verbes en *er*), *ils ament*, il disait, *il*

---

[1] Attingimus siquidem *t,* ac veluti per transennam efferimus : qua in re exteri mirabilem Gallorum in pronuntiando dexteritatem admirantur. Quam pronuntiandi rationem conantur imitari Burgundi, verum *t* litteram nimium, ac plus æquo, crassius efferentes. (*De pronuntiatione ling. gallicæ,* p. 27.)

amete, ils amente [1], à rendre jaloux un Picard. Si donc nous
nous sommes enfin rangés à la saine prononciation d'aujourd'hui, c'est aux classes populaires, et j'ose dire au peuple
de Paris surtout, que nous le devons, comme aussi nous devons exclusivement à ce dernier, après qu'elle eut subi maints
tâtonnements et maintes vicissitudes, la prononciation enfin
épurée en *ais* des imparfaits et des conditionnels.

V.

Je n'ai trouvé qu'un exemple du changement de cette labiale douce en l'autre labiale forte *f*, à la fin du mot : c'est dans
missife pour missive ; l'autre exemple, canif pour *ganive* (anc.
fr.), appartient aujourd'hui au langage correct.

X.

Le peuple, et celui de Paris autant qu'un autre, est, en fait
de langage, comme en bien d'autres choses, toujours un peu
enfant. Il prononce donc x comme les enfants, quand on les
met aux prises avec l'alphabet, c'est-à-dire *isque*. J'ajoute
qu'il n'y a pas encore longtemps, plus d'un maître d'école le
prononçaient de même. A Paris, cette dépravation de l'*x* n'est
pas seulement dans la bouche du peuple ; elle se rencontre
aussi, à l'égard du moins de certains mots, dans la prononciation de la bourgeoisie. *X* sonne *isque*, *esque*, ou *asque*,
selon qu'il est précédé d'un *i*, d'un *e* ou d'un *a* : *fisque, sesque,
tasque*, pour fixe, sexe, taxe. Dans *escommunier, escrément,
escuser, esquis*, pour excommunier, excrément, excuser,
exquis, la mutation du préfixe est d'autant plus naturelle
qu'elle est déjà opérée à moitié par la seule influence du *c* ou
du *q* qui suivent l'*x*.

Oudin recommande précisément cette prononciation [2]. Mais
quand le même préfixe est suivi d'un *t* ou d'un *p*, la mutation

---

[1] *In linguam gallicam Isagωgε*, p. 7.
[2] *Grammaire et Syntaxe françoise*, p. 25.

en *esque* devient impossible; la langue se refuse à la prolation de ces deux consonnes immédiatement après un son qui répugne si manifestement à une association de ce genre, et elle n'en émet que la première moitié, *es*. On a donc *espert, espliquer, esprimer, espres, esposer, esploiter, estasier (s'), esterieur, esténuer, esterminer, estermité, prétesse.*

Remarquez que ce dernier mot, *prétesse*, semble ici formé en vertu de la loi qui a fait de l'*x* latin un double *s* français, et dériver du latin vulgaire *prætexum* (?), venant de *prætexere*, aussi régulièrement que aisselle de *axilla*, cuisse de *coxa*, laisse de *laxare*.

Les écrivains populaires, tels que Vadé et ses imitateurs, offrent le plus grand nombre d'exemples de cette mutation. C'est, en effet, à partir de ce temps qu'elle paraît s'être sérieusement établie dans le langage du peuple. On la rencontre ensuite dans les pièces de théâtre du temps de la République, du Directoire et du Consulat. Elle subsiste encore aujourd'hui.

Quelquefois le préfixe *ex* se changeait en *ins*, et j'alléguerai encore à cet égard Vadé et ses disciples. Ils disent *inspérience, inscommunication, instinction*, etc. Cette nasalité a pour cause la confusion qui s'établit dans la mémoire du peuple entre les mots qui ont le préfixe *in* suivi d'un *e*, et les syllabes finales constituées ou sonnant de la même manière que les mots qu'il estropie : tels sont inspection, inscription institution, et d'autres semblables. Il suffit au peuple que certains mots aient de grands rapports de sons entre eux pour que, là où l'un de ces rapports lui paraît manquer, il le rétablisse par la prononciation.

Z.

Aux xvie et xviie siècles, l'*e* final et accentué suivi d'un *z* se prolongeait [1]. Ainsi *beautez, bontez, véritez*, comme on écri-

[1] Charles Maupas, *Grammaire et Syntaxe*, p. 26.

vait alors ces pluriels, et les deuxièmes personnes du pluriel
des temps des verbes, aimez, chantez, lisez, se prononçaient
longs comme dans *nez*. Mais le peuple ne reconnaissait pas cet
usage, et il prononçait si brève la syllabe *ez*, qu'elle est presque
toujours représentée, dans les écrits populaires du temps,
par un *é* simple accentué.

§ IV.

FLEXIONS DES VERBES.

Avant d'examiner les flexions des verbes, il y a une
remarque à faire, pour n'y plus revenir, sur les flexions qui
caractérisent communément, et dans les quatre conjugaisons,
les première, deuxième et troisième personnes du pluriel, à
tous les temps, et les parfaits définis.

La première personne du pluriel, à l'imparfait de l'indicatif, au conditionnel, au présent et à l'imparfait du subjonctif,
avait pour les quatre conjugaisons : en Bourgogne, *iens*; en
Picardie, *iemes*, quelquefois *ienmes*; en Normandie, *ium*.
La forme *iom* était propre aux dialectes mélangés entre la
Bourgogne et la Normandie, et à l'Ile-de-France la forme
ions, qui devint la forme générale et définitive dans la
langue française [1]. Il y eut de plus, à partir du milieu du
xiii⁰ siècle, une forme *omes* pour l'indicatif, et une forme
iomes pour l'imparfait, le conditionnel et les deux premiers
temps du subjonctif. L'une et l'autre semblent appartenir
plus proprement aux pays où les dialectes picard et français
étaient en contact journalier l'un avec l'autre, c'est-à-dire au
nord de l'Ile-de-France et au sud de la Picardie. Il n'en est
resté de traces que dans les textes en langage populaire, plus
immédiatement influencés par le dialecte picard, et origi-
naires de cette partie de la banlieue parisienne située dans la
direction de la frontière picarde.

[1] *Grammaire de la langue d'oïl*, t. I, p. 224.

Ces diverses flexions sont employées dans nos textes de la façon la plus arbitraire, c'est-à-dire sans distinction de personne, de nombre et de temps. La forme *iens*, qui est celle de la première personne du pluriel, s'écrit également *ien*, *ient*, *iains* et *iaint*, et s'applique, tantôt sous l'une de ces formes, tantôt sous l'autre, non-seulement aux premières personnes du pluriel des temps indiqués plus haut, mais encore aux deux autres personnes. Elle envahit même quelquefois les personnes du singulier. Les *Lettres de Montmartre* disent : il *étiaint*, pour il est, ils sont, il était, ils étaient; les *Conférences* se licencient de la même manière, mais beaucoup plus rarement et en se bornant aux formes *iens* ou *ien*. Le patois bourguignon moderne fortifie cette ancienne flexion, en en supprimant l'*i*, ou plutôt en le changeant de place, et il dit *ein* pour *ien*; mais il l'applique, comme font nos textes, aux trois premières personnes du pluriel de l'imparfait, du conditionnel, et des deux premiers temps du subjonctif.

C'est dans les pièces populaires du xviiᵉ siècle que la flexion *iens* se rencontre le plus communément avec ce caractère de promiscuité et ces caprices orthographiques que je signalais tout à l'heure; elle n'est pas encore bien rare, quoiqu'elle ait beaucoup perdu, dans celles du xviiiᵉ siècle. J'en excepte les *Lettres de Montmartre* (1750), où, bien loin d'être rare, elle surabonde. Au-delà de ces deux époques, elle apparaît çà et là dans les *Moralités* et les *Farces*, moins comme patois que comme tradition d'un dialecte qui, avant de dégénérer en patois, avait été partie contributaire de la langue générale.

Les flexions *iemes* ou *iemmes* sont presque uniquement dans les *Sarcelles*, où dominent, comme je l'ai dit, les formes picardes; mais elles n'y figurent qu'aux premières personnes du pluriel de l'imparfait de l'indicatif et du conditionnel. La même personne du présent de l'indicatif y est *omes* ou *ommes*, et le verbe *faire* est le seul où cette flexion soit observée. Partout ailleurs c'est la flexion actuelle *ons*. Elle avait apparu déjà conjointement avec la flexion *ions* à l'imparfait, dans les *Gazettes des Halles* et *de la place Maubert*, et elle y occupe avec celle-ci une place assez notable pour faire pressentir qu'elles régneront bientôt seules dans le langage populaire de Paris. C'est ce qui est arrivé en effet. Elles sont aujourd'hui, comme elles l'étaient alors, des désinences communes à la première et à la troisième personnes du pluriel. *Voulons* exprime aussi bien nous voulons, ils veulent, que *voulions* exprime nous voulions, ils voulaient[1]. On dirait qu'en employant la même flexion pour deux personnes qui, régulièrement, en ont chacune une toute dissemblable, le peuple ne considère que l'idée qu'elles représentent l'une et l'autre, celle de pluralité ; que cette idée lui paraît mieux rendue par une flexion lourde et sonnante que par une légère et muette ; qu'enfin, étant la même pour deux personnes du pluriel, l'expression en doit être la même aussi. Le patois bourguignon n'est pas autrement logique, et il l'est davantage lorsqu'il applique, comme je l'ai dit, aux trois personnes du pluriel, la même terminaison lourde, car il dit *j'aivein*, *vos aivein*, *el aivein*, pour nous avions, vous aviez, ils avaient.

La deuxième personne du pluriel, dans nos textes, se termine en *ais* à l'indicatif, au futur et à l'impératif, et en *iais* à l'imparfait, au conditionnel et au subjonctif présent et impar-

---

[1] On lit dans la *Vie de saint Léger* (xe siècle) :

Nel condignet nuls de sos piers,
Rei *volunt* fair' estre so gred.
(Bartsch, *Chrestomathie de l'ancien français*,
p. 15, 1re col.)

Il semblerait donc que, au xe siècle, on prononçât la troisième pers. du plur. du prés. indicatif conformément à la prononciation latine et à celle du populaire d'aujourd'hui ; mais, dans un vers d'une très-ancienne épître faite pour la fête de saint Étienne, vers cité par M. Gaston Paris (*Étude sur le rôle de l'accent latin*, p. 18, note 1), on trouve à côté de *furunt*, furent, *s'esragèrent*, qui est régulier :

Tam dolent *furund*, por poi ne s'esragèrent.

D'où il est permis de conclure que la désinence du premier verbe était muette comme celle du second, d'autant plus qu'elle tombait à l'hémistiche.

fait : *aimais*, aimez, *aimiais*, aimiez, *aimerais*, aimerez, *aime-riais*, aimeriez, *aimassiais* ou plutôt *aimissiais*, aimassiez. Les *Sarcelles* ont presque constamment ces flexions ; les *Confé-rences* les ont aussi, mais moins souvent, parce que les occa-sions manquent de les appliquer, et que, ces pièces n'étant pas toutes de la même main, l'unité de dialecte y laisse plus à désirer. Les pièces de théâtre à rôles de paysans des environs de Paris les emploient également pendant les xviie et xviiie siècles, et les quarante premières années du xixe; quelques auteurs dramatiques ne s'en font pas non plus faute aujour-d'hui. Elles sont, je l'ai déjà dit, franc-comtoises, et repré-sentent les anciennes flexions bourguignonnes *eis, eiz, ieis, ieiz, ies, iez,* prononcées et écrites à la franc-comtoise.

La désinence *et* appliquée aux troisièmes personnes du sin-gulier et du pluriel, à l'imparfait de l'indicatif et au condi-tionnel, comme *il allet*, *iz allet, i venet, iz venet*, est aussi très-fréquente dans les *Conférences* et autres pièces de la même époque. J'ai déjà remarqué que la faveur qu'elle obtint au temps des Valois faisait le désespoir d'Estienne Pasquier[1]. C'est la même qui s'est maintenue sous la forme du di-gramme *ai*.

Les première et troisième personnes du pluriel reçoivent encore deux flexions, avec aussi peu de mesure et de discer-nement : ce sont les flexions saintongeoises *an* et *ian*. Les *Conférences* leur font presque aussi bon accueil qu'à la flexion bourguignonne *ions*, et elles les fourrent également partout. Le parfait défini lui-même n'en est pas exempt, et je trouve celui du verbe brûler, à la troisième personne du pluriel, ainsi écrit : *ils brûlirant*.

Les terminaisons du parfait défini, de la première conju-gaison, dans la langue générale, sont *ai, as, a, âmes, âtes, èrent;* dans notre langue populaire, tantôt l'*i* de la flexion latine est supprimé à la première personne du singulier,

---

[1] Au titre *Oi.*

et l'on a *j'alla*, *j'aima*, etc.; tantôt il est maintenu et l'*a* expulsé, comme *j'alli*, *j'aimi;* mais il est invariable à toutes les autres personnes. S'il y a des exceptions, elles concernent principalement la seconde personne du singulier et la troisième du pluriel, celle-là sans cause apparente, celle-ci par un retour à l'ancienne flexion bourguignonne du XIIe siècle, *arent,* flexion reprise au XVIe par quelques écrivains, entre autres Rabelais.

Le changement contraire, c'est-à-dire de l'*i* en *a*, a lieu aux parfaits définis des deuxième et quatrième conjugaisons, lesquels sont régulièrement en *is, is, it, îmes, îtes, irent.* Il se présente toutefois plus rarement à la quatrième, du moins dans nos textes. C'était là, comme l'a remarqué Ramus [1], le parler *vulgaire* de son temps, parler dont Clément Marot se moque agréablement dans une épigramme et dans sa seconde *Epistre du Coq à l'Asne* [2]. Voici l'épigramme :

> Collin s'en *allit* au Lendit,
> Où n'*achetit*, ni ne vendit,
> Mais seulement, à ce qu'on dit,
> *Dérobit* une jument noire.
> Là raison qu'on ne le *penda*
> Fust que soubdain il *réponda*
> Que jamais autre il n'*entenda*.
> Sinon que de la mener boire.

Voilà le passage de l'épître :

> Je dy qu'il n'est point question
> De dire j'*allion* ne j'*estion* ,
> Ny se *renda*, ny je *frapy*, etc.

Cependant le parfait défini du verbe *prendre* et de ses composés , dans nos textes, est constamment rebelle à la flexion que Marot tourne si agréablement en ridicule dans les verbes de même désinence ; il garde partout la flexion régulière *is, i, it*, etc. , mais il la joint au radical *pre*, ancienne

---

[1]. *Grammaire de P. de la Ramée, lecteur du roy*, p. 84. 1572.
[2] Épigr. CCLXXVI, t. II, p. 382; t. I, p. 492, de l'édition de Lenglet-Dufrénoy.

forme de la première personne du présent de l'indicatif, et
devient, *je prenis, tu prenis*, etc. Le parfait défini de mettre et
de ses composés se forme de même : *je mettis, je promettis*, etc.

Quelques parfaits définis en *us*, appartenant soit à la
deuxième conjugaison , comme courus, soit à la troisième,
comme vécus, crûmes, crûtes, crurent, soit à la quatrième,
comme voulus, fallut, se changent en *couris*, *véquis* (ancienne
forme *vesquis*), *croyîmes, croyîtes, croyirent, voulis, fallit*. La
similitude d'assonance entre croire et voir a fait dire *voyîmes*,
voyîtes, voyirent. Mais, dans les verbes venant de la forme latine *capere* (= *cevoir*, en français) , le parfait défini se comporte comme aux verbes prendre et mettre, c'est-à-dire
qu'après avoir au préalable changé sa terminaison *us* en *is*,
il joint cette dernière au radical *cev*, et fait je *recevis*, j'*appercevis*, nous *recevîmes*, vous *appercevîtes*, et ainsi de suite.

Aux parfaits définis des quatre conjugaisons, ainsi modifiés,
correspondent les imparfaits du subjonctif : que j'*aimisse*,
j'*allisse*, *voulisse*, *prenisse*, *appercevisse*, *courisse*, *promet-
tisse* [1].

Cet échange des flexions, soit au parfait défini, soit à l'imparfait du subjonctif, entre les verbes de conjugaisons différentes, résulte-t-il de la confusion que fait le peuple des unes
avec les autres, et du peu de souci des formes régulières qui
distingue habituellement son langage ? Venait-il , comme le
croit faussement Jacques Peletier, de l'état de paix qui, en
amollissant nos mœurs, avait aussi amolli notre langage ? ou
bien était-ce une tradition mal observée de quelque loi de
l'ancienne langue qui aurait décidé, en certains cas, de l'emploi anormal de ces flexions ?

Vers le milieu du XIIIe siècle, les terminaisons de la première et de la seconde personne du pluriel de l'imparfait du

---

[1] J'ai dit précédemment, en parlant des voyelles, au titre *Ai*, que la
première personne du singulier du futur était quelquefois en *a* pur pour
ai : j'*aimera*, je *finira*, je *recevra*, je *prendra*. Je n'ai rien à dire de plus
à ce sujet.

subjonctif, dans les verbes de la première conjugaison, après avoir été d'abord *aissiens, aissiez,* dans le dialecte bourguignon, s'étaient amincies jusqu'à perdre l'*a* à ces mêmes personnes, et faisaient *issiens, issiez* : *alissiens, alissiez.* De son côté, le dialecte picard, dont les terminaisons au même temps avaient été primitivement *assienmes, assies,* faisait comme le bourguignon, et, moyennant un simple changement de voyelles, disait *issièmes, issies : alissienmes, alissies* [1]. Il n'est guère possible de dire lequel de ces deux dialectes a donné l'exemple à l'autre, mais cet exemple fut contagieux : il n'y eut bientôt plus un seul dialecte de la langue d'oil qui ne le suivît.

C'est peut-être là l'origine d'une prononciation qui, après avoir eu le caractère de loi spéciale à deux personnes seulement de l'imparfait du subjonctif dans les anciens dialectes, est devenue, quand ces dialectes ont dégénéré en patois, une loi commune non-seulement aux deux personnes du pluriel de cet imparfait, mais à toutes les autres. Le parfait défini l'a subi à son tour et avec la même étendue, les flexions de ce temps, quoique distinctes de celles de l'imparfait du subjonctif, ayant une pareille sonorité.

[1] Dans cette anomalie grammaticale, M. Burguy reconnaît une loi d'unité et d'équilibre à laquelle chaque langue est soumise. « Dès qu'un mot, dit-il, perd d'un côté quelque chose d'essentiel, il gagne de l'autre pour réparer cette perte; au contraire, s'il gagne d'un côté, il perd ordinairement d'un autre, afin qu'il n'ait rien de surchargé... Cette loi trouve son application à la première et à la deuxième personne du pluriel de l'imparfait du subjonctif des verbes en *er*. La flexion très-lourde et accentuée a produit un raccourcissement de la forme ; ainsi les dialectes qui avaient la terminaison *aisse* retranchaient l'*i* à ces deux personnes. Dans le nord de la Picardie, l'*a*, qui avait perdu son accent, fut remplacé de bonne heure par *i*, et ces formes en *i* passèrent rapidement dans tous les autres dialectes. Leur emploi était général vers le milieu du xiiie siècle... Rabelais, Montaigne emploient souvent encore cette forme. » (*Grammaire de la lngue d'oil,* t. 1, p. 201, 202, 241, 242.)

D'après cette loi, qu'il ne connaissait, ni ne soupçonnait même pas, J. Pillot avait donc raison de prescrire magistralement les formes *amissions, amissiez,* quand les autres grammairiens de son temps, et avant son temps, ou les déclaraient timidement facultatives, ou les rejetaient. « Gardez-vous de dire (*cave ne dicas*), s'écrie-t-il, *amassions, amassiez,* mais dites *amissions, amissiez.* » (*Gallicae linguae institutio,* p. 55.)

Cependant, quel que soit l'empire de la tradition, on ne saurait l'admettre absolument, au moins dans les formes populaires des parfaits défînis, tant elles sont mobiles, capricieuses, et subversives de toute convention ou loi antérieure.

Je n'y vois pas non plus, avec Jacques Peletier, une prononciation « à petit bec » étrangère « à la langue, tout ainsi qu'à la manière de vivre plus robuste » de nos ancêtres[1], puisque, pour les deux premières personnes du pluriel de l'imparfait du subjonctif qu'il attaque, elle était justement la prononciation de nos ancêtres. J'y vois une de ces méprises si familières au peuple dans l'emploi des flexions des verbes de conjugaisons différentes, méprise où le souvenir confus des formes subjonctives *issions, issiez*, pour *assions, assiez*, est peut-être pour quelque chose. J'y vois de plus, ce qui n'échappait pas à Ramus quand il imputait déjà au vulgaire les formes *j'aimi, tu aimis*, une tendance invincible, et encore actuelle du peuple, à poursuivre, si l'on peut dire, une assonance quelconque aussi loin qu'une fausse logique semble l'y convier. Ainsi, la flexion de la plupart des personnes du parfait défini de la première conjugaison étant en *a* pur, comme tu allas, il alla, nous allâmes, vous allâtes, le peuple, non moins esclave de l'assonance qu'un timbre de cloche, la complète en disant, j'*alla*, ils *allarent*, ou, s'il change l'*a* en *i*, comme il le fait souvent, j*allis*, tu *allis*, ils *allirent*.

Il dit de même, *je couris, nous courimes ; que je courisse, que nous courissions*, etc., formes non moins en vigueur aux xve et xvie siècles que les précédentes, et qui alors échappaient souvent aux plus habiles. « Et n'a pas du tout, dit Abel Mathieu, perdu son crédit vers la commune *courisse* pour *courusse*, et aultres semblables manières de parler qui sont à fuyr. Car bien souvent les plus habiles y font faulte de parler, tant en cestuy cy qu'aux aultres de la première forme, où ils mettent *i* au lieu de *a*, disans *aymisse, aymist*[2]. »

[1] *Dialogue de l'ortografe et prononciacion françoese,* p. 84, 85.
[2] *Second Devis,* p. 30, recto.

Telles sont les règles ou, pour parler plus juste, les habitudes généralement observées dans les flexions des verbes par les différents auteurs de nos écrits en langage populaire de Paris et de ses environs. L'analyse que j'en viens de faire me dispense de dresser le paradigme de chacune des quatre conjugaisons ; le lecteur y suppléera facilement. Mais je donnerai celui des deux verbes auxiliaires, d'après les éléments à la fois bizarres et multiformes que j'en ai rassemblés. J'examinerai ensuite, d'abord dans les verbes *être* et *avoir*, puis dans les quatre conjugaisons, les formes que leur caractère particulier n'a pas permis de rattacher aux règles générales exposées ci-dessus ; ces formes ont aussi leur curiosité.

Être.

Indicatif présent.

Je si, sis, su ; j'étions,
   équions,
Tu as,
Il a,
Je son, sons, soumes,
Vous astes,
Ils étiaint, étiens.

Imparfait.

J'estas, astois,
Tu estas, astois,
Il esta, astoit, estos, étions,
   équions, etien, estet,
J'estèmes, esquèmes, étien,
Vous étiais, équiez,
Ils étiaint, estian, estan,
   étan, étions.

Parfait défini.

Je feu,
Je feumes [1].

Futur.

Tu sras,
Il sra,
Je ou nous srans.

Impératif.

Fusse (troisième personne
   singulier).

Conditionnel.

Je serions, seriens, seriem-
   mes, sarions,
Vous seriais, sariez,
Ils serient, sriens, sariens.

Subjonctif.

Que je sas, siens,
Que tu sas, sais,

---

[1] Les temps dont je ne donne pas toutes les personnes, ou ne m'ont pas fourni les autres, ou ont celles-ci régulièrement formées.

Qu'il sayt, set, sçait,
Que je sayons, soyen,
Que vous sayez, soyiais,
Qu'ils saïont, sayont, soyont,
  sien, sain.

Imparfait.

Que je fussien,
Qu'ils fussien.

Infinitif.

Astre.

Avoir.

Indicatif présent.

J'on, ons,
Tu as,
Il avon, avions,
Nous ons, avan, j'ons,
Vous avais,
Ils avan, avon, avons, avont,
  avion, avions, avien,
  aviaint.

Imparfait.

J'ava, avas, avi,
Tu avas,
Il avet, avion,
Je ou nous avians, aviem-
  mes, avien, aviant, aviom,
Vous aviais,
Ils avien, aviens, aviaint,
  avian, avient.

Parfait défini.

J'u,
Tu us,
Il u, ut, eussit,

Je ou nous ûmes,
Vous ûtes,
Ils urent.

Futur.

J'arai, orai, airai,
Tu aras, oras, airas,
Il ara,
Je ou nous airommes,
Vous ayrez,
Ils aront, auraint.

Conditionnel.

J'auras, oras, airais,
Tu airais,
Il airait, orait, oret, auret,
Je ou nous auriains, au-
  riemmes,
Vous ayriez, auriais,
Ils arien, aurien, auriaint,
  auriont.

Subjonctif.

Que j'aye,
Que tu aye,
Qu'il aye,
Que je ou nous ayains, eyons,
Que vous ayais,
Qu'ils ayaint, ayons.

Imparfait.

Que j'usse,
Que tu usse,
Qu'il eusse, usse, eussit,
Que je ou nous eussien,
Que vous eussiez, eussiais,
Qu'ils eussions.

Infinitif.	*Participe passé.*
Avar, avoar, avouar, avouer, havoir, ovouar.	Evu, aïeu, ayeu, heu.

REMARQUES.

Être.

Infinitif. — L'infinitif *astre*, que je ne trouve dans aucun patois de province, vient-il, comme la forme normale *être*, du latin vulgaire *essere*, ou du latin pur *adstare (asteir)* ? Il semble du moins que l'imparfait *astois* (ancien dialecte bourguignon *astoie*) et le participe présent *astant* (patois des bords de la Meuse) accusent par le radical et par l'accent leur dérivation d'*adstabam* et *adstantem ;* outre que la bivocale *oi*, contractée en *o (estos)* dans quelques patois de la basse Bourgogne et de la Champagne, est de même source que la bivocale normande *oe*, dans *estoe* = *stabam*. Mais, pour ne pas contrarier l'opinion commune admise aujourd'hui dans la science, et qui est que l'imparfait du verbe *être* est formé des flexions de ce temps jointes au radical *est*, je verrais volontiers, dans la permutation de ce radical en *ast*, un usage bourguignon déjà maintes fois signalé, et qui consiste à changer en *a* l'*e* radical et même toute sorte d'*e*. La troisième personne du singulier de l'indicatif présent qui, dans le bourguignon moderne, est, il *a* pour il *est*, et la troisième du pluriel qui est vous *âtes* pour vous *êtes*, font même croire à un infinitif *astre*, usité dans l'ancien dialecte bourguignon, mais tombé en désuétude dans le moderne. Rien ne m'étonnerait moins non plus si, après une étude spéciale, et faite sur place, des variétés qui caractérisent aujourd'hui ce dialecte, on retrouvait la forme *astre* encore en vigueur dans quelques contrées.

Indicatif. — Dans les formes diverses de la première personne du singulier, il en est une, je *su* ou je *sus*, que revendiquent le patois picard et celui de plusieurs cantons de la Champagne et de la Bourgogne. Dans je *son*, je *sons*, il ne faut

voir évidemment que la forme de la troisième personne du
pluriel transportée à la première. Le peuple fait ce transport,
mais le plus souvent en sens inverse dans tous les autres
verbes. Il est à remarquer pourtant que ce son, qui ne diffère
des anciennes formes normandes *sum*, *sums* que par l'orthographe, était très-commun dans l'Ile-de-France à la fin du
xiiie siècle et au commencement du xive.

Imparfait. — Après ce qu'il vient d'être dit sur ce temps à
l'occasion de l'infinitif, j'ajouterai que le son *a* dans la forme
j'*estas*, tu *estas*, etc., est la contraction du son *oa*, lequel,
comme dans les mots déjà cités, je *regardoas*, j'*enragoas*, etc.,
peignait avec plus de relief l'antique prononciation parisienne
de la diphthongue *oi*. J'*estèmes* pour j'*étions* est l'ancienne
forme picarde j'*estiemes*, avec syncope de l'*i*, et j'*esquèmes*,
vous *équiez* sont deux exemples de la disposition toujours
subsistante du peuple parisien à changer le *t* en *q*, même
avec suppression de l'*i* obligatoire après le *q*.

Parfait défini. — Je *feu*, etc., est un retour à une forme
dont le xiiie siècle offre quelques exemples, et qui devint
plus tard d'un emploi général. Elle n'aurait donc rien de
remarquable dans notre patois, si elle n'y eût pas été prononcée comme elle est écrite. Mais je n'en puis donner aucune
preuve, tandis que la preuve du contraire existe dans la
manière dont était prononcé le parfait défini du verbe avoir,
écrit *u*, *us*, *ut* dans nos textes.

Futur et *conditionnel.* — Le futur a une tendance générale
à la syncope de l'*e* radical. C'est évidemment la brièveté avec
laquelle la terminaison est prononcée qui en est la cause; car,
si cette syncope est de la plus grande rareté au conditionnel,
c'est parce que la terminaison en est longue, et que cette lon-
gueur pèse sur le radical, comme la brièveté de la terminaison
réagit sur celui du futur. En effet, non-seulement l'*e* radical
du conditionnel ne se syncope pas, mais encore il s'allonge et
s'alourdit d'un degré en se changeant en *a*, et en produisant
vous *sariez*, nous *sarions*, etc.

Subjonctif. — Ce temps est formé tantôt selon le latin, avec le changement normal de *i* en *oi*, tantôt selon la construction de *oa* (= *oi*) en *a*, tantôt selon la forme poitevine *ai* pour les trois premières personnes du singulier, et *ay* pour les trois autres, tantôt enfin selon la forme normande *ei* modifiée en *e*, et produisant *set* pour *seit* à la troisième personne du singulier. Les *Conférences* et les *Sarcelles* ont toutes ces formes indistinctement. Ailleurs, elles sont d'un emploi plus modéré.

AVOIR.

Infinitif. — Des cinq formes que présente ici l'infinitif de ce verbe, la plus commune est *avar;* elle remplit, pour ainsi dire, les textes du xviiᵉ siècle. La forme dont elle est la contraction, *avoar*, est des quarante premières années du xviiiᵉ, époque à laquelle elle alterne avec *avouar. Ovouar*, qui est dans les *Sarcelles*, est encore assez dans les habitudes du peuple de Paris, toujours enclin à donner, dans certains cas, le son de l'*o* à la voyelle *a. Havoir* est une forme de l'ancien bourguignon; on la rencontre assez souvent dans les chartes écrites en ce dialecte, et dont il a été publié un certain nombre dans les *Mémoires historiques sur Poligny*, par F.-F. Chevalier.

Participe passé. — *Evu* est la forme préférée dans les *Conférences;* elle est du bourguignon moderne, où elle s'écrit *aivu*. Dans l'une et l'autre forme, le *b* de la voyelle radicale, permuté en *v*, est rétabli, car, dès le xiiiᵉ siècle, il était déjà syncopé dans la langue générale, comme il l'est resté jusqu'ici. L'ancien bourguignon avait la forme *aüt*, devenue, si je ne me trompe, *aïeu* et *ayeu* dans les *Sarcelles*. Je ne m'explique pas autrement cette forme dissyllabique dans un écrit où domine le picard, dialecte où les formes de ce temps, dès le xiiᵉ siècle, étaient généralement monosyllabiques. *Heu*, plus conforme au picard, mais renforcé par l'adjonction de l'*h* radical latin, selon un usage bourguignon indiqué plus haut,

est dans les *Préjugés démasqués* (1736), écrits en langage sarcellois, et contemporains des dernières *Sarcelles*.

Indicatif présent. — Des première et troisième personnes
du pluriel, l'une ayant conservé la syllabe radicale latine,
avons, l'autre l'ayant perdue, ont, celle-ci prend presque
constamment la place de celle-là, et réciproquement. Le
peuple dit donc, et tous nos textes indistinctement avec lui,
nous *ons* ou j'*ons*, et ils *avont*. Mais, dans l'écriture, ce dernier
a neuf fois sur dix un *s* final au lieu d'un *t*. C'est toujours en
conséquence de ce principe, outré par le peuple, que, l'*s* final
étant le signe du pluriel, il doit figurer à la troisième personne de ce nombre, au même titre qu'il figure à la première. Ce principe est étendu à tous les verbes.

Imparfait. — Ce qui a été dit de la forme terminative de
j'*estas*, est applicable à j'*avas*, et aux imparfaits à désinence
analogue de tous les verbes. La désinence en *i*, j'*avi*, exclusivement appliquée à la première personne du singulier,
tandis que celle en *a* l'est aux trois personnes du même
nombre, me paraît échapper à toute explication. Elle n'est
pas plus explicable dans *je veni*, pour je venais, dont il y a
quelques exemples.

Parfait défini. — Il est identique dans les *Conférences*
et les *Sarcelles*, et même dans quelques textes du temps
de Vadé. C'est la forme pure de l'ancien dialecte normand,
j'*u*, tu *us*, etc.

Futur. — En 1644, le futur, dans les *Nouveaux Complimens
de la Place Maubert*, est j'*airai*, tu *airas*, etc., forme de l'Île-
de-France, à partir du xiiie siècle; dans les *Conférences*, j'*arais*
tu *aras*, etc., forme usitée dans l'ancien bourguignon, mais
remplacée aujourd'hui par la forme de l'Ile-de-France; dans
la *Gazette des Halles*, j'*orai*, tu *oras*, etc., qui sonne comme la
forme régulière et n'en diffère que par la façon dont le radical
y est représenté. Mais les *Conférences*, à la première personne
du pluriel, abandonnent leur radical en *a* pur, prennent
celui de l'Ile-de-France, et y ajoutent l'ancienne flexion

picarde *ommes* : nous *airommes*, après quoi elles reviennent
à l'*a* pur, et disent, vous *arez*, etc.

Conditionnel.— Mêmes diversités de radicaux qu'au futur,
et dans les mêmes écrits.

Subjonctif. — Les trois premières personnes du singulier
sont uniformément et partout *aye, aye, aye,* formes normale-
ment dérivées du latin, après l'aphérèse du *b*, et sauf la
deuxième qui, dans la langue réglée, prend à la fin l'*s*, et la
troisième le *t* au lieu de l'*e*. Mais le peuple n'est pas encore
converti à cette orthographe, et l'*e* final se fait toujours vivement sentir dans la manière dont il énonce cette troisième
personne. La *Gazette des Halles* met un *e* au radical, *eyons,
eyez*, cet *e* étant homophone à *ai*.

Imparfait du subjonctif. — Rien ici ne distingue ce temps de
la forme régulière, si ce n'est, bien entendu, les première et
troisième personnes du pluriel, *ien, iens, iaint*, et la troisième
du singulier *eusse* pour *eût*, qui est toujours en vigueur.
Souvent aussi l'*e* radical disparaît, et alors toutes les personnes de ce temps sont calquées sur le parfait défini de l'ancien normand, j'*u*, tu *us*, etc., et font j'*usse*, tu *usses*, etc. Les
Lettres de Montmartre ont *eussit* à la troisième personne du
singulier.

VERBES DES QUATRE CONJUGAISONS.

J'ai indiqué précédemment les règles générales qui gou-
vernent les terminaisons, à tous les temps, des trois personnes
du pluriel, tant dans les verbes auxiliaires, dont le paradigme
offre de nombreux exemples, que dans ceux des quatre conjugaisons; j'ai fait voir de même les altérations qui ont lieu
dans les flexions des parfaits définis des trois premières conjugaisons, et quelquefois aussi de la quatrième; je n'y reviendrai donc pas. Mais il est d'autres circonstances, dans la
modalité des verbes de ces conjugaisons, qui doivent être
considérées, si l'on peut dire, individuellement; elles sont
même si nombreuses et si bizarres, dans le verbe *faire* par

exemple, qu'il sera indispensable de donner le paradigme de
ce verbe tout entier.

PREMIÈRE CONJUGAISON EN *er*.

Infinitif. — Quelques infinitifs sont en *ier*, forme à la fois
picarde et bourguignonne, quoique l'ancien bourguignon
donne *eir*, *a* long latin y devenant régulièrement *ei*. Mais dès
le milieu du xiiᵉ siècle, ce même dialecte de *eir* fit *ier* par
métathèse, surtout après les linguales. Aussi réservé d'abord
que le bourguignon, le picard finit par généraliser à peu près
la forme *ier;* elle paraît toutefois dans nos textes plus dépen-
dante des dentales que de toute autre consonne. Vadé et son
école en offrent le plus d'exemples, et, après lui, les *Sarcelles* et les *Lettres de Montmartre*. Elle est rare dans les
textes du xviiᵉ siècle; elle y est presque exclusivement remplacée par l'*é* fermé, avec apocope de l'*r*. Le peuple a une
paresse invincible à faire sonner l'*r* final, même quand ce son
est de rigueur, comme dans les infinitifs en *ir*.

Je trouve dans les *Conférences* un exemple de la terminaison provençale *ar : contar* pour conter, mais il est unique.

Participe passé. — Au xviiᵉ siècle, le participe passé latin
pollutus était en français *pollu*, remplacé depuis par pollué.
Les *Conférences* font de *pollu, polli*, à tort sans doute, mais
avec plus de respect pour l'accent que le français d'aujour-
d'hui, pollué.

Indicatif. — Je n'ai à signaler ici, et pour un seul verbe,
qu'un échange pareil à celui qui a lieu à l'indicatif du verbe
avoir, entre les première et troisième personnes du pluriel.
Aller fait je *vons* et ils *allons*, pour nous allons, ils vont.

Imparfait. — Deux variantes sont données aux flexions du
pluriel de ce temps par la *Gazette des Halles;* ce sont *int* et
ing : ils *frappint*, ils *laissing*. C'est la flexion exacte du bourguignon moderne avec l'addition normale du *t*, et tout à fait
anormale du *g*.

Parfait défini. — J'ai dit que la flexion de ce temps était celle de la deuxième conjugaison *is*, *is*, *it*, etc., pour *ai*, *as*, *a*, etc.; les *Conférences* nous donnent la variante assez origi-nale de *iron* pour *irent*, à la troisième personne du pluriel : s'*amassiron*, pour s'amassèrent. Mais peut-être doit-on lire s'*amassiran* avec la flexion poitevine, comme on lit dans les mêmes pièces *bruliran* pour brûlèrent.

Futur. — Les verbes bailler, donner, amener, laisser, font constamment au futur *barai* ou *barrai*, ou *baurrai* [1], *donrai* ou *dorrai*, *amenrai* ou *amerrai*, *lairai* ou *larrai*. Toutes ces formes sont encore dans le patois bourguignon moderne. Le même patois dit toujours, comme les *Sermons* de saint Ber-nard, *donrai*, *donront*. *Dorrai*, où le second *r* s'est assimilé régressivement l'*n* de *donrai*, est du dialecte normand. *Lair-rai*, qui est dans Rabelais et a même encore été employé bien après lui, et *larrai*, viennent d'un infinitif *laier* ou *leier*, formes normandes qui sont dans les *Romans du Brut* et du *Rou*.

Conditionnel. — Toutes ces formes syncopées du futur sont communes au conditionnel. De plus, les *Conférences*, au lieu de la flexion franc-comtoise *iais*, qui leur est assez habi-tuelle à la deuxième personne du pluriel, donnent quelque-fois *ias :* vous *bouterias*. Tel est l'effet nécessaire de leur ten-dance invincible à faire prédominer le son *a*, et à le dégager de toutes les voyelles accessoires qui le modifient ou qui l'affaiblissent. C'est ainsi qu'elles ont fait successivement *oa* de *oi*, *a* de *oa*, puis de cet *a* déjà suffisamment allongé aux impar-faits, comme j'*avas*, j'*estas*, un *a* épais et traînant dans les conditionnels, comme je *songerâs* (= *songerois* = *songeroas*) et tu *envarâs* (= *envoirois* = *envoiroas*).

Subjonctif. — Par une dérogation à leur coutume de donner à la troisième personne du pluriel de ce temps la même flexion qu'à la première, les *Sarcelles* usent quelquefois de la flexion *int*, et disent qu'ils *montrint*, qu'ils *pleurint*. C'est l'ap-

---

[1] Sed *baurra* pro *baillera* proprium est Parisiensium vulgo. (Bèze, *De francicæ ling. recta pronunt.*, p. 94, 1868.)

plication de la flexion bourguignonne moderne *ein*, avec une modification orthographique plus conforme à la flexion latine.

La forme *doen* (= *doint*), dont Rabelais, Amyot, Montaigne et beaucoup d'autres ont fait usage, est employée dans les *Conférences*, à l'exclusion de la forme actuelle.

DEUXIÈME CONJUGAISON EN *ir*.

Infinitif. — L'*r* final y est généralement supprimé dans les pièces du xviie siècle, et assez souvent dans celles du xviiie. Il faut pourtant en excepter les *Sarcelles*, où la poésie n'a point autorisé cette licence, même à la rime. En revanche, elle y a autorisé celle de *tiendre* et ses composés, pour *tenir*, formant ainsi un infinitif du futur, tandis que, régulièrement, c'est le futur qui est formé de l'infinitif, par l'adjonction de l'auxiliaire *ai*. Aussi disait-on dans l'ancienne langue *tenrai*, avec l'*i* syncopé, formé sur *tenir*. Le peuple traite toujours l'infinitif de ce verbe comme les *Sarcelles*, et il n'a garde non plus de ne pas dire *viendre*, par la même raison.

Participe passé. — Il n'est pas moins obstiné à maintenir dans son langage les formes *bouillu*, *sentu*, *repentu*, pour bouilli, senti, repenti; *ouvri*, *couvri*, *offri*, *souffri*, pour ouvert, couvert, offert, souffert; *tint*, *obtint*, *retint* [1], pour tenu, obtenu, retenu : toutes formes qui se rencontrent avec plus ou moins de mesure dans nos textes de toutes les époques.

Les *Conférences* ont *bénitre* pour bénite. C'est, avec le changement de l'*s* en *t*, l'ancien infinitif normal *bénisre*, appartenant à la quatrième conjugaison, et changé ici en participe, avec la liberté que s'arroge tout dialecte nonchalant de la qualité de ses emprunts. Les mêmes pièces ont aussi *béneste* pour bénite.

---

[1] Quitton, ma belle maistresse,
Quitton l'oiseuse paresse
Qui nous a *tins* langoureux,

dit Jacques Tabureau dans un de ses *Baisers*.

Indicatif. — Les trois personnes du singulier de *venir* sont, dans les *Conférences*, je *van*, tu *van*, il *van*, formes qui rejettent l'*i* intercalé mal à propos au radical de ce temps par la langue régulière : je *viens*, etc. On y trouve pourtant cet *i* quelquefois : il *viant*, et la forme grossière et inattendue : il *voint*.

Imparfait. — Les *Conférences* donnent à la première personne du singulier, je *veni*, avec aussi peu de fondement qu'elles ont donné j'*avi* pour j'avais. J'en ai déjà fait la remarque. Les voyelles, dans cet étrange amalgame et cette corruption de tous les patois, sautent, comme les vents, d'un point au point opposé, sans qu'il soit possible à la science de dire pourquoi.

Parfait défini. — Le paradigme de ce temps, pour le verbe *venir* et ses composés, est communément à toutes les époques, je *venis*, tu *venis*, il *venit* (on trouve aussi il *vent*), nous *venimes*, vous *venites*, ils *venirent*. Les deux secondes personnes seules sont fidèles à l'accent latin, tandis que dans l'ancienne langue, qui disait je *vin*, tu *venis*, il *vint*, nous *venimes*, vous *venites*, ils *vinrent*, l'accent est avancé dans *venimes*, reculé dans *vinrent*, et partout ailleurs à sa place.

Pour *tenir* et ses composés, il est procédé de même que pour *venir* : ces deux verbes sont comme jumeaux. L'*u* de la flexion du parfait défini de *courir* est volontiers changé en *i* à toutes les personnes : je *couris*, tu *couris*, etc.

Quelques verbes de cette conjugaison, dans les *Sarcelles* notamment, ont leur parfait défini formé avec l'allongement qui caractérise les verbes inchoatifs, aux temps de la première série ; tels sont : il *étourdissit*, je m'*enhardissis*, vous *obaïssites*.

Futur. — *Tenir* et *venir*, ainsi que leurs composés, ont leur futur généralement formé comme dans l'ancienne langue : je *tanrai* ou *tenrai*, je *vanrai* ou *venrai*, formes propres au dialecte bourguignon, auxquelles se mêlent dans une proportion à peu près égale les autres, *tienrai*, *vienrai*. Les *Sarcelles* transposent l'*i* de cette dernière forme et écrivent *vainrai*. Souvent

l'*n* est, surtout dans les *Conférences*, assimilé à l'*r*; d'où il résulte, il *terra*, il *varra*, formes usitées dans le dialecte picard,
vers le milieu du xiiie siècle.

Conditionnel. — Ce temps suit scrupuleusement les lois qui
règlent le futur.

Subjonctif. — C'est encore le verbe *venir* qui donne lieu ici
à une remarque. Il est formé d'après l'indicatif *viens*, avec
permutation de l'*e* radical en *a* : *vianne*, *devianne*. Il appartient
aux *Conférences*, aux *Sarcelles* et aux *Lettres de Montmartre*.

Imparfait. — De même qu'on trouve ici au parfait défini je
couris, on trouve, à l'imparfait du subjonctif, que je *courisse*.
Quant au parfait défini régulier ou en *is*, d'autres verbes de
cette conjugaison, qui accepte le changement en *a*, et donne
par exemple, je *parta*, je *dorma*, pour je partis, je dormis, je
ne rencontre aucun imparfait du subjonctif calqué sur cette
forme vicieuse.

Mais les mêmes imparfaits *venisse*, *tenisse*, outre qu'ils dé-
rivent régulièrement des parfaits *venis*, *tenis*, sont selon l'accent latin, et reproduisent la forme de l'ancien français; car
ce n'est que longtemps après le xiiie siècle que se montrent les
formes *tinsse* et *vinsse*.

TROISIÈME CONJUGAISON EN *oir*.

Infinitif. — Indépendamment de la règle presque générale
qui déprave la bivocale *oi* de ce temps, et la change en *oa*,
puis en *a* : *avouar*, *avar*, *choar*, *char*, etc., il y a quelques
autres changements de la même désinence qui ont pour effet
de faire passer les infinitifs de quelques verbes de cette conjugaison dans la classe des verbes de la première et de la
quatrième : ainsi *vouer* et *avouer*, qui sont dans les *Conférences* et les *Nouveaux Compliments*; *comparer* et *émouver*,
pour voir, avoir, comparoir, émouvoir; *reçoivre*, *s'assire*,
pour recevoir, s'asseoir. *Voer* (= *vouer*) était propre au dialecte de l'Anjou et de la Touraine; et telle était la variété de

formes qui troublait le paradigme de ce verbe dans les dialectes de la seconde moitié du xiiie siècle, qu'il avait des temps que pouvaient réclamer toutes les conjugaisons. « A cette époque, dit M. Burguy [1], les règles des bons temps étaient pour ainsi dire oubliées ; on ne savait plus s'expliquer un *e* radical en présence de l'*oi* de certaines formes, et l'on introduisait l'*o* à l'infinitif. C'est d'après ces thèmes en *o* radical que s'est fixée plus tard la conjugaison de *voir*. »

Comparer et *émouver* sont des formes de l'ancien dialecte normand. *Assire* (s') ne paraît être d'aucun ancien dialecte ; mais par son extrême fidélité à l'accent *(assidere)* latin, il eût été bien digne d'en être. *Recevoir* et *concoivre*, formés de *capere* et d'un préfixe, ont été, avec *recevoir* et *concevoir*, employés conjointement à la fin du xiie siècle, et pendant tout le xiiie, en Bourgogne et en Picardie [2].

Participe passé. — Il prend presque constamment et partout la forme du participe passé du verbe *avoir : eu* pour *u*.

Indicatif. — Je ne vois de particulier dans les formes de ce temps que celle qui syncope la voyelle du radical à la première et à la seconde personne du pluriel : nous *vlons*, vous *vlez*. Cette orthographe est encore conforme à la prononciation populaire actuelle. Les *Nouveaux Compliments* (1644) ont vous *velez*. Cet *e* radical est de l'ancien dialecte bourguignon. Il caractérise les formes, tu *wels*, il *well*, ils *welent*, qui sont dans *saint Bernard*.

Imparfait. — Bien que je ne puisse produire des exemples de cette syncope à l'imparfait, non plus qu'aux autres temps de *vouloir*, qui ont l'*l* radical, il est probable qu'elle avait lieu dans le langage, en vertu de l'analogie.

Parfait défini. — Le changement de la flexion *u (us)* de ce temps en *i (is)*, renouvelle pour le verbe *vouloir*, qui fait je *voulis*, une ancienne forme je *volis*, employée dans la *Vie de*

---

[1] *Grammaire de la langue d'oïl*, t. II, p. 66.
[2] Idem, t. II, p. 12.

saint Brandin, à la première personne du pluriel : nous *vo-lismes* :

> Au quinzime jour si veismes
> Vn flueve que passer *volismes.*
>
> (Roquefort, au mot *Volismes.*)

seulement l'*o* radical n'y est point assourdi.

Les *Conférences* ont à la fois il *faullu* et il *faillu*, pour il fallut ; le premier gardant la forme du radical de l'impersonnel *falloir*, à l'indicatif : il *faut;* le second étant le parfait défini même du verbe neutre *faillir*, avec la permutation propre à ce temps de l'*i* final en *u*. On sait d'ailleurs que ces deux verbes ont une origine commune, *fallere ;* mais *failloir* est postérieur à *faillir ;* et comme *faillir* faisait à l'indicatif je *faus*, tu *faus*, il *faut*, on a tiré de ce temps l'impersonnel il faut, pour exprimer la proposition générale et absolue : il manque à, il reste à faire telle ou telle chose.

Notons dans les verbes de cette conjugaison formés du latin *capere*, comme *appercevoir*, *concevoir*, etc., le maintien du radical *cev* (= *cep*) au parfait défini, tel qu'il existe à l'infinitif; d'où il résulte j'*appercevis*, etc., qu'on lit dans les *Sarcelles*. C'est, en réalité, la flexion régulière du parfait du verbe *voir* ajouté au radical de ces verbes.

Ce même parfait défini du verbe *voir* se forme, dans les *Sarcelles*, de la première personne du présent de l'indicatif je *voy*, à laquelle on ajoute la flexion *is :* je *voyis*, tu *voyis*, nous *voyimes*, etc. Les *Conférences* disent *voyames*, et ils *vinrent*, pour ils *virent*, nasalité d'une espèce rare et inexplicable.

Futur. — *Vouloir*, *valoir* et *falloir* y ont toujours, comme aussi très-souvent dans les *Sarcelles*, les formes je *vourai*, il *vaura*, il *faura*. La dentale en est supprimée, et l'*l* du radical régulièrement changé en *u*. Ces formes sont de l'ancienne langue, où elles prennent toutefois le double *r*.

Les formes je *voirai*, tu *voiras*, etc. (et, avec assourdissement et épaississement de la diphthongue, je *vouarai*, tu *vouaras*); je *varai*, tu *varas*, etc., celles-ci appartenant à l'ancien

bourguignon, celles-là au moderne, abondent dans nos textes.
Les *Conférences* assourdissent *sçaura* en *sçaoura*, et amol-
lissent *pleuvra* en *pieura*.

Conditionnel. — Mêmes remarques que pour le futur.

Subjonctif. — Que je *peusse*, dans les *Sarcelles*, est formé
régulièrement de l'indicatif je *peux*.

Imparfait. — La voyelle du radical *pui* y est syncopée, et
laisse que je *pisse*. Le parfait défini *voyis*, *voulis*, etc., y produit l'imparfait du subjonctif *voyisse*, *voulisse*, et les troisièmes
personnes singulier et pluriel de ce dernier temps y paraissent quelquefois, comme dans les *Conférences*, sous l'ancienne forme *vousist*, *vousissent*.

QUATRIÈME CONJUGAISON EN *re*.

Je ferai trois classes des verbes de cette conjugaison qui
sont dans nos textes, et dont les flexions offrent certaines par-
ticularités dignes de remarque.

1° Verbes qui perdent la consonne radicale latine à l'infinitif : faire, dire, rire, lire, élire, boire, croire, clore, conclure.

De tous ces verbes, le plus maltraité à tous ses temps et à
toutes ses personnes est sans contredit le verbe *faire*; aussi
me suis-je résolu à en donner le paradigme, ne fût-ce que
comme objet de curiosité.

Indicatif présent.	*Imparfait.*
Je fas, fa,	Je fezas, faza, fezien,
Tu fas,	Tu fezas,
Il fa, faisit,	Il fzet,
Nous fesons, fsons, fons,	Nous fezien,
fommes,	Vous fesiais,
Vous faisez, fsez, fesez,	Ils fezien, faisiaint, faisian,
Ils feson, faision, faisan,	faisiant.
faisiaint, faisent.	

Parfait défini.

Je fy, faisis,
Tu fy, faisis,
Il fy, faisit, fezy, faizit,
Nous faisimes,
Vous faisites,
Ils faisirent, fésire, finrent.

Futur.

Je fray, fairai,
Tu fras, fairas,
Il fra, faira,
Nous fran, fairons, frons,
Vous farés,
Ils frans, fairiaint.

Impératif.

Fa,
Faisez.

Subjonctif présent.

Qu'il faisit, fassit,
Que nous fassian, fesions,
Que vous fassiais,
Qu'ils fassiant, fesions.

Imparfait.

Que je fesisse,
Que tu fesisses,
Qu'il fesisse, fesît,
Que nous faisissions,
Que vous faisissiez, faisis-
 siais,
Qu'ils faisissent, faisissiaint.

Conditionnel.

Je fras, frais,
Tu fras, frais,
Il fras, frais, faroit, fairoit,
Nous feriēn, feriemmes,
Vous ferias, feriais,
Ils ferien, fairien, fairiaint.

Infinitif.

Fare, faise, foize.

Participe présent.

Fsant, fesant.

Participe passé.

Fa, fate.

REMARQUES.

Dans cette amas de formes capricieuses jusqu'à l'extrava-
gance, il n'est pas sans intérêt de rechercher soit ce qui
est resté du français primitif, soit simplement ce qui lui a
fait retour, par suite des travestissements que prennent les
mots quand la corruption les pénètre et les transforme, et
des chances qu'ils ont alors de recouvrer leur ancienne
figure.

Infinitif. — *Fare* est du xiie siècle et est dans Tristan :

Si vus *fare* le puussez [1].

On ne peut pas dire toutefois que cette forme soit primitive, *faire* étant en usage dès le ixe siècle, et donné par la *Cantilène* de Sainte Eulalie.

Faise et *faize* sont, comme je l'ai dit ailleurs, le résultat d'une affectation de langage, plutôt que d'un vice naturel de prononciation, très-répandue vers le milieu du xviie siècle.

Participe présent. — *Fsant* provient d'un infinitif normand du xiie siècle, *fere*, déjà très-répandu dans l'Ile-de-France dans la seconde moitié du xiiie. Cette mutation de l'*a* radical en *e*, pour *ai*, s'opère à tous les temps et à toutes les personnes de ce verbe qui ont gardé le *c* radical sous la forme de l's, sans en excepter le subjonctif, quoique le son du *c* y soit représenté dans la langue fixée par un double *s*. *Fsant* est une syncope qui se trouve aussi aux trois personnes du pluriel de l'indicatif et à toutes celles de l'imparfait. Elle est toujours familière au peuple de Paris.

Participe passé. — La même forme *fa* sert à la première personne de l'indicatif et à la seconde de l'impératif. L'incorrection de l'écriture de ce participe ressort de la forme du féminin *fate*, laquelle requiert le *t* au masculin.

C'est sur le participe passé régulier *fait* que le peuple se modèle pour former celui du verbe taire : *il s'est tait*, ou il s'est tu, qui est dans Vadé.

Indicatif présent. — L'ancienne forme, en Bourgogne et en Normandie, était communément je *fas* ou *faz*, à la première personne; on a toutefois des exemples de *fa* sans *s*, comme dans notre patois. Mais ces deux dialectes rejettent l'*a* pur aux deuxième et troisième personnes, et lui substituent *ai* ou *ei*; ce que n'observe point le nôtre, fidèle à l'*a* aux trois personnes. *Fomme*, qu'on écrivait *fomes* dans l'Ile-de-France au commencement du xive siècle, est une contraction requise et

[1] T. II, p. 128, éd. de M. Francisque Michel. 1835.

justifiée par l'accent latin *fácimus*. M. Burguy estime que je
fons est dérivé de *fomes* [1]; j'ose croire qu'il ne dérive pas plus
de *fomes* que je *son* ne dérive de l'ancien normand *sums*, par
la raison que j'ai dite précédemment dans ma remarque sur
l'indicatif présent du verbe *être*. *Faisez*, à ce temps comme à
l'impératif, n'est que le résultat de l'influence analogique de
faisons.

Imparfait. — J'ai dit, en parlant du participe présent, les
causes et la provenance du radical *e* substitué à *ai*, *fesant*
pour *faisant*, ainsi que de la syncope de ce même *e*, *fsant*;
mes observations à cet égard pouvant s'appliquer à l'imparfait,
il est inutile d'y revenir.

Parfait défini. — La seconde personne du singulier *faisis*
= *fesis* est l'ancienne forme régulièrement venue de *fecisti*;
elle donne ici le ton à toutes les autres personnes, en dépit
des répugnances de l'accent. Mais l'ancienne langue elle-
même eut aussi les formes vicieuses *fesimes*, *fesistes*, en même
temps que les régulières *feimes*, *feistes*; celles-ci seules sont
restées, celles-là ont été l'héritage du patois. Dans *finrent*, on
a un autre exemple de l'épenthèse de l'*n*, dont *vinrent*, pour
virent, nous a offert le premier.

Futur et *conditionnel*. — Deux formes, ici, se présentent :
l'une avec l'*e* radical syncopé, *frai*, *frais*, ancien dialecte normand; l'autre avec l'*ai* (= *e* muet), quelquefois ramené à l'*a*
pur : *farai*, *farais*, *farés*. J'ai déjà dit que cette substitution de
l'*a* à l'*e* radical était de l'ancien dialecte bourguignon.

Subjonctif présent. — Les deux premières personnes du singulier manquent; mais, par la forme double de la troisième,
faisit et *fassit*, on peut supposer que les deux autres sont *faise*
et *fasse*, celle-ci régulière, celle-là propre au bourguignon
moderne. Mais la flexion *it* dans *fassit* étant dans les *Lettres
de Montmartre*, et l'auteur de ces lettres ayant l'habitude de
donner des sons pleins à toutes les flexions en *e* muet, les deux

[1] *Grammaire de la langue d'oïl*, t. II, p. 159.

premières personnes du subjonctif étaient vraisemblablement pour lui, que je *fassis*, que tu *fassis*.

Imparfait. — Tout le paradigme de ce temps est conforme à l'ancienne langue, sauf qu'elle gardait partout l'*e* au radical et que le son *ai* le remplace ici au pluriel.

D'après cet examen des formes du verbe *faire*, on voit ce qu'il est resté des plus anciennes dans notre patois, et comment, lors même qu'il s'émancipe à cet égard, il ne rompt jamais absolument avec elles, tantôt en gardant le radical, tantôt les flexions, tantôt l'un et l'autre à la fois.

Le verbe *dire* fait régulièrement je *di* ou *dy*, selon l'ancienne orthographe, qui avait raison de n'admettre point l's à cette personne; puis il fait, tu *disis*, il *disit*, vous *disez*, flexions déterminées par le voisinage contagieux de celle de la première personne du pluriel, *disons*, laquelle s'assimile aussi la troisième, *disont*.

Le parfait défini se conjugue comme celui de *faire*, qui a je *faisis*, tu *faisis*, etc. *Dire* fait donc : je *disis*, tu *disis*, il *disit*, nous *disimes*, vous *disites*, ils *disirent*, conservant partout la consonne radicale latine *c* adoucie en *s*.

L'infinitif de *rire*, mais avec amollissement du second *r* en *s*, selon une mode du xviie siècle déjà signalée, saute et rétrograde de la quatrième conjugaison à la première, et fait *risé* = *riser*. Son participe passé est formé de cet infinitif. Cette forme singulière est dans les *Conférences,* où l'on trouve *risé* jaune, pour rire jaune.

Lire, soit dans les *Conférences*, soit dans les *Sarcelles*, et quelquefois même dans des écrits postérieurs à ceux-ci, prend à tous ses temps un *u* épenthétique au radical : *luire*, je *luis*, je *luisais*, je *luirai*, etc. *Élire* suit la même loi.

Boire s'écrit *bère* dans les *Lettres de Montmartre,* et *baire* dans les *Conférences. Bère* est la forme normande moderne. L'ancienne était *bevre* ou *beivre*, d'où le futur *bevrai* et le conditionnel *bevrois*, qui sont dans nos textes.

Croire prend partout et à tous les temps, sauf au participe, où il fait *creu,* l'intonation normande *craire* ou *creire.* Cependant les exceptions ne sont pas rares dans les *Conférences* et ailleurs, surtout à l'imparfait. La flexion de ce temps, qui flotte presque constamment entre *oas* et *ouas,* pour *ois,* a sur la syllabe radicale un effet rétroactif d'une telle puissance, qu'elle la dépossède de son intonation normande, et la force à prendre le son bourguignon *croi ;* d'où cette triple variante orthographique : je *croiyoas, croyoas* et *croyas.*

Le parfait défini est je *croyis,* tu *croyis,* il *croyit,* nous *croyîmes,* vous *croyîtes,* ils *croyirent.*

Le verbe *clore* fait au parfait défini *cloi :* « y ne *cloirent* pas l'ieu, » disent les *Conférences.* Il retient ainsi, mais en syncopant l's à toutes les personnes de ce temps, l'*i* de la flexion latine, *clausi,* que l'ancienne langue ne retenait qu'à trois : à la seconde du singulier, *closis,* et aux deux premières du pluriel, *closimes, closites.* Quant aux verbes venant des composés de *cludere,* comme conclure, exclure, la forme des trois premières personnes du singulier de leur parfait défini prend au parfait latin *conclusi* sa flexion *i,* en syncopant l's à la première et à la troisième personne, je *conclui* et, en le maintenant à la seconde, tu *concluis.* Mais ce n'est là qu'un effet sans cause intentionnelle : il résulte de la ressemblance de flexions entre *conclus* et *lus ;* celle-ci devenant *lui* dans notre patois, il fallut que celle-là le devînt aussi par analogie.

2° Verbes qui gardent la consonne radicale latine à l'infinitif : mettre, prendre, vendre, attendre, vaincre, répondre, suivre (du latin vulgaire *sequere*).

L'infinitif *mettre* ne donne lieu à aucune remarque. Toutefois l'*r* y est habituellement syncopé dans le langage, destinée commune d'ailleurs aux infinitifs de tous les verbes de cette catégorie. Mais il arrive aussi, dans les pièces du xvii° siècle surtout, que les verbes *prendre* et *répondre, vendre* et *attendre,* ne souffrent pas cette syncope ; ils s'en permettent volontiers une autre qui est celle du *d* radical, et ils font *prenre* ou *pranre, réponre, venre* et *attenre,* formes sur lesquelles se calquent le futur et le conditionnel. L'*r* radical, même dans *prendre*, disparaît également. Ainsi nous avons *penre*, forme de l'ancien bourguignon, qui plus tard s'écrivit *panre* en Champagne, tandis que, vers le milieu du xiiie siècle, dans le sud de la Picardie et le nord de l'Ile-de-France, on s'en tint à la syncope du *d* [1] : d'où *prenre*, et *pranre*, comme l'écrivent indistinctement les *Conférences. Responre* est une syncope qui date du xiie siècle.

Prenre rachète la perte du *d* radical à l'infinitif en le reprenant à l'impératif, où il fait *prendez. Reponre*, bien loin de le rétablir à cette même personne, l'en exclut, ainsi que des deux premières du pluriel de l'indicatif, où il fait *réponnons, réponnez*, du participe passé, *réponnu*. Il n'a pas plus d'égards pour lui dans la forme *répons*, qu'il prend à ce même participe, et qui est une forme encore usitée en Saintonge et dans l'Orléanais : il m'a *répons*, pour il m'a répondu.

Le parfait défini de *prendre* est généralement *prins* dans les textes du xviie siècle; mais, dans ceux du xviiie, *prenis* entre en concurrence avec lui et fait plus que de le balancer. *Prins* est une dérivation pleine du latin *prehensi* = *prensi*, admise dans le vieux français à dater de la seconde moitié du xiiie siècle seulement. La forme actuelle *pris*, qui, dans l'ancienne langue, avait cours conjointement avec l'autre, serait dérivée, selon M. Chabaneau [2], d'un latin vulgaire *presi*, qui s'est conservé dans l'italien. *Mettre* fait aussi au parfait défini *mins*, sans que cette forme, comme *prins*, puisse être justifiée par un exemple du passé.

La *Conférence de Janot et Piarot Doucet* (1660) offre un exemple unique d'un verbe en *ndre*, dont l'orthographe primitive à l'infinitif, en Bourgogne et en Picardie, était *gnre*. Il consiste dans les formes *étinge*, du subjonctif, et *étingerons*, du futur, provenant d'un infinitif *étingre* pour éteindre. Seulement il y a dans notre patois moderne une transposition

[1] Burguy, t. II, p. 192.
[2] *Histoire et Théorie de la conjugaison*, p. 109.

des lettres de cette désinence, l'ordre dans lequel elles étaient primitivement étant *gnre* : « Les granz awes ne poront mies *estignre* la chariteit. » *(Serm. de S. Bernard,* p. 569.) On voit que, dans la *Conférence,* c'est le même mot, malgré la métathèse. Voici l'explication que donne M. Burguy de cette singularité :

« Dans l'ancienne langue, on avait l'habitude d'écrire *gn*, lorsque la nasale *n*, simple ou redoublée, était suivie d'un *i* ou d'un *g* adouci *(j)*; puis, souvent encore, on diphthonguait avec *i* la voyelle précédente, en Bourgogne et en Picardie : par exemple, *Campania, Champaigne,* etc. Aujourd'hui ce *gn* a le son de *nj*, et, au xiiiᵉ siècle, il en était sans doute ainsi, puisque les auteurs allemands du moyen âge écrivaient *Schampanje*, etc. Néanmoins la place du son guttural doit avoir été celle que lui donne l'ancienne orthographe, et le *g* se prononçait alors comme *n* nasal : d'où, avec assimilation des consonnes, *gn — ngn*. En fixant ainsi la prononciation de *gn*, on se base : 1° sur ce que les mêmes assimilations nasales se retrouvent avant le *gn* de l'ancienne langue latine, lequel a également pour nous le son *nj*, mais que les Romains prononçaient *ngn* (Cfr. *singnum* des inscriptions); 2° sur les nombreuses orthographes en *ngn* de la langue d'oil (V. Wackernagel, *Altfranzösische Lieder und Leichn*, p. 154-157)... Dès la fin du xiiᵉ siècle, on fit l'intercalation ordinaire du *d* entre *n* et *r*, et l'on n'écrivit plus le *g* : d'où *ndre* [1]. »

Le participe passé *atteindu,* pour *atteint,* cède évidemment à la force analogique qui émane des participes réguliers *attendu, vendu, répandu,* etc., et qui agit sur la mémoire du peuple avant d'agir sur sa diction. *Victu,* pour *vaincu,* dans les *Conférences,* est une forme tellement étrange, que je ne lui trouve d'analogue nulle part. C'est une forme qui ne surprendrait pas dans un texte du ixᵉ ou du xᵉ siècle, et qui figurerait

---

[1] *Grammaire de la langue d'oïl,* t. II, p. 235, 236.

très-bien, par exemple, à côté de *perfectus*, pour *parfait*, qu'on trouve dans la *Vie de saint Léger*.

> *Perfectus* fud in caritat [1].

Je trouve enfin dans les *Sarcelles* le parfait défini *sieuvi*, pour *suivi*, venant d'une ancienne forme *sievir*, avec renforcement de l'*e* en *eu* ; ou d'une autre forme *siuvir*, où l'*u* a pris ce même renforcement, car on lit dans Tristan [2] :

> Il levat sus, si me *siuvi*.

3° Verbes dont l'infinitif est formé par l'intercalation d'un *t* entre la consonne double du radical latin *sc* (= *s*) et l'*r*, intercalation qui a finalement amené la chute de cette consonne : *connaître, paraître, naître*.

Connaître, paraître, de *cognoscere, parescere* (lat. vulg.), n'offrent rien de remarquable à leur infinitif, si ce n'est qu'ils se présentent quelquefois, au XVIIe siècle, sous les formes *connâtre, counâtre, parâtre* ; je *counas*, je *paras*, aux deux premières personnes singulier de l'indicatif. Mais, au parfait défini, *connaître, paraître* et leurs composés, dans les *Sarcelles*, prennent la forme inchoative je *paroissis*, nous *recognoissimes*. Les *Conférences* donnent au même temps il *naqua*, pour il *naquit* ; en quoi elles maintiennent la règle de permutation *patoise* de l'*i* en *a* dans les parfaits définis à flexion en *is*.

Il y encore quelques verbes où tantôt c'est le radical qui s'allonge à l'infinitif par l'adjonction de la syllabe inchoative *iss*, comme *doutisser, échapisser, supposisser* ; tantôt c'est la flexion qui reçoit ce même allongement soit à l'indicatif, soit à l'imparfait du subjonctif, comme *entendissons, pensassisse, répondisisse*, pour entendons, pensasse, répondisse. Mais ces formes, qui se rencontrent dans les écrits poissards du XVIIIe siècle, et aussi dans une mauvaise compilation qu'on en a faite en 1821 sous le titre de *Riche-en-Gueule*, semblent

---

[1] *Chrestomathie de l'ancien français*, par Karl Bartsch, p. 14.
[2] T. II, p. 124, éd. Franc. Michel.

d'un patois trop suspect et, comme on dirait aujourd'hui, trop
fantaisiste, pour qu'il soit utile de s'y arrêter. Je serais tenté
de leur adjoindre je *comparoisserions*, qui est dans Vadé, si,
comme le je *paroissis* des *Sarcelles*, il n'était censé provenir
d'un verbe inchoatif vulgaire, *parescere*.

₴ V.

FIGURES DE DICTION.

Les figures de diction, ou ces modifications orthographiques
et phoniques des mots que les Grecs appelaient *métaplasmes*,
sont innombrables dans le patois parisien. En premier lieu,
nous nommerons celles qui semblent justifier le principe général de la corruption des langues, principe que M. Chavée
a fort bien exposé en ces termes : « Chercher toujours le plus
bref, le plus fort et le plus aisé [1]; » ce sont : la syncope ou
contraction, avec ses variantes la synérèse et la synthèse;
l'aphérèse, ou retranchement de lettres au commencement du
mot; l'apocope, ou raccourcissement du mot à la fin. Viennent
ensuite, et aussi nombreuses, les figures qui donnent un
démenti au principe ci-dessus; ce sont : la métathèse, ou transposition de lettres; la prosthèse, ou addition de lettres au commencement du mot; l'épenthèse, ou insertion d'une lettre
dans un mot; la paragoge, ou allongement du mot à la fin.

SYNCOPE.

VOYELLES.

A.

Par son établissement solide dans la langue et la phoné-
tique du peuple parisien, par l'espèce de despotisme qu'elle y
exerce, l'*a* est impossible à débusquer et à supprimer. Je n'en
trouve qu'un exemple, dans un texte du xviiie siècle : *embras-*

---

[1] *Français et wallon*, p. 25.

ser pour embarrasser; mais il est à présumer que c'est une faute d'impression.

E.

L'emploi, et vraisemblablement à toutes les époques, de cette voyelle dans le patois parlé ou écrit du peuple parisien, est presque nul. Elle y agit rarement, et, encore qu'il y ait bien peu de mots qui puissent se passer d'elle, notre patois n'en tient pas plus de compte, dans la prononciation surtout, que si elle leur était complétement étrangère. Il est vrai qu'il faut aussi mettre à la charge de la prononciation générale la confiscation de l'*e* féminin dans l'intérieur de la plupart des mots où il se trouve; mais là où les moins attentifs à leur manière de prononcer font naturellement et comme machinalement sentir l'*e*, le peuple, lui, j'entends le peuple de Paris, s'en garde tant qu'il peut, à de très-rares exceptions près.

L'*e* féminin se syncope sans difficulté, et comme en vertu d'une loi inflexible, devant les liquides *l, m, n, r : b'lette, c'la, c'rise, d'main, d'mi, d'meure, d'rière, donn'rai, f'nil, f'nêtre, g'ler, g'nou, m'lon, m'ner, m'nacer, p'ler, p'lote, p'luche, q'relle, q'nouille, r'mède, r'nard, s'lon s'maine, s'rin, s'ringue, t'nir v'lours, v'nin, v'nir*, etc., etc.; devant les labiales *b, v, f, p*, presque aussi généralement : *d'bout, d'puis, d'vant, d'venir, d'viner, d'vis, d'voir, l'ver, n'veu, r'fus, r'bours*, etc., etc.; devant *c* dur et *ç, ch, g* ou *j : l'çon, s'cond, s'couer, s'cret, r'chigner, r'gimber*, etc.; devant les dentales *d, t*, plus sobrement : *b'deau, b'don, d'dans, j'ter, j'ton, p'tit, s'tier*; devant la sifflante *s : b'soin, b'sogne*; je ne trouve que ces deux mots. Cet *e* est, à la seconde, troisième ou quatrième syllabe, traité de même qu'à la première.

A ces mots et à bien d'autres que je passe, ajoutez tous ceux où le préfixe *re* indique réduplication. Nombreuse en est la série. Ajoutez-y encore ceux où l'*e* est placé devant *ss* : ressembler, resserrer, ressentir. Dirai-je qu'il disparaît dans

men, ten, sen (forme picarde); devant une voyelle : *m'n ami,
t'n enfant, s'n épouse,* ne laissant à ces monosyllabes que leur
squelette : *m'n, t'n, s'n?*

Je sais que, dans toutes ces prononciations si antipathiques
au puriste, le peuple de Paris a pour complice tout ce qui
parle bien ou mal français partout où on parle cette langue;
mais il n'appartient qu'à lui de syncoper les *e* masculins ou
fermés, comme s'ils étaient des *e* féminins : ainsi il dit *d'jà,
d'licieux, d'sagréable, d'sir, v'rité, m'nétrier, s'bile arr'ter,* et
même *écullée* pour écuellée. Mes textes donnent tous ces
exemples.

I.

Retranchée des mots *bien*, *rien*, cette lettre nous laisse
en face de *ben, ren,* principalement dans les textes du milieu
du XVIIIe siècle, tandis que les textes postérieurs offrent souvent les formes pincées *bin, rin. Pus* est la contraction de puis.
Enfin *i* disparaît dans *potrail, potrine, captaine, hardelle,
santnelle, snifier, obscurté.* Ant. de Baïf dit :

> L'aube desjà deschassant l'*obscurté.*
> (*Les Sorcières.*)

O.

Il trouve que sa présence est superflue dans les préfixes
de comment, commencer et commodité, et il réduit ces
mots à la forme tout à fait barbare de *qment, qmencer,
qmodité.* Il fait de même à l'égard de pitoyable et de voyage :
pityable, vyage, qui sont plus particulièrement du XVIIIe siècle.

DIPHTHONGUES.

Oi, ui.

La première disparaît entièrement dans voilà : *v'la,* forme
syncopée de *vela,* d'un usage très-populaire au XVIIe siècle.

La seconde est réduite à l'*i* simple dans *brit, pis, pisque,
depis, li, sis,* toutes formes aussi bien du XVIIe que du

XVIIIe siècle, pour bruit, puis, etc. *Li* a été, bien avant le XIIIe siècle, employé conjointement avec *lui*, comme régime indirect des verbes. Cette forme a persisté jusqu'ici dans le parler populaire.

Ou

Est traité comme un *e* féminin dans voulons, voulez : *v'lons, v'lez*.

CONSONNES.

B.

Il tombe devant les deux consonnes réunies *st : ostiné, ostaque*, obstacle; *nonostant*. Il se retire également devant *sc : oscur, oscurité*. Au témoignage de Bèze [1], cette prononciation était générale de son temps. On faisait entendre ce *b* si faiblement, même devant le digamma *v* dans *obvier*, qu'on donnait, pour règle de la manière dont il fallait le prononcer, cet hémistiche gallo-latin, ou, si l'on aime mieux, ce calembour :

Omnia malo viæ,
On y a mal obvié.

D.

D radical se perd à l'infinitif, au futur et au conditionnel des verbes en *ndre : tenre, tenrai, tenrais; prenre, prenrai*, etc.; *réponre, réponerai* ou *reponrai*, etc.; *geinre, geinrai*, etc. Le peuple dit même *réponu* et *réponez*, pour répondu, répondez. Aux futur et conditionnel des verbes en *ir* où le *d* est intercalaire : *vianrai* ou *vienrai, vianrais* ou *vienrais; tianrai* ou *tienrai*, etc. Aux mêmes temps de vouloir et valoir : *vourai, vaurai*. On trouve toutes ces formes dans l'ancien français. C'est pour adoucir la rudesse des consonnes *nr* réunies qu'on a intercalé un *d* entre l'une et l'autre, et, si l'on a fait de même

---

[1] *De franc. ling. recta pronuntiatione*, p. 72.

pour *vourai* et *vaurai*, c'est que ces formes ne sont pas elles-mêmes dépourvues d'une rudesse analogue.

Les Grecs avaient senti avant nous la nécessité de ce *d* euphonique, en le plaçant par exemple entre le ν et le ρ du mot ἀν-ρος, génitif d'ἀνήρ, et en disant ἀνδρός. Si j'en fais la remarque après tant de philologues modernes, c'est qu'ils ne disent pas qu'on l'a faite avant eux ; et, dans notre propre pays, Bèze constate que le *d* n'est point analogique dans *plaind*, *peind*, *craind*, etc., comme on écrivait alors à la 3ᵉ pers. du prés. ind., tandis qu'il l'est au contraire dans *fend*, *défend*, *fond*, etc., à cause des infinitifs fendre, défendre, fondre. Et il ajoute : *Nec enim in infinitis modis* plaindre, peindre, craindre, *etc., littera* d *invenitur, ut in illis ex analogia, sed euphoniae causa inseritur, ut in graeca dictione* ἀνδρός *pro* ἀρός, *et in Francica* tendre *pro* tenre, *a latina voce* tener [1].

Moure, dit pour moudre, est une des nombreuses variantes de l'ancien français *moldre*.

L.

Cette consonne est syncopée dans la dernière syllabe de tous les mots qui se terminent en *fle*, *ble* et *ple* : *néfe*, *tréfe*, *girofe*; *aimabe*, *capabe*, *risibe*, *horribe*, *ensembe*, *humbe*; *simpe*, *peupe*, *nobe*, etc., etc. Ajoutez-y quelques termes où la syncope a lieu dans le corps du mot, comme *bocus*, *pus*, *putôt*, *bibiothèque*, *tabier*.

M.

Se retire du préfixe *com* dans *copère*, *coparaison*, *copanie*, *compagnie*; ce dernier visiblement dérivé de *copain*. Il n'est pas toléré dans les terminaisons en *isme*, où il se change pour le moins en *s* : *catéchisse*, *fanatisse*, *despotisse*, formes qu'on ne rencontre qu'au XVIIIᵉ siècle et qui sont encore du XIXᵉ.

---

[1] *De franc. ling. recta pronuntiatione*, p. 24.

N.

Supprimé dans finance et financier, il laisse *finace* et *finacier*, corruption volontaire et satirique dont les *Lettres de Montmartre* offrent seules des exemples.

R.

La suppression de cette lettre est générale dans les syllabes finales *bre, vre, pre, dre, tre* : *arbe, chambe, vive, libe, prope, vende, pende, maîte, traîte, théâte;* elle a lieu aussi dans le corps des mots : *losque, pace que, meutrier, pésident, aujoud'hui.*

T.

Je ne le trouve syncopé que dans *venée* (xvii⁰ s.) pour venette, et dans *immoraliser* (xviii⁰ s.) pour immortaliser.

Souvent ce n'est pas une lettre seulement qui est syncopée, c'est une, ce sont quelquefois deux syllabes entières. Ainsi, au xvii⁰ siècle, le peuple de Paris disait *despérer* et *despération,* formes purement latines, *desperare, desperatio,* pour désespérer, désespoir. Il disait encore *précation, sustance, roterie, nobstant,* pour prédication, subsistance, rôtisserie, nonobstant; *martyrer* pour martyriser :

> Afin qu'amour en son rang le *martyre,*

dit Ant. de Baïf, dans les *Sorcières;* je *sçons,* pour je sçavons :

> Car je *sçons* que vous entendez
> Que tout le monde soit tranquille [1].

Il disait de plus, au xviii⁰ siècle, *fur* pour futur; sans parler des formes anciennes *barrai, donrai, lairai,* pour baillerai, donnerai, laisserai.

Rien n'est resté de ces mots dans la langue régulière, sauf ces trois derniers, qui, encore, n'ont fait qu'y paraître un mo-

---

[1] *Les très-humbles et très-respectueuses Remontrances de habitans de Sarcelles au Roy,* p. 5. Rotterdam, chez Richard Sans-Peur. 1732, in-12.

ment, pour en être expulsés ensuite et refoulés parmi les patois.

La langue latine, moins fière que la française, a gardé quantité de ces contractions populaires. En poésie, on les appelle *licences ;* en prose, on les tient pour un perfectionnement de la langue qui s'est opéré de soi-même et avec le temps. Toutes cependant ont la même origine, le peuple, lequel, au moment où la langue se dégage et prend forme, a plus de penchant à contracter les mots que lorsqu'elle est formée. On dirait qu'il a de la répugnance à leur permettre plus de développement, ou qu'il a du plaisir à étouffer dans son germe celui qu'ils reçoivent malgré lui. Ainsi, en ce qui touche le peuple de Rome, outre qu'il supprimait volontiers les voyelles intérieures, suppressions que la langue générale a maintenues en partie, comme par exemple dans *periclum, vinclum, repostus, misertus, calfacio, extra, dextra,* etc., il supprimait également des syllabes entières, ce à quoi la langue générale n'eut pas à se repentir d'avoir plus d'une fois accédé. Elle se familiarisa avec ces licences populaires, dont quelques-unes étaient pourtant assez rudes ; elle les accueillit pour le moins conjointement avec les formes consacrées par elle comme régulières, et dit aussi bien *cordolium, noram, nauta, explerit, vixit, extinxem, implessem, porgite,* que *cordidolium, noveram, navita, expleverit, vixisset, extinxissem, implevissem, porigite.*

Les vieux poètes comiques latins furent ceux qui contribuèrent le plus à la propagation de ces formes et à leur promiscuité. Nos auteurs de farces, de moralités et de comédies, au XVIe siècle, ne firent pas autrement. C'est une loi de toute poésie de ce genre à son début, soit parce qu'elle y trouve un moyen de se soustraire aux difficultés du mètre, soit parce qu'elle est tellement dominée par le goût du peuple, qu'estimant qu'il est le meilleur, elle se croit tenue de lui obéir ; soit enfin parce que ceux qui la cultivent sont de la classe du peuple et écrivent principalement pour lui. Mais ni ces poètes latins ni ces poètes français n'exercèrent leur empire sur la prose autant et aussi longtemps que sur la poésie. Celle-ci a gardé jusqu'aux époques où les deux langues étaient à leur point culminant de perfection, et même au delà, certaines contractions populaires que la prose ou n'avait jamais admises, ou qu'elle s'était empressée de rejeter.

Personne n'ignore que c'est du latin corrompu et populaire parlé dans les Gaules, sous la domination romaine, qu'est né peu à peu le français; je n'oserais affirmer que ce qui a déterminé avec le plus d'énergie l'éclosion du nouveau langage ait été la poésie populaire; mais il n'est pas douteux qu'elle y a aidé dans une proportion considérable. Le français n'en est pas encore au point où en était le latin à l'époque dont je parle, quoiqu'il y ait grande apparence qu'un jour, par un motif ou par un autre, il en viendra là. En attendant, la poésie populaire moderne, représentée surtout par des chansons, et ayant pour auxiliaire la prose sordide des pièces de théâtres subalternes, prépare autant qu'il est en soi ce bel avenir. Dans les compositions honteuses dont elle inonde et empoisonne la France entière, elle use d'un grand nombre de figures, de mots familiers à nos anciennes poésies, plus, de quantité d'autres qu'elle y ajoute de son cru. Les contractions ne lui coûtent pas plus pour raccourcir un vers qui serait trop long que l'épenthèse, la prothèse et la paragoge (on le verra tout à l'heure) pour allonger un vers qui serait trop court. Outre les différentes contractions que j'ai indiquées plus haut, on y trouve des synalèphes de cette force : *qu'an vît, qu'ous, s'avous, v'sètes, à vo'ravis, v'sy, v'savez, s'nen, s'tu, sul, s'nautre, v-z'en, ch'père* [1], *voy'ous* [2], *cesti, stout un*, pour quand on vit, que vous, savez-vous, vous êtes, à votre avis, vous-y, vous savez, si l'on, si tu, sur le, son autre, vous–en, cher père, voyez-vous, c'est celui-ci, c'est tout un. J'omets les *qua, qui quest, quont*, etc.,

---

[1] Forme que je trouve employée plusieurs fois dans les écrits en patois parisien, depuis 1756 jusqu'au commencement du XIXᵉ siècle.

[2]   Car *voy'ous*, je n'ons presque rian.
         (*Les très-humbles et très-respectueuses*, etc., p. 2. Cité ci-devant.)

que n'ont pas dédaignés nos poètes jusqu'à Malherbe, pour : qui a, qu'il, qui est, qui ont. Ainsi le latin populaire disait *sis* pour *sivis* ; *sultis* pour *si vultis* ; *siris* pour *siveris* ; *cauneas* pour *cave ne eas*, etc. Peut-être aussi n'était-ce pas seulement pour se conformer à la mesure que Plaute, dans ce vers :

> Salutem ut nuntiaret, atque ei ut diceret...
> (*Stich.*, V, 2, 5),

faisait de *que ei ut* une seule syllabe ; il se conformait peut-être encore à la prononciation du peuple.

Tout ces poètes et chansonniers de carrefours, qui chantaient eux-mêmes ou faisaient chanter sur le Pont-Neuf des chansons qui en ont retenu le nom, étaient en pleine vogue à la fin du règne de Louis XIII et pendant tout le temps de la minorité de Louis XIV ; leur littérature et leur style se ressentent beaucoup du milieu grossier où ils ont vécu, pensé et écrit, mais sans qu'on puisse dire que leur langage soit purement celui du peuple. C'est ce que témoignent les échantillons qu'on a de leurs œuvres, et dont il existe plusieurs recueils. Il faut arriver jusqu'aux approches de la seconde moitié du XVIIIe siècle pour trouver ces chansons *grivoises* où le patois parisien commence à secouer toute retenue, à ne plus respecter la langue française là où les chansonniers du siècle précédent l'avaient encore respectée, et à ne l'admettre que lorsque les mots lui manquent à lui-même pour être bien compris.

Depuis lors, la quantité innombrable de chansons populaires en style populaire qui ont été imprimées, et qu'on imprime encore tous les jours, a fait de ce genre de poésie comme une sorte de branche gourmande plus féconde que l'arbre même, et qui finira par l'étouffer. Bien plus, depuis que les gens qui parlent ce détestable langage sont entrés dans les affaires, se mêlent de la politique, ont leurs journaux, leurs journalistes et leurs hommes d'État, le fond même de notre langue, prose et vers, a subi une dépression qui devient chaque jour plus profonde, et qui la rend de moins en moins intelligible, particulièrement aux étrangers. La même rage de destruction qui, depuis bientôt cent ans, s'est acharnée avec succès contre les principes fondamentaux de toute société bien réglée, telle qu'était la nôtre, se tourne actuellement contre notre langue et la détruira comme tout le reste. Elle trouve même des encouragements jusque parmi les écrivains les moins faits pour une pareille besogne. Un des plus éminents, pourquoi ne le nommerai-je pas, George Sand, ne se gendarmait-il pas naguère, avec je ne sais quelle pétulance mêlée de pédanterie, contre les imparfaits du subjonctif, l'emploi de certains *que*, de certains *ne*, et autres particules et locutions que prescrit avec raison la grammaire, mais que le peuple souverain traite comme il traite ses gouvernements ? Le fretin littéraire n'a pas manqué d'approuver ce nouveau mode d'émanciper l'intelligence un peu plus encore qu'elle ne l'est, et tous les jours il travaille de son mieux à convertir en pratique la nouvelle théorie. Du train dont il y va, nous arriverons plus tôt au point où la langue latine était arrivée, quand l'idiome français commença de se dégager de ses scories. Dieu veuille qu'aux barbares de l'intérieur qui conspirent à ce beau résultat ne viennent pas un jour se joindre les barbares du dehors, et n'achèvent pas chez nous ce que ceux-là auront entamé !

APHÉRÈSE.

Cette figure n'offre pas un grand nombre d'exemples dans notre patois. Tantôt elle y entame le radical, comme dans *diot, gniole, bier,* pour idiot, torniole, habiller ; tantôt, et plus souvent, à l'exemple du latin, qui, dans les cas d'aphérèse, garde ses radicaux intacts, elle le respecte, comme dans *barlificoter, core, cornifleur, croc, funt, loquence, oculer, viron, spectueux, stafilade,* pour embarlificoter, encore, écornifleur, escroc, défunt, éloquence, inoculer, environ, respectueux,

17

estafilade. L'aphérèse n'y atteint que les préfixes. Elle emporte la liquide *l* dans *iard* ou *yard*, *ièvre*, *entille*, pour liard, lièvre, lentille ; l'*a* dans *lose* pour alose, et le *v* dans *ous* pour vous.

APOCOPE.

Elle est presque aussi fréquente que la syncope.

VOYELLES.

L'*i* tombe dans *convo* pour convoi, et l'*u* dans *fé* pour feu ; *o* est la troisième personne singulier de l'indicatif présent du verbe ouïr : il ouit. « On *o* ban un asne braize, » on ouit bien un âne braire, est-il dit dans la ιv^e *Conférence*, page 8.

C'est tout ce qui regarde les voyelles.

CONSONNES.

C.

Le *c* disparaît dans sac : *sa* ; ancienne forme *sas*.

F.

L'*f* n'est jamais reçu dans *clé*, orthographe suivie conjointement avec *clef*, dans nombre d'écrits en langue régulière des xviie et xviiie siècles ; il ne sonne ni ne s'écrit dans *bœu*, *neu*, *chéti*, *massi*, *vi*, pour bœuf, neuf, chétif, massif, vif.

H.

Aspirée, et principalement lorsqu'elle est suivie d'un *a*, cette lettre est rarement écrite et n'est jamais prononcée dans haïr, hardi, honnir, haquenée, hasard, harangue, hache, halctant, hanche, hardes, hareng, hauteur, honte, harceler, etc. Bèze remarque que, de son temps, ce vice était commun aux Bourguignons, aux Berrichons, aux Lyonnais et aux Gascons : « Ils prononcent, dit-il, *en ault, l'aultesse, l'acquenée, l'azard, les ouseaux* [1]. » Il aurait pu ajouter que les bons écrivains de la même époque ne se préservaient pas toujours de ce vice. Calvin, entre autres, son grand ami, dont l'*Institution*, contemporaine du *Gargantua*, est si supérieure à lui par la forme, dit dans sa préface sur les *Pseaumes* (1557) : « Ainsi m'est-il arrivé qu'étant *arcelé* de tous côtés, à peine ai-je eu un moment libre de combats du dedans et du dehors. »

L.

On se dispense de la prononcer et de l'écrire dans il, et, non plus que l'*s*, dans ils ; l'orthographe de ces deux monosyllabes, dans mes textes de toutes les époques, est *i* ou *y* pour le singulier, *is* ou *iz* pour le pluriel. Très-souvent, au contraire, l'*i* de il et ils meurt, laissant son conjoint dans un état de veuvage dont il ne sort qu'en convolant avec l'*y* : par exemple dans la locution il y a, qui devient *lya*, en un seul mot, ou *lui a* en deux [2]. On dit de même *lyaura*, *lyaurait lyavait*.

Ce qui est curieux, c'est que cette prononciation de *i* pour il, devant une consonne, et de *is* pour ils, ou devant une consonne ou devant une voyelle, prononciation où la bourgeoisie rivalise de zèle avec le peuple, soit présentée comme orthodoxe par Théodore Bèze [3], par Dauron, l'un des interlocuteurs du *Dialogue* de Jacques Peletier, par celui-ci également, et par d'autres encore avant ou après eux. Peletier y conforme même son orthographe, sous prétexte que « si une lettre en quelque mot ne se prononce point, elle n'y a nulle puissance, et, n'y ayant puissance, elle n'y doit avoir place [4]. » Selon Claude de Saint-Lien [5], les deux manières de prononcer, c'est-

---

[1] *De franc. ling. recta pronuntiatione*, p. 27.
[2]   J'sçai ben qu'javois l'même embarras ,
             Lui a t'un mois.

                        (VADÉ, *Chansons*.)
[3] *De franc. ling. recta pronuntiatione*, p. 82.
[4] *Dialogue de l'ortografe*, p. 126.
[5] *De pronuntiat. gallic. linguae*, p. 50.
Le peuple dit aussi et partout *i* pour elle , et cela bien avant la théorie

à-dire avec ou sans *l*, étaient facultatives ; il convient toutefois que la seconde était habituelle aux courtisans ; d'où il est permis de conclure qu'il l'approuvait.

Henri Estienne, il faut lui rendre cette justice, ne l'approuvait pas. Il remarque que le peuple disait : *puisqu'i t'a pleu*, pour, puisqu'il t'a plu, et il déclare cette prononciation tout à fait ridicule. Citons ses termes : *Haec pronuntiatio plane est explodenda* [1].

« *L*, en la particule ou pronom *il*, dit Antoine Oudin, environ soixante-quinze ans après Estienne, ne se doit jamais prononcer devant une consonne ; son pluriel reprend ladite *l* devant les dictions qui commencent par voyelles, et taist son *s* finale : *ils ont*, lisez *il ont* ; et toutefois on peut dire *ils ont*, et en tous deux il faut traisner la syllabe [2]. » Convenons que voilà d'étranges principes. Mais nous ne sommes pas au bout. Oudin trouve également à propos de ne point prononcer la lettre *l* dans « quelque, quelqu'un, quelconque » et de dire *queque, quequ'un, queconque*, absolument comme on s'exprimait à la place Maubert et au port au Foin.

Soixante ans après Oudin, La Touche pose les mêmes règles, sauf qu'il ne défend pas comme lui la liaison de l'*s* avec l'*o* dans, ils ont. Mais il veut, ou plutôt il en constate l'usage, que *l* soit muette devant une voyelle dans une interrogation, et qu'on dise *parle-t-i à vous*, et non « parle-t-il [3]. » Ce n'est donc

---

de ces grammairiens. Dans l'église de Quéant, village du diocèse d'Arras, est une belle pierre tumulaire, portant la date de 1358, gravée au trait, avec cette inscription :

Chy. gist. demisielle. Maroie. Ponce.
De. Bihumes. I. fu. femme. Jaremon. Quaret. Leiovene.
I. trespassa. lan. de grace
M.CCC.LVIII. ou. mois. daoust. Pries. pour. same.

(*Revue des Sociétés savantes des départements,*
v[e] série, t. II, juillet 1870, p. 50.)

[1] *Hypomneses*, p. 80.
[2] *Grammaire françoise rapportée au langage du temps*, p. 13.
[3] *L'Art de bien parler*, t. I, p. 17.

pas par une licence poétique que La Fontaine, dans ces vers :

> En ce cas-là, je les prendrai, dit-il ;
> L'histoire en est aussitôt dispersée
> Et boquillons de perdre leur outil [1],

fait rimer *dit-il* avec *outil*. Ce n'est pas non plus par une raison semblable que Villon disait :

> Qu'est devenu ce front poly,
> Ces cheveulx blonds, sourcilz *voultyz*,
> Grand entr'œil, le regard joly,
> Dont prenoye les plus *subtilz* [2]?

Ils obéissaient l'un et l'autre à une coutume qui, de leur temps, était générale, qu'il ne faut donc pas imputer au peuple seul, et qui n'est devenue un vice que parce que, seul, il y est resté fidèle. Les formes *i di, s'diti,* qui abondent dans les *Conférences,* sont restées le type de ce genre d'apocope.

D'autres grammairiens plus modernes (je n'y comprends pas les novateurs extravagants du xixe siècle) ont tenu ferme sur ces bizarreries du tyran des langues parlées, l'usage, et en ont recommandé le respect. Presque tous même ne manquent guère d'en inventer de nouvelles et d'en proposer l'adoption. Domergue, par exemple, prétend que dans, ils donnèrent, « ils » doit être prononcé *i,* avec le signe de l'allongement du son : *i donnèrent.* Cela ne serait plus tolérable aujourd'hui, même dans la conversation.

L'apocope de *l* avait lieu aussi dans *anima, arsena, cardina, carnava, cheva, fisca, ma,* mal ; *nu,* nul ; *poitrina,* poitrinal ; *seu,* seul.

Il se produisait également dans pareil, conseil, Corbeil, qui sont écrits dans les *Conférences, pareij, conseij, Corbeij.* C'est une prononciation wallonne, suivant M. Chavée [3]. Les Namurois précédèrent de longtemps les Parisiens dans cette permutation de *il, ille,* en *y* faisant diphthongue avec la voyelle précédente. Comme les Wallons, le peuple parisien dit aussi

---

[1] *Le Bûcheron et Mercure.*
[2] *Le Grand Testament :* les *Regretz de la belle Heaulmierc.*
[3] *Français et wallon,* p. 13,

canaij, travaij, taij , pour canaille, travail et travaille, taille ;
mais il pèse et traîne sur l'*a* plus que les Wallons.

Q.

Le peuple de Paris ne prononçait pas le *q* dans coq et disait
co , co-d'Inde. Toutefois c'était la prononciation générale au
xvii° siècle. Oudin la prescrit, de même que pour le mot *laqs* ,
et Boufflers la confirme par ce distique où le phébus le dispute aux jeux de mots :

> Or, de ces nids, de ces coqs, de ces lacs
> L'amour a formé Nicolas.

Charles Maupas , dans la troisième édition de sa *Grammaire* [1], qui est de 1632 , et par conséquent antérieure de
vingt-quatre ans à la seconde édition de celle d'Oudin, qui est
de 1656, dit, en parlant du *q* : « Peu de mots l'ont à la fin où
il se prononce : *cinq, coq*. » Ainsi, la prononciation de *co* était
moderne dans le temps où écrivait Oudin.

R.

L'*r* n'est jamais écrit ni prononcé à la fin de tous les adjectifs en *eur* ; mais souvent aussi cette lettre y est remplacée par l'*x*. Telle est au singulier comme au pluriel, et à
très-peu d'exceptions près, l'orthographe de cette sorte de mot
dans tous les écrits du xviii° siècle. Dans ceux du xvii°, outre que,
comme on le verra plus loin, l'*r* est invariablement apocopé
au singulier, l'*x* n'est reçu qu'au pluriel, et si rarement
encore qu'il ne vaut pas la peine de le remarquer ; car alors
le peuple de Paris prononçait brève cette désinence , ce que
ceux qui parlaient bien ne faisaient pas. En effet, tout en
s'abstenant, comme le peuple, de faire sonner l'*r* à la fin de ces
mots (et la preuve de cette habitude générale existe dans quantité de poésies du temps) , les personnes de la ville et de la

---

[1] *Grammaire et Syntaxe françoise,* p. 20.

cour avaient pourtant une manière de distinguer, en les prononçant, le singulier du pluriel : elles faisaient sonner l'*x*
final de ce dernier nombre comme une *s*. C'est ce que nous
apprend un grammairien du commencement du xviie siècle :
« *X* à la fin des mots, dit Philippe Garnier, se prononce *toujours* comme *s* : *joyeux*, prononcez *joyeus*; *yeux*, pr. *yeus*; *je
veux*, pr. *je veus*; *jeux*, pr. *jeus* [1]. »

R se taisait, et il se tait encore dans le langage populaire, à
tous les infinitifs des verbes en *ir*, et dans quelques substantifs qui se terminent de même. Ces substantifs sont : *dési*,
loisi, plaisi, souveni.

Il est inutile de donner la nomenclature des verbes en *ir*,
tous étant assujettis à cette règle.

Les infinitifs des verbes en *er*, *ier*, et les substantifs à désinences semblables n'y échappaient pas davantage. Aujour-
d'hui encore, non-seulement le peuple de Paris, mais tous les
Français, se défendent de faire sonner l'*r* de ces infinitifs et de
ces noms. Cela même est de règle, comme aussi que l'*r* sonne
à l'infinitif des verbes, quand ils sont suivis d'un mot commençant par une voyelle, afin d'éviter l'hiatus. Mais au
xvie siècle, et très-probablement avant cette époque, ceux qui
avaient à cœur de bien parler leur langue n'admettaient la
mutité de l'*r* final dans aucune circonstance. Le peuple, au
contraire, comme aujourd'hui, la favorisait et l'appliquait
constamment, prononçant la syllabe *er* comme un *é* fermé,
et ne montrant à cet égard pas plus de souci des hiatus que
des liaisons. Les *Conférences*, les *Gazettes des Halles* et *de la
place Maubert* n'ont pas d'autre orthographe ; on la rencontre
aussi dans des écrits très-postérieurs.

La prononciation qu'elle représente a été stigmatisée par
quelques grammairiens du xvie siècle, entre autres Henri

---

[1] In fine vero vocabulorum semper pronunciatur (x) ut *s*, ut *joyeux*,
q. *joyeus*, hilaris; *yeux*, q. *yeus*, oculi; *je veux*, q. *je veus*, volo; *jeux*,
q. *jeus*, lusi, etc. (*Philippi Garnier aurelianensis Galli, linguae gallicae
professoris, Praecepta Gallici sermonis*, etc., p. 18. Rotomagi, 1632,
in-18.)

Estienne. « Le peuple, dit-il, et principalement celui de Paris et des villes voisines, a un tel penchant à ne tenir aucun compte de l'*r* à la fin des mots, qu'à moins d'être averti, on ne s'apercevrait pas que ces mots ont cette lettre, bien qu'ils l'aient en effet. Il dit donc *plaisi, mestié, papié*, pour plaisir, mestier, papier. Il traite de même les infinitifs en *r*, lorsqu'ils sont suivis d'une consonne, comme : *il faut parlé bas*, ou *il faut souppé de bonne heure*, pour parler et soupper. Ceux mêmes qui ne sont pas du peuple tombent dans cette faute ; ils disent *après-disné, après-souppé*, au lieu d'*après-disner, après-soupper*, où il faut prononcer l'*r* comme dans *après boire*, le verbe étant à l'infinitif ainsi qu'en grec, μετὰ τὸ δεῖπνεῖν. Par une erreur semblable, ils disent *nostre mangé*, pour *nostre manger*, analogue à l'expression *après boire*. On dit en effet : *son boire, son manger ; on lui fournit son boire et son manger*, où les infinitifs font la fonction des noms, à la manière grecque, τὸ πιεῖν et τὸ φαγεῖν. [1] »

Il résulte de là qu'il était alors du beau langage de faire sonner l'*r* à la fin des mots, qu'ils fussent suivis d'une voyelle ou d'une consonne, ou même isolés. Ce beau langage d'il y a environ deux cent cinquante ans nous paraîtrait aujourd'hui, au moins dans les deux derniers cas, fort prétentieux, sinon ridicule. On voit d'ailleurs que, dès cette époque, ceux qui « n'étaient pas du peuple » commençaient sans doute à le trouver tel et à s'en dégoûter.

Cependant il ne faut pas tout à fait le rejeter, et ce sera toujours bien parler que de faire sonner doucement l'*r* des infinitifs devant une voyelle. C'était l'avis de Charles Maupas, lequel, en outre, est tout à fait d'accord sur la prononciation de l'*r* avec Henri Estienne :

« Soit au milieu, dit-il, ou à la fin des mots, *r* veut, à mon avis, estre prononcée clairement, mais non trop durement, si non qu'elle soit doublée au milieu, et lors elle rend un son

---

[1] *Hypomneses*, p. 67, 68.

fort aspre, avec prolongation de la syllabe : *guerre, terre, ferrer, arre, bourrée*. Je trouve niaise la fantaisie d'aucuns, qui affectent une lasche prononciation du bas populas, d'obmettre et supprimer du tout toutes les *r* finales ; ainsi : *Vous plaist-il veni disné avec moy, vous me ferez plaisi?* au lieu de dire : *venir, disner, plaisir*, avec modérée prononciation de l'*r* [1]. »

Quelques substantifs et infinitifs en *oir* perdaient également l'*r* final : *recevoi, voi, appercevoi, comptoi, trottoi, miroi*. Deux mots en *ard* perdent à la fois l'*r* et le *d* : *rena, placa*. Enfin l'apocope de l'*r* atteignait les mots *pour, velours, bonjour, toujours, enfer, sur*, et les réduisait à *pou, velou, bonjou, toujou, enfé, su* : toutes formes plus particulièrement propres au patois du XVIIe siècle.

S.

L'*s* est retranchée de tous les noms en *us*, où cette lettre se fait sentir dans la prononciation régulière : *Bacchu, angelu, carolu, rebu, oremu, olibriu, jacobu* ; dire son *En manu*. Exceptez *motus*. Tous ces mots sont latins, et la perte de leur consonne finale ne saurait faire oublier leur origine. Le peuple n'a pas sans doute cette prétention, car, s'il ne sait pas le latin, il sait fort bien que la terminaison en *us* est commune dans cette langue ; mais il semble qu'il ait quelque répugnance à l'admettre en son patois, pas plus qu'il n'admet la prononciation de l'*m* dans les substantifs francisés *maximum, minimum, retentum, tu autem* ; il dit, en effet, le *maximon*, le *minimon*, le *retenton*, le *tu autan* [2].

Il dit aussi *dé, lé, cé, sé, té*, pour des, les, ces, ses tes ; *fy* pour fils ; il supprime dans son orthographe les *s* des pre-

---

[1] *Grammaire et Syntaxe françoise*, p. 20.

[2]   Où on leur fist bientost apprendre
     Le chemin de *vidi acquam*,
     Sur peine d'un bon *Requian*.
          (*Récit véritable de ce qui s'est passé aux Barricades de* 1648, p. 12. 1649, in-4°.)

mières et secondes personnes du présent de l'indicatif dans les verbes des deuxième, troisième et quatrième conjugaisons : *je li, tu li ; je ren, tu ren ; je reçoi, tu reçoi.* En quoi il n'a pas tort pour la première personne ; mais il a tort pour la seconde, qui prend régulièrement l's du latin.

Aux xviiie et xixe siècles, ce sont des syllabes entières qu'il immole à l'apocope : *apparat, attache, raille, moque,* pour apparemment, attachement, raillerie, moquerie. Il y en a une foule d'autres de cette nature, que j'avais soigneusement relevées dans mon *Dictionnaire du patois parisien,* et que je ne puis plus retrouver.

Le latin populaire en avait de cette force ; il disait, d'après Festus, *pa* pour *parte, po* pour *populo, gau* pour *gaudium, me di* pour *medius fidius* [1].

EPENTHÈSE.

VOYELLES.

E.

On vient de voir ce que la prononciation du peuple de Paris retranche dans les mots ; on va voir à présent ce qu'il y ajoute.

C'est d'abord l'*e* dans *oubelier, saintecope, leutrin, leune, leumière, térasser,* pour oublier, syncope, lutrin, lune, lumière, tracer. Ces rares additions de l'*e* sont bien loin de compenser les pertes que, ainsi qu'on l'a vu plus haut, cette même lettre fait par l'application immodérée de la syncope.

Le peuple de Paris n'a pas seulement gardé la forme bourguignonne *envoyerai,* qui est dans Rabelais et dans Montaigne, il la prononce comme elle est écrite, c'est-à-dire en faisant sonner légèrement l'*e* de la pénultième. Il ne lui donne pas un son plein, mais vibrant. Le dauphin, fils d'Henri IV, le prononçait aussi comme le peuple, ou comme ses nour-

---

[1] Voyez, sur ces apocopes et d'autres qui ont beaucoup d'analogie avec les nôtres, le savant ouvrage sur l'*Accentuation latine* de MM. Weil et Benloew, p. 197, 198, 199, 232.

rices le lui inculquaient. « Madame contoit qu'elle iroit demeurer en Angleterre, il lui dit : *Ma sœur, je vous irai voir,
papa m'y* envoyera [1]. » Le futur étant formé de l'infinitif, il
s'ensuit que cette prononciation était très-régulière. Ce n'est
pas que la forme *enverrai* ne le soit aussi, mais elle vient de
l'infinitif normand *envéier*. Le peuple tire de même le futur
voirai d'une très-ancienne forme *voier*, usitée en Touraine,
du côté de l'Ile-de-France. Par analogie, il dit aussi *envoirai;*
mais c'est rare.

I.

Quand un *é* fermé était suivi d'un autre, soit fermé, soit
muet, ou d'un *a* ou d'un *o*, dans l'intérieur comme à la fin
mot, il se glissait entre ces deux voyelles, qui forment une
sorte d'hiatus, ou un *i* mouillé ou un *y*, de manière à rompre
cet hiatus, et à rendre plus molle et plus coulante la tran-
sition d'une voyelle à l'autre. Cette délicatesse a encore des
amants; ainsi le peuple disait *agréiable, bienséiance, créian-
cier, créiature, Léion, épéie, réiel, théiâtre, Panthéion,
caméléion.* Cette méthode s'appliquait même au féminin des
participes passés de la 1re conjugaison, où il représente la
désinence latine *ata.* Là où le français dit chantée, pensée,
en demeurant un peu plus sur le premier *e*, et laissant entre-
voir plutôt qu'il n'accuse le genre féminin, notre langage
populaire disait *chantéie, penséie*, faisant ainsi ressortir davantage l'*e* muet final, indice du féminin, et le reliant dans
la prononciation plus étroitement au premier *e*, au moyen
de l'*i* intercalaire. Je dois dire toutefois que cette prononciation, qui est wallonne, est rare dans les textes en patois
parisien; je n'en ai guère recueilli qu'une demi-douzaine
d'exemples, notamment dans les *Lettres de Montmartre.*
L'*i* épenthétique est également attiré par l'*u*, quand cet *u*
est précédé d'un *g*, d'un *q* ou d'une *l*. On trouve donc *luit,
concluit, excluit*, pour lut, conclut, exclut; *guiétres, guiére,*

---

[1] *Journal de J. Héroard*, t. I, p. 295.

naguiére, *guiare*, *équière*, pour guêtres, guère, naguère, guerre, équerre ; *luisarne*, pour luserne. Je ne vois ici que *guières*, qui est dans Marie de France, et *gierre (g* dur), l'un et l'autre du XIIIᵉ siècle, qui puissent être de tradition. Joignez à cela *priviliége*, *pieureuz*, *aisié*, *couilleuvraine*, et enfin *carognie*, où l'*i*, en s'intercalant, donne du son et de la vie à l'*e* muet final.

Quelques mots dont le radical et la première syllabe ont *or*, comme clore, morue, diphthonguaient l'*o* par l'addition d'un *i* : *cloire*, *moirue*. « Y ne *cloirent* pas l'ieu, tan que la nit fu longue, » dit Janin dans la IIIᵉ *Conférence*, page 7.

CONSONNES.

B.

Le *b* épenthétique n'apparaît que dans deux mots : amicalement et surécot, qui font *amicablement* et *subrécot*. J'ai souvenir aussi de *finablement* ; mais je ne saurais dire où je l'ai vu.

G.

Le *g* épenthétique joue à peu près le même rôle que l'*i* entre deux voyelles. Il a pour effet d'amollir et d'enlaidir les mots où il se poste, de la façon la plus maussade. Il est exclusivement attiré par les liquides *l* et *n*, toutes les fois qu'elles précèdent les sons *ia*, *ié*, *ier*, *ient*, *ieu* ; il l'est surtout par l'*n*, dont le contact, plus que celui de l'autre liquide, l'aide à rendre son intrusion un peu plus déplaisante. Joint à la lettre *l*, il donne *coglier*, *fourmiglière*, *miglieu*, *glieu* ; joint à *n*, il produit *aumognière*, *crignière*, *chagraingnier*, *bagnière*, *dergnier*, *calomgnier*, *jardignier*, *gniais*, *gniéce*, *magnier*, *magnière*, *meugnier*, *inconvégnient*, *ingégnier*, *opigniastre*, *pagnier*, *preugnier*, *printagnier*, *rancueugnier*, *regnier*, *tagnière*, *taupignière*, etc. Quelquefois il se contente du voisinage de l'*n* sans l'accompagnement des sons mouillés indiqués plus haut, certain qu'il est d'y suppléer suffisamment par sa vertu, si l'on peut dire émolliente. C'est ainsi qu'il se montre dans *échignier, étourgniau, pagniau*, et même dans *gliau* dit pour l'eau.

L.

La consonne qui appelle le plus volontiers cette liquide surérogatoire est le *b* : *blanquette*, banquette; *flamblé, syllable, lublie*. Les autres labiales s'autorisant de cet exemple, nous avons *suffloqué, afflable, tromplé, paple*.

N.

Je relève ces quatre exemples de l'*n* épenthétique : *indiot, empunantir, conquin, ranvitailler*. Le même *n* fait *amin, mins, commins (Sarcell.), comminsion (id.), cheminse (id.), parmin, saint Denin (Conférenc.)*, pour ami, mis, commis, commission, chemise, parmi, saint Denis. C'est du patois bourguignon. On fait toujours cette épenthèse dans la banlieue, à l'est et au sud-est de Paris.

R.

De toutes les consonnes épenthétiques, l'*r* est celle qui s'impose avec le plus d'étendue et d'autorité. La voyelle dont elle recherche le plus volontiers l'accouplement est l'*u*, ou les diphthongues où entre cette lettre : *Curpidon, mursique, feurliage, purblic, surspect, sturpéfait, ressurcité, tourjours, purpille, dourcement, seurjour*, séjour; *surjet, stature*, statue, et une infinité d'autres. L'*a* et l'*e* lui sont un peu moins complaisants : *arvenir, d'arbord, embrouillarmini, quartre, farce*, face, *parpillon, marchiniste, derjà, ferminin, généralogie, mermoire, zerphire*. Enfin, l'*i* et l'*o* cèdent également, mais avec réserve : *immorler, courlége*, collége, *oborle, apoulorgie*, apologie. Les trois quarts de ces mots appartiennent aux écrits du xviiie siècle. On y voit que l'*r*, sauf en un mot, *généralogie*, se place toujours après la voyelle qui lui est sympathique.

Ailleurs, et en ce qui regarde les consonnes, il semble que l'*r* les recherche moins qu'il n'est recherché par elles. Ce sont, dans une proportion presque égale, les labiales, *b*, *f*, *ph*, et les dentales *d*, *t*, qui lui empruntent un surcroît de force : *ambrassade*, ambassade ; *frenêtre*, *artifrice*, *friscal*, *confrisquer*, *confrérence*, *fraction*, faction ; *symphronie*, *drès*, *espadron*, *amandre*, *mondre*, *barricadres*, *hardres*, *listre*. Vient ensuite le *c* ou le *q*, dans *évêcre* et *croccodile*.

La part de ces mots est à peu près égale entre le xviie et le xviiie siècle.

S. Z.

Elles se placent entre deux voyelles : *conclusons*, *statuze*, *issuze*. Cette épenthèse est rare.

T.

Encore plus rare est celle du *t*. Je ne la rencontre que dans *tourtière*, pour tourière.

Il y d'autres épenthèses de syllabes entières, aussi invraisemblables qu'extravagantes ; elles n'en sont pas moins nombreuses, et c'est le xviiie siècle qui les fournit toutes. En voici quelques exemples : *apoticuflaire*, *banquecroute*, *blasphème*, blême (xviie siècle) : *concubiner*, combiner ; *conclusirent*, *endevers*, envers ; *exceptation*, exception ; *fixiblement*, *ministère*, mystère ; *pataraphe*, *parlementer*, parler ; *usurier-fruitier*, usufruitier ; *reculotter*, reculer ; *sanguelier*, sanglier ; *violicence*, violence ; *ous s'qu'est* ou *vou esqu'est*, où est, *ousce qu'il est* ou *layous'qu'il est*, où il est.

PROSTHÈSE.

La prosthèse, ou addition au commencement du mot, se manifeste sous la forme de préfixes divers représentés soit par une lettre seule, voyelle ou consonne, soit par une syllabe entière.

`L'*a* se place devant honni, leçon : *ahonni*, *aleçon*. L'*e* est attiré par les consonnes combinées *sc*, *sp*, *st* : *escrupule*, *escorie*, *escorbut*, *espectacle*, *espécial*, *estyle*, *estatue*. Le latin populaire, sauf qu'il mettait un *i* au lieu d'un *e*, avait des formes analogues, au moins aux ive et ve siècles de notre ère. On lit sur des inscriptions de cette époque *istatuam*, *isperare*. Cette prosthèse est maintenue dans la prononciation de nos compatriotes du midi. Mais partout le peuple a pour elle plus ou moins de penchant.

Les préfixes *r* devant une voyelle, et *re* devant une consonne, s'ajoutent dans l'un et l'autre cas, sans qu'il soit besoin de donner au mot un sens réduplicatif. Tous les exemples que j'en ai relevés sont du xviiie siècle : *ragraver*, *regoûter*, *respérer*, *rimposer*, *remotif*, *ressouvenance*, ne signifient pas plus, dans la composition de la phrase, que leurs simples, aggraver, goûter, espérer, imposer, motif, souvenance.

Dans les *Conférences*, on trouve *un feu de sarcifice*, pour d'artifice; *un zéros*, pour un héros, *lé zédégrés* [1], pour les degrés; *sacoute* et *zacoute*, formes bourguignonnes, pour écoute. « Nous disons vulgairement, dit Lamonnoye, que deux hommes *se sacoutent*, lorsqu'ils se parlent à l'oreille, pour entendre [2]. » « Je *sacoute* encore frétiller, » dit Mathieu Gareau dans la dernière scène du *Pédant joué*.

Parmi les prosthèses syllabiques je citerai *assassignation*, *parcrever*, *terluire* (vieux français *tresluire*), *dépeinture*, *circonférence*, *s'informaliser*, *enseulement*, pour assignation, crever, luire, peinture, conférence, se formaliser, seulement.

Les exemples qui suivent sont plutôt des synalèphes ou agglutinations de mots, que des prosthèses proprement dites. Ce sont encore les *Conférences* qui nous les fournissent. On y lit : *mon bon lange*, pour mon bon ange; *le loquet*, pour le hoquet; *le Lantecry*, pour l'Antechrist; *le léchevin*, pour

[1] Ce *z* prosthétique était de mise à la cour au temps de Vaugelas; on y disait : *on z'ouvre, on z'annonce.*
[2] *Noei borguignon*, Glossaire, au mot *Acoute.*

l'échevin ; *le labit*, pour l'habit. Ainsi se sont formés, aux
xv*e* et xvi*e* siècles , les mots luette , lendemain , lierre.

PARAGOGE.

La paragoge , ou allongement du mot , ajoute , dans notre
patois, plus souvent deux et trois syllabes qu'une. Pour
deux mots dont le suffixe, qui végète sur leur désinence
normale, est une seule lettre , voyelle ou consonne : *occisé* ,
occis, *au lieur*, au lieu, j'en remarque huit dans mes textes
où ce suffixe est d'une ou de deux syllabes. Ainsi : *chagrine-
ment , ensemblement* (v. fr.) , *capablement* , pour capacité
(Vadé , *Pipe cassée* , ch. iii) , *ennuyance , gaignage , pariure ,
pommelétué*, pommelé, *stilage* , stile. Le xviii*e* siècle est encore
le plus prodigue de ces formes.

MÉTATHÈSE.

Cette figure est surtout provoquée par la présence des consonnes *l* et *r*. Les consonnes *d* , *m* , *t* , ne l'appellent qu'une
fois dans *em'v'là*, et *et'v'là* pour me, te voilà ; *ed'lui͞* , *ed'vous*,
de lui, de vous.

Elle affecte principalement la première syllabe du mot ,
dans laquelle syllabe la lettre *r* ou *l* passe le plus souvent du
premier au second rang. On dit donc *permier, startagème ,
erconnoissance, pernez, guernat, fardonner,* fredonner ; *conter*,
contre, devant une consonne : *conter lui ; parférence*, préférence, *pervenir, berdouiller, pormettre , burlant, parvision* ,
prévision ; *guernouille, fertin, farquenter, armonter*, remonter ;
percieux , pertendre, persenter, pernoncer, prononcer ; *peur-
nelle*, prunelle ; *forment, berbis, terpasser, ferdaine , pardé-
cesseur, pérambule , courpières , bas berton , el* , le : *el vent* ,
le vent ; *compilment , terribelment , simpelment*, et autres ad-
verbes de désinence analogue.

Passage des consonnes *l* et *r* du second au premier rang :
brelue , framer, fermer ; *trode*, tordre ; *troument , troner,*

torner ou tourner; *proutant*, *drenier*, *groumer*, *présonne*, *prouvoir*, *convluxions*.

Métathèse à la seconde syllabe :

Du premier au second rang : *auterfois*, *astorlogue*, *extermité*, *saquerment*, *saquerdié*, *properté*, *poverté* (v. fr.) *venderdi*, *formage* (v. fr.).

Du second au premier rang : *écralate*, *faubrou*, faubourg; *tabrenaque*.

Métathèse d'une syllabe à l'autre : *afflabe*, *afflubé*, *blouque*, *caplabe*, *cocodrille*, *éplingue*, *erchappe*, écharpe; *dagron*, *fernête*, *féciliter*, *flabe*, *flaibe*, *mleubes*, *ogres*, orgues; *phisolopher*, *vomule*, volume; *défricher*, déchiffrer.

Il est à remarquer que, dans le passage du latin au français, ce sont les liquides *l* et *r* qui se transposent aussi le plus communément : *pro*, pour; *querquedula*, crécelle; *cercelle* (v. fr.); *formaticum*, fromage; *vervecem*, brebis; *turbulare*, troubler; *temperare*, tremper; *bultellum*, bluteau; *pulpitum*, pupitre, pour *pupitle; singultus*, sanglot [1]. La même chose a lieu en grec.

J'aurais pu multiplier les exemples de figures de diction usitées dans notre patois, mais en voilà assez, je pense, pour l'édification du lecteur et pour la conscience de l'auteur de cette étude.

§ VI.

PARTICULARITÉS RHÈMATIQUES ET SYNTAXIQUES.

Pronoms démonstratifs.

CE.

Ceu, plur. *ceux; ça*, *su*, *cen*, *sen*, *san*, *ste*, pour ce, cette. *Ceu* est la forme neutre du bourguignon *cil*, *ciz* ou *cis*,

[1] Voyez *Manuel des racines grecques et latines*, par M. N. Bailly, p. 186.

celui ; féminin *cele* , *celle* , qui font au régime singulier *cel* , *cele*. On trouve même *ceu* pour le régime singulier *cel* :

Cist out dous fiz
Qui à *ceu* tens erent petiz [1].

Ceu est constant dans les *Sermons de saint Bernard*; il l'est presque également dans les *Lettres de Montmartre* (1750), qui leur sont postérieures d'environ cinq cents ans :

« Vous qui sçavez la Géosgrafie , y est-il dit , vous sçavés itou *ceu* pont-là » (p. 24).

Et ailleurs (p. 22) : « Morguié , que *ceu* tarrain est traître ! »

Ceux est le pluriel de *ceu* , dans le même écrit : « Je ne ferons pas comme *ceux* voyageux qui ne voyaint que des clochers et des murailles itou » (p. 5).

Ça a été employé dans le *Paquet de mouchoirs*, p. vii (1750), attribué mal à propos à Vadé :

« Consentant de vous donner *ça* qui vous manque. »

Et dans les *Sarcelles* , 1re partie , p. 410 (1740) :

« *Ça* qui se vouarra en nous luisant. »

Su est dans la quatrième *Conférence* : « A *su* qu'on di. » Et dans la cinquième , p. 11 :

« Je m'an ressouvan ban ; vlà *su* qu'i chante :

Tou lé Janins , à *su* qu'on dit,
Ne son pas dan noute village ;
A Pazis ils sont en crédit,
Tou lé Janins , à *su* qu'on dy.
Icy ce nom n'es poen maudit ;
Mai grâce au noble cocuage ,
Tou lé Janins , à *su* qu'on dy,
Ne son pas dan noute village.

Cen , *sen* , *san* sont trois déguisements du neutre ce, sous des livrées différentes. Les exemples en sont très-nombreux, et sont , à beaucoup près , plus considérables que la forme

---

[1] *Chronique des ducs de Normandie*, par Benoît, publiée par M. Francisque Michel, v. 31024-25.

régulière dans les écrits du xvii⁰ siècle. En voici quelques-
uns :

« Du depi, je ne sçai rian de *san* qu'an a fait à Pazi. »
(*Confér. I*, p. 6. 1649.)

> Mais je ne nous en soucion guère ;
> Arrive tout *sen* qui se pourra.
> (*La Gazette des halles*, p. 5. 1649.)

> Il faut bien que le compèr' fasse
> *Cen* que sa commère dit.
> (*La Comédie de chansons*, act. V, sc. v. 1640.)

Il en est de même chaque fois que le démonstratif ce est
suivi du relatif que ou qui.

Toutes ces formes ne sont point modernes ; elles datent au
moins du commencement du xii⁰ siècle. Je ne sache pas
qu'elles aient jamais été signalées ; en tout cas, ni M. Burguy
ni M. Littré n'en ont parlé, l'un dans sa *Grammaire*, l'autre
dans son *Dictionnaire*. On ne peut pas dire qu'elles sont des
barbarismes causés par la confusion qui aurait été faite, dans
les manuscrits ou dans les imprimés, de l'*u* (de *ceu*) avec l'*n*.
Le maintien de ces formes jusqu'au-delà de la première moitié
du xvii⁰ siècle [1] est une preuve qu'elles sont de tradition. Je
demande donc au très-docte M. Natalis de Wailly la permission
de ne point adhérer à la correction qu'il a faite de *por san ke*
en *por ceu keu*, dans une charte de Renaud, comte de Bar, en
1118 [2]. Je ne serais sans doute pas si hardi si je n'avais à lui
opposer que mes textes du xvii⁰ siècle ; mais en voici un aussi
ancien, pour le moins, que la charte du comte Renaud, et
dont il ne récusera pas l'autorité. Il est tiré de l'ancien droit
municipal de Normandie, et cité par Du Cange : *Vetus jus
municipale Normann., 1 part., Distinct. 5, cap. 6* : « Assise est
une assemblée de plusieurs sages hommes en la Court del

---

[1] Elles sont aussi dans la *Conférence de Janot et Piarot Doucet de Villenoce et de Jaco Paquet de Pantin*, pièce de 1660 ; entre autres, p. 6.
[2] *Éléments de paléographie*, t. I, p. 160 : « Et por san keu ceu soye
ferz, choise et staible à toriorz et perennelemens, etc. »

Prince, en laquelle *cen* qui y sera jugié doit avoir perdurable fermeté. Car se l'en nie *cen* qui aura esté fait és plés de la Visconté, l'en le puet escuser par une desrène; mès *cen* qui est fait en l'Assise ne rechent nul desrène, ains est ferme à toujours par le recort de l'Assise, et entre deux Assises doit avoir 40 jours [1]. »

La forme *cen*, répétée ici trois fois en quelques lignes, ne peut donc plus être ni contestée ni corrigée, et le texte où elle se rencontre indique qu'elle était propre au dialecte normand.

Ste, pour les deux genres, est dans mes textes de toutes les époques, et florit encore dans tout langage populaire. C'est sans doute une forme contracte du picard *cheste*. Philippe de Comynes n'a pas dédaigné de l'employer, au moins dans sa correspondance : témoin ce passage : « J'ay veu lettres de Franconfort du XXe du mois passé, d'un de nous embasadeurs, qui asseure l'avoir veu jurer, et à *ste* propre heure, ay eu lettres de court qui n'en font nulle mension. Sy en est cy est, vous le sarez avant avoir *ste* lettre..... Je sé bien qui (qu'ils) n'ont pas toujours argent, mes y veoient mon besoing; et qui me fasoit pis, je doutois que *ste* dissimulacion ne se fist à l'apétit de ceux qui me veullent mal [2]. »

CELUI.

Celi ou *celi*, *sty*; pl. *les ceux* ou *ceusse*; fém. *la celle*, *stelle*.

Les *Lettres de Montmartre* (1750) remplacent ce mot par *celi* ou *cely :* « Je ne ly voulons pas de mal; que *celi* que je ly souhaitons m'avianne [3] ! » C'est la forme picarde *celei*, puis *celi*, qui fut d'abord exclusivement féminine [4]. Employé en-

---

[1] Au mot *Assisa*, t. I, p. 448, col. 3, édit. Didot.

[2] *Lettre de Phil. de Comynes au Segneur Lorens de Medicis*, tirée des archives *degli Uffizi*, à Florence, et publiée par M. E. Benoist dans la *Revue de l'Instruction publique*, du 23 avril 1863, p. 58.

[3] Page 6.

[4] Voyez-en des exemples dans Burguy, t. I, p. 153.

suite au masculin, il cessa d'être joint à un substantif, et de remplir par conséquent les fonctions de ce, cette, comme il le fait dans l'ancien dialecte picard.

Sous sa forme régulière, il tient aujourd'hui encore, dans le langage populaire de Paris, la place d'un substantif exprimé précédemment, ou même sous-entendu. Ainsi :

« Citoyen Balivar, la présente est pour avoir *celui* de vous prévenir, etc. » — « O mon bourgeois, pardon, si j'ai *celui* d'interrompre votre affliction. » (*Cadet Roussel misanthrope*, sc. ii et vi. An VII, ou 1799.)

Dans le premier exemple, *celui* veut dire plaisir, avantage, honneur, ou tout autre mot analogue; dans le second, il signifie regret, indiscrétion, tort, etc. C'est la teneur de la proposition tout entière qui décide du sens que doit avoir *celui*.

Sty ou *sti* est du style des *Conférences* :

« Pourtant c'est le Tedion *(Te Deum)*, et si c'n'est pas *sty* que n'en chante à la messe, à meinuict, en nout paroisse. » (*Conférence VI*, p. 5 et *passim*.)

Au pluriel, le peuple parisien dit *les ceux*, ou *ceusse*. La première forme est dans les *Sarcelles*, 1re partie, p. 414 (1733) : « Et à *les ceux* qui savont luire dans le latin ; » elle est dans les *Lettres de la Grenouillère*, de Vadé (1755), dans *Madame Engueule* (1754), de Boudin. Elle remonte cependant beaucoup plus haut. « Et mesme, dit Henri Estienne, tout ainsi qu'on adjouste *ci* après *ceux* quand il sert de pronom, aussi le populaire adjouste souvent cette particule *les* au devant de *ceux*, tenant lieu d'article, comme *les ceux de la maison*. C'est une tournure grecque : οἱ ἀπὸ τῆς οἰκίας. » (*De la Conformité du langage françois*, etc., p. 75-85.)

Le féminin singulier *la celle* est également usité :

> Apras ça, parquié, ne mourra
> Que *la celle* qui le voudra.
> (*Sarcelles*, 1re partie, p. 316. 1740.)

La seconde forme *ceusse*, pour ceux, est plus de notre temps :

> Même à *ceuss'* qui n'mont' pas à l'arbre
> Je rends la peau liss' comm' du marbre.
>
> (*L'Ami de Lisette*, chansonnier pour 1869, p. 4 [1].)

Stelle est aussi une forme du féminin : « Dites qu'alle n'est pas la véritable image de la Reine du ciel ici-bas en terre, comme note bon Roi y est tout fin droit *stelle* du bon Dieu. » (*Rapsodie ou Chansons des rues*, p. 7. 1745.)

CELUI-CI, CELUI-LA.

Stici, stilà, c'tilà, stuici, stuilà, fém. *stalla*.

Toutes ces formes sont communes au XVIIᵉ et au XVIIIᵉ siècle.

« Je ne manquerons pas de vous bailler de tems en tems par la poste des papiers comme *stici*. » (*Lettres de Montmartre*, p. 8. 1750.)

« Morgué, c'est *stilà* qui m'a vandu tantou un chat en pouche. » (*Conférence IV*, p. 7. 1649.)

« *Stilà* qui boute les beignets sur ces contras. » (*Id.*, I, p. 5. 1649.)

> *Stici* dévartit et fait rire;
> Dans *stilà*, l'an trouve à s'instruire.
>
> (*Sarcelles*, 1ʳᵉ partie, p. 63. 1739.)

> *Stilà* qu'a pincé Bergobsom
> Est un vrai moule à Te Deum.
>
> (Vadé, *Chanson sur la prise de Bergobsom*. 1747.)

> Mais pour *c'tilà* qui veut qu'on l'craigne...
> Qu'il y vienne avec ses chaudrons,
> Y verra d'quoi j'les remplirons.
>
> (*Le Pompier du marais*, p. 6. 1770.)

« Gnia-t'il donc pas de ste drogue-là tout à travers nos mar-

---

[1] Le peuple dit également *eusse* pour eux :

> « C'est toujours *eusse* qu'est la cause de tout. »
>
> (*Almanach comique pour* 1867, p. 65.)

chés, et dans *stuici* comme dans tous les autres ? » (*Rapsodie ou Chansons des rues*, p. 5. 1745.)

On trouve *stuilà* dans le *Dialogue sur les affaires du temps*, p. 5 (1748) : « Qui est *stuilà ?* — Parguienne, c'est le fils de la grosse Touillaude. »

Vadé dit au féminin *stalla :*

> *Stalla* pour qui j'soupire
> Est une parle d'or.
> > (*Jérôme et Fanchonnette*, sc. VII. 1755.)

J'ai cité, au titre *Syncope*, la synalèphe *cesti*, pour c'est celui-ci :

LE GAZETIER.

Qu'est-ce qui s'appelle Janin de vous deux ?

PIAROT.

Le v'là, *cesti.*

LE GAZETIER.

Hé bien, tien, Janin, voilà pour commencer.
> (*Conférence IV*, p. 7. 1649.)

Toutes ces formes *ste, stil, stelle, stalle, stici, stilla, stalla, stuici, stuila,* procèdent, mais avec tous les stigmates de la corruption la plus grossière, ou du bourguignon *cist, cest, ceste,* les unes avec, les autres sans la désinence *ui,* propre à ce dialecte ; ou du picard, moins l'aspiration, *chist, chesti, chestui, chesti ;* ou de tous ces thèmes ensemble et indistinctement. On y reconnaît également l'amalgame des sources latines *ille, iste, ecce.*

EXPRESSIONS PLÉONASTIQUES.

Rien n'est plus fréquent, surtout dans les écrits du XVIIᵉ siècle, que les expressions *tout un chacun, tout partout, si tellement, primo d'abord et d'un,* etc. On n'y dit guère meilleur, mieux, moins, pire, mais très-volontiers *le plus meilleur* ou *meyeur, plus mieux, plus moins, plus pire,* sans compter les adjectifs qui expriment par eux-mêmes une qualité superlative, comme *le plus principal, le plus supérieur*. Les *Sarcelles*, les *Conférences*, Vadé et tous les écrits poissards du xviiie siècle en sont infectés. On trouve même *tant plus moins* pour moins dans les *Sarcelles* :

> *Tant plus moins* an y songera,
> Tant plus drait au ciel an ira.
>
> (1re partie, p. 435. 1733.)

Par auprès pour à côté, dans le voisinage, aux environs, est familier aux *Conférences*. Vadé et consorts disent *par exprès, par après*.

La fin finale ou *funale*, pour finalement, est aussi une expression très-populaire en tous les temps.

La conjonction afin que, ou afin de, et la préposition pour, sont accommodées à ces différentes sauces. *A celle* ou *à seule fin ; pour à cel fin :*

« *Pour à cel fin* de s'tenir à queute chose, en cas d'malheur » (*Le Déjeuner de la Râpée*, p. 14 ; 1755) ; *pour afin, pour à l'occasion de*, etc. Le xviiie siècle surtout ne se fait pas faute d'employer ce beau langage. Il a, de même, quantité de variantes pour exprimer la locution adverbiale quant à, ou pour ce qui est de. Il dit : *pour au sujet de, pour quant à l'égard de :*

> Mais *pour quant à l'égard de* nous,
> J'ons ça que je serions jaloux.
>
> (*Sarcelles*, 1re partie, p. 60. 1730.)

Quant pour à l'égard de :

« *Quant pour à l'égard de* ce que j'ferions mieux de dire note chapelet... » (*Id., ib.*, p. 414. 1733.)

Pour sur :

« Oh ! *pour sur* ce fait-là, les parsonnes sont bian chréquiennes. » (*Lettres de Montmartre*, p. 57. 1750.)

Pour ce qui est en cas de, pour quant au rapport de, au vis-à-vis de, pour à l'égard de ce qui est de, etc. Vadé a une ex-

pression précieuse pour dire à mon égard, à mon intention ;
il réunit ces deux termes et dit :

« Mais monsieur Mirtil a eu la bonté de ly faire un r'dou-
blement d'douceur, *à l'intention de d'mon égard* » *(Le Confident heureux*, sc. XII; 1755); ou :

« Vous avez bien d'*l'égard pour ma considération* » *(Lettres
de la Grenouillère*, lettre 9 ; 1755).

Personne autant que lui, même parmi ses imitateurs, n'a
fait usage de ces locutions pléonastiques, qu'il ne faut pas
croire qu'il ait forgées à plaisir. Elles faisaient et elles font
toujours partie du langage populaire parisien, quand le peuple, par politesse ou autrement, veut s'exprimer plus convenablement qu'à son ordinaire, et, pour ainsi dire, s'endiman-
cher dans son langage comme dans ses habits. Vadé ne fait
donc que lui emprunter. Il ne lui prête pas davantage des re-
dondances comme celles-ci : *le dédain de sa fierté; l'extermité
de la fin*; vous s'rez toujours dans *l'idée d'ma mémoire; c'pendant pourtant*; j'voudrais ben *voir pour voir; sans l'occasion du
sujet ;* suivant *l'goût d'vote magnière ;* et quantité d'autres.

Faut-il encore mettre au nombre des pléonasmes des énor-
mités de ce genre :

> Vous s'moquez d'moi, manselle Fanchon.

(Vadé, *Jérôme et Fanchonnette*, sc. III.) — « Si fait, ma sor,
j'nous v'la. » *(Madame Engueule*, sc. X.) — Y sort; moi de
d'même. » *(Ib.*, sc. VIII.) — « Escusez, si j'en fais pas tout *de
d'même.* » (Vadé, *Lettres de la Grenouillère*, lettre 4.) — On lit
enfin dans la *Conférence de Janot et Piarot Doucet*, p. 6 (1660) :
me m'est advis.

ENCLITIQUES ET PROCLITIQUES.

Après l'adverbe de lieu, où, que enclitique est inévitable :
« Où *qu'*vous courés, note fille? » *(Madame Engueule,*
sc. III. 1754.)

Il peut y avoir là aussi une ellipse : où *est-ce que* vous courez ?

> Mais où *qu*'est donc votre époux ?
> > (*Madame Engueule*, sc. vi.)
>
> Où *qu*'est donc, morguié, Monsigneur,
> Où *qu*'est la vartu, la vigueur ?
> > (*Sarcelles*, 1ʳᵉ partie, p. 34. 1730.)
>
> Par exemple, notre biaufrère
> En luisant mint le daigt naguère...
> Où *qu*'en expliquant le Credo,
> Gna que l'Église n'est menée
> Que par le Pape.
> > (*Id.*, *ibid.*, p. 294. 1740.)

Pour que la liaison de l'enclitique avec le mot qui précède ait plus de douceur ou plus de coulant, le peuple ajoute souvent à la fin de l'adverbe, où, la consonne *s*, qu'il redouble même avec addition d'un *e* : *oùs, ousse* :

« Là *oùs que* ce marquis est devenu vot' amoureux ? » (Collé, *La Partie de chasse,* act. II, sc. iii. 1766.)

> Messieux, escusez l'embarras
> *Oùs qu*'est monsieur Jérôme.
> > (Vadé, *Compliment de la clôture de*
> > *la foire Saint-Laurent.* 1755.)

Ousse que est dans les *Deux Martines,* par Ducray-Duminil, sc. xiv. 1786.)

Que est proclitique dans cette phrase :

« Je leur ferai ben voir à qui *qu'i* se sont frottés, les chiens ! » (*Madame Engueule*, sc. v. 1754.)

S proclitique ne s'appuie que sur une voyelle, l'*a* ; mais elle s'appuie sur les consonnes *d*, *f*, *l*, avec la plus grande facilité :

« Qui a-t-y là ? *sady* (a dit) le proculeux, l'antandan glapy queme une trouye. — Tené, *sa-elle* (a-t-elle) réponu, mon fy, le vlà stilà qui dy que je t'ay fai cocu. » (*Conférence IV*, p. 4. 1649.)

« Où est'y papa ? — Le vlà, *sdy* (dit) le nouriçon en montran le clar (clerc) du bou du doa. » (*Ib.*, III, p. 8. 1649.)

« Je voulois dize d'harquébure ; mai n'importe. Et y di, *sdit'y*,
qu'un cou, *sditi*, par cy, *sditi*, un couronay (colonel) souisse,
et, *sditi*, pu de trante de cé (ses) soudar, et si, *sdit'y*, si la
boule n'eût rebondi su le tambourin du tambourineux, y
l'eust, *sditi* tué tout la compagnie. » (*Conférence I*, p. 5. 1649.)

« Qui va là ? *sditi*. — Ian, c'est may, *sli* (lui) dije. » (*Ib.*, II,
p. 7. 1649.)

« Ouvré, *sly* (lui) ai-je réponu ; c'est Janin de Monmorancy. »
(*Ib.*, IV, p. 4. 1649.)

> Là dessus l'hôtesse rusée
> Qu'avoit la patte bian graissée :
> Hélas, *sfait*-alle, mes enfans,
> Il est vrai qu'il logeoit cians.
> (*Sarcelles*, 1re partie, p. 53. 1730.)

Cette *s* proclitique est évidemment le démonstratif neutre
ce, fondu, par une syncope de l'*e*, avec le mot suivant. Ainsi :
sli dije = ce lui dis-je. « *Ce* lui fit la drôlesse, » est-il dit sans
la syncope dans les *Écosseuses*, p. 15 (1739).

Ti ou *ty* est une enclitique qui s'ajoute à la seconde personne sing. ou plur. de n'importe quel temps, lorsqu'il y a
interrogation : Veux-tu *ti ?* voulez-vous *ty ?* as-tu *ti ?* avez-vous
ti ? irons-nous *ty ?* viendras-tu *ti ?* etc. Les exemples en sont
très-communs dans tous les écrits en langage populaire, depuis la Fronde jusqu'à présent.

Je ne sais s'il faut mettre au compte de la langue populaire,
à Paris, un mot employé explétivement et *proclitiquement*, si
l'on peut dire, pour donner plus de force au mot dont il se
rapproche si intimement, qu'il semble se confondre avec lui :
c'est l'adjectif fin, fine, qu'on trouve souvent joint à un autre
adjectif : tout *fin* droit, toute *fine* seule. On le trouve même
aussi devant un adverbe : tout *fin* comme. Mais dans toutes
ces circonstances, il a besoin d'être précédé du mot tout, par
lequel il est inévitablement sollicité, et à l'égard duquel il est
enclitique. Les *Conférences* et Vadé en offrent beaucoup
d'exemples. La Fontaine et Mme de Sévigné s'étant servis de

cette locution (voy. le *Dictionnaire* de M. Littré, au mot *Fin*), elle en reçoit un lustre tel, qu'elle a cessé en quelque sorte d'être populaire, et qu'elle est entrée dans le domaine du style familier.

La voyelle *a*, soit lorsqu'elle est la première lettre d'un mot, soit lorsqu'elle est un mot à elle seule, comme *à*, marque du régime indirect, traîne à sa remorque un *y* grec, et en contracte la forme et le son de la particule affirmative allemande *ia*, oui. Les exemples en sont nombreux et curieux tant dans les écrits populaires du xviie siècle que, et surtout, dans ceux du xviiie :

« Et *y* à propou, que di-n'an en vou quarquié? » (*Conférence I*, p. 3. 1619.)

« Et losque j'eus beu deux cous d'une man, et *y* autan de l'autre, je preny mé jambe à mon cou pour t'alé var. » (*Id.*, VI, p. 5. 1649.)

> Queu qui veut sçavoir l'histoire
> De Manon Giroux,
> I l'ont encore dans la mermoire,
> *Y* accoutez tretous.
>
> (Vadé, *Chanson de Manon Giroux*, dans
> *La Pipe cassée*, chant I. 1755.)

> *Y* à coups d'pied, *y* à coups d'poing
> J'ly cassis la gueule et la machoire.
>
> (Vadé, *Recueil noté de chansons*, p. 38.
> La Haye, 1760.)

> *Y* amour qui fait bruler
> La fille la pu sage.
>
> (Id., *Jérôme et Fanchonnette*, sc. I. 1755.)

> — Je suis fort z'en colère.
> — *Y* à cause de pourquoi?
>
> (Id., *ib.*, sc. IV.)

> *Y* ah! vot'bravour, brave marignier,
> Est une chose qu'on n'peut z'oublier.
> *Y* allez dire ça.
>
> (Id., *ib.*, sc. IX.)

Dans la scène III de *La Noce de Village*, de Rosimond (1705), *eun, eune* (un, une), sont écrits *yeun, yeune*, et dans *Le Déjeuner de la Râpée* (1755), p. 16, on lit : « Quoi! c'est là-*y* elle ? »

Ce sont les seuls exemples que je trouve de l'*y* placé devant une autre voyelle que l'*a*.

L'usage de ce proclitique n'est pas encore perdu. Vous entendrez encore les gamins de Paris dire :

> Y allez donc, vous n'allez guère ;
> Y allez donc, vous n'allez pas,

refrain d'une chanson qui, autant que je m'en souviens, se chantait sous la Restauration.

§ VII.

DE QUELQUES FORMES DE CORRUPTION LES PLUS COMMUNES, ET DE QUELQUES AUTRES QUI LE SONT MOINS

Sauf d'assez nombreuses expressions argotiques et relativement toutes modernes, le peuple de Paris n'a pas inventé de mots ; son patois s'est borné, comme je l'ai fait voir surabondamment, à faire des emprunts aux autres patois et à altérer de son chef les mots de la langue générale elle-même. Ce sont ces altérations que je me propose d'examiner ici brièvement. Chemin faisant, je m'arrêterai sur d'autres mots qui, ayant un caractère *sui generis*, semblent se rattacher plus ou moins à l'argot ; comme lui, en effet, ils ne rendent pas la chose qu'ils expriment par son nom commun, mais par un des attributs ou une des qualités de cette chose. Je ne les avais recueillis que postérieurement à la livraison du manuscrit de mon dictionnaire à l'éditeur [1], me promettant de les introduire dans cet ouvrage au fur et à mesure que j'en aurais revu les épreuves. Les incendiaires de la Commune en ayant décidé autrement, je croirais faire trop d'honneur à ces mots que de les garder par devers moi comme des reliques, et je profite de l'occasion qui m'est offerte d'en alléger mon portefeuille.

---

[1] C'est-à-dire au chef des Travaux historiques à l'Hôtel-de-Ville.

Ce n'est qu'une épave sans doute, si l'on peut appeler de ce nom une chose qui n'a échappé au naufrage que pour n'avoir pas été embarquée dans le navire naufragé ; mais on trouvera, je l'espère, qu'elle n'est pas tout à fait sans valeur, et qu'elle eût manqué à la cargaison, si celle-ci n'eût point péri tout entière.

Les altérations causées par notre patois dans les noms communs portent généralement sur la désinence ; le radical est toujours respecté. Tantôt cette désinence est un véritable suffixe ajouté à la désinence normale ; tantôt c'est une nouvelle désinence substituée à l'ancienne. Les plus communes sont *ance*, *ment*, *ure* et *eur*. Viennent ensuite, mais moins fréquemment, *tion*, *age*, *ie*, *té*. J'appuierai toutes ces formes par des exemples.

ACCUEILLANCE, pour accueil :

> J'ouvrirai la porte à tous ceux
> Qui vous feront bonne *accueillance*.
> (*Sarcelles*, 1ʳᵉ partie, p. 26. 1730.)

AGRÉIANCE, pour agrément ou consentement :

> Mais qui n'a pas cor vingt-cinq ans
> Ne peut, en bonne conscience,
> Sans le bon plaisir, l'*agréiance*
> De ses parens ou son tuteur,
> Dire le grand oui, Monsigneur.
> (*Id.*, *ib.*, p. 350. 1740.)

ANTITULANCE, pour intitulé ou titre :

> J'avons-t'il pas Claude Fétu
> Qui par dessus ça nous a lu...
> En propres mots l'*antitulance*
> Qui baille à tout ça le fredon ?
> (*Id.*, *ib.*, p. 302. 1740.)

ANTRIGANCE, pour intrigue :

> Toutes nos vieilles *antrigances*,
> Et vos mauvaises connoissances.
> (*Id.*, *ib.*, p. 207. 1736.)

AVISOIRE, pour avis, opinion :

« Voyons donc ce bel *avisoire*. » (*Le Galant Savetier*, par Saint-Firmin, sc. III. 1802.)

On le trouve aussi dans *Les Trois Poissardes buvant à la santé du Tiers-État*, p. 10, s. d. (1789).

AVEUGLETÉ, pour cécité :

« Il ressemble à de çartins aveugles qu'igna dans les Quinze-Vingts, qui seriont bian fâchés de n'être pas aveugles, parce [que leux *aveugleté* est leux gagne-pain. » (*Sarcelles*, 1ʳᵉ partie, p. 112. 1733.)

BRELANDAGE, formé du verbe brelander, qui, au propre, signifie ne faire que jouer aux cartes, hanter les brelans ou les tripots; au figuré, vagabonder. Mais cette double signification a fait place à une autre dans le dérivé; et le sens de *brelandage*, dans un pamphlet royaliste de 1792, est menées, intrigues factieuses, agitations, troubles révolutionnaires :

« Et on croit qu'un *brelandage* comme ça peut t'nir longtemps. » (*Le Drapeau rouge de la mère Duchêne*, 2ᵐᵉ dialogue, p. 12. 1792.)

CALCULAGE, pour calcul :

« En matière de *calculage*, je n'nous comptons guère. » (*Le Paquet de mouchoirs*, p. 43. 1750.)

CAPABLETÉ, pour capacité :

« Si j'allions, par exemple... li dire à son nez... qu'il fait un méquier qu'il ne sait pas, et qu'est au-dessus de sa *capableté*... » (*Sarcelles*, 1ʳᵉ partie, p. 279. 1740.)

« Vous êtes, morguié, pire qu'une maîtresse d'école, car c'est vous qui m'donne d'la *capableté* dans l'esprit. » (Vadé, *Lettres de la Grenouillère*, 20ᵉ lettre. 1755.)

CAPABLEMENT (même signification) :

> Copère, interrompt la Tulipe,
> Je donnerois quasi ma pipe,
> Pour être comme toi chnument
> Retors dans le *capablement*.
>
> (Vadé, *La Pipe cassée*, ch. III, à la fin. 1755.)

CHOISISSEMENT, pour choix. (*Le Niais de Sologne*, par Dorvigny, sc. VIII. 1803.)

COMPLOTEMENT, pour complot :

« Qu'est-ce qui nous en revient?... Des méchants papiers..., des *complotements*, des pauvretés de toutes les façons et la misère au bout. » (*La Guinguette patriotique*, p. 4. 1790.)

CONCUBINERIE, pour concubinage :

« Vot'mariage... n's'ra toujours qu'une magnière de *concubinerie*. » (*Grand Jugement de la mère Duchêne*, p. 10. 1790.)

CONDUISEUR, pour conducteur, guide :

C'est demi mal quand, Monsigneur,
L'an sçait suivre un bon *conduiseur*.
              (*Surcelle*, 1ʳᵉ partie, p. 46. 1731.)

CONFIDENCIER, pour confident :

« J'suis sûr qu'il est le *confidencier* de Victor. » (*La Fille Soldat*, par Desfontaines, sc. II. 1794.)

CONFIDENTEUSE, pour confidente. (Vadé, *Les Racoleurs*, sc. VII. 1756.)

CONFUSER, pour rendre confus :

« En vérité, man'zelle, vous me *confusez*. » (*Oui et Non*, par Dorvigny, sc. XIX. 1780.)

CONFUSIONNEMENT, pour confusion, étonnement :

« J'somme comme quasi prête à tomber en restages (extase) des *confusionnements* que vous me donnez. » (*Le Poissardiana*, p. 18. 1776.)

CONFUSIONNER, pour rendre confus :

« Pardine, ta politesse me *confusionne*. » (*Le Faux Talisman*, par Guillemain, sc. XXV. 1782.)

CONSOLANCE, pour consolation :

« C'est ben dommage que c'nest pas tous les jours di-

manche..., car j'aurions la *consolance* de nous voir tant qu'assez. » (Vadé, *Lettres de la Grenouillère,* 8ᵉ lettre. 1755.)

CONSOLEMENT (même signification) :

« Je sis joli garçon; prenés queuque *consolement;* j'vous
aimons pour le moins autant que je m'aimons. » *(Lettres de
Montmartre,* p. 13. 1750.)

CONTRAIGNURE, pour contrainte :

> Aveuc saint Thomas soutenant
> Que Guieu n'est pas assez pissant,
> Sur le cœur de la criature
> Pour faire de la *contraignure.*
>> *(Sarcelles,* 1ʳᵉ partie, p. 439. 1733.)

CORRIGEURE, pour correction :

> Loin de mériter *corrigeure,*
> Ni la plus moindre égratignure,
> C'est un chef-d'œuvre.....
>> *(Sarcelles,* 2ᵉ partie, p. 36. 1748.)

CORROMPEUR, pour corrupteur :

> Et par ainsi donc, Monsigneur,
> Vous vlà l'avéré *corrompeur,*
> Rien que par là, des lois divines.
>> *(Id.,* 1ʳᵉ partie, p. 298. 1740.)

CORROMPURE, pour corruption :

> Tout corps yra à *corrompure* pure.
>> *(Moralité de l'Histoire romaine,* dans *Ancien Théâtre
>> français,* t. III, p. 173. Collection Jannet.)

CRAIGNABLE, pour qui est à craindre :

> Car elle est cent fois plus *craignable,*
> Morguié, que l'enfar et le guiable.
>> *(Sarcelles,* 2ᵉ partie, p. 28. 1748.)

DÉDICACER, pour dédier :

« Vantés que j'vous l'*dédicacerions* aussi volontièrement
comme un brinborionage. » *(Le Paquet de mouchoirs,* p. IV.
1750.)

DÉFINITURE, pour fin, issue :

« Quelle en sera la *définiture ?* » (*Les Trois Poissardes buvant à la santé du Tiers-État*, p. 18, s. d.) (1789).

DÉMAILLARDER (se), pour se débander les yeux :

« Je m'*démaillarde*, et je m'vois dans une chambre où je n'voyois goutte. » (*Le Café des halles*, par un anonyme, sc. x. 1788.)

DÉTRUISEUR, pour destructeur :

> An vouarra dans ce grand régneur [1]
> De Port-Royal le *détruiseur*.
>> (*Sarcelles*, 2ᵉ partie, p. 443. 1733.)

DEVINEMENT, pour action de deviner, de prévoir :

« Tu n'aurois pas eu un *devinement* comme ça. » (*Journal de la Râpée*, nᵒ III, p. 4. 1790.)

DIRIE, pour discours, façon de parler :

> Selon vous et votre *dirie*,
> L'âme dait bian être attendrie.
>> (*Sarcelles*, 2ᵉ partie, p. 21. 1748.)

> Je nous fions sus leux *diries*
> Tout comme sus planches pourries.
>> (*Id.*, 1ʳᵉ partie, p. 349. 1740.)

DISÇARNANCE, pour discernement, distinction, différence :

> ... Ces images, là, par où
> Les savans font la *disçarnance*
> Des grands et des nobles de France.
>> (*Id., ib.*, p. 301. 1740.)

DISÇARNATION, pour distinction ou action de distinguer :

> ... Monsieur Pâris dès l'enfance
> Faisit la *disçarnation*
> De ce qui n'est qu'ambition
> Dans le pape, et de son vras titre.
>> (*Id., ib.*, p. 190. 1736.)

---

[1] Louis XIV.

DISCERNURE, pour discernement, jugement, opinion :

« Dites-moi en tous trois quelle est votre *discernure*. » (*Le Déjeuner des halles*, p. 11. 1761.)

DISTINGATION, pour distinction ou action de se distinguer :

« Si vous croyez avoir plus de *distingation* qu'moi pour c'qui est de mes sentimens pour la copagnie, j'vous l'dis, j'vous donne votre sac et vos quilles. » (Vadé, *Compliment de clôture de la foire Saint-Laurent*, p. 5. 1755.)

DOUTABLE, pour douteux :

> Personne ne croyant *doutable*
> Que tout ça ne soit praticable.
> (*Sarcelles*, 1re partie, p. 307. 1740.)

DOUTANCE, pour doute, soupçon :

> Parguié, maugré votre assurance,
> Si vous aviais queuque *doutance*, etc.
> (*Id., ib.*, p. 116. 1732.)

« En verté d'Dieu, vote *doutance* fait tort à un garçon comme moi. » (Vadé, *Lettres de la Grenouillère*, 3e lettre. 1755.)

ÉCRÉMURE, pour crème :

> C'est li qui le premier dégaîne
> . . . . pour venger
> L'honneur de cette pourriture [1]
> Qui conquient toute l'*écrémure*
> De ce qu'ils ont pu rafainer.
> (*Sarcelles*, 2e partie, p. 37. 1748.)

ÉDUCANCE, pour éducation. (*Le Déjeuner des halles*, p. 11. 1761.)

---

[1] C'est ainsi que l'auteur appelle un livre intitulé *L'Esprit de Jésus-Christ et de l'Église, sur la fréquente communion*, par le père Pichon, jésuite. Paris, 1745. — Christophe de Beaumont, alors archevêque de Paris, ayant condamné ce livre, le jésuite se rétracta.

ÉDUCASSÉ, pour éduqué, instruit :

« V'là pourtant c'que c'est qu'être *éducassé.* » (*Le Paquet de mouchoirs,* p. 15. 1750.)

ÉGUIFIANCE, pour édification (voyez, plus loin, *Lamentement*).

ENCOMBRANCE, pour encombrement, embarras. C'est un terme de marine :

> Stici, quant ce vint l'échéiance,
> Dame, en eune grande *encombrance*
> Se trouvit.
>
> (*Sarcelles,* 1ʳᵉ partie, p. 181. 1736.)

ENDOCTORÉ, pour endoctriné, savant :

« Vla-ti pas un chien bien *endoctoré* pour dire que mon esprit est l'élève de son puant cu ! » (*Le Poissardiana*, p. 40. 1756.)

ENSACREMENTÉ, pour uni par le sacrement de mariage :

> Et ʒeux qui sont décontractés
> Restont core *ensacrementés.*
>
> (*Sarcelles,* 1ʳᵉ partie, p. 355. 1740.)

ENSEMBLEMENT, pour ensemble. (*Id.*, *ib.*, p. 352. — *La Hayne irréconciliable de la paix et de la guerre,* en vers burlesques, p. 12. 1649. — Collé, *La Partie de chasse d'Henri IV,* act. II, sc. IV; etc., etc.)

Étienne Pasquier employa ce mot dans ses *Recherches de la France,* liv. VIII, ch. LXIII, en cette forme : *ensemblement.* *Ensemblement* est de la vieille langue.

ENTONNAGE, pour l'action d'entonner un chant, un air; cet air lui-même noté :

« *Entonnage* des différents couplets qui entrelardont not' paroli journalier... pour la facilitance des personnes distillées dans la musique. » (*Le Paquet de mouchoirs*, première page des airs notés. 1750.)

ENTREVOYURE, pour entrevue :

> Vous sçavez bian comment vous va
> Du depis notre *entrevoyure ?*
> (*Sarcelles*, 1ʳᵉ partie, p. 107. 1732.)

ESCARPINER, pour jouer de l'escarpin ou fuir :

« La pesanteur de son argent ne l'empeschant pas d'*escarpiner* à l'aise. » (*L'Apothicaire empoisonné*, dans *Les Maistres d'hostel aux halles*, p. 226. 1671.)

EXCEPTATION, pour exception :

> Igna point de réglation
> Qui n'ait son *exceptation.*
> (*Sarcelles*, 1ʳᵉ partie, p. 263 ; 1740 ;
> et aussi p. 415 ; 1733.)

EXCLUSIVATIF, pour exclusif :

« Le privilége *exclusivatif* de vendre c'te marchandise. » (*Le Paquet de mouchoirs*, p. 8. 1750.)

FACILITANCE, pour facilité (voyez, ci-devant, *Entonnage*).

FINITION, pour fin :

> Oui, tout douc'ment mon cœur décampe
> Tout comm' la *finition* d'une lampe.
> (Vadé, *Jérôme et Fanchonnette*, sc. VIII. 1755.)

« La *finition* de tout ça, c'est qu'tous ces gueux... se f...ent d'nous. » (*Le Grand Jugement de la mère Duchesne*, p. 6. 1790.)

FOURBEUR, pour fourbe, adj. :

> C'est-il stilà qu'est un hâbleur,
> Un vaurian, un maître *fourbeur ?*
> (*Sarcelles*, 1ʳᵉ partie, p. 364. 1740.)

GENTILHOMMIER, pour gentilhomme. (*Les Trois Poissardes buvant à la santé du Tiers-État*, p. 1, s. d.) (1789).

GUEUSASSE, pour gueuserie ou troupe de gueux :

« Je m'f.... ben de tous ces ennemis-là, moi ; c'nest que

d'la *gueusasse.* » (*Le Drapeau rouge de la mère Duchesne*,
deuxième dialogue, p. 5, et aussi p. 13. 1790.)

HARMONIANCE, pour harmonie :

> Si gn'avoit que la différence
> Du style et de l'*harmoniance*, etc.
> > (*Sarcelles*, 1ʳᵉ partie, p. 293. 1740.)

HONESTÉ, pour honnêteté :

« Il feroit bian plus mieux... d'avoir un petit brin plus
d'*honesté* pour les bons prêtres de cheux li. » (*Sarcelles*,
1ʳᵉ partie, v. 279. 1740.)

HUMBLETÉ, pour humilité :

> Stilà que le Pape an appelle
> Qui devroit être le modèle
> Des autres par son *humbleté*, etc.
> > (*Id., ib.*, p. 143. 1732.)

IDOLISER, pour idolâtrer :

> Drès son enfance j'aimous
> C'monarque qu'tout *idolise.*
> > (*L'Pompier ou l'Jasement du Marais*,
> > p. 5, s. d.) (1770).

« Petits ou grands, jeunes ou vieux, nous nous *idolisons.* »
(*Le Paquet de mouchoirs*, p. v. 1750.)

INGÉGNURE, pour invention :

« Vous connoissez bian un çartain Pichon qu'a fait moûler
un livre de son *ingégnure*, par lequel il voudroit bian nous
damner tretous. » (*Sarcelles*, 2ᵉ partie, p. 6. 1748.)

INSOLENTER, pour être insolent, insulter :

« Est-ce que, pour être libre, il faut *insolenter* quelqu'un ? »
(*La Guinguette patriotique*, p. 10. 1790.)

INTITULER (s'), pour prendre un titre. (*Boniface Pointu*,
par Guillemain, sc. x. 1782.)

JUDICIABLE, pour judicieux :

« Il est, morgué, trop *judiciable* pour l'envoyer au barni-
quet. » (*Le Paquet de mouchoirs*, p. 5. 1750.)

LAMENTEMENT, pour lamentation :

> Mais une balle éguifiauce...
> C'est de vouar vos *lamentemens*
> Sur les jeûnes de l'ancian temps.
>
> (*Sarcelles*, 2e partie, p. 28. 1748.)

LIBARTANCE, pour liberté. (Vadé, *passim.* 1755. — *Déjeuné
de la Râpée*, p. 12. 1755. — *Le Poissardiana*, p. 12. 1756.
— *Amusements à la grecque*, p. 51. 1764.)

MASCULINAGE, pour masculinité :

« Les hommes n'avons pas tant lieu de faire les fendans
avec leur *masculinage*. » (*Le Paquet de mouchoirs*, p. IV. 1750.)

NOBLETÉ, pour noblesse :

> Ces gens qu'avont taut de fiarté,
> Qui vautont tant leur *nobleté*, etc.
>
> (*Sarcelles*, 1re partie, p. 419. 1733.)

NOMATION, pour nomination :

« J'faisons une *nomation* d'la ville, et j'f...ons à la porte un
tas d'gueux qu'ont fait leurs orges. » (*Journal de la Râpée*,
n° III, p. 4. 1790.)

OUBLIANCE, pour oubli. Forme du XIIIe siècle, encore employée par les bons écrivains du XVIe, comme Amyot, Calvin,
Montaigne, etc. :

« F...ons dans l'*oubliance* de notre mémoire tout ce qui
s'est passé. » (*Journal de la Râpée,* n° IV, p. 3. 1790.)

PALPITANCE, pour palpitation, émotion :

> Ça m'met si fort en *palpitance*
> Que j'en sis navré de douleur.
>
> (*Les Citrons de Javotte*, p. 15. 1756.)

PERMETTANCE, pour permission :

« Messieux et dames, voulez-vous bien me signifier vote

permettance ? » (Vadé, *Compliment de la clôture de la foire Saint-Laurent*, vers la fin. 1755.)

« Avec vot' *permettance*, monsieur l'marié, écoutez-moi. » (*Le Grand Jugement de la mère Duchesne*, et *Nouveau Dialogue*, p. 8. 1790.)

PROTÉGEUR, pour protecteur :

> Vous aviais, parole d'honneur,
> Promins d'être son *protégeur*.
>
> (*Sarcelles*, 2ᵉ partie, p. 17. 1748.)

PUDERIE, pour pudeur :

« Aça..., ses filles ne disont rien, à cause que la *puderie* ne le permet pas à leur biensiance. » (*Le Déjeuner des halles*, p. 25. 1761.)

RAILLE, pour raillerie :

« J'n'aurois donc eu aussi qu'à m'fâcher comme ça, drès qu'ma tante m'a dit queuques *railles* sur la raison du nom que j'me nomme ? » (Vadé, *Lettres de la Grenouillère*, 13ᵉ lettre. 1755.)

RAPTEUR, pour ravisseur :

> Car que signifie un *rapteur ?*
> Ne veut-il pas dire un voleur?
>
> (*Sarcelles*, 1ʳᵉ partie, p. 357. 1740.)

RAPTURE, pour rapt :

> Mais igna très-çartainement
> Ou cachotterie ou *rapture*.
>
> (*Id., ibid.*, p. 359. 1740.)

RÉCONCILIANCE, pour réconciliation :

« Allons, pour aujourd'hui, z'un jour de *réconciliance*, n'soyez pas pus fâché qu'nous. » (*Le Galant Savetier*, par Saint-Firmin, sc. XIII. 1802.)

RÉGLATION, pour règle (voyez *Exception*).

RÉGNEUR, pour roi (voyez *Détruiseur*).

REMUANCE, pour remuement :

> Sans *remuance* et sans parole,
> Tout fin comme vraie idole.
>> (*Sarcelles*, 2ᵉ partie, p. 34. 1748.)

RESSEMBLATURE, pour ressemblance. (*Pierre Bagnolet et Claude Bagnolet*, par de Ville, sc. II. 1782.)

RETIRANCE, pour retraite :

> .... Pour mou-voüar
> Si cette malheureuse engeance
> Dans le lieu de sa *retirance*
> Le lairroit du moins en repos.
>> (*Sarcelles*, 2ᵉ partie, p. 33. 1748.)

RÉVÉRENCIER, pour faire la révérence :

« Qu'ils soient tenus de nous *révérencier* et de défuler leux claques, toutes et quantes fois ils passeront devant nos bureaux. » (*Le Paquet de mouchoirs*, p. 10. 1750.)

RÉVOLTEMENT, pour révolte :

> *Révoltement*, ruse, surprinze,
> Détours, souplesse, trahison.....
> Oh ! tout y va.
>> (*Sarcelles*, 1ʳᵉ partie, p. 48. 1731.)

REVOYANCE, pour revue, dans le sens de : être vu de nouveau :

« Que j'sommes charmés de votre *revoyance* ! » (*Le Galant Savetier*, par Saint-Firmin, sc. VII. 1802.)

REVOYEURE (à la), pour au revoir :

« Adieu, l'ami, à la *revoyeure* ! » (*Riche-en-Gueule*, p. 109. 1821.)

ROIDISSURE, pour roidissement :

> Oh ! ce sont ces convluxions,
> Ces haut-le-corps, ces *roidissures*, etc.
>> (*Sarcelles*, 1ʳᵉ partie, p. 117. 1732.)

RUDEUR, pour rudesse, brutalité :

« Tu ne sais pas qu'alle a toujours été pis qu'un satyre pour la *rudeur*. » (*Madame Engueule*, par Baudin, sc. I. 1754.)

Rudoyure, pour rudoiement :

LAVIGUEUR, *arrêtant Nigaudinet.*

Restez avet nous, ribotteur ; y va venir un eufficier vous voir.

NIGAUDINET, *se débattant.*

Non, y a toujours des *rudoyures*.....

(*Madame Engueule*, sc. ix.)

Sanctifiance, pour sanctification :

Igna point de *sanctifiance*
Où gnia rian à sanctifier.

(*Sarcelles*, 1re partie, p. 358. 1740.)

Satisfaisance, pour satisfaction :

Je n'ons jamais ayeu l'honneur
De vous faire la révérence
Aveuc tant de *satisfaisance*.

(*Id., ib.*, p. 255. 1740.)

Séduiseur, pour séducteur :

Qui vous traite de *séduiseurs*,
Tous ceux qui disont le contraire.

(*Id.*, 2e partie, p. 37. 1748.)

Sorciliser, v. n., pour faire le sorcier, et *désorciliser*, v. a., pour démasquer le faux sorcier :

« Tiens, not' femme, v'là six louis d'or que j'avons gagné à *sorciliser*. » (*Le Devin par hasard*, par Reñout, sc. ix. 1780.)

« Ah ! la bavarde ; elle va me *désorciliser*. » (*Id., ib.*)

Témoignager, pour témoigner :

« Quand il s'agit de vous *témoignager* comme quoi j'ons l'honneur d'être, etc. » (*Le Paquet de mouchoirs*, p. x. 1750.)

Témoignance, pour témoignage :

Ils vous font bian des révérences,
Vous crayez sur ces *témoignances*
Qu'ils vous portent biaucoup d'honneur.

(*Sarcelles*, 2e partie, p. 38. 1748.)

TRICHEMENT, pour tricherie :

> Voilà pourquoi, dans votre lettre
> A monsieur Combe, an vous voit mettre,
> Par la marguié, des *trichements*
> Qui sautont aux yeux des enfants.
>
> (*Sarcelles*, 1ʳᵉ partie, p. 366. 1740.)

TRIMOUSSURE, pour trémoussement :

> . . . . Où sont
> Vos soins, vos pas, vos *trimoussures*
> Pour empêcher ces troüas captures ?
>
> (*Id.*, 2ᵉ partie, p. 19. 1748.)

USURER, pour faire l'usure ou agir en usurier :

« L'abbé d'Espagnac qui est un des trois cents bougres qui ont pillés *(sic)*, agiotés et *usurés* l'État sous Calonne. » (*Le Portier du club des Jacobins*, p. 5. 1790.)

VALICENCE, VALISSANCE, pour avantage, honneur ; — valeur ou prix d'une chose ; — moyen, commodité, à-propos :

« L'avantage d'leux pratique me procure la *valiscence* d'leux conter fleurette. » (*Le Galant Savetier*, par Saint-Firmin, sc. II. 1802.)

« Environ la *vallissance* d'huit jours. » (Vadé, *Lettres de la Grenouillère*, 12ᵉ lettre. 1755.)

> Aussi s'en a-t-il pas fallu
> La *valicence* d'un escu.
>
> (*Sarcelles*, 1ʳᵉ partie, p. 286. 1740.)

« Il s'y trouva que le grand Cornichon n'avoit encore bu que la *valiscence* d'un pauvre poisson d'eau-de-vie. » (*Les Écosseuses*, p. 19. 1739.)

« J'ons pris t'a propos la *valissance* d'un passage pour y échapper, à celle fin de venir vous trouver. » (*Les Sept en font deux* (anonyme), sc. XIV. 1786.)

« Avec la *valicence* de plus d'eune charté de bénédictions. » (*Le Déjeuner de la Râpée*, par Lécluse, p. 11. 1755.)

VÉNÉRAISON, pour vénération :

« Pour qui j'ons de la *vénéraison* comme pour note père. » (*Le Poissardiana*, p. 13. 1756.)

VINDICATION, pour vengeance, revanche :

« C'est qu'les princes... montrent par là qu'i z'avont trop de bons sentiments pour chercher d'la *vindication* contre le peuple. » (*Le Drapeau rouge de la mère Duchesne*, p. 28. 1790.)

VOYABLE, pour visible :

> Or faut. . . . .
> Que ces annemis-là soyout
> De char et d'os; qu'ils se voyout
> Comme l'an voit ce qu'est *voyable*.
> (*Sarcelles*, 1re partie, p. 422. 1733.)

Parmi tous ces mots, façonnés quelquefois avec tant de naturel qu'on les croirait français, il y en a plus d'un, ce me semble, qui ne dépareraient pas notre langue, cette gueuse si justement fière. Les idées qu'ils expriment y seraient représentées avec autant de clarté et plus de vivacité que par les périphrases au moyen desquelles elle a pu jusqu'ici se passer d'eux. L'Académie ouvrirait ses portes à *brelandage*, *écrémure*, *devinement*, *lamentement* et peut-être même aussi à *rudoyure*, que les membres les plus austères de cette compagnie n'en fronceraient pas trop le sourcil. Ils trouveraient que *rapture* n'a pas plus mauvaise grâce que *capture*, et a au moins autant de droits à vivre que lui. *Usurer*, pour faire l'usure, est énergique; *confuser*, pour rendre confus, *révérencier*, pour faire la révérence, et *insolenter*, pour dire des paroles insolentes [1], ne font pas trop laide figure, et ont en tout cas un signalement où il est aisé de reconnaître qu'ils n'ont pas volé le passe-

---

[1] *Insolenter* est déjà devenu une expression familière au journalisme. On lit dans le *Figaro* du 28 mars 1872 :
« Je me suis seulement étonné, en « quelques lignes bêtes, » qu'au moment d'aller rendre sa vilaine âme à Dieu, il se trouvât assez dispos pour *insolenter* un homme bien portant qui ne s'occupait pas de lui. »

port d'un autre. La périphrase la mieux filée peut suppléer, mais ne vaut pas toujours ce qui se fait si bien entendre dans sa concision.

Au reste, le peuple n'a plus le monopole de ces innovations hardies, et j'ai ouï dire qu'il s'en fabrique tous les jours de plus hardies encore à la tribune de l'Assemblée nationale. Le 7 mars de cette année, M. Langlois y disait : « L'ouvrier a deux *idéaux.* » Le 23 du même mois, M. Turquet y discutait de la *vêtissure* des déportés; M. Roussel y déplorait les effets de l'*absinthisme*, et le même M. Langlois les abus du *propriétarisme.* Voilà des Athéniens tout à fait dignes de représenter celui dont ils parlent si bien le langage. Il est dommage qu'ils n'aient pas leur place au marché aux Herbes. Je m'assure pourtant qu'ils vont s'y promener quelquefois. On n'est pas si bien éduqué sans avoir eu d'autres maîtres que soi.

§ VIII.

DE QUELQUES MOTS BIZARRES ET D'AUTRES DÉTOURNÉS DU SENS OU DE L'APPLICATION QU'ILS ONT HABITUELLEMENT.

ACCORDANCE, pour accordailles. (*Les Deux Jocrisses*, par A. Gouffé, sc. XII. 1796.)

ALFESSIERS (voyez *Dégueniller*).

BAUDRU, pour lanière (voyez *Tapette*).

BEIGNETS, pour sceaux de cire. Ils étaient appliqués par le chancelier sur les actes publics, lesquels étaient par là déclarés authentiques. L'exemple est plus bas, sous le mot CES.

CARCASSE, pour la Sorbonne :

> Allons, j'ons dans notre *carcasse*
> Plus de cinq cens meures-de-faim
> Qui sarviront à cette fin.....
> J'en ferons des curez nouviaux.
> (*Les Très-humbles et très-respectueuses Remontrances des habitans de Sarcelles au Roy*, etc., p. 22. 1732.)

« C'est ainsi, dit l'auteur de ces Remontrances dans une note, que l'on appelle la Sorbonne depuis plusieurs années. Ce corps, autrefois si respectable par les gens pleins de mérite et d'érudition qui le composoient, est aujourd'hui devenu le repaire des Hibernois, d'une troupe de va-nu-pied, de monailles et d'ânes bâtés. » Il ne faut pas oublier que c'est un janséniste qui parle et qui rend les jésuites responsables de cet état de la Sorbonne.

CE, pour le :

« Et c'prévost des marchands et c'l'intendant, queu mal nous f'soient-ils? » (*Dialogue pas mal raisonnable entre un ancien commis de barrière, un passeur*, etc., p. 13, s. d.) (1790).

CETTE, pour la :

« Que *cette* vente aille ou non, ça vous est égal. » (*Le Falot du peuple, ou Entretiens de madame Saumon... sur le procès de Louis XVI*, p. 1, s. d.) (1793).

CES, pour les :

« Tu sais ben que du temps de note pauvre homme, j'tenions un p'tit café sous *ces* piliers? » (*Ibid.*, p. 5.)

« E, sditi, le Chansilié [1], hélas! stila qui boutte les bignets su *ces* contras, la failli, sditi, belle. » (*Conférence I*, p. 5. 1649.)

DE CES, pour des :

« E bien, as-tu veu l'entrée de *ces* princes? » (*Ibid.*, VII, p. 3. 1649.)

---

[1] Le Chancelier était appelé *Plaquebignet* :

> Quand il eust dit le dernier mot,
> Il se tint droict comme un marmot,
> Et le *Plaquebignet* de France
> Cracha cette belle sentence.
>
> (*Le Parlement burlesque de Pontoise*, p. 8.
> Paris, 1652, in-4°.)

A CES, pour aux :

> Ce curé que votre bonté
> Nous a depis six moüas ôté
> Étoit un antechrist sus tarre ;
> Il faisoit sans cette la guiarre
> *A ces* filles , *à ces* garçons.
>
> (*Sarcelles*, 1ʳᵉ partie, p. 15. 1730.)

Dans tous ces exemples, l'emploi du pronom démonstratif était inutile , puisqu'il n'a point été question précédemment des personnes et des choses qu'il semble ici déterminer de nouveau. C'est une tournure picarde ; mais elle donne de la vivacité au discours , et peint pour ainsi dire les objets.

CHEZ, pour dans , à.

La préposition chez, constamment écrite *cheux* dans notre patois, avait, au temps de Vadé, et eut encore après lui le sens de *à* et celui de dans :

> L'autre jour croyant qu'y m'quittroit,
> Je m'enfoncis *cheux* un cabaret.
>
> (Vadé , *Jérôme et Fanchonnette*, sc. vi. 1755.)

« Cours vite , mon enfant, cours vite *cheux* ce cabaret du coin. » (*Madame Engueule,* sc. i. 1754.)

« J'allois *cheux* ta boutique. » (*Les Battus payent l'amende,* par Dorvigny, sc. xi. 1779.)

« C'est'y pas ici *cheux* monsieur Grégoire ? » (*L'Amant de retour,* par Guillemain, sc. xii. 1789.)

« Voyons s'il est *cheux* sa maison. » (*Le Mariage de Janot,* par le même, sc. iii. 1780.)

> Là, j'bûmes à tir-larigot ,
> Pis, j'grimpîmes *cheux* un carosse.
>
> (*Riche-en-Gueule*, p. 237. 1821.)

CIRCONFÉRENCE, pour conférence ; circonstance :

« L'maîte passeux d'la porte d'la *Circonférence.* » (*Le Déjeuner de la Râpée,* p. 11. 1755.)

« Mais par la *circonférence* d'l'occasion , j'avons si bien

paraphrasé la signature, etc. » (Vadé, *les Racoleurs*, sc. x.
1756.)

CIVILISER, pour faire des civilités, flatter, caresser :

> Afin que Françoise à son tour
> *Civilisât* leur propre-amour.
> Propre-amour ! Le terme est impropre ;
> Pour bien dire, on dit l'amour-propre.
>
> (Id., *La Pipe cassée*, ch. II.)

« J'irai demain vous *civiliser*, et puis j' f'rons un entrequien
d'conversation là-dessus. » (Id., *Lettres de la Grenouillère*,
20ᵉ lettre. 1755.)

CLINS D'OEIL, pour clignements :

« Vour aviez beau m' présenter des *clins d'œils* pour m'faire
bonne bouche. » (*Id., ib.*, 22ᵉ lettre.)

CONCUBINER, pour combiner. (*La Bourbonnoise*, par Beau-
noir, sc. II. 1768.)

CONFIDENCE, pour confiance :

« Vous n'avez point eu assez de *confidence* dans ma discré-
tion. » (*Quelques Aventures des bals de bois*, p. 23. 1745.)

« Si vote *confidence* m'honoroit, » c'est-à-dire si vous m'ho-
noriez de votre confiance. (*Les Cent Écus*, par Guillemain,
sc. XIII. 1783.)

« C'te révolution d'Satan dans laquelle vous avez tant de
confidence, pourroit bien être f...ue au piautre. » (*Grand Jugement de la mère Duchesne*, p. 8. 1790.)

CONFUSION, pour profusion :

> Et faire tenir au bon-homme
> De l'argent à *confusion*.
>
> (*Sarcelles*, 1ʳᵉ partie, p. 427. 1733.)

CONSÉQUENT, pour considérable, grave, important :

« Un homme public ! si je m'absentois trop longtemps, ça
seroit *conséquent*. » (*Oui ou Non,* par Dorvigny, sc II. 1780.)

« Ce sont des personnes *conséquentes* et qui sont des amis de la Constitution. » (*La Guinguette patriotique*, p. 13. 1790.)

« J'ai queuque chose de *conséquent* à dire à mon homme. » (*Cadet Roussel misanthrope*, sc. xx. 1799.)

CONTENANCE, pour cas, estime :

« J'faisons plus d'*contenance* d'un filet de votre paroli que d'un tas d'jazeux. » (Vadé, *Lettres de la Grenouillère*, 14ᵉ lettre. 1755.)

CREUX, pour voix forte ou de basse-taille.

> J'avons du *creux*, bonne poitrine.
> (*La Nouvelle Troupe*, par D... et A..., sc. XIII. 1760.)

DÉBLAYER, pour répandre, semer :

« J'venons ici *déblayer* la joie, tant j'nous sentons le cœur en garouage. » (*Les Trois Poissardes buvant à la santé du Tiers-État*, p. 1, s. d.) (1789).

DÉBROUILLER, pour faire la distinction :

« On l'appelle Jacques Charles pour le *débrouiller* d'avec le parrain à Barthélemy l'trépassé, qu'est d'sa même vacation. » (*Le Paquet de mouchoirs*, p 30. 1750.)

DÉFINITION, pour fin ; préparation ou achèvement de préparatifs :

« Je n'attends que la *définition* pour t'accommoder en enfant de bonne maison. » (*Les Écosseuses*, p. 123. 1739.)

« Pour... que j'fasse parler ma mère à vote mère, afin que j'voyons la *définition* de tout ça. » (Vadé, *Lettres de la Grenouillère*, 20ᵉ lettre. 1755.)

« Vous n'feriez pas mal d'aller nous rincer queuques verres pour attendre la *définition* du dîner. » (*Cadet Roussel misanthrope*, sc. XII. 1799.)

DÉGUENILLER, pour déchirer, réduire en guenilles, mettre en pièces :

« Si l'on nous avoit donné des sabres..., j'aurions *déguenillé* tous ces alfessiers qui nous ont presque mis à l'hôpital. » (*Les*

Trois Poissardes buvant à la santé du Tiers-État, p. 24, s. d.)
(1789).

Je ne trouve le mot d'*alfessier* dans aucun dictionnaire, et
je n'en devine pas l'étymologie. Je dirai seulement que, comme
cette injure est ici adressée aux nobles, elle pourrait équiva-
loir à *haut-fessiers*, expression qui, dans la bouche du peuple,
devait peindre suffisamment l'idée qu'il se fait des airs hau-
tains des nobles, et la haine qu'il croit leur devoir.

DÉSACOUPLER, pour détacher, séparer, pris dans leur sens
général, et sans impliquer l'idée de couple :

« C'nest qu'un gros paquet d'mouchoirs... Quand chacun
aura *désacouplé* le sien, il n'en restera pas si grand chose. »
(*Le Paquet de mouchoirs*, p. 54. 1750.)

DISTILLÉ, pour habile, expert :

« *Distillé* dans la vocation de parlementage. » (*Le Déjeuner
de la Râpée*, p. 13. 1755.)

DISTRACTION, pour extraction :

« De basse *distraction*. » (*Amusements à la grecque*, p. 42.
1764.)

DIX-HUIT, sorte d'habillement qui est au *trente-six*, habillement des dimanches ou des cérémonies, comme la moitié
de l'unité est à l'unité :

« Oh ! dame, c'est un *dix-huit*, c'tilà ; mais qu'importe ?
tout sert en ménage. » (*Le Paquet de mouchoirs*, p. 50. 1750.)

Ce même mot signifie aujourd'hui un soulier ressemelé,
c'est-à-dire qui est deux fois 9 (neuf).

ÉCRITOIRE, pour écriture :

Ecrivez, Monsieur, que son fruit m'appartient. Pardi, je vous ai
donné la pièce, vous me devez l'*écritoire*.....

MADAME ROGNON.

Commère Cotteret, qu'allons-nous devenir avec st'*écritoire*?

(*Les Écosseuses*, p. 123 et 129. 1739.)

EMBARGO, pour embrouillamini, embarras :

« Mais quel *embargo !* J'm'y perds. » (*Les Cent Écus,* par Guillemain, sc. XVIII. 1783.)

> Mais saprisli, jugez d'mon *embargo ;*
> Depuis ce temps, elle est toujours pompette,
> Et chez l'mintzingue [1] ell'croque le magot.
> > (*Almanach chantant pour* 1869, p. 49.
> > Paris, chez Noblet.)

ÉMOTION, pour motion :

« On nous dit que je n'pouvions aller faire note *émotion,* quand il s'agira de nommer les érecteurs. » (*Journal des halles,* n° II, p. 3. 1790.)

ENCOLURE, pour enclouure, obstacle, empêchement :

« Pour sçavoir où qu'étoit l'*encolure* de tout cela. » (*Les Écosseuses,* p. 19. 1739.)

ENGRAINÉ, pour invétéré, profond :

« Cette passion est si *engrainée* chez eux, qu'ils joueriont le cu dans l'eau. » (*Cahier des plaintes et des doléances des dames de la halle,* etc., p. 17. 1789.)

ENGRAINER, pour réussir, faire son chemin, se bien établir dans la faveur de quelqu'un :

> Partant, qui veut bian *engrainer*
> Près d'elle, à ça dait s'adonner.
> > (*Sarcelles,* 1re partie, p. 446. 1733.)

ENVOLER, pour emporter, enlever :

« Le vent va l'*envoler.* » (Vadé, *Bouquets poissards,* 4e bouquet. 1755.)

« Il va *envoler* ta perruque. » (*Amusements à la grecque,* p. 25. 1764.)

ÉRECTION, pour élection :

« J'nons pas manqué l'*érection* d'l'ami Bailly. » (*Journal de la Râpée,* n° III, p. 5. 1790.)

---

[1] Le marchand de vin.

ÉRECTEUR , pour électeur (voyez *Émotion*).

FAGOTTER (se), pour se moquer :

> . . . . Vous vous *fagottez*
> Du monde, ou le guiable s'en pende !
>
> (*Sarcelles*, 1ʳᵉ partie, p. 313. 1740.)

Ce mot se trouve également et avec le même sens dans la *Conférence de Janot et Piarot Doucet*, p. 7. 1660.)

FLEURET, pour clerc de procureur :

« Combien ne voyons-nous pas de petits *fleurets*... qui allient nu-pieds , acheter une boutique de procureux à crédit! » (*Cahier des plaintes et des doléances des dames de la halle* , p. 43. 1789.)

GRAILLON, pour une brochure, un livre imprimé sur mauvais papier, avec de mauvais caractères, de la mauvaise encre; et, au figuré, dans une mauvaise intention : vieux chiffons, vieilles loques :

> Ce coup donc par biaucoup subtil...
> C'est d'avoûar dans Paris semé
> Un çartain *graillon* imprimé...
> Qui vous traite de séduiseur.
>
> (*Sarcelles*, 2ᵉ partie, p. 37. 1748.)

« Apprenez que je vous vaux bien , quoique je ne sois que chiffonnière, et je ne vois pas qu'il y ait un plus grand relief à vendre des *graillons* (elle parle à une tripière) que d'en ramasser. » (*Le Procès du chat*, par Taconnet, sc. IV. 1767.)

GRAIN , pour pièce de monnaie :

« J'vous laissons maître d'nous servir comme bon vous semblera, jusqu'à la définition (voyez ce mot) de c'*grain* d'six balles [1] que j'vous baillons en avance. » (*Le Galant Savetier*, par Saint-Firmin, sc. IX. 1802.)

[1] Francs.

GRAISSE, pour forte réprimande :

« 1° Lettre du général la Pique...; 2° grande motion du général Lafayette...; 3° manigance des mouchards d'Orléans...; 4° *graisse* donnée à Marat. » (*Journal des halles ;* Sommaire, s. d.) (1790).

C'est ce qu'on appelle populairement aujourd'hui *savon*.

INCARCÉRER, pour insérer :

« Ça mérite d'être *incarcéré* dans le journal. » (*Les Marchandes de la halle,* par Demautort, sc. XVIII. 1794.)

INFÉRIEUR, pour indifférent, égal :

« Ça m'est *inférieur.* » (*Cadet Roussel misanthrope,* sc. XXII. 1799.)

INGRÉDIENT, pour moyen, procédé :

« On trouvera l'*ingrédient* d'avoir autant d'argent que celui que donne la ferme. » (*Cahier des plaintes et doléances des dames de la halle,* p. 13. 1789.)

INVENTAIRE, pour éventaire.

Après Vadé et toute son école, qui ont fait de ce mot un usage immodéré, toutes les pièces de théâtre des boulevards, sous la République, l'Empire et la Restauration, l'ont employé. Il n'est pas encore tombé en désuétude.

JOINTURE, pour union par mariage (voyez *Vacation*).

LAVANDE, pour lavage :

> Il ne fait que nous lantarner,
> Et c'est ly qui nous fait donner
> Toutes ces *lavandes* de tête.
> > (*Les Très-humbles et très-respectueuses Remontrances des habitans de Sarcelles au Roy,* p. 57. 1733.)

LAVASSE, pour pluie subite et torrentielle :

« Comme il est ordinaire, quand il arrive quelque orage ou *lavasse,* que ceux qui sont à la campagne cherchent l'abri de

quelque arbre. » (*Lettre du père Michel, religieux hermite...,*
à Mgr *le duc d'Angoulesme*, p. 266. 1649.)

LUNETTES, pour yeux :

> Samson en perdit ses *lunettes*.
>   (Villon, *Le Grand Testament*; *Double ballade.*
>   Vers 1461.)

Shakespeare, dans *King Henri V*, act. II, sc. III, se sert du
mot *crystals* pour exprimer le même nom.

MENU, pour plaisir :

« Cette graine-là, drès qu'elle est devenue drue, se donne
du *menu* aux dépens des pauvres pères et mères. » (*Les Écos-*
seuses, p. 10. 1739.)

> Très-bian du *menu* se donnit,
> Et par trop longtemps s'amusit.
>   (*Sarcelles*, 1re partie, p. 127. 1732.)

MITRAILLE, pour les évêques ou porte-mitre :

> C'nest pas dans les pus p'tit'gens
> Qu'est la plus grande canaille,
> C'est dans ces chiens d'parlemens,
> Dans c'te noblesse et c'te *mitraille*.
>   (*Motion des harangères de la halle*, 3ᵉ couplet,
>   s. d.) (1789).

> L'un a mis en feu la *mitraille*,
> L'autre tourmente la patraille.
>   (*Compliment inespéré des Sarcellois*
>   *à M. de Vintimille*, p. 9. 1733.)

MOULE, pour type, au figuré; caractère d'imprimerie :

« Parle donc, bian *moule*. » (*Le Déjeuner des halles*, p. 14.
1761.)

« Igna... un çartain *mouleux* qui a une grande envie de
nous *remouler* et de nous faire bian plus biaux que je n'étions;
il veut nous tailler de biau papier, de biaux *moules* et tout
ce qui s'ensuit. » (*Sarcelles*, 1re partie, p. 3. 1730.)

MOULER, pour imprimer :

« Dame, pourtan cé guiébe de Paririan avan *moulé* tout nout proupou. » (*Conférence III*, p. 6. 1649.)

MOULEUR ou MOULEUX, pour imprimeur (voyez *Moule*).

OEILLET, pour coup sur l'œil :

> Quoi j'nous voyons rompre en visière
> Par un si vilain Pas-trop-net,
> Et je n'ly barrons (baillerons) pas l'*œillet!*
>
> (*Madame Engueule,* Prologue. 1754.)

PARAPHRASER, pour parafer (voyez *Circonférence*).

PARLEMENT, pour langage, conversation, colloque :

« Comme j'avions entendu le commencement de leux *parlement.* » (*Journal de la Râpée*, n° III, p. 4 ; 1790 ; et aussi *Les Trois Poissardes buvant*, etc., p. 3 ; 1789.)

PARLEMENTER, pour parler :

« Note père... vous ira *parlementer* pour moi. » (*Le Poissardiana*, p. 13. 1756.)

PATIRA, pour souffre-douleur, victime :

« Quand vous tourmentez les riches, ce sont les pauvres bougres d'ouvriers et les petites gens qui finissent par être le *patira.* » (*La Guinguette patriotique*, p. 3. 1790.)

PERSONNALISER, pour nommer les personnes :

« Si j'voulions *personnaliser,* j'pourrions en désigner plus de cinquante. » (*Cahier des plaintes et doléances des dames de la halle*, p. 16. 1789.)

PIPER, pour faire une confidence, siffler à l'oreille. On dit *piper* ou *siffler* les oiseaux pour les rendre attentifs :

« All' vous a fait c't'équippée-là de s'marier, sans m'en *piper* tant seulement un petit mot. » (*Grand Jugement de la mère Duchesne*, p. 5. 1790.)

PLAINDRE, v. a., pour marchander quelque chose à quel-

qu'un, en être avare. Ce mot, pris dans ce sens, et très-fran-
çais d'ailleurs, a vieilli :

> . . . . Varse tout plein,
> Il me semble que tu nous le *plain*.
>
> (Vadé, *La Pipe cassée*, ch. II. 1755.)

PLUMES, pour flegmes, pituite :

« Y li a fallu à cause de ça appliquer des mouches cato-
liques (cantarides) pour li faire jeter quantité de *plumes*. » (*Le
Goûter des Porcherons,* p. 30; 1755; *Riche-en-Gueule,* p. 151,
152; 1821.)

PLUMET.

On appelait de ce nom certains auxiliaires ou domestiques
des porteurs de grain, à la halle aux grains. Comme, outre le
salaire qu'ils recevaient de leurs maîtres, ils commettaient
plusieurs exactions au détriment des acheteurs, et volaient
même du grain, une ordonnance de police du Châtelet, en
date du 23 novembre 1546, défendit « à toutes personnes de
» eux dire, porter ne nommer *plumets,* et soit le nom de
» *plumet* de tout estainct et aboli. » (Voyez le *Traité de la
police,* par Delamarre, liv. V, tit. XII, ch. XIV.) Le passage suivant indique qu'il y avait aussi des *plumets* pour le charbon.

« Or, comme cette damoiselle faisoit la belle, ne voulant
pas estre présente au mesurage, craignant de gaster son teint,
elle en pria le secrétaire du logis... Elle lui avoit dit... qu'estant accoustumé à l'encre qui est de la couleur du charbon,
et à la plume, il feroit dignement la charge de *plumet.* » (*Les
Maistres d'hostel aux halles,* p. 47. Paris, 1670.)

On donnait aussi ce nom aux officiers.

QUESTIONNAIRE, pour questionneuse :

« Qui m'a donné ste *questionnaire*-là ? Faut-il pas lui rendre
des comptes ? » (*L'Amant de retour,* par Guillemain, sc. III.
1780.)

RAFINER, pour adoucir :

« Oh! oh ! al *rafine sa voix.* » (*Oui ou Non,* par Dorvigny,
sc. XI. 1780.)

RAMPONEAU, pour ivre, soûl :

« Mais il n'est pas si *ramponeau* que je le croyais. » (*Le Mariage de Janot*, par Guillemain, sc. ii. 1780.)

Tout le monde comprend cette métonymie et en sent la force. Ramponeau tenait son cabaret aux Porcherons, à l'enseigne du *Tambour royal*.

RAYON, pour coup de poing sur l'œil :

« Retire-toi, ou j'te donnerons un *rayon* sur l'œil. » (*Les Spiritueux rébus de Margot la mal peignée*, p. 110, dans les *OEuvres poissardes* de Vadé et de Lécluse, de l'imprimerie de Didot jeune ; 1796, in-18.)

RESPIRS, pour soupirs :

« De gros *respirs* pour l'amour d'elle. » (*La Petite Nanette* par le Cousin Jacques, act. I, sc. i. 1796.)

RESPIRATIONS (même signification) :

« J'pense à vous..., et quand j'suis couché, j'vous lâche d'grosses *respirations*, comme si on m'avoit fiché l'tour. » (Vadé, *Lettres de la Grenouillère*, 16e lettre. 1755.)

RISÉE, pour chose risible :

« J'dirois ben tout comme ly des *risées ;* mais d'abord que j'suis près d'vous..., j'ai l'esprit, sus vote respect, comme une bête. » (Id., *ib.*, 18e lettre.)

Roc, pour sévère, dur :

« Vous êtes bien *roc*, vous... Laissez parler M. le curé ; il èst plus doux que vous. » (*Grand Jugement de la mère Duchesne*, p. 21. 1790.)

ROULETTES, pour écus :

« Si queuque chien vient vous engueuser avec ses *roulettes*, j'prendrons les *roulettes* et l'engueuseux. » (*Journal de la Râpée*, n° III, p. 2. 1790.)

SANGSURER, pour tirer le sang ; au figuré, tirer de l'argent de quelqu'un jusqu'à épuisement complet :

« Il est pus heureux d'avoir affaire à eux qu'à tous ces milliers de meurt-de-faim qui le *sangsuront* jusqu'à la moëlle des os. » (*Le Drapeau rouge*, p. 28. 1790.)

SAVONNETTE, soufflet, coup, voie de fait quelconque :

« Tire-toi d'là, ou j'te baille une *savonnette*. » (*Jacquot et Collas, duellistes*, par L.-R. Dancourt, sc. II. 1781.)

SEMBLANT, pour feinte, grimaces :

> Pour tout d'bon je n'peux ly rendre
> C'que mon *semblant* y a z'ôté.
> > (Vadé, *Jérôme et Fanchonnette*, sc. XIV. 1755.)

> Ses beaux yeux devenont blancs ;
> V'là comme tu fais des *semblans*
> Quand ton croc veut que tu partage
> Avec li ton vilain gagnage.
> > (Id., *La Pipe cassée*, ch. II. 1755.)

SENSATION, pour sentiment, opinion :

« Comment pouvez-vous parler comme ça ? Est-ce qu'on doit changer de *sensation* ! » (*L'OEil s'ouvre, gare la bombe !* p. 12. Septembre 1791.)

SENSUEL, pour sensible :

« La pauvre femme !... elle est ben *sensuelle;* elle a bon cœur. » (*Oui ou Non*, par Dorvigny, sc. VIII. 1780.)

SPIRITUEUX, pour spirituel (voyez *Rayon*, au titre de l'écrit indiqué).

SERVIETTE, pour bâton :

« Le commissaire l'a déjà menacé pour m'avoir donné des coups de *serviette*. » (*Il y a remède à tout*, par Pompigny, sc. IX. 1783.)

SUÇONS, pour coups de poing qui laissent des noirs :

« J'ly sarvons queutes (quelques) *suçons* sus la gueule. » (*Madame Engueule*, sc. VIII. 1754.)

TANDIS QUE, pour tant que :

> Je n'en vianrons jamais à bout
> *Tandis que* l'ancian Evangile.....
> En son enquier demeurera.
> > (*Sarcelles*, 1re partie, p. 434. 1733.)

Tapette, pour petite tape :

« Tu as eu la *tapette* et le baudru ; j'l'avons vu faire la procession dans la ville, derrière le confessionnal à deux roues à Charlot Cassebras (la charrette du bourreau), qui t'a marquée à l'épaule ab poinçon de Paris. » (*Le Déjeuner de la Râpée*, p. 17. Vers 1750.)

En d'autres termes : tu as été fouettée, marquée. Je trouve cette même locution employée dans la préface du *Paquet de mouchoirs*. La tapette était la *marque*, ainsi appelée, parce qu'en l'appliquant le bourreau donnait une petite tape sur l'épaule du patient. Le *baudru* était le fouet. C'était une lanière de cuir, ou peut-être plusieurs lanières réunies. On appelait *baudroyeur* celui qui préparait le cuir pour des ouvrages de ce genre.

Targuer (se), pour se carrer, se pavaner :

« Ausi fiers que des marguilliers, quand ils se *targuent* dans le ban d'œuvre. » (*Cahier des plaintes et doléances des dames de la halle*, p. 17. 1789.)

Touche, pour douche ou large immersion de vin dans l'estomac ; coup, air, allure :

« C'est un ivrogne... Comme il dort !... Sarpegué, queu bonne *touche* qu'il a pris là ! » (*Jacquot et Collas, duellistes*, par L.-R. Dancourt, sc. xii. 1781.)

> Au moins y a-t'il point de fraude ?
> Je crains la *touche*, sur mon âme !
>
> > (*Farce de frère Guillebert*, dans *Ancien Théâtre français*, édit. Jannet, t. I, p. 314.)
>
> Qui j'suis ? J'ai pas besoin d'vous l'dire ;
> Ma *touch'*, mon air doivent vous suffire.
>
> > (*Almanach chantant pour* 1868, p. 44. Paris, librairie centrale.)

Tournée, pour volée de coups :

« Y vouliont ly f...... une *tournée*. » (*Journal de la Râpée*, n° V, p. 3. 1790.)

Triaille, pour triage :

« Après avoir fait la *triaille* de cette fourmilière de livres. » (*Cahier des plaintes et doléances des dames de la halle*, p. 4. 1789.)

Tricotter, pour manigancer, tripotter, rosser ; soigner, médeciner, purger :

> Encore un soup si le Saint-Père
> *Tricotte* ce biau mystère.
> C'est un à sçavoüar.
> (*Sarcelles*, 1re partie, p. 41. 1730.)

« Quoique j'soyons femme..., y en a pus de quate là d'dans que j'seriont en état d'vous *tricotter* sans aiguille, et d'la belle magnière. » (*Le Drapeau rouge*, p. 19. 1790.)

> Les boutons qu'on y voit d'un et d'autre côté
> Font voir qu'il a besoin d'être encor *tricotté*.
> (*Riche-en-Gueule*, p. 95. 1821.)

Tripettes, pour seins rares et mous :

« Elle se mit les biaux dimanches en mantelet pour cacher ses *tripettes*. » (*Le Poissardiana*, p. 30. 1756.)

Vacation, pour état, profession (voyez *Débrouiller*).

Vacation, pour vocation :

« Quand j'vous d'mande si vous voulez que l'saquerment n'fasse d'nous deux qu'une jointure, vous m'dites qu'vous n'vous sentez pas d'*vacation* pour la chose. » (Vadé, *Lettres de la Grenouillère*, 22e lettre. 1755.)

Vision, pour manière de voir :

« Pour n'avoir pas la même *vision*, faut'y s'manger ? » (*Le Falot du peuple, ou Entretiens de madame Saumon*, etc., p. 1, s. d.) (1793).

VITRAUX, pour lunettes :

« Laisse donc c'te tête d'caniche... avec ses *vitraux* pour n'être pas r'connu. » (*Riche-en-Gueule*, p. 31. 1821.)

J'aurais pu grossir considérablement cette nomenclature, formée de termes qu'on pourrait appeler des *parisianismes;* mais c'est matière à dictionnaire. J'y reviendrai et je la compléterai, si, comme j'en ai le projet, je recommence celui dont il me sera toujours permis de regretter la destruction.

NOTICES ET EXTRAITS

DES

PRINCIPAUX ÉCRITS EN PATOIS PARISIEN,

AYANT SERVI A L'EXÉCUTION DU PRÉSENT OUVRAGE.

———◦◦◦———

Le plus ancien de ces écrits est le petit volume qui comprend les œuvres de Villon, auxquelles il faut joindre un certain nombre de poésies qui lui sont attribuées. On savait qu'il existait au *British Museum* un exemplaire de ce poète, annoté par La Monnoye, mais auquel cet écrivain n'avait pas eu le temps de mettre la dernière main; on pensait en avoir tout à fait perdu la trace, lorsque M. Gustave Masson le retrouva en 1853, et en offrit obligeamment une copie à M. Pierre Jannet. C'est d'après cette copie que celui-ci donna son édition en 1867, en respectant le texte amendé par La Monnoye, mais en y ajoutant dix-sept pièces, choisies parmi un plus grand nombre publiées par M. Campeaux. Il y a grande apparence que quelques-unes de ces pièces sont de Villon; les autres sont pour le moins de ses disciples. Je n'ai donc pas hésité à me servir de l'édition de M. Jannet [1] et d'y puiser les exemples de langage populaire parisien que j'ai allégués dans cette étude et qui étaient bien plus nombreux dans mon Dictionnaire.

[1] *OEuvres complètes de François Villon, suivies d'un choix des poésies de ses disciples, édition préparée par La Monnoye, mise au jour avec notes et glossaire*, par M. Pierre Jannet. 1867.

Après Villon j'ai été obligé, faute de monuments sérieux et complets écrits en ce langage, de descendre jusqu'à la première moitié du XVIIe siècle pour trouver le premier opuscule qui offre ce caractère. C'est par lui que je commencerai ces notices.

NOUVEAUX COMPLIMENS DE LA PLACE MAUBERT, DES HALLES, CIMETIÈRE SAINT-JEAN, MARCHÉ-NEUF ET AUTRES PLACES PUBLIQUES.

ENSEMBLE LA RESJOUISSANCE DES HARANGÈRES ET POISSONNIÈRES FAITE CES JOURS PASSÉS AU GASTEAU DE LEURS REYNES. 1644, in-8° [1].

Cette pièce se divise en deux parties qui ont pour titre, la première : *Des Poissonnières et des Bourgeoises*; la seconde : *La Rencontre et Complimens de deux fruictières*. L'une est anonyme, l'autre est signée.

Une bourgeoise s'adresse à une marchande de marée ou à une poissonnière, et lui demande le prix de quatre soles, trois vives, deux morceaux d'alose, et de quelques maquereaux. L'autre lui répond : treize francs ; la bourgeoise en offre six : « Je sçay, dit-elle, que c'est honnestement, et c'est ce que cela vaut. »

LA POISSONNIÈRE : « Parle, hé! Parrette. N'as-tu pas veu madame Crotée [2], mademoiselle du Pont-Orson [3], la Pucelle d'Orléans ? Donnez-

---

[1] Réimprimé dans les *Variétés historiques et littéraires*, publiées par M. Ed. Fournier, t. IX, p. 229.

[2] On disait, parlant des Parisiens, *les crottés de Paris,* qualification qui n'est pas encore tout à fait imméritée.

[3] On appelait ainsi les chiffonnières, comme aussi et de préférence *demoiselles de Pont-Torchon* ; témoin ces vers, qui sont de cinq ans plus tard :

> Mais passons promptement au reste,
> Au plus plaisant, au plus burlesque ;
> Voyons les dames aux chiffons,
> Damoiselles de Pont-torchons, etc.
>
> (*Le Passe-Temps de Villejuif,* p. 6. 1649.)

On fabriquait et on fabrique encore à Pontorson de la dentelle et de la toile, source d'où viennent en partie les chiffons.

luy blancs draps à ste balle épousée de Massy [1], qui a les yeux de plastre. Ma foy, si son fruict désire de note poisson, tu te peux bien frotter
au c..., car ton enfant n'en sera pas marqué [2]. »

Le torrent coulerait encore si la bourgeoise ne gagnait au
plus tôt la guérite. Survient un pourvoyeur : — Combien la
raye ? dit-il. — Trente sous. — Si j'en donnais treize ou quatorze, ce serait bien payé.

LA POISSONNIÈRE. « En despit soit fait du beau marchand de marde !
Hé, je pense qu'ous estes enguiéblé. Allez, de par tous les guiébles !
à vote jolly collet, porté vote argent aux trippes [3], vous ayrez du mou
pour vote chat. Pence-vous que je soyen icy pour vos beaux rieux ?
Aga, ce monsieur Croté, ce guièble de frelempié, ce pauvre poissart [4], ce
déterminé à la pierrette [5] voudret bien porté des bottes à nos despens...

[1] Massy est un village de l'arrondissement de Corbeil, dont l'un des seigneurs, traître à son pays et à son roi, porta témoignage contre la Pucelle
d'Orléans. On dirait qu'il y a dans ce passage comme une tradition con-
fuse de cette circonstance. Les *yeux de plastre* nous font souvenir que
Massy est dans une contrée à carrières de plâtre, et qu'on y fait un grand
commerce de cette substance gypseuse.

[2] Allusion aux effets des *envies* de femme grosse. Le vulgaire croit que
lorsqu'elles se manifestent, la femme doit, sitôt qu'elle le ressent, se
garder soigneusement de toucher de ses mains son visage, sans quoi l'enfant porterait empreinte sur le sien l'image de l'objet qu'aurait *envié* la
mère. C'est pourquoi il est prescrit à la femme, comme dans le texte, de
porter ses mains ailleurs.

[3] Chez les tripiers.

[4] Le sens propre de ce mot est filou, voleur, parce que les mains d'un
voleur sont comme de la poix : tout ce qu'elles touchent s'y colle. Ainsi
étaient les mains d'Autolycus, fils de Mercure et son élève dans l'art de
voler ; ainsi étaient celles de ce voleur borgne dont parle Martial et qui
en aurait remontré à Autolycus lui-même, car

. . . . Nihil est furacius illo,
Non fuit Autolyci tam piccata manus.
(Lib. VIII, ep. LIX.)

« Ce mot, dit fort bien M. Littré (dans son *Dictionnaire*, au mot *Poissard*), s'est particularisé pour exprimer la grossièreté des halles. Mais
poisson, malgré l'apparence, n'y est pour rien. Seulement, la persuasion
qu'il y était pour quelque chose a déterminé le sens que *poissard* a
aujourd'hui. »

[5] La pierrette est un jeu d'enfant qui consiste à faire retourner des
doubles (monnaie valant deux deniers) avec une pierre ou une balle de
plomb. (*Dict. de Trév.*) Un déterminé à la pierrette se disait sans doute
d'un homme qui montrait de la résolution dans les affaires futiles, et tout
le contraire dans les sérieuses.

21

Parlé, hau! monsieur de Trelique-Brelique. Aga, ce monsieur fait à la haste, ce monsieur, si tu l'es, ce dégousté, ce j'entre en goust. Parlé, Jean qui de tout se mesle et rien ne vient à bout, ce taste-poulle. Le guièble sçait (soit) le bennêt et le fret au c ..! Parlé, ho! Dadouille. Héla! qui l'a chaut! y su, ma foy. Yra-ty, le courteau? Parné-le, parné-le; [i]l a mangé la mar... Hé, qu'est-ce? Je pence, ma foy, qui nous trouve belle; y nous regarde tant qui peu (t), à tous ses deux rieux. Voyez st'écuyer de cuiraine à la douzaine, le vlà aussi estonné tout ainsy que s'il estet cheu des nuês. Y allons, ira-t-elle, la pauvre baridelle? Fricassé-ly quatre œufs. Le vlà arrivé; quand s'en retournera-ty? Paf la mercy de ma vie, ce (si) tu ne t'ostes de devan moy, je t'iray là dévisagé. Ne pense pas que je me mocque. »

Moins prudent que la bourgeoise, le pourvoyeur s'avisa de dire : « En vérité, je ne m'esbahis plus si le peuple commun vous appelle muettes des halles. Je suis tout confus, et je m'estonne où il est possible de trouver le quart des injures qui m'ont esté vomies, sous ombre de n'avoir pas assez offert au gré de cette femme sans raison. »

Cette réflexion mélancolique attire sur sa tête, comme l'aimant fait la foudre, un nouveau torrent d'invectives. Il fuit alors, « appréhendant une charge plus grande qui eust possible esté d'une gresle de coups de poings. »

Tel est le plus ancien modèle que la presse nous ait conservé de la façon dont les revendeuses des marchés et des halles accueillaient, il y a deux cent vingt-huit ans, les pratiques qui ne consentaient pas à se laisser tondre et écorcher par elles. Je dis que c'est le plus ancien, parce que je n'en ai pas trouvé d'autres; car il y en a eu certainement avant celuilà. La preuve en est d'abord dans le titre qu'il porte : *Nouveaux Complimens;* elle est ensuite, et surtout, dans ce fait, que nous avons sous les yeux l'échantillon d'un genre *littéraire* arrivé déjà à sa perfection. On n'a, depuis, rien fait de mieux, en prose du moins; car l'auteur de *La Ville de Paris en vers burlesques*, Berthaud, dans ses chapitres intitulés : *Complimens des Harengères*, *Les Vendeuses de marée* et *La Vendeuse de pois*, a traité les mêmes sujets, environ vingt ans plus tard, avec une telle supériorité, que Vadé lui-même, dont les vers poissards ont fort injustement fait oublier ceux

de Berthaud, n'est tout au plus que le premier écolier de ce
poète. Il y a loin de là à dire, comme on l'a dit, qu'il avait inventé le genre; il l'a seulement remis à la mode, et avec
succès. Mais il n'a pas même été le seul, car les auteurs des *Ci-*
trons de Javotte, du *Goûter des Porcherons*, du *Poissardiana*
(celui de 1756), des *Amusements à la grecque*, tous écrits,
sauf le dernier, publiés dans le même temps et presque
dans les mêmes années que ceux de Vadé, peuvent, à certains
égards, revendiquer une partie de cet honneur.

Ce genre paraît n'avoir reçu son nom définitif d'*engueule-*
ment que vers le milieu du xvIII^e siècle. La mode en est de-
meurée jusque sous la Restauration. Mais le théâtre s'en était
fort étendu. Tous les ans, pendant les jours gras, des gens
déguisés en poissards et en débardeurs, et la mémoire bourrée
de tirades copiées dans les écrits de Vadé et de Lécluse, *s'en-*
gueulaient sur les boulevards, dans les cafés et dans les bals
masqués. Ce spectacle faisait peine à voir, surtout quand ces
misérables acteurs avaient oublié leur rôle et manquaient à
la riposte. J'en ai vu tirer leur manuscrit de leur poche et s'y
recorder à leur aise, au nez des badauds qui admiraient tant
de présence d'esprit.

Je ne sais jusqu'à quel point l'engueulement fleurit actuellement aux halles; je ne me suis pas senti d'humeur à en
faire l'expérience à mes dépens; mais j'ai ouï dire qu'il y
était aussi bien déchu; cela tient sans doute aux progrès de la
civilisation, qui se fourrent partout. Cependant mon humble
avis est que, s'il y a progrès, c'est du côté des acheteurs, mais
que les vendeuses sont restées ce qu'elles étaient en 1644, et
que, pour être plus comprimé, le ressort de leur langue n'en
est pas moins prompt à partir.

Dans la seconde pièce, deux fruitières, l'une d'un quartier
riche, l'autre d'un quartier pauvre, se rencontrent, et se font
des confidences sur la façon dont elles tripotent leur marchandise et trompent leurs pratiques. On y voit comment on
rend la purée de pois plus abondante, en y mêlant de la cha-

pelure de pain, et les épinards plus gras, en les hachant avec
des feuilles de poirée. Cela n'a pas d'autre intérêt, et manque
totalement d'esprit. L'auteur n'en pensait sans doute pas ainsi,
puisqu'il a signé son œuvre comme il eût fait une lettre :
« Votre très-humble et très-affectionné serviteur, LE BOITEUX,
dit le *Beau Chanteur.* »

Le patois de ces deux pièces est parisien par le changement
des sons *ai* en *a* pur ; *er* en *ar ; d* ou *t* suivis de deux voyelles
(comme dans Dieu, diable, tiens) en *gu* ou en *qu;* et il est
normand par la substitution dans quelques mots du son *è* à la
bivocale *oi.*

Agréables Conférences de deux paisans de Saint-Ouen et de Montmorency sur les affaires du temps. (1649, 1650. in-4°.)

J'ose dire que de toutes les mazarinades qu'ont enfantées la
Fronde et la minorité de Louis XIV, aucune ne peut être
comparée à celles-là par l'esprit qui y est répandu et par
l'agrément qu'on trouve à les lire ; aucune n'en a le sel si
foncièrement gaulois ; aucune n'en reproduit, même de loin,
ces traits de caractère goguenard et fanfaron, cauteleux et
insolent, brutal et fin, naïf et badaud qui sont particuliers au
peuple de Paris. Car, il ne faut pas s'y méprendre, bien que
les interlocuteurs de ces *Conférences* soient des paysans de la
banlieue, les auteurs qui les font parler sont Parisiens. C'est
l'esprit parisien qui, d'un bout à l'autre, anime le discours et
lui donne cet air aimable et franc que n'a pas d'ordinaire le
langage des paysans, même les plus naïfs. Les trois premières
ont charmé Naudé [1], bon homme il est vrai, et médiocrement rancuneux, mais judicieux et connaisseur ; et l'on aurait
la preuve qu'elles ont fait rire Mazarin lui-même, le roi et la
reine-mère, que cette preuve, selon moi, ne serait pas nécessaire pour en être assuré.

[1] *Le Mascurat*, p. 208 et 219.

Au fur et à mesure que j'examinerai ces *Conférences*, je donnerai le titre de chacune d'elles, ce titre n'étant pas tout à fait le même partout ; mais elles ont toutes les mêmes dialogistes, Piarot de Saint-Ouen et Janin de Montmorency.

I.

Agréable Conférence de deux païsans de Saint-Ouen et de Montmorency sur les affaires du temps. (A Paris, 1649. 8 pages.)

Janin et Piarot s'entretiennent d'abord du séjour, dans leurs villages, des soldats allemands, des Polonais de l'armée royale, et des dégâts qu'ils y ont faits : « Y gny avon laissé ne fric ne frac ; ce guiéble de Laveman, cé ladre de Polacre [1] avon mangé jesque aux tripe de nout asne qui avet le farcin. » Ils ont commis bien d'autres horreurs ; mais enfin ils sont partis et sont allés assiéger Paris. C'est le cardinal Mazarin qui les a fait venir pour se venger des Parisiens, parce « qu'il avon confrisqué s'n'office. » — « Hé, queul office avet'y ? dit Janin. — Je n'an sçay par ma fy rian, répond Piarot ; may je m'attan que c'est l'office de gran Marazin ou Magazin, tant y a qui l'aborire [2]. »

Janin raconte ensuite l'histoire des barricades telle qu'elle lui a été rapportée par le procureur fiscal de Montmorençy. L'épisode de la fuite du chancelier Séguier lui fournit cette remarque : « Le chansilié, hélà ! stila qui boutte les bignets [3] su cé contras, la failli, sditi, belle ; quer y fésy passé son coche par dessu une baricadre ; n'an criy haro su ly ; fallu qui se cachi (Dieu beni la Crétianté) révérance, dans le privé, et que tou lé seigneux du Rouay le vinssien requéri tou breneux. » C'est aussi sur le rapport du procureur fiscal qu'il

[1] Allemands et Polonais.
[2] Abolirent.
[3] Les sceaux de cire, qui ressemblent en effet à des beignets.

donne le récit de l'arrestation de Broussel, de sa mise en liberté et de son triomphe.

Pour n'être pas en reste avec son compagnon, Piarot allègue
son curé, celui de Saint-Ouen, qui, dit-il, « nou conti tout l'histoize » de l'enlèvement du roi, de la prise d'armes des bourgeois, dès qu'ils en surent la nouvelle, de la bravoure déployée
contre les troupes royales par « cé guièbes de badaus de Pari-
sians; » car, « y frappan queme dé sour, y tuan dé Pouronais
queme d'outre z'homme, » guidés par monsieur de Beaufort
« qui chasse tou cé Laveman devan ly queme dé brabi. » Janin
ayant observé que le coadjuteur en était aussi, Piarot lui
demande :

« Qu'esty, ce Couarjuteu? — JANIN. Ardé, cesty-là qui hériteza de là charge
de Monseu de Pazi. — PIAROT. Ha voizeman, j'ay ouy dize qu'il a offar
d'exortizé le Cardena, car n'an di qui l'est poussédé du marquis d'Ancre.
— JANIN. Hé, où ai-ce qui l'exortizera? — PIAROT. Dan Noutre-Dame de
Pazi. — JANIN. Hé, qu'en fera n'en après? — PIAROT. N'an l'envoigera à
Roume, à noute saint Père le Paple, pour obteni son excomication, et pi
n'an fra la paix par toute la Crétianté; car n'an di que l'erchiduc Liopo
est venu à Pazi aveu pu de cens mil hommes. — JANIN. Qui guièble est ce
Liopo? Je m'attan que c'est un Sararin. — PIAROT. O! tu l'as di, c'est le
rouay du Pahis-Bas. — JANIN. Hé ban don, qu'esty venu faire ce Liopo?
— PIAROT. Dame, y l'est venu faire la paix aveu le Parleman pour allé
rebouté le prince de la Galle [1] dan son riaume. Tu sçay ban que cé
guiébles de Milour avont coppé le cou à Monseu son père. Ce damné de
Farfer, di-je Forfaxe, y dizet qui le voulet reboutre dan son troune. Y
fesy bâti un gran thiâtre devan Noutre-Dame... y bouty le rouay sur ce
thiâtre; may tandy qui ly boutet sa courone, un lomé, aye! un lomé,
attan, je l'ay sur le bou dé deus, Grogne, di-je Groumelle, ly abaty la
teste par drière. »

Et voilà à quelle sauce les badauds de Paris accommo-
daient alors l'histoire! Ils n'ont guère amélioré depuis leur
cuisine.

La Conférence finit par des vœux en faveur de la paix, après
quoi Janin et Piarot vont au cabaret. Leur dépense s'élève à

---

[1] Le prince de Galles.

six blancs que la ménagère de Janin lui avait donnés pour acheter une falourde. Mais « ne vaut'y pas mieux, dit Piarot, se richauffé le dedan que le dehour? »

II.

Suitte de l'Agréable Conférence de deux païsans de Saint-Ouen et de Montmorency. Par le mesme autheur. (A Paris, 1649. 8 pages.)

Janin est allé à Paris. Après huit jours d'absence pendant lesquels sa femme Parette, ses enfants, ses amis, tout le village enfin l'avaient cru mort et pleuré, il revient sans s'être fait annoncer. Son cousin Tallebot, qui l'aperçoit de loin, court aussitôt en porter la nouvelle au village. Une foule de peuple, marguilliers en tête, vont à sa rencontre; on l'entoure, on le complimente, on le fait asseoir sur le banc des plaids; on lui demande des nouvelles. Janin se raffuble, se reboutonne, retrousse son chapeau, et, poussant un soupir à faire moudre un moulin, il commence en ces termes :

« N'an d'y ban vray : qui péche et ne s'amande, à Gieu se requemande, quer, queme dy l'autre, entre le pla é lé dans y li arrive ban des accidaus. May quoy! nul ban san pène, nul jouâ san amartume, et nul rore san épaine. Dame, j'on veu dé marveille, mai pal ranguié, y me coûte bonne. Mai quoy! jamai paresseu n'a belle éculée. »

Ce début solennel et à la Sancho est gros de promesse ; mais l'auditoire ne sera pas déçu.

Janin raconte alors que, dans le trajet de Montmorency à Paris, il manqua d'être pris par « dé quevaliers à pié et à chevau, » mais que, grâce à son grison, il échappa au danger. Arrivé dans le faubourg, il reconnaît bien vite qu'il est tombé de la poêle au feu.

« Un çartain quidam, dit-il, me criy de ban loen : Qui va là? demeuze là. Je pension qui se goubargeay de nout cour. Quemande à té valais, ly di-je. — Si tu ne demeuze, je te tizezay, sdity en couchant s'n

arme. — Voueze, sly dize, faudret q'teusse un ban lon crouchay. — Demeuze là, sdity; je te tizezay, je te tizezay : une fouay, deu fouay, pouf!...
Vlà mon chapiau qui me démantiza, si je ne dy vray. »

En même temps il montre son chapeau percé en deux
endroits. Le chapeau passe de main en main, et, lorsqu'il
eut fait tout le tour de l'assemblée, Janin le remet tout glorieux sur l'oreille, et poursuit son récit :

« Enfen pourtan j'en feume quitte pour la trauée[1]. Nout grison l'u
belle, qui se bouty à braire si hou que tou lé soudars s'amassiron viron
nou, pou nou fare niche. Le Courpoura arrivy qui nou fit prenre nout
asne et mouay, disant que j'avion vlu forcé le cour de garde, et nou fy
mené à l'Outay-de-Ville. »

Chemin faisant, Janin remarque que rien ne paraît changé
dans Paris, qu'on y va et vient comme à l'ordinaire, que les
boutiques de bouchers et de rôtisseurs y sont ouvertes.

« Enfen, an y di Vaspres, la grand Messe, et la Précation, queme n'an
fezet, y glia un an. » — « Voueze, interrompt Thibaut, baille-ly belle; la
queue ly pu. N'an y vouay de la ché cruë et rotie an caresme? Si vous le
laissé dize, y vou barra ban dé canar à moiquié[2]. » Janin repousse avec
hauteur ce doute impertinent : « Je sçavan ban ce que je dison; je ne
somme ni fou, ni sou, ni estourdy. » Et il offre ses preuves.

Arrivé à l'Hôtel-de Ville, il laisse son âne au bas de l'esca-
lier, « à caure qui ne pouvet pas monté lé zedegrés, » et
il monte seul. Mis en présence d'un échevin, ce magistrat lui
demande qui il est. Mais il est « si parturbé » qu'il ne sait
que répondre. Cependant « le Léchevin fu si afflable qui le
renvoyi sain et sauf. » De là Janin se rend chez un procureur « à qui, dit-il, j'on, la Guieu grâce, norri l'enfant, » et
dont la femme « ly fezy grise maine. » Mais elle devint tout
aimable, à l'aspect d'un sac de farine que Janin lui apportait.
Janin logea dans la maison où, dit-il, il fit maigre chère.

---

[1] Trouée du chapeau.
[2] Vendre des canards à moitié, c'est-à-dire mentir, en donner à garder.
« Vendeur de canards à moitié » dans Cotgrave : *a cousener, guller,
cogger, lyer.*

Une fois à Paris, Janin dut prendre le mousquet, comme tout le monde. Mais la première fois qu'il fit usage de son arme, il se brula le museau, en soufflant sur la mèche.

« Dame, ne vous despiaise, dit-il, je tombîme m'arme d'un coûté et mouay de l'outre, aveu lé douas et le grouin grillés queme la piau d'un gouret... Je feume proutan à la garde... N'an me bouty en fraction... Son lé mouts de l'ar, c'est à dize en santnelle... N'an me bouty don su Pti pon... Mai après ça, y me prény une si gran envie de repouzé que je m'acouty su le bor du pon pou dozmi. Mai je n'avais pas encor presque clos l'ieu que ma miche me brûli si ban lé douas que je laissy chouar le mousquet dan le foussé. Dame, je failla ban a me rompre le cou pou l'allé ravoindre, et sy encor y fallu me deschoussé pour le ravar, quer il étet cheu dan une mare. Là dessu, le courpoura arrivi pour me faize relevé de fraction; vlà le mou de l'ar. É queme y ne me trouvy poen où y m'avet bouté, y regardy en bas au bri que je fezas en patrouillan dan le fousssé : Qui va là? sditi. — Ian, c'est may, sly di-je, qui pêche m'n arme. Sla le fezy rize queme un fou. Mai proutan y fallu avoir le mozillon [1] pour ma peine, è demuzé tout la nit sous l'zarme... Mai tou ça ne son que dé rore; j'on été à la ptite guarre, quan n'an fu cry du blé à Gounesse. Je fu 'dé premié à y allé é dé drenié a reveny. J'avai une bonne maine de faraine qui m'avet coûté si bon fran, su le dou de nout grison; mai quan n'an vint à crié : gare l'arrièze-garde! ne vous despiaize, je placqui la nout asne é son fardiau, é je me bouty a fui queme si j'usse le fu au cu. La pore beste espeutée se laissy chouar dan un foussé, et j'us le crève-cœuz de ly vouar coppé lé jazais, é prenre ma faraine par cé guiébes de Marasins. »

Au récit de la mort de l'âne, « il se fit une lamentation universelle de toute la famille. » Janin, versant des larmes, lui fait une courte et touchante oraison funèbre, après quoi il achève le récit de son odyssée :

Il a été au camp de Villejuif; il a entendu « pté le salpastre; » il a vu M. de Beaufort « qu'a lé cheveu blon queme un bassin à cuir dé tripe; » il a parcouru le camp, visité les lignes, les tentes, etc. Rentré à Paris, il a vu sur la place Royale plus de vingt mille cavaliers; il a été au palais, d'où

---

[1] Espèce de punition militaire qui consistait en coups de hampe de hallebarde ou de crosse de mousquet sur les fesses du soldat.

les procureurs et les avocats étaient absents et remplacés par des « soudars ; » il a été témoin du retour des députés de Ruel, et de l'arrivée du courrier de l'archiduc Léopold.

« Enfen, ajoute-t'il, je n'en fusse jamais revenu, san ma pore Parrette à qui je songeans une foas le jour. Tant y a, me v'là revenu sain et sauf aveu tou mé mambre. Mai palsanguié, c'est trop jazé sans boize ; si v'sen vlé davantage, faite tizé chopine cheu Jaquet. »

III.

Troisiesme partie de l'Agréable Conférence de deux païsans de Saint-Ouen et de Montmorency, ou la Rencontre et Dialogue de Piarot et de Janin. Fait par le mesme autheur de la première partie. (A Paris, 1649. 8 pages.)

Le voyage de Janin à Paris a excité l'émulation de Piarot ; lui aussi a senti le besoin de se signaler par quelque prouesse, et il est allé à Saint-Germain. Il en revenait lorsque Janin le rencontre, et, lui trouvant l'air tout effaré, lui demande ce qu'il a et d'où il vient.

« PIAROT. Ha, d'où je venas ? Dame, dame, je venas say-tu ban d'où ? —JANIN. Hé, d'où encor ? — PIAROT. Ha, devine d'où je venas.— JANIN. Hé, d'où venas-tu ? de Nantarre ? — PIAROT. Ho, que tu ni es pas ; c'est ban pu loen. — JANIN. Hé, d'où guiébe venas-tu don ? de Rouel ? — PIAROT. Ho, c'est ban par delà. — JANIN. Par delà ? tu venas don d'Argenteuil ?— PIAROT. Ho voize, c'est ban oncor pu loen. — JANIN. Hé, d'où san (cent) guiébe venas-tu don ? Jarnicoton, tu me fras bigoté. — PIAROT. Ho ban, tu le quitte donc, n'es-ti pas vray ? — JANIN. Hé oui, morguienne, je le quitte ; si tu ne dy vîteman, je te pomeray la gueule. — PIAROT. Tou biau, Robar, tu casseras ta pipe ; aga, tu te boute en éceume. — JANIN. Hé, di don, bougre, dy, ou que le guiébe t'emporte ? »

Après s'être ainsi fait un jeu de la curiosité et de l'impatience de Janin, Piarot finit par dire qu'il vient de Saint-Germain. Il y a vu le roi, la reine-mère, Monsieur d'Orléans, « le bon seigneur, » Monsieur le Prince et Mademoiselle d'Orléans.

« Tel que tu me vouas, le rouay a craché su mon cappiau. Ha, reguette putó, vlà encor son crachat; je ne vourais pas l'outé pour ven francs. »

Il a vu aussi le cardinal. Il a été bien tenté de le « groumé et de se jeté sur sa friperie; » mais son « bon lange » l'a retenu, lui disant :

« Arreste, Piarot, que guiébe veu-tu faize ? Guian, tu n'es pas icy su ton paillié. » — « Dame, dit Piarot, je renguaini ma coulèze ; je le laissi passé san li mo dize, é si encore j'anduzi qu'un de sé laquais me donni une bonne taloche, à caure que je ne l'avas pas salué. »

Mais il se promet bien, à la première occasion, d'être plus brave.

Le cardinal, selon lui, veut se venger du Parlement qui a confisqué et fait vendre ses meubles ; cependant il fait bonne mine à mauvais jeu. Deux ou trois fois déjà il a voulu décamper, mais il est toujours resté. Aussi M. le Prince ne déposera-t-il pas les armes « tant que le cardena sera cardena. » M. de Beaufort l'aurait déjà appelé en duel, si ledit cardinal n'était un vilain, fils d'un père qui a été savetier. Cette sortie contre Mazarin rappelle à Janin les nombreux libelles dont le cardinal était l'objet, et que lui, Janin, avait entendu « gueuler dans Pazi. » Parmi ces libelles, il nomme leurs *Conférences* :

« Tu te souvans ban quan je te rencontry une foas tou viron viru de la gran Margot, j'en contème dé pu mure. Palsanguié, il me sembe qui gniavet cor de crétian aveu nou ; pourtan, cé guiébe de Paririan avan moulé, tou nout proupou ; y gueulan parmy lé rue : *Vlà le Dialogre ou la Confrairance de Janin et Piarot su les affaires du temps.* Je ne sache pas qui guiébe nou sacoutait, mai c'est nout proupou tou craché. »

Piarot s'indigne contre cette indiscrétion des badauds de Paris qui se moquent des gens de village, qui croient tout savoir, « é ne sçavan pas seulement queme n'an fet le pain. » Mais Janin observe qu'ils le savent bien au contraire, à présent que tout le monde, même les procureuses, est obligé de mettre la main à la pâte.

Et puisqu'il a nommé les procureuses, il raconte que pendant qu'il logeait chez celle dont il avait « norri l'enfant [1], » et qui demeurait rue Quincampoix, elle avait fait accroire à son mari, qui avait l'habitude de se faire remplacer à la garde par son clerc, que ce genre de remplacement était désormais défendu, et que chacun devait monter sa garde en personne, ou payer une amende. Le procureur, d'autant plus crédule qu'il était plus avare, donna dans le panneau, et céda aux observations de sa femme plus docilement qu'il n'eût fait à l'appel de son sergent-major. Le voilà donc parti.

Mais quand la nuit fut venue,

« La proculeuse fy huché le clar é li di : Robar, y fau qu'ous couchiais dans ma chambre, quer je sis pieureuse, depi que ma mère est morte... Mai c'est à la charge que vou ne me réveillerais pas. Guian, y ne la réveilli pas, quer y ne cloirent pas l'ieu tant que la nit fu longue ; tandis que le proculeux faiset santnelle à la porte Saint-Martin, pour attrapé dé roupie. »

Cette confidence, comme on le verra ailleurs, coûtera cher à Janin. En attendant, elle fait rire l'auditoire aux dépens de « cé pore coupeaux » de Paris. Janin finit en demandant à Piarot ce qu'on disait à Paris de l'archiduc Léopold. Piarot répond que le bruit court qu'il est venu pour épouser Mademoiselle, mais qu'elle est promise à M. de Beaufort ; que celui-ci a écrit à l'archiduc pour lui demander compte de ses intentions, et « qu'il vara dan la place riale devan messieu du Parleman, à qui l'emporteza. » Sur cette belle nouvelle, Janin et Piarot se quittent, en échangeant des civilités trop ordurières pour être racontées.

---

[1] Voyez la *Conférence* précédente.

IV.

Suitte et quatriesme partie de l'Agréable Conférence de Piarot et de Janin, païsans de Saint-Ouen et de Montmorency, sur les affaires du temps. Par le mesme autheur. (A Paris, 1649. 8 pages.)

Janin accourt vers Piarot en criant : A l'aide ! au voleur ! au meurtre ! je suis mort ! Piarot effrayé lui demande à qui il en a. Mais Janin est encore trop ému pour répondre ; il a besoin de « rassire un tantay sé zespri, » après quoi il s'écrie :

« Ha ! morguienne, Piarot, jamas je ne fu à tel nouce. Aga, quien. Je venas sans penser à nu ma, porté dé zeux plein un pagnié tout fras ponu, cheu nout proculeux, pour l'y demandé nos reux de Pasques, queme j'avan tourjou apprins. J'ay buqué tou belleteman à s'n huy ; sa minagèze a demandé : qui est là ? — Ouvrez, sly ai-je réponu, c'est Janin de Moumorancy. Al a ouvar l'huy tou de gran, é comme je l'y faisas le pié de viau, al m'a déclaqué une grande plamuse su la bouffe, en me disan : Comman, impudan, oze-tu ban veni encore sians, après m'avouar oûté l'ouneuz ? Ho, ho ! vilain maroufle, tu di que j'envoie mon mazi en seutnelle, pour coucher aveu nout clar ; par sainte Barbe, tu le poigeras. — Qui a t'y là ? sady le proculeux, l'autandan glapy queme une trouye. — Tené, sa-t-elle réponu, mon fy, vlà stila qui di que je t'ay fait cocu. — Est'y vray ? — Oui, le vlà ce plaplié qui di pis que panre de nou, après avoir mangé nout bian. La dessu, le proculeux a print un manche à ramoné, é m'en a ramouné le coûté, tan que je sis cheu par tarre tout étarny. J'avas biau crié : Ha ! s'nest pas mouay ; vous estes un houneste homme ; ça est faux, je ne l'ay pas dy ! enfen y m'avan bouté dehour à cou de baston. »

Piarot le raille un peu : « Taitigué, tu fesas tant le michan, é tu t'es coume ça laissé groumé ? » Mon Dieu oui ! Et le même Janin, toujours prêt à faire blanc de son épée, va tout à l'heure encore attraper des horions, dont il cherche vainement à détourner une partie sur la tête de Piarot. En attendant, Piarot raconte à Janin que, plus heureux que lui, il a

assisté au *Te Deum* ; qu'il y a vu « Monseu le Parleman, lé Léchevin , lé Quatredenié é lé Sidenié [1]. » Le roi n'y était pas,
mais il y viendra, quand « y revarra à Pazi, à la Quasimodo,
quan sé biaux zabis seront faits. » Quant au cardinal, il restera dans les faubourgs , ne voulant pas rentrer dans Paris,
« qui n'ait bâclé la paix avec ce Liopole. » Alors on mariera
ce prince avec Mademoiselle , et « n'an la lomera la Reyne
du Pays-Bas. » Tout à coup il s'interrompt et dit : « Mai aga,
quien, qué que gueule stila ? »

LE GAZETIER.

C'est la troisiesme partie de la Conférence de Janin et de Piarot sur
lez affaires du temps.

JANIN.

Hé ban, Piarot, en veux-tu de pu sèche ?

LE GAZETIER.

C'est une des grotesques pièces et des plus naïves du temps.

PIAROT.

Baillon-li su la gueule, tandis que je le tenon. Parle, hay, counais-tu ban
Janin é Piarot ?

LE GAZETIER.

Nenny, mais je connais l'auteur qui a recueilly fidellement tous leurs
discours.

JANIN.

Morgué, t'a manty par ta gueule, é li ytou, quer y gn'y avet âme de
crétian aveu nou, bourmy nout chien Trouspet. Quien, reguette-moy ban,
teul que tu me vouas, je sis Janin de Moumorancy, é stila que tu voas
aveu son pourpoin vioulet, c'est Piarot de S. Oüen.

LE GAZETIER.

Parbleu, voilà deux hommes de bonne guette.

PIAROT.

Jarnigué , Janin , groume-le moy come un chian ; y se goubarje de
nou.

JANIN.

Hé là, coumance , touay , boute-le mouay par terre, é laisse faize à
George.

[1] Les Quarteniers et les Dizainiers, officiers de la ville de Paris.

PIAROT.

Hé, morgué, touay qui a été soudar, va-t'en l'arcelé ; si tu n'es pas assez fort, je te revanchezai.

JANIN,

Ho, parguienne, je n'ouzezais ; je si encor tou parclu de mé mambre ; je n'ay pas le couzage de framer le poen.

PIAROT.

Pargué, coumance si tu veux ; j'ay trou peur de ma piau.

LE GAZETIER.

Attendez, je vous vas tirer de différant. Qui est-ce qui s'appelle Janin de vous deux ?

PIAROT.

Le vla, cesti.

LE GAZETIER.

Eh bien, tiens Janin, voilà pour commencer.

JANIN.

Ha , morgué , j'ay le luminaize égaré ; à mouay, Piarot , revanche-mouay.

PIAROT.

Jarnigué , revanche-tay , s'tu peu , je ne soume pas icy su nout paillé.

JANIN.

Haye, haye , ou secour ! N'an m'assoume. Ha, morgué, Piarot, tu me laisse coume ça groumé, é tu ne me revanche pas ?

PIAROT.

Allon, jarniguié, où est'i ? où est'i? qui l'i vienne.

JANIN.

O voise, ma fouay, il est ban loen. Ha, morguienne, je ne feray biau fait d'annuy ; je si tou hérinté.

PIAROT.

Par saint Oüen , il a ban fait de faire gille ; e l'i auras fait une far-nestre à la teste atou ce cayou.

Heureusement pour lui, le gazetier était déjà trop loin pour entendre ces dernières paroles. Quant à Janin, il continue à fanfaronner, et parle même de son épée. Mais sa femme se moque de lui, et, lui retirant son arme, l'engage à laisser là cette « queue de pouale , » s'il ne veut pas qu'on vienne le

prendre et l'enrôler. Puis « al se boute à braize si pitiable-
ment, » que Janin n'ose pas lui reprendre son épée, « de
peur de gasté son frui ; quar al est grousse de cinq mouas é
demy é troas jours. » Il prie Piarot de lui payer pinte « pour
le ravigoté. » Piarot résiste, parce qu'il a besoin de son argent
pour payer le receveur ; mais sur la remarque de Janin
« qu'nan ne poigera poen de taye ce quarquié, à caure que
cé Pouronais avan tou ravagé, » il cède, et dit :

« Jarny, tu me taute ban ; noute fame me mangeza à belle deus. —
JANIN. Hé ! qu'importe ? Hé ! ou o (ouit) bau un asne braize. — PIAROT.
Allon don ; c'est à faize, à dize *Ora pro nobis.* »

V.

*Cinquiesme partie et conclusion de l'Agréable Conférence de
deux païsans de Saint-Ouen et de Montmorency, sur les
affaires du temps. Par le mesme autheur.* (A Paris, 1649.
11 pages.)

C'est le récit de l'ambassade de Piarot à Saint-Germain. Il
avait été député par les habitants de Saint-Ouen vers le roi,
pour faire des remontrances à Sa Majesté, au sujet des articles
de la paix. Il raconte à Janin comment il s'est acquitté de sa
commission. Il parle avec prolixité, mais avec quel esprit,
quelle verve, quelle franche et malicieuse bonhomie ! Il faudrait citer tout ; mais on peut du moins en citer assez pour
mettre le lecteur à même de juger en pleine connaissance de
cause et de prononcer. Il y aura quelques passages, quelques
termes un peu lestes, je gazerai ceux-ci [1] et supprimerai
ceux-là, en marquant par des points les lacunes. Je ne veux
pas que le lecteur, après avoir lu et ri, se dise :

Sensi me totis erubuisse genis. (OVIDE.)

Janin rencontre Piarot au moment où la procession sortait
de l'église : « Tredame, Piarot, lui dit-il, c'est don tay-mesme ?

[1] Les mots que je substituerai seront en italique.

Parguié, tu ressembe nout tabrenaque, n'an ne te voua que
lé boune faste. » Piarot répond avec hauteur : « Je ne some pu
Piarot, je some monseu le dépité ; j'on parlé au Rouay bec à
bec. » Ainsi rappelé au respect, Janin invite Piarot à entrer
chez lui, où, pendant qu'il le régalera d'un pot de vin et lui
« baillera d'une éculée de tripe par la gueule, » Piarot contera
son histoire. On sait et on a déjà vu que Piarot aime à se faire
prier ; il n'y manque pas cette fois encore, et finit par impatienter son hôte.

JANIN.

Malpeste, queme tu gouge ¹; n'an ne serret (saurait) tizé une boune
parole de touay.

PIAROT.

Ian vouy, je ressambe nout sansounay, je ne sezais (saurais) chifflé si
je ne sis soû. Allon, à ta santé !

JANIN.

Gran ban te fasse ! Hé ban, es-ce tantou fay ? Jazezas-tu à la fen ?

PIAROT.

Ho ça, ça, quemançons asteur ; nou v'la tanto ban. Enfen don, j'on esté
dépité, j'on parlé au Rouay, j'on deiné à sé dépens, é j'on évu de belle
parole de ly. Mai je ne say par où quemancé ; attans, nous y vlà sans
choussepié. Te souvans-tu pas ban du lendemain, du lendemain de la
veuye de Pasqles ?

JANIN.

Guian, y man doua ban souveni ; je fu guiébement savouné.

PIAROT.

Hé ban, n'importe ; c'est une tache d'ouile ; ça s'en va à la leussivure.
Mai tu say ban que je revinme ensembe jesque dans noute vilage : bon
jou, bon soir ; je ne say san que tu devins. Je m'en alli sous l'orme, où je
trouvi nout vilage amassé, qui m'attendien pour var lé zerticle de la paix.
Dé que je fu venu, n'an le baiy à luise (lire) à Colin qui lui (lit) queme un
ange, quer y chante l'Eupitre queme un enragé. Quau y leust luy (lu) tou
dépi un bou jesqu'à l'outre, vlà tou le monde qui se boute à marmuzé

¹ Tu fais bien de l'embarras, bien des manières, pour une chose toute
simple. De *gouger*, travailler avec la gorge.

22

(murmurer). Voize, diset l'un, vlà ban opézé; je some ban planté pour ra-
vardi; nou vlà tretou oussi gras que de l'iau. Queman, queman, s'disct
l'outre, ne vlà-t'y pas la taye à cu? Morgué, je n'an poigeron poen ce quar-
quié-cy.— Ban antendu, s'ly di-je, quer j'ay beu l'argent de mon viau; je
n'en poigeray poen. — T'y es; lais-t'y (laisse-t'y) chouar, s'dit le receveux; s'tu n'as poen d'outre chifflet, ton chian est pardu; n'an ne t'en
rabattra pas une oborle. Lui (lis) ce placart tou ton sou; si tu l'i trouve, je
veux que n'an me péle la berbe. Enfen, je feme luize é reluize, é à la parfen
n'an conclui qui n'an jazet rian, et qui diset an seuleman que le Rouay
en fezait s'n'information pour y prouvouar selon Guieu é rairon. Là dessu,
n'an tin consey, é n'an régoulu qui faillet éluise deux dépité pour allé
faize leu harangle au Rouay, pour ly prêché nout misère, é ly démandé
la rémission de la taye pour la moiquié d'un an. La dessu, y fu quesquion
de lé lomé é de choizi lé pu caplabe. Morgué, je quemance à me cazé à tou
mon biau pourpoen violet, à rebroucher mon cappiau é ma moustache,
é bouté la main su lé rognon. Guian, n'an ne targi (tarda) guèze à m'é-
uire aveu courain Guillot, aveu qui j'on été margouillé dan noute pa-
rouesse, afen de party; é quan? le lendemain, drés le poitron jaquet.
Dame, tan que la ni fu longue, je ne cloi par l'ieu; je ne fezas que ruminé
à par mouay la belle emblème que je devas faize au Rouay. Enfen, drès
que le jour luisi, je fi bouttre un biau bast tou clinquant neu à nout
juman. Là dessu, le guiébe me tenti de bouttre dé botte de couir, une
foua en ma vie. Nout greffié m'en pretti de vieille boucanée, é dure queme
du fé (fer). Guian, y fallu ban dé machène pour en choussé une; enfen,
al i entri. Mai quan ce vin à la jambe gouche où j'ay évu, grâce à Guieu,
lé lous, je pansy reguié ma vie, quer, n'an me déclaqui la cheville du pié,
é si je ne peume jamai en veni à bou. Là dessu, n'an voulu déchoussé
l'outre; mais ce fu ban pi; n'an me fi crié lé hau cri. Le courain Guillot
s'avisi de la couppé sur le coudre du pié; mai en la voulant fandre, y me
fi une grande balafre sur la jambe. Y faillu eufen la laissé, é bouttre une
guestre à l'outre jambe. Nou vlà don mouté à chevau su nout juman; le
couriu Guillot se boutti su le bast; je me plaqui drière son cu. Mai ce
fu ban pis, nout fieux Jaquet se bouti à braize queme un anragé qui, vlet
var le Rouay; le courain ne le vlet pas; mai nout Parette fési si ban
qu'alle le fési grimpé su le crouppion de nout beste. Nous vlà don partis,
montez queme dé Sain George. Mais je n'eume pas fait ven pas que nout
juman qui est un peu quenteuse, sentant Jaquet qui li chatouillet le
drière, fi une cabriole é nous plaqui tous tras dans une maze. Morgué,
j'étas pis qu'anragé de var mé biau zabis tou fangeux; y faillu nous dé-
pouillé nu queme la main pour séché no bardre. Stapendant, je consul-
tion su qualle voatuze j'yrion à Sain Gearmain; Guillot vlet pranre
s'narme; mais nout greffié li di que n'an se moquezai de li, é qu'nan le

pranrait pour le dépité de Vaugirard [1]. Là dessu, je me ressouveni que lé dépité du Parleman y avient été en coche. Je m'avisi don d'allé nout jumau à la charrette à Georget; j'y bouti une belle couvartuze varte, é je montime tou deux dedans, é nout fieux Jaquet su la beste. Guian, y nous feset biau var allé queme en triomphle! N'an nous conduisi jesque au chemin de Suresne, é pis je feume à la grâce de Guieu. Quand je feume à mi-chemin, je m'avisi de demandé au courain Guillot san qui vlet dize au Rouay. — Morgué, s'dit'y, parle s'tu veux; guiébe m'emporte si je di un petit mot.— Parguienne, s'ly dis-je, s'tu ne jaze, je ne dizay rian.— Jar-nigué, s'dit'y, c'est tay qu'an a lomé le primié; y faut que tu chante ton ramage. Dame, ça me bouti ban en transe, quer je ne m'attendais pas de jazé tout seu. Enfen pourtant je m'enhardissi, é je di en par mouay: Morgué, Piarot, de quay as-tu peu (peur)? T'as ban parlé à dé Préridan, é t'as peu de parlé au Rouay? A-t'y pas dé zoureilles queme tay? Oncor ne sont-elles pas si grandes. Va, di tou san que t'as su le cœur; t'es pu sage que tu ne panse. Pargué, je devin tout à cou régoulu queme Bertol [2]. Mai pourtant, afen de n'estre pas pris sans vart, je m'avisi d'arté (arrêter) nout charrette; je dévali aveu nout fieux Jaquet, é ly dit: Jaquet, pran que tu sas (sois) le Rouay, je m'en va te faire m'n'emblesme. Y se plaqui dòn su son cu, é mouay je m'en vins li faize le pié de viau. Je me deffuli é li ytou, é pis je li di sans cézémonie: Monseu le Rouay, reboutton nout cappiau.— Voise, s'dit Guillot, Monseu le Rouay: vlà mal débuté.— É queman don, s'di-je, Monseigneur?— É, grousse beste, s'dit'y, sai-tu pas ban que n'an le lome Size? — É ban, Size, s'dis-je, pisque Size y a, je some le dépité de vout boune ville de Sain-Ouan. Cé badaux disan que c'n'est qu'un vilage, mais is avan manty par la gueule, quer al a d'oussi bon mur que Pazi. Enfen, pour reveni à mon conte, y nous avan mandé pour dize que v'n'avé que faise de v'sy attanre; quer vos soudars lez avon si ban étrillez qui gn'a pu que frize prou vous. Y zavan gouspillé, gasouillé lé

---

[1] Et sur cela monsieur Launé,
Conseiller docte et très-bien né,
Fit une harangue assez belle,
Après qui faut tirer l'échelle:
Ah! dit-il, messieurs les filoux
Se peuvent unir contre nous;
Les larrons s'entendent en foire,
Les laquais vont ensemble boire;
Vaugirard a ses députez
Qui ne sont qu'un, tous bien comptez.

(Le Courrier burlesque de la guerre
de Paris, IIe partie.)

[2] Résolu comme Barthole, c'est-à-dire déterminé. Proverbe détourné de son vrai sens, car il se disait d'une question dont la solution avait été donnée par le jurisconsulte Barthole.

ban de Gieu, fait dé malebosse é dé bègnes à leur houtes, é fait pu de trante
violle ; témain la fille à Gariau. Al n'a poen fai biau fai depi s'tan-là...
Asteur, al est tout en chastre. En boune foua, Size, vous ne la recounais-
triais pas. Mais y l'y en a bon d'outre. Georget en avet deux antechris [1]
cheu ly qui vlien *faire violence* à sa minagère ; morgué, queme y vire
qu'a feset la defficible, y li dire : Palsanguié, s'tu ne fai nout plaisi, je
bouttron to viau à la brouche. Ça lé fézi passé à leu conscience, quer y
vallet quinze bon fran. Georget se boutti à juré Guieu que n'an ne le fesoit
poen coupaux, é qu'il aymezait pu mieux avar pardu la vache ytou. Y
lavien derjà jetté le viau par tar pour l'égourgé ; mais Alix se boutti à crié :
Hé, morgué, Georget, laisse-lé faize, tu n'en sezas ni pis ni mieux ;
quinze fran sont'y pas bon à gagné ? Parguienne, y se ravisi à racheti
son viau pour sa fame. Enfen gn'ia pas jesque à mouay qui n'ayen
fourcé ; y m'avan rendu rouffian maugré mé dan. Je ramenas nout bour-
gease de Pazi à la Baze [2], à caure dé soudars ; al avet bouté un covreché
pour se déguiré. J'étion tou viron viru de Sain-Denis, quan je vîme environ
nou tras quevalié à chevau. Dré qu'a lez avisi, al me dit : Piarot, je some
pardu, s'tu ne dis que t'es mon mazi. Là dessu, le primié s'en vian tou de
gau me bouté s'n'arme entre lé deu rieux, en disan : Où mène-tu s'te p...
là ? — Morgué, Monseu, sans v's'offansé, c'est ma fame. — T'a manti,
s'dit'y. — C'est vout grâce, s'li dis-je. — O ban, s'dit'i, pisque c'est ta fame,
y faut que *tu le prouves* tout asteure. Je voulas faize le réti, mais y me
cogni le nez aveu s'n'arme, en disan : T'es mort s'tu ne la jette par taze.
Pargué, je ne me fezi poen tizé l'ouzeille... Al me diset tou bas : Piarot,
pran garde à san que tu fais... Je m'arêti tou court pour songé en part
mouay si j'yras tout à bon. Mai queme j'avisi le pistolet aveu le croupi-
gnol su la poussière : Morgué, s'dis-je, pisqu'y piaist à cé messieux,
soit !... Guian, al en eu pour sé neu moas.

Ys avan fai une farnestre à la teste du pore Tienet, à caure qui ne leu
vlet pas fricassé dé pié de pourciau à la sousse Robar. Enfen, y z'on beu
nout vaen, mangé nout blé é nout salé, é vollé tou l'argen que j'avian
amassé pour la taye. Qui ly venien' asteur, vo receveux ! y tizezaient
putost de l'ouile d'un cayou, quer n'an nou pandezait asteur pour un peti
degnié ; teuleman que, Monseu, je veux dize, Size, si vous piaizait nous
déchargé de la taye, du tayon é de la sustance seuleman pour demi-an,
vous feziez bian ; quer j'en on bon beroin. Outreman, je vous larron no
mairons à la bandon, é j'yrou dan lé boua queme dé lou garrou. La dessu,
je li fési la révézance, é Guillot é Jaquet fésire pus de tras sègne de

---

[1] C'est ainsi que sont appelés dans nos *Conférences*, et dans d'autres
mazarinades, les soldats de l'armée royale.

[2] La Barre, village voisin de Montmorency.

crouas, disan que j'avas mieux prousné que nout cuzé. J'achevème don
nout viage, é je feu gîté à Sain-Gearmain. Le lendemain, je me boutti su
ma boune mène, é je dis à Guillot : Laisse-mouay dize, é fais tou san que
je fezai, quer tu ne say pas ton mondre.— Où va-tu ? s'dit l'erché du Rouay.
— Guian, je veux parlé au Rouay, s'li di-je. — E qui es-tu ? s'dit'y. —
Tredame, s'li di-je, je si le dépité de Sain-Ouan. Là dessu y se boutti à
rize queme un fou, é nous conduirit jesque dans la chambre du Rouay.
Guian, je fus tou ébaubi de le var, quer y tréluiset tou d'or. Je m'avansy
pourtant pour li faize la révrance, mais ce fu ban le guiébe ; je m'embar-
rassi lé jambe dans l'épée d'un courtiran qui me fi chouar lé quatre far an
l'ar. Guillot qui craiait que je fesas tou de bon, se boutti ytou à faize une
belle culbutte qui pansi effondré le planché. Il lé fi tretou ébouffé de rise.
J'an fu si parturbé que je ne pu jamas dize que : Size, je some le dépité.
Là dessu, an nou boutti dehour, é an nous prometti que j'aurion contan ·
teman. En passan dan la cour, Guillot me lomi tou haut, Piarot. — Ho,
ho, s'dit un quidam qui ava une sarviette su s'nespaule, es-tu Piarot de
Sain-Ouan ? — Guian, ouy, s'li dis-je, ou je rasve. — Hé, connas-tu ban
Janin ? s'dit'-y. — Hé voise, s'li dis-je; c'est mon compèze. — Demeure là,
s'dit'y ; le Rouai te veu bayé à deiné. En disant ça, y nous fési antré dan
une belle cuirène toute tapissée, é stanpandant que n'an dresset la
souppe, y nous fési mille interougas ; savar, si tout san que n'an avet
moulé de nou propou était vray. Je li dis qu'ouy, é que gn'i avet pas une
sulable à dize. Enfen, n'an se boutti à table. Morgué, y nous feset biau
var démené lé babène, quer c'étet une petite nouce, hourmy que gn'iavet
poen de ri jaune. E de boise à la santé du Rouay, dé dépité, de Piarot é de
Janin, tant que je ne say pus san que je devinme, quer je me trouvi après
ça couché dan nout charrette, entre Argenteuye é Nantarre. Quan je
feume à une boune lieue de nout vilage, lé margouillé é tous les manaus
nous vinre accueilli é nous faire dé belle harangle. Je rendîme conte de
nout ambrassade, é pis je feume à l'église chanté le *Tedion*. Hé ban,
Janin, appelle-tu ça dé moigneaux ?

Palsanguié, je si tou ravi en yeuxtase d'oy tan de marveille. Morgué,
y fau que j'euvogion oussi nou dépité, é n'an m'éluira, ou ban je fesai
raige aveu mé pié tourtu. Mai je si tout ébaubi de var que n'an nou cou-
nest partou, queme si j'étion crié à son de tromple ; gran marci à cé
badaux et à tou leu dialogre é leu confrérance.

Piarot réplique que ces badauds n'ont que faire de rire, et
qu'ils n'y gagnent pas trop ; qu'ils n'en sont pas moins, comme
le procureur de la rue Quincampoix, les plus *sots* des maris.

Et à ce propos, il rappelle qu'ayant demandé un jour à son bourgeois pourquoi on « lomet cornard » les maris de ce genre, son bourgeois ne sut que lui répondre. Mais Janin le saura bien, lui, et il va le dire. Il raconte alors l'histoire d'un vigneron nommé comme lui, Janin, qui étant convenu avec son compère, nommé aussi Piarot, de lui céder sa femme pour une vache, se repentit de son marché dès qu'il l'eut conclu, et voulut le rompre. Mais il était trop tard, Piarot ayant déjà usé de la femme comme si elle eût été la sienne légitime. Il en résulta un procès, puis une lutte entre les deux prétendants, dont la vache fut la victime; car, tandis que Piarot la tirait par la queue, Janin la tirait par les cornes, lesquelles se détachèrent du front et lui restèrent dans les mains. Là-dessus, le juge du différend ordonna que la vache demeurerait à Piarot, et les cornes à Janin. Ce conte, digne du Poggio, a été reproduit dans la dernière scène de la *Noce du village*, comédie (en vers), par M. de Rosimont, *comédien du roi pour le comique*.

Pour clore la conférence, et aussi pour répondre à Piarot qui s'est écrié : « Morgué, si je portas ce nom-là (celui de Janin), je l'envaras proumené. » Janin lui dit que tous les Janin ne sont pas des cornards, et il lui récite, à l'appui de cette déclaration, « une truye au lait » (un triolet) que lui avait donné Robar, le clerc de son procureur :

> Tou lé Janin, à su qu'an dit,
> Ne son pas dan nout village :
> A Pazis ils sont en crédit,
> Tou lé Janin, à su qu'un dy.
> Ycy ce nom n'es poen maudit;
> Mai grâce au noble cocuage,
> Tou lé Janin, à su qu'an dy,
> Ne son pas dans noute village.

« Morgué, dit Piarot, la poente en est bonne; mais vlà la proufessian (procession) qui s'en reva. Aguieu, Janin, fau que je m'en aye.— Tou biau, hay, répond Janin, n'an ne sor pas de cian queme d'une église; fau poigé t'n'écot. »

Mais Piarot s'esquive, se mêle à la procession, et envoie de

là à Janin, pour toute réponse, un *Ora pro nobis* qu'il chante
en chœur avec les assistants.

On lit à la fin de la pièce : *Fin et Conclusion de toutes les
Conférences de Piarot et de Janin, païsans de Saint-Oüen et de
Montmorency.*

Ces cinq conférences sont évidemment du même auteur;
car, quoiqu'elles se distinguent les unes des autres par quelques variétés orthographiques, et par le manque d'uniformité
dans les flexions verbales dont quelques-unes sont même saintongeoises, l'esprit en est un, et y décèle une seule et même
inspiration. Mais le fond du style est le patois parisien pur. Ce
patois y est constamment représenté par l'*a*, qui remplace l'*e*
partout où cette dernière lettre est accolée aux liquides *l* et *r*,
et surtout lorsqu'elles la suivent; il y est aussi représenté par
ce même *a* toujours alerte à se substituer à la diphthongue *oi*,
à l'infinitif des verbes en *oir*, et non moins prompte à la disputer au son normand *et* pour *oi*, aux imparfait et conditionnel.
C'est aussi le caractère du patois de la banlieue, à cette époque,
·et c'est pourquoi l'auteur a pu avec toute vraisemblance le
mettre dans la bouche des paysans de Saint-Ouen et de Montmorency.

Elles sont toutes également très-spirituelles et très-amu-
santes. Cependant il y a lieu de faire une exception pour la
dernière, qui est très-supérieure aux quatre autres. Outre
qu'on n'y trouve plus ces plaisanteries insipides et monotones
contre Mazarin, qui gâtent plus qu'elles n'embellissent les
quatre et surtout les trois premières, elle est une satire très-
fine, et qui n'était peut-être pas sans danger, de ces éternelles
députations du Parlement à Saint-Germain, et de leur peu
d'utilité. Tout anti-mazarin qu'était l'auteur, il était homme
d'autant de bon sens que d'esprit, et il ne pouvait voir les misérables intrigues dont le Parlement était à la fois l'instrument
et le jouet, sans avoir l'envie d'en dire son mot. Il l'a fait avec
beaucoup d'adresse et de gaîté dans cette cinquième conférence. Si le Parlement sentit le trait, il est probable qu'il en

rit assez pour dédaigner de se venger, car on sait qu'a-
lors il ne faisait pas bon de l'attaquer, même en plaisan-
tant.

C'est donc bien à tort, selon mon faible jugement, qu'on a
dit que les trois premières conférences étaient les meilleures
des cinq. On allègue pour cela deux raisons : la première,
qu'elles ont été seules réimprimées à part en 1649, c'est-à-dire
l'année même qu'elles furent successivement publiées ; la
seconde, que Naudé, dans son *Mascurat*, n'a loué que ces trois-
là. On peut répondre à cela que c'est le succès énorme dont
furent suivies, chacune à son tour, les trois premières, qui
détermina l'auteur ou les imprimeurs à les réimprimer ensemble, et que, si Naudé n'a loué que celles-ci, ce n'est pas
qu'il les ait trouvées meilleures que les autres (car la quatrième
et la cinquième parurent certainement aussitôt après la réimpression des trois premières, et Naudé dut certainement aussi
les connaître) : c'est que, la quatrième ne disant de Mazarin
qu'un mot qui ne valait pas la peine d'être relevé, et la cinquième n'en prononçant même pas le nom, ni l'une ni l'autre
n'avaient dû obtenir de Naudé l'attention qu'il avait accordée
aux trois premières, où le cardinal était fort malmené.
En tout cas, si Naudé, ayant connu et lu la cinquième, ne
l'a jugée digne d'être ni signalée ni louée, j'en suis fâché
pour son jugement, d'ordinaire si fin et si sûr. Si donc la
cause que j'ai donnée de son silence n'est pas la vraie, c'est
encore moins celle par laquelle on veut expliquer sa préférence.

Ces Conférences mettent dans un tel relief les personnages
qui y figurent et les faits qui y sont décrits, qu'elles ne pouvaient pas manquer de tenter un artiste. On trouve en effet
dans un recueil in-folio de caricatures du temps de Louis XIV[1],
qui est au cabinet des estampes, une gravure qui a pour titre :
Les Deux Païsans de Saint-Ouen et de Montmorency, dans leur

---

[1] T. 1, p. 6.

Agréable Conférence touchant la guerre de Paris. On lit ce quatrain au-dessous de Piarot :

> Dépité de Sainct-Ouen, en propre origina,
> J'on vu la cour du Rouay et Madame la Reyne,
> J'on vu tous les seigneux ; j'on vu le Cardena,
> Et si le Rouay me fize desner dans sa cuiraine.

De sa bouche sort cette légende : « Reguette, le Rouay a craché sus mon chapiau. »

Sous Janin, on lit :

> Mouay, je vian de Pazi où parmy les bourgeas
> J'on mangé de la guarre et du lar militaize ;
> Mai noute proculeux de la rüe Quinquenpouas
> Nous froti pour avar blasmé sa minagèze.

Puis cette légende sortant de sa bouche : « Dame, je somme soudar ; je sçavon tizé. »

Au fond du tableau, on aperçoit les députés « montés, comme dit Piarot, à chevau su nout juman, » Guillot « su le bast, » Piarot sur la croupe, et le fieux Jaquet « su le croupion. » On y voit aussi la procureuse et Janin rossé par le procureur pour lui avoir appris ce qu'il se serait bien passé de savoir ; Robar est derrière lui, en bottes à retroussis avec des éperons ; l'origine des cornes, ou la vache tirée par les cornes et par la queue ; enfin l'auberge de la Grand'Margot, dans un coin, à gauche.

L'auteur de cette gravure est Pierre Bertrand. Elle n'est pas sans quelque mérite, mais je ne puis me défendre de la trouver très-inférieure au texte ; elle est un peu lourde, et les principaux personnages n'y ont pas cette désinvolture que l'auteur des paroles leur a donnée, et à laquelle ils s'abandonnent jusqu'au bout avec un si charmant naturel.

Ces *Conférences* ont été réimprimées bien des fois, et cela dans l'année même dont elles portent le chiffre, 1649. A l'exception d'une édition qui est à la bibliothèque de l'Arsenal, les quatre exemplaires que j'ai eus sous les yeux sont sortis des mêmes presses ; ce sont du moins les mêmes caractères et la même pagination. Mais ce qu'il y a de singulier, et ce qu'un homme du métier expliquerait sans doute, c'est que toutes ces éditions, pour lesquelles il semble que la même composition a dû servir, diffèrent entre elles çà et là par l'orthographe, ou plutôt par la manière dont elles l'estropient.

En 1735, on en a fait une édition expurgée, à Troyes, pour P. Garnier. Elle a pour titre : *Conférence agréable de deux païsans de Saint-Ouen et de Montmorency sur les affaires du temps, réduite en sept discours, pour divertir les esprits mélancoliques*, in-8°. Je dois dire que je cite cette édition d'après M. Moreau [1], car je ne la connais pas. En tout cas, ce n'est pas « réduite » que l'éditeur devait dire, mais étirée et portée de cinq divisions à sept.

Outre les cinq Conférences, il y en a trois autres. Je les passerai en revue rapidement, et les coterai VI, VII et VIII.

VI.

Nouvelle et suitte de la cinquiesme partie de l'Agréable Conférence de Piarot et de Janin, païsans de Saint-Oüen et de Montmorency, sur les affaires du temps. Par le mesme autheur des précédentes parties. (A Paris, 1651. 8 pages.)

Un sous-titre en indique le sujet : « Janin va chercher Piarot morte-paye ou garde du Hâvre, pour estre son compère, » c'est-à-dire le parrain de sa fille.

Piarot, surpris de la proposition de Janin, lui dit qu'il ne savait pas seulement que sa femme fût grosse.

« Alle est accouchée, c'est ban pi, répond Janin; ma l'histoize en est pitiable et récriatible. Quer en primié tam, alle planta un gros gas qui a la mène d'estre queuque jour un ruzé payard... On le porti à l'église où il fu lommé Gillot. Mai queme j'étien à le teny su la cuve, Robarde, la boulangèze, s'en vint toute effazée, gueulé comme une mégèze : É viste,

---

[1] *Bibliographie des mazarinades*, t. I, p. 23.

Janin, é tost; voute fame accouche. Cela nous estourdissit si ban é biau que nou laissîme char l'enfan é tou le cariage dan l'iau de la cuve, où y pànsy se noigé. N'en le repeschy pourtan, é mouay, je couzi quème un fou à nout taudis où je trouvy la pore fame qui criait dé pti passé, é qui ouvrait la gueule quème un four. Y faillu faize veny le bailleux [1] pour var sen qu'alle avet, qui mit sé béricles. È quant il eut ban guigné, reguigné é reguignezas-tu, en marmusant queuque oremus qui lisoit dan un gri-moize : Cousage, cousage, s'dity, j'en airomme bonne yssuse; patience, y vara à ban. Il ly chauffy, ly froty, ly graissy de certaine drougue, é tout à l'heuze alle placqui un outre enfan gros ne pu ne moens que le primié. Cela me fezi rize queme saint Médaze [2]; quer son (ce sont) dé bans de Guieu, ma ne son pas dé pu meilleur. Je disi pourtan à noute fame que s'alle en avet encore une douraine, qu'alle fésist s'n affaize devant que j'eus poigé le bayeux. Ma alle étet si flèbe qu'alle me fézi sène (signe) en seulement que c'étet là tout. Je bayi cenq biaux dourains au bayeux, et de là me vlà à ruméné en par mouay qui j'éluirais pour pazin, car c'était une fiye. Nout minagèze me voyant tou mérancolile, me tiry par la basque, é me disy : Aré, Janin, te vlà ban resveux? Pren Piarot de Saint-Oüen; c'est un bon frèze; y ne te refuzeza pas. — T'a rairon, s'ly dise. È losque j'eus bu deux coups d'une man, é y outant de l'outre, je preny mé jambe à mon cou pour t'alé var. »

Janin n'en impose donc pas quand il qualifie cette histoire de pitoyable et de récréative. Il me semble difficile en effet de dire le contraire.

Sans attendre la réponse de Piarot, Janin lui demande ce qu'il fait au Hâvre, et pourquoi il est là en sentinelle : « C'est, dit Piarot, pour gardé les oyriau, de peuz qui ne s'envoulient. » Ces oiseaux étaient les princes alors prisonniers au château du Hâvre. L'occasion était bonne pour dauber le Mazarin; nos deux amis la saisissent aux cheveux, et s'en donnent à cœur joie. Mais, le caporal étant venu relever Piarot de sa faction, celui-ci engage Janin à aller l'attendre au cabaret voisin, où il s'offre à le régaler.

Quoique l'orthographe soit un peu moins négligée dans cette pièce que dans les cinq autres (ce qui tient sans doute à ce que l'imprimeur en est différent), il y a autant de malice

[1] Le chirurgien, ou mieux le rebouteur.
Rire comme saint Médard, c'est rire du bout des dents.

et d'esprit, et j'estime que c'est avec raison que le titre porte :
« Par le mesme autheur que les précédentes parties. » Cet
auteur ne fait que revendiquer son bien.

Sur le titre de cette conférence, et dans l'exemplaire de la
bibliothèque nationale, un contemporain a écrit : *par le sieur
Richer* [1]. Je serais ravi, je l'avoue, que cela fût vrai, et qu'un
anti-mazarin ayant tant d'esprit et si peu de fiel échappât à
l'obscurité, bien méritée d'ailleurs, d'un tas de faiseurs de
mazarinades plus plates et plus saugrenues les unes que les
autres.

On lit ce nom de Richer au bas de quelques caricatures du
temps, dans le recueil d'estampes de la bibliothèque nationale,
qui a pour titre : *Facéties et Pièces de bouffonnerie*, 2 vol. in-f°.
Ainsi, une gravure intitulée : *Plaisanterie d'un procureur de
Dôle* (t. II, p. 57), porte cette marque d'éditeur : « J. Richer,
rue Gervais-Laurent, près le palais aux Trois-Perles. » D'autres gravures portent la même marque. Il serait curieux de
savoir si cet éditeur de caricatures n'était pas aussi auteur de
pamphlets. De nos jours, le fameux Philipon a réuni les deux
industries.

VII.

*Nouvelle et suitte de la sixiesme partie de l'Agréable Conférence
de Piarot et de Janin, païsans de Saint-Oüen et de Montmorency, sur les affaires du temps présent. (A Paris, 1649.
7 pages.)*

M. Moreau observe justement que la date de 1649 est fausse,
puisqu'il s'agit dans la pièce de l'arrivée des princes à Saint-
Denis, après leur sortie de prison, et de leur rencontre avec le
duc d'Orléans. Or, cela se passait en février 1651. C'est Piarot
qui, ayant été témoin de la mise en liberté des princes, en fait
à Janin le récit. La pièce ne vaut pas l'honneur d'un extrait,

---

[1] M. Moreau l'a aussi remarqué.

si court qu'il pourrait être, et, si l'auteur s'est flatté qu'on le confondrait avec celui des pièces précédentes, il a eu du moins la pudeur de ne pas se donner pour tel dans l'intitulé.

VIII.

Suite véritable des Conférences de Piarot de Saint-Oüyn et de Janain de Montmorancy. (A Paris, 1652. 7 pages.)

Le sujet est le retour de Mazarin. L'auteur rencontre nos deux paysans qui lui demandent des nouvelles. Il leur dit que le cardinal est revenu trouver le roi ; et puis c'est tout. Mais Piarot et Janin brodent tour à tour sur ce thème de la façon la plus maussade. Le tout est raisonnablement ennuyeux, et c'est une impertinence de l'auteur de prétendre, comme il le fait dans son préambule, « parachever les dialogues et conférences » qui ont tant amusé le public. Le texte fourmille de fautes grossières ; on y lit *tripières* pour croupières ; *la guerre ly pu* pour la queue lui pue, expression proverbiale ; *pouallé* pour paillier ; *mathieu* pour martiau ; *pater* pour patron ; *neuf* pour *noute* (ou nôtre) ; *tripes* pour troupes, etc. L'imprimeur marche partout au pas de l'auteur.

Telles sont les pièces mises au compte de Piarot et de Janin. Mais il en existe une neuvième où les interlocuteurs ont changé de nom et de pays, et où l'un d'eux ne s'exprime pas en patois. Elle est intitulée : *Conférence de deux habitans de Sainct-Germain, Simon et Colin, sur les affaires du temps;* 1652, 8 pages. Colin seul parle patois. Il apprend de Simon qu'il y a une grande agitation dans Paris, et qu'on veut en chasser tous les *mazarins.* Il lance alors maintes invectives contre le cardinal, et exprime la crainte que les troupes royales, venant de nouveau faire des courses dans la campagne, il ne puisse pas aller vendre à Paris ses denrées. Simon le rassure à cet égard, mêlant à ses conseils des réflexions sur la sévérité de Dieu envers la France, et des exhortations à le

prier. Cela est fort sage, sans doute, mais n'a pas le plus petit
mot pour rire; et il est cependant bien des manières de faire
rire sans offenser Dieu. Le bon Simon n'est qu'un harangueur
de chaises; on ne dort même pas à ses sermons, on les déserte.

Enfin, on a une dernière pièce qui n'est pas, il est vrai, une
mazarinade, mais qui est aussi écrite en notre patois : c'est la
*Conférence de Janet et Piarot Doucet de Villenoce, et de Jaco
Paquet de Pantin, sur les merveilles qu'il a veu dans l'entrée de
la Reyne; ensemble comme Janot lui raconte ce qu'il a veu au
Te Deum et un feu d'artifice.* (Paris, 1660; 13 pages.) Il s'agit de
l'entrée solennelle à Paris de la reine Marie-Thérèse, femme
de Louis XIV, le 26 août 1660. On peut voir dans les livres du
temps, depuis la simple brochure jusqu'à l'in-folio, les détails
décrits et gravés des magnificences inouïes qui signalèrent
cette journée. Mais elles sont racontées ici par des paysans
sans esprit, et il est à peu près impossible de s'y intéresser. Il
n'y a de remarquable que le nom de Doucet que porte le titre.
Il n'est point inventé: il est historique, et celui qui le premier
le rendit célèbre fut Jean Doucet, un paysan des environs de
Saint-Germain qui devint une espèce de favori de Louis XIII.
Le roi le vit un jour, causa avec lui et le prit en affection.
Écoutons à cet égard Tallemant des Réaux : « Le roy le mena
à Saint-Germain. Là, il se mit à jouer à la pierrette avec luy,
et lui gaigna dix solz, dont l'autre pensa enrager. Le roy en
estoit si aise qu'il porta ces dix solz à Rüel pour les monstrer
au cardinal. Un jour le roy luy donna vingt escus d'or; il les
prit et, frappant sur son gousset, il dit : « I vous revanront,
» Sire, i vous revanront; vous mettez tant de ces tailles, de ces
» guiébleries sur les pauvres gens... » Il venoit voir le roy deux
fois par sepmaine... Je pense qu'il mourut en mesme temps
que son maistre. Ses nepveux, qu'on appelle les *Jean Doucet*,
ont voulu prendre sa place; mais ce sont des meschans
bouffons [1]. »

[1] T. VII, p. 499, de la troisième édition, in-8°. Voyez aussi le Commentaire de M. Paulin. (Paris, p. 532.)

M. Paulin Paris a fort heureusement remarqué que Loret ne
pensait pas ainsi. Il observe que l'un des Doucet se mêlait
quelquefois aux auteurs de la Farce, après la comédie, et il
cite cet éloge qu'en fait l'auteur de la *Muse historique :*

> Mais à propos de comédie,
> Il faut qu'en cet endroit je die
> Qu'un des jours passés Jean Doucet,
> Franc nigaud, comme chacun sçait,
> Pensa faire pasmer de rire
> La Reyne et le Roy nostre sire,
> Et mesme tous les courtisans,
> Par les mots niais et plaisans
> Que proféra sa propre bouche,
> Etant valet de Scaramouche
> Sur le Théâtre-Italien.....
> Je trouvay Doucet si plaisant
> Que quand je me le remémore,
> A tous momens je ris encore.

(Lettre du 14 février 1654.)

D'où il suit nécessairement que le Doucet de cette conférence
est un faux Doucet. Mais le nom était une étiquette attrayante,
et c'est presque un trait d'esprit de l'auteur de cette pièce de
l'avoir mise sur son sac.

LA GAZETTE DES HALLES TOUCHANT LES AFFAIRES DU TEMPS.
(A Paris, chez Michel Métayer, imprimeur ordinaire du roy,
demeurant en l'isle Nostre-Dame, sur le pont Marie, au
Cigne. 1649, 5 pages.)

Cette pièce est en vers, et divisée en deux *Nouvelles.* La
première *Nouvelle* contient quatre-vingts vers de huit syllabes ; l'autre *Nouvelle*, en contient trente-six de douze syllabes.

Dans la première Nouvelle, une harengère prend à témoin
sa commère de la façon dont elle a traité le Mazarin :

> Comère, enfin, parguieu, je pense
> J'on monstré à son Éménence
> Comme sa hautez [1] nous déplait;
> J'en on dit deux mots au palais [2].

---

[1] Hauteur ou Hautesse.
[2] Au Palais-Royal, le jour où le peuple était venu réclamer la mise en
liberté de Broussel.

Parguié, j'en sommes déveuglée;
J'en voulon faire une vallée.
S'il aime tant d'estre éménant,
A Montfaucon soit-y pendant!
N'an le varra de tou la ville.

Mais cela même ne suffirait pas pour contenter cette mégère ; ce qu'elle voudrait et ce qu'elle exprime dans des termes à la fois féroces et obscènes, c'est de tenir le cardinal et de le mutiler.

Malheur aussi au chancelier Séguier qui avait traité de folle toute cette plèbe en jupons, et au maréchal de la Meilleraye qui avait chargé les séditieux sur le Pont-Neuf, s'ils viennent à tomber entre les mains de notre harengère !

J'en voulon à ce porteu d'iaux;
Y fra bian de quiter ses siaux.
Qu'il dise que je son des folles,
Si je ne tenon nos paroles;
Comme à ce petit meutrier,
Ce voisin de l'isle Louvier,
Qui fuyait de nostre colère.
Ce petit venu de notaire [1];
Car, jour de Guieu, je lui monstrons
Que nos mary ne son poltrons,
Qu'ils ont bien autant de vaillance
Que luy et tout son alliance.
Et si j'avon le pétrina [2]
Aussi prompt qu'à son arcena.
Que la peste soit la bougraille !
Ce ne sont, ma foy, rien qui vaille.
Mais dison comme l'autre dit,
Hors du peuple est de Dieu maudit [3].
Je ménerien bien les affaires,
Si le bon roy nous laissoit faire,

[1] M. de La Meilleraye passait en effet pour être le petit-fils de Jean de La Porte, notaire d'Ervaux, qui était une abbaye en Poitou. « Un gentilhomme de mes alliés, dit Tallemant des Réaux (ch. LXXVII), m'a dit avoir veu une cession d'un abbé d'Ervaux, où il y a : *J'ai quitté mon compère Jean de La Porte, notaire, la rente de blé qu'il me devoit, mais non celle des chapons. Et le fils de ce notaire fut avocat à Paris* » et père du maréchal.

[2] C'est-à-dire : nous avons des mousquets qui partent aussi bien que ceux de son arsenal. Le maréchal y avait son logement, comme grand-maître de l'artillerie. — Le pétrinal était une ancienne arme à rouet, intermédiaire entre l'arquebuse et le pistolet.

[3] C'est-à-dire : qui n'est pas avec le peuple est maudit de Dieu.

Car j'avons veu, tez qu'on nous voy,
Le troisiesme reigne de roy.
Hélas ! tesmoin Monsieu son père [1];
C'estoit un homme sans colère,
Un homme qu'auroit eu de nou
Jusques à nos mouchois de cou.
Quand je dirois nostre chemise,
En bonne foy je l'eussien mise.
Dieu luy fasse paix et pardon !
Enfin, pour vous faire cour don [2],
Il nous voulien mettre en brassière,
Mais je ne nous en soucion guère ;
Arrive tout sen qui pourra,
S'il faut se battre, il le faura.
Bon courage, ma camarade,
Faison-nous une barricade
A l'entour de nostre bacquet,
De bon gros bros de vin claret?
Pour toxin nous prendron le varre,
Et puis nous boiron tant que tarre.
Laisson voir peté le rena [3],
Et Guieu sur tout, dit l'armoina.

La seconde Nouvelle est une conversation sur les mêmes sujets et contre les mêmes personnages, entre une dame Quantiane et une dame Gratiane. Mais ici les attaques portent plus loin ; elles atteignent nommément la reine-mère.

DAME QUANTIANE.

Mais quoy ! il semble à var qui guia que son garçon,
Et qu'il fau tout souffri pour estre pauvre fame.

[1] Louis XIII.

[2] Pour le faire court donc.

[3] Si ce vers est la conséquence des deux précédents, il signifie sans doute : *laissons-nous vomir*, auquel cas *péter* serait une variante d'*écorcher* ; car on sait qu'*écorcher le renard*, c'est vomir : « Gargantua escorchoit le reguard, » dit Rabelais (I, ch. x). On disait encore : *tirer un renard*, pour avoir mal au cœur. Le lecteur jugera. D'un autre côté, je lis dans une lettre du comte de Clermont à M. d'Élévemont (12 juillet 1847 ; dans *Le Comte de Clermont et sa cour*, par M. Jules Cousin): «Adieu, pays, tenez-vous joyeux ; c'est un spécifique souverain contre le *renard.*» Faut-il interpréter ici *renard* par mal de cœur? C'est probable. Quant à y voir, comme Sainte-Beuve (*Nouveaux Lundis*, t. XI, p. 143), une allusion à quelque dicton de paysan ou de chasseur, c'est se tirer d'affaire, en grand seigneur de la critique, qui tranche là où il laisse aux grammairiens à dénouer.

DAME GRATIANE.

Parguieu, n'en dit qu'a dit, sortant de Nostre-Dame [1],
Qu'il falloit tout tué, que j'estions des mutins,
Que je voulien semblé à les Lapolitains [2];
Ce qui fit, en bien moins de tam que je te parle,
Soulevé tou Paris, san oublié la Halle.

Le reste est sur le même ton.

LA GAZETTE DE LA PLACE MAUBERT, OU SUITTE DE LA GAZETTE
DES HALLES, TOUCHANT LES AFFAIRES DU TEMPS. (A Paris,
chez le même imprimeur. 1649, 12 pages.)

La pièce est en vers de huit syllabes, et en a deux cent
quatre-vingt-quinze. La scène est occupée par dame Barbe et
dame Denise, toutes deux marchandes de marée. La première
commence par se plaindre de la misère générale, puis de la
ruine de leur métier, par suite de la suppression du carême
pendant le blocus.

Que le guiéble soit la marée!
En lieu que de faire nostre oûst [3],
Nous n'amasserous que des poux.

Ce dont dame Denise tombe aisément d'accord; seulement,
elle compte sur le duc de Beaufort pour chasser le Mazarin et
« les chiens de Poulonois; » elle en a pour garants les premiers exploits de ce prince. Suit la description du combat de
Charenton.

La conversation ayant altéré ces dames, elles éprouvent le
besoin de se rafraîchir. Dame Barbe s'y encourage en ces
termes :

Hé! pourquoy ne boirions-nous pas ?...
Cela soutient nostre vieillesse.
Ce n'est pas comme en ma jeunesse;
Je m'aurois passé [4] d'un pot d'iau.
Mais à présent j'é le çarviau

[1] Après le *Te Deum* chanté pour la victoire de Lens.
[2] Allusion à la révolte des Napolitains, sous Masaniello.
[3] Notre moisson, notre saison.
[4] Pour « contenté. »

> Si chargé de mérancolie,
> Et toute la teste amollie
> D'un caractère [1] que je sens
> Qui m'est tombé dessu les dens.

Elle parle ensuite de ses couches nombreuses et pénibles et de quelques autres maux. Tout cela est peu ragoûtant, mais c'est une invitation à dame Denise à nous conter aussi ses petites affaires. Elle s'en acquitte assez gaîment, et si quelqu'un pouvait n'en pas rire sans réserve, ce serait son mari. Mais il est au corps de garde, et la voix de sa femme ne va pas jusque-là.

> J'y va quelquefois le matin (dit-elle),
> Trouvé nostre vieux roquantin [2],
> Et rellevé sa sentinelle.
> Tu m'entans bien de la preunelle.
> Ma foy, si vieux que tu le vois,
> Il me resjouit quelquefois.
> Je suis pourtant bien la pus forte,
> Faut que ce soit moy qui le porte;
> Enfin, c'est la pièce de beu;
> Un autre me joue plus beau jeu.

A propos d'un mot anglais que laisse échapper dame Barbe, et qui, étant prononcé à la française, produit une équivoque obscène, dame Denise raconte à sa compagne l'histoire de l'exécution de Charles Ier. Un montreur de curiosités de la foire Saint-Germain n'eût pas été plus exact, ni plus plaisamment pathétique. Là-dessus, les deux commères se quittent, en disant :

> Nous dirons dans huit jours le reste.

Suitte de la Gazette de la place Maubert, par l'autheur de la Gazette des halles, touchant les affaires du temps. (A Paris, chez le même imprimeur. 1649, 14 pages.)

La pièce est de deux cent soixante-dix-huit vers de huit syllabes, et les interlocuteurs en sont les mêmes que dans la précédente.

---

[1] Catarrhe. — [2] Son mari.

Dame Barbe se plaint à sa petite-fille Margot de n'avoir pas vu dame Denise depuis « cazy deux semaines; » elle craint que la pauvre femme n'ait été battue par son mari,

> Car il enrage quant a [1] cause,

et il a trouvé fort mauvais de l'avoir appelée trois fois le jour où elles eurent ensemble cette belle conversation que j'ai rapportée ci-dessus. Pendant qu'elle faisait part de ses inquiétudes à Margot, une bourgeoise se présente et marchande du poisson. C'est tant, dit dame Barbe. — C'est trop cher, répond la bourgeoise.

> Ça, venez ça; parlé, ma mie,
> Combien en voulé-vous doné?....
> — Je vous en donne deux testons.....
> Vous n'en aurez pas davantage.

A cet ultimatum insolent, les injures dévalent de la bouche de dame Barbe plus rapides que l'eau d'une fontaine dont on a tourné brusquement le robinet.

> Rendez, rendez-moy mon saumon.
> Adieu, adieu, ma foy, samon,
> Vous faut des trippes de moiruë.
> Comme diantre son cheval ruë!
> Voyez Madame de Sainct-Main [2],
> Le cous tout chargé de farcin;
> Voyez la belle migaurée,
> Voyez la gueuse réparée;
> Pancé que son pauvre cocu
> Ne luy a donné qu'un escu
> Pour le reste de la semaine;
> Voyez-moy sa bougre de maine,
> Ses beaux cheveux en serpenteaux,
> Ses blancs soulliers dans les russeaux,
> Ses deux coiffes de crapaudaille [3];
> Voyez Madame rien qui vaille;
> Luy faut donné du saumon frais
> Au beau reste de laquais.....
> Adieu, adieu, Mary Graillon,
> Tronez-moy le dos au plus viste,
> Car, jour de Guieu, si tu m'érite,
> Tu veras que poise ma main.
> Poste à poux, chienne de p.....
> Voyez-moy ce beau mascquarade;
> Quelle grand diéble d'alebarde!

[1] Elle. *A* pour *alle.*
[2] Le saint qui passe pour guérir la gale aux mains et, en général, toutes les maladies cutanées.
[3] Crêpe fort délié et fort clair.

Ma foy, voylà un beau baston
Pour ravardy à Montfaucon [1]!
Aussi bien mestre Jean Guillaume [2]
Ne dit plus rien que ses Sepssiaume,
La pandeloque [3] ne va plus.....
Puisqu'a [4] s'en fuit, crions après
Est ! carognie, masque, est ! est [5]!
Ma foy, la voylà en al'ée ;
Adieu vous dis, la pauvre plée.

Voilà, pour me servir de l'expression consacrée, un engueulement parfait et serré, et je pense que, nonobstant l'évasion
de la bourgoise, il durerait encore, si l'autre commère, surve-
nant tout à coup, n'en avait arrêté la reprise. Elle raille
agréablement de sa colère dame Barbe, qui n'a pas seulement
l'air d'y faire attention, et qui se borne à demander à Denise
d'où elle vient. Celle-ci répond qu'elle vient de Gonesse, et
qu'à son retour à Paris elle a vu à la Porte Saint-Martin
quantité de gens se disputant les vivres d'un convoi qui venait
d'arriver. La conversation étant alors tombée sur la paix et
sur Mazarin, dame Denise chante une chanson populaire où
la France fait appel au prince de Condé, à l'armée, au Parlement, pour la venger du Mazarin ; c'est un vrai galima-
tias. Aussi dame Barbe dit-elle qu'elle n'y entend rien, et
dame Denise convient qu'elle n'y entend pas davantage ; c'est
pourquoi elle en chante deux autres où il est question de
hacher le Mazarin et de le faire manger par les chiens. Cela
est plus clair et s'entend fort bien ; aussi dame Barbe veut-elle
apprendre ces deux chansons, et elle les saura bientôt comme
ses patenôtres.

Quoique ces Gazettes soient amusantes, elles sont cependant bien loin de valoir, sous ce rapport et sous tous les autres,
les Conférences de Janin et de Piarot. Il est vrai que leur patois
est plus parisien, étant moins nourri de formes et de mots de
la banlieue, mais c'est un mérite qui ne suffit pas pour compenser ce qui leur manque d'ailleurs. Il paraît bien que ces
trois pièces sont du même auteur, et on en jugerait ainsi,

[1] Pour faire une potence. — [2] Le bourreau. — [3] La pendaison ou les
corps suspendus à la potence. — [4] A pour elle. — [5] Hay! hay !

quand le titre de la troisième ne nous l'apprendrait pas. Mais cet auteur est inconnu.

Après cette analyse des principaux écrits en patois parisien du xviie siècle, je passe à ceux du siècle suivant. Les premiers qui se présentent par ordre de date sont ceux désignés le plus communément sous le nom de *Sarcelles*. Elles ont d'abord été publiées séparément et au fur et à mesure qu'elles paraissaient; puis on en a réimprimé deux, trois et quatre à la fois. Enfin, et après qu'elles eurent été toutes publiées, on en fit un recueil, divisé en deux parties ou volumes, sous ce titre :

Pièces et Anecdotes intéressantes, savoir les Harangues des habitants de Sarcelles, un Dialogue des bourgeois de Paris, etc., qui n'ont pas encore été publiées; le Philotanus et le Porte-feuille du diable, qui en est la suite. Deux parties. (A Aix, en Provence, aux dépens des Jésuites, l'an de leur règne 210. — Utrecht, 1733, 2 vol. in-12.)

C'est la *Nouvelle Biographie générale* qui donne cette indication d'*Utrecht*, 1733; mais je la crois fautive. Car si l'on date le règne des jésuites de la fondation de l'ordre en 1534, la 210e année de ce règne sera 1744; si on le date de l'année où l'ordre fut approuvé par le pape Paul III, c'est-à-dire de 1540, la 210e année du règne sera 1750. Quoi qu'il en soit, après l'expulsion des jésuites, le même recueil avec les mêmes divisions, les mêmes pièces, les mêmes caractères et la même pagination, reçut ce titre nouveau :

Le vrai Recueil des Sarcelles, mémoires, notes et anecdotes intéressantes, sur la conduite de l'archevêque de Paris et de quelques autres prélats français; Le Philotanus et le Porte-feuille du diable ; ouvrage absolument nécessaire à ceux qui veulent prendre une juste idée des maux que l'Église a soufferts pendant le règne de la ci-devant soi-disant Société de Jésus. (A Amsterdam, aux dépens de la Compagnie, 1764 et 1766. Deux parties en 3 vol. in-12.)

Les tomes I et II portent la date de 1764, avec continuation
de la pagination d'un volume à l'autre, et le tome III est daté
de 1766, avec une pagination nouvelle.

Ce recueil contient dix harangues; elles sont toutes de
Jouin. Les autres pièces : *Le Philotanus* est de Grécourt, et *Le
Porte-feuille du diable, ou suite du Philotanus*, est, comme dit
Mathieu Marais [1], « sorti de la plume de quelque polisson »
dont on ignore le nom. C'est donc bien à tort qu'on a attribué
cette suite à Jouin, comme on lui a aussi attribué *Le Philotanus*; il a seulement consenti à ce qu'on les publiât à la suite
de son recueil, et peut-être même l'éditeur ne l'a-t-il pas con-
sulté pour cela.

Nicolas Jouin naquit à Chartres en 1684. On savait jusqu'ici
peu de chose de sa vie. Je n'y ajouterai pas beaucoup, mais
j'en ai découvert un détail inconnu de tous ceux qui ont parlé
de lui, et ce détail est intéressant. Selon l'auteur de sa notice,
dans la *Biographie universelle* de Michaud, Jouin exerça
d'abord le commerce de joaillerie. On ne dit pas où, mais
peut-être est-ce à Paris où, après avoir fait apparemment de
bonnes affaires dans son commerce et senti l'ambition lui
monter à la tête, il s'établit banquier. Il était, ajoute-t-on, lié
avec Grécourt; j'aime à penser qu'il avait plus de mœurs et
plus de foi que cet abbé trop fameux. En tout cas, il se montre
dans ses écrits janséniste outré et ennemi acharné des jésuites. Il a ramassé dans ses pamphlets tous les griefs accumulés
contre eux depuis la fondation de leur institut ; il ne manque
pas de fouiller dans les *Provinciales*, et parfois il en met en
vers des passages. Il rend surtout les pères responsables des
violences et des persécutions exercées par les évêques contre
les curés rebelles à la constitution ; et il peint les évêques
eux-mêmes comme les instruments aveugles de la Compagnie, et comme ses valets. Enfin, il n'épargne pas même le
pape, ni les papes, et il n'est guère d'écrivains protestants,

---

[1] *Journal de Mathieu Marais*, t. IV, p. 522.

parmi les plus acrimonieux, qui en disent plus de mal que lui.

Il connaissait très-bien le patois de la banlieue, le même, ainsi que je l'ai dit, mais alors mieux conservé, que le patois parisien ; et comme il joignait à beaucoup d'esprit un fond de malice qui prenait rapidement les proportions de la méchanceté ; que d'ailleurs il avait, comme il y paraît assez, une grande facilité à écrire en vers ; qu'enfin, et par-dessus tout, il lui importait de n'être pas reconnu, il mit en vers ses *Sarcelles,* et s'y exprima en patois. Ce patois est autant celui des habitants de Sarcelles que celui des autres paysans de ces régions, et, je le répète, de Paris même ; cependant il est un peu plus riche en formes picardes, et un peu plus littéraire. Ainsi accommodées, ces harangues étaient encore rendues plus piquantes par la fiction, qui les représentait comme ayant été prononcées par de simples paysans. En effet, ces malins Sarcellois sont censés ne rien savoir, pas même lire, et ne s'inspirer que de leur instinct ou de leur bon sens. Chaque fois qu'ils vont en députation près des archevêques de Paris, de Sens et de Cambrai, et près du roi lui-même, c'est Claude Fétu, un de leurs compatriotes, un madré compère, qui leur fait leur thème. Il sait lire, il lit tout, les met au courant de tout, et ils ne disent que ce qu'ils ont appris de lui. C'est un homme qui, sous des apparences naïves, ne laisse pas de dire tout ce qu'il pense, de lâcher, comme en rêvant, les plus grosses vérités, de mettre en un mot les points sur les *i,* ou les pieds dans le plat. Nos Sarcellois ne le diraient pas qu'on s'en apercevrait assez à la façon dont ils les a, si je l'ose dire, serinés. Ils ne ménagent pas les puissances à qui ils adressent la parole, et, malgré tout l'esprit dont ils assaisonnent leurs discours, il est sûr que s'ils eussent été en personnes là où ils ne paraissent qu'en vertu d'une fiction, on eût moins ri de leurs saillies qu'on ne les eût châtiés de leurs insolences.

Quoi qu'il en soit, le fond de ces harangues étant pure matière de discipline ecclésiastique, de théologie, de croyance et de morale, on s'étonne que l'auteur ait non-seulement le talent de nous intéresser, mais encore de nous attacher, de nous plaire et surtout de nous égayer. On s'étonne aussi qu'il soit si peu connu et si peu apprécié de ceux qui le connaissent. Il est le créateur de ce genre de poésie satirique dans lequel il a excellé, comme Scarron l'est du genre burlesque, où il est demeuré sans rival. S'il a, j'en conviens, un peu moins de cette finesse et presque de cette réserve d'esprit que Scarron tenait de la nature et de son commerce avec la bonne compagnie, il a beaucoup plus de vivacité, de bonne humeur et de verve, et il a de plus le mérite d'avoir traité des sujets où l'emploi de ces diverses qualités semblait impossible. Il est bien vrai qu'il fatigue un peu quelquefois, surtout quand il plaide pour les miracles du diacre Pâris, qu'il refait l'histoire des jésuites et du jésuitisme, qu'il discute les doctrines toutes nouvelles et toutes singulières du catéchisme de Mgr Languet; mais encore tout cela est-il entremêlé de traits si piquants et relevé de si plaisantes boutades, qu'on est pris d'une forte envie de rire, avant d'avoir eu le temps de bâiller.

Jouin eut la bonne fortune d'être longtemps le témoin impuni du succès prodigieux de ses *Sarcelles*, et des vains efforts de la police pour en découvrir l'auteur. Elles avaient reçu du public le nom de *Sarcelades*; ce qui faisait dire à Mathieu Marais que c'était là un mot nouveau dont notre langue s'était enrichie, et que ce mot pourrait bien y rester comme celui de ballade [1]. « Il seroit plaisant, ajoutait-il, que notre poésie s'enrichît de cette sorte de poème, à la place des chants royaux, virelais, gloses, etc. [2] » Le mot, bien qu'excellent, n'est point resté. Celui de *Sarcelles* a prévalu. Quant au genre, ce serait le méconnaître et le ravaler, selon moi, que de l'assimiler au burlesque. Il n'est pas, comme lui, une parodie qui se prolonge et finit, quelque esprit qu'on y mette, par devenir écœurante; il a un but moral, et peint le vice ou ce qu'il croit tel, dans le

[1] *Journal de Mathieu Marais*, t. IV, p. 311.
[2] Ib., p. 315.

dessein, sinon dans l'espoir de le corriger. C'est par là qu'il se rattache au genre satirique, tout en gardant les nuances qui l'en distinguent, et qui le relient tour à tour aux genres descriptif et polémique. Depuis Jouin, il n'a pas eu des sectateurs, et il est mort avec les circonstances qui l'avaient fait naître.

En 1752, Jouin, toujours épris de sa muse, quoiqu'il fût d'un âge à n'avoir plus d'amours, s'avisa de faire une nouvelle harangue ou *Sarcelle*, adressée à M. de Beaumont, archevêque de Paris; ce fut la dernière, et elle paya pour toutes les autres. C'est ici que se place le détail inconnu de sa vie, dont j'ai parlé au commencement de cette notice : je l'ai trouvé dans un exemplaire contenant quatre *Sarcelles* seulement, et appartenant à la bibliothèque de l'Arsenal [1]. Il est écrit de la main de Paulmy, et collé sur la feuille de garde dudit exemplaire ; le voici :

« L'auteur de toutes ces *Sarcelades* est un nommé Jouin, ancien banquier ruiné, et qui avoit toujours été ignoré jusqu'à la dernière (c'est en effet la dernière de ce petit recueil) qu'il fut dénoncé par son fils, et mis à la Bastille en 1754. La femme de cet auteur, par mon conseil, ayant été se jeter aux pieds de M. de Beaumont, archevesque de Paris, pour lui demander la liberté de son mary, ce prélat lui donna de l'argent et lui accorda sa demande ; et depuis ce temps, Jouin a été fort amy de l'archevesque. C'étoit un nommé Descoutures qui avoit imprimé le tout dans une imprimerie à rouleau qu'il avoit. »

Ainsi, par ce peu de mots nous apprenons que Jouin était ruiné, et que, par conséquent, il écrivait autant au moins par nécessité que par conviction ; que l'imprimeur, inconnu comme lui, de ses satires, au fur et à mesure qu'elles étaient composées, avait nom Descoutures ; que M. de Beaumont était plein de charité, ce dont on convenait généralement, mais

[1] Coté 5046. T.

sans savoir peut-être jusqu'à quel point il pouvait oublier les injures; qu'enfin, touché de la grandeur d'âme du prélat et (je me plais du moins à le croire) soulagé par lui désormais dans son indigence, il devint son ami. Tout cela valait la peine d'être connu et imprimé. Mais que dire de ce fils indigne qui s'en va dénoncer son père pour un délit qui pouvait le conduire beaucoup plus loin qu'à la Bastille ?

Jouin ne survécut pas longtemps à cette triste aventure; il mourut le 2 février 1757.

Comme il serait trop long d'analyser les *Sarcelles,* ainsi que j'ai fait les *Conférences;* qu'elles sont d'ailleurs plus aisées à trouver, le texte en étant dans toutes les bibliothèques publiques, je me bornerai à faire un résumé de ce que contient chacune d'elles, y ajoutant seulement un certain nombre de citations suffisantes pour donner une idée exacte de leur style, et mettre les lecteurs qui ne sont pas de loisir à même de se prononcer, sans avoir besoin de recourir au livre. Quelques détails bibliographiques sont aussi indispensables.

La première et la deuxième *Sarcelle* parurent en 1730, sous le titre général de : *Les Deux Harangues des habitans de la paroisse de Sarcelles à Monseigneur l'archevêque de Paris, et Philotanus, revu et corrigé.* (A Aix, chez J.-B. Girard, rue de Bret, à l'enseigne du Hérault, vis-à-vis le Tronc-Fleuri. 1731, in-12.) En face du titre est une gravure sur bois fort naïve, représentant M. de Vintimille, alors archevêque de Paris, assis dans un fauteuil et donnant audience à la députation sarcelloise. Sur le premier plan, se présente de dos un vieillard appuyé sur un bâton ; on lit, gravé sous son pied : *C. Fétu.* Il est dit dans l'Avertissement que le public a déjà jugé ces *Sarcelles,* « et qu'il a fait assez voir quel est son jugement par son ardeur à en tirer des copies sans nombre, et à dévorer, pour ainsi dire, la mauvaise édition qu'on en a donnée il y a quelques jours. » Cette mauvaise édition était donc la première, et, comme elle a été *dévorée,* il n'est pas surprenant qu'il n'en reste plus de traces.

Une autre édition, portant la même rubrique, mais datée
de 1732, et ayant des caractères différents, contient de plus
que la précédente la troisième *Sarcelle*. La quatrième ne paraît
pas avoir été réunie à ces trois-là. Imprimée à part, et toujours
par le soi-disant J.-B. Girard, en 1736, elle diffère aussi, et des
deux premières et de la troisième, par les caractères, qui sont
plus gros et plus nets. Je n'ai pas trouvé d'édition spéciale de
la cinquième *Sarcelle*; mais on en fit une sans doute, et elle
doit être également sortie des mêmes presses. Ces cinq harangues sont toutes à l'adresse de M. de Vintimille, et c'est par
elles que débute le recueil général dont j'ai donné les titres
en commençant.

La première fut prononcée ou plutôt est censée, comme
toutes les autres, avoir été prononcée au mois de novembre
1730. Le début, comme on va voir, en est plus que familier;
mais il donne la note juste. Le reste est à l'avenant. Contrai-
rement à l'usage qui veut qu'en abordant quelqu'un on commence par lui demander comme il se porte, nos députés disent
à Sa Grandeur : Nous nous portons bien, et, à ce qu'il paraît,
vous aussi ?

> Bonjour, Monseigneur Ventremille,
> Je sommes venus à la ville,
> Gaillards et dispos, Guieu marci.
> Vous vous portez fort bien aussi,
> Comme an voit à votre frimouze
> Qu'an prendroit pour une talmouze.
> Ça nous fait un fort grand plaisir
> De voüar comme ça réussir
> Ceux qu'ont soin de vous faire vivre.
> Que le bon Guieu donc les délivre
> De tout mal, de tout ennui,
> Car an en a bian aujord'hui.....
> Vous ne savez pas, palsanguiène,
> Monsigneur, ce qui nous amène?
> Je venons tretous en troupiau
> Pour vous ôter notre chapiau,
> Et pour vous dire, ne vous déplaise,
> Que vous nous avez fait bian aise
> En nous ôtant notre curé.

Ce curé était un janséniste austère; ce fut pour être

agréable aux jésuites que M. de Vintimille l'avait remplacé par un autre qui était du goût de ces Pères, et sans doute aussi de leur choix. Il était de mœurs douces, quoiqu'un peu sauvages, et sortait peu de son logis.

> Il était tourjours entarré
> Comme un renard dans sa tagnière;

et quand il sortait, c'était pour parcourir le village, demander aux uns et aux autres de leurs nouvelles, visiter et secourir les malades. Exhortant tout le monde au travail, il cherchait à détourner les hommes du cabaret, offrait plutôt du vin de son tonneau à ceux qui avaient soif, du pain de sa huche à ceux qui avaient faim, et les renvoyait ensuite à leurs champs. Ce même curé avait encore le mauvais goût de mettre les jeunes gens en garde contre le danger des veillées et des danses, et il avait eu le malheur de les persuader à ce point, que toutes les filles étaient farouches, et tous les garçons respectueux.

Ç'a été tout autre chose depuis l'arrivée du nouveau curé et de son vicaire. Pour le premier :

> C'est pas un bruleux de cire;
> La messe il a pus tôt troussé
> Que l'autre n'avoit commencé.

Avec ce dernier, les offices, messe, vêpres, complies,

> Mateines, salut, patenôtres,
> Catéchisme, que sais-je enfin?

n'en finissaient pas;

> Mais avec stichy, j'en sons quitte
> Pour la messe qu'est bientôt dite.

Après cela, chacun fait ce qu'il veut. Les garçons courent après les filles, qui ne leur sont plus rebelles, et les pères de famille vont au cabaret.

> Mais morgué, monsieur le vicaire,
> Le passe cor! c'est un compère
> Qui boute tout le monde en train.
> Il prend ces filles par la main,

> Leux fait faire la pirouette,
> Leux fait char le c... sus l'harbette,
> Et pis de rire comme un fou,
> Et pis nous je rions itou.

Il a le propos libre jusqu'à dire quelquefois à la traverse des mots

> Aux filles qui les font rougir.

Mais surtout il est bon biberon, à telles enseignes qu'un jour, ayant le cerveau un peu plus troublé qu'à l'ordinaire par les fumées du vin, et s'étant pris de querelle dans la sacristie avec un marguillier, ils *se torchèrent* l'un et l'autre d'importance :

> L'un attrapit un rituel,
> L'autre s'emparit d'un missel,
> Pis du bâton de la bagnière,
> Pis se priurent à la criguière.

Sans l'arrivée et l'intervention du curé,

> An auroit vû bian du tapage;
> Mais l'an faisit finir l'orage,
> Et tout compté, tout rabattu,
> Ignût qu'un chapiau de pardu;
> Encor, comme dit l'Écriture,
> Fut-il retrouvé [1].

Mais il faut excuser le vin; le pauvre homme en avait plus qu'assez; et d'ailleurs,

> Igna parsonne de parfait.

Après tout, dit l'orateur, faisant semblant d'excuser l'archevêque des changements qu'il a faits dans la paroisse de Sarcelles, après tout un évêque est un fermier, et l'église est sa ferme; et, de même que le fermier d'un bien n'est pas tenu de le cultiver comme le fermier son prédécesseur, mais qu'il qu'il fait un champ là où était un pré, et *vice versa*, de même un évêque gouverne son église à sa guise, sans s'inquiéter de ce qu'a fait son prédécesseur. Ainsi a fait M. de Vintimille après M. de Noailles.

---

[1] Ce vicaire fut chassé peu après la publication de cette *Sarcelle*.

Il y a autre chose encore dans la conduite de l'archevêque : c'est son obéissance à la constitution *Unigenitus*. L'orateur se demande et nous apprend ce que c'était que cette *Constitution* et le trop fameux *Formulaire* qui en était la sanction :

> An dit qu'il est venu de Rome
> Çartaine dame que l'an nomme
> La Construction *Unigentrus*.....
> Avec Monsigneur son compère
> Qu'on appelle le *Famulaire*.

Leur arrivée en France, leurs exploits sont racontés toujours sur le ton de l'ironie, mais toutefois avec certains adoucissements. On dirait en effet que les malins Sarcellois veulent laisser croire qu'ils n'estiment pas cette Constitution aussi méchante qu'on la fait, et qu'ils ne sont pas éloignés de l'approuver. Mais ils parleront d'un autre ton quand Claude Fétu les aura désabusés.

Quand parut cette harangue, Mathieu Marais « y reconnut le compatriote de maître François et le tour d'esprit de son *Philotanus* [1], » c'est-à-dire Grécourt. Il faut que Marais ait été bien prévenu en faveur de cet abbé, pour lui faire honneur d'une œuvre qui n'est pas une polissonnerie.

La seconde harangue, prononcée au mois d'avril 1734, est une palinodie de la précédente; aussi est-elle intitulée : *Les Habitans de Sarcelles désabusés au sujet de la Constitution Unigenitus.* Cette Constitution n'y est pas seulement dépeinte sous les plus noires couleurs, et les ravages causés par elle dans l'Église de France, décrits avec la passion la plus débordée, mais l'auteur de cette Constitution, le pape Clément XI, y est traité avec une irrévérence tantôt gaillarde et tantôt farouche, au prix de laquelle la haine déclarée serait presque une politesse. Après le Pape, ce sont les parrains et les défenseurs zélés de sa bulle, en un mot les jésuites, que le harangueur prend à partie. Le portrait qu'il en fait d'abord, portrait purement physique, a je ne sais quoi de hideux et de

---

[1] *Journal de Mathieu Marais*, t. IV, p. 196.

grotesque ; quant aux actes qui leur sont imputés et qui sont
dans toutes les histoires, ils sont ici dénoncés de nouveau et
flétris avec un emportement vraiment diabolique.

L'auteur de ce déchaînement est Claude Fétu. C'est lui qui
a enseigné à ses compatriotes toutes ces histoires, qui les leur
a « boutées dans le çarviau, » et qui, en les désabusant ainsi
du préjugé favorable qu'ils semblaient avoir conçu d'abord
en faveur de la Constitution et de ses suppôts, leur a fourni
tous les éléments de cette sanglante palinodie.

Jouin y débute sur le même ton irrévérencieux et goguenard qu'on a remarqué dans la première harangue, et qui
sera celui de toutes les suivantes :

> Hé bian ! Monsigneur Ventremille,
> Nous revela core à la ville,
> Tourjours dispos, ligers d'argent !
> Si vous sçaviais queuque comment,
> Ou queuque bonne manigance.....
> Pour nous faire avoüar plus d'escus
> Que je n'en ons, j'en serions plus
> Endimanchés que je ne sommes,
> Et boirions plus que je ne fommes.....
> Mais laissons ça. Votre santé,
> Parguienne, a tourjours bian été,
> Comme il paroît ? Votre bedaine
> A bian passé la quarantaine ?
> L'appétit va toujours son train ?
> Point d'embarras, point de chagrin ?
> Ça fait plaisir ; car dans la vie
> Faut tourjours plutôt faire envie,
> Comme dit l'autre, que piquié ;
> An s'en trouve mieux de moiquié.

Voici maintenant le portrait de la Constitution. Pour la
mieux peindre et donner plus de relief aux couleurs dont il la
barbouille, l'auteur la personnifie :

> Vous sçavez ce que je vous dîmes
> L'autre fois, quand je vous parlîmes
> De cette dame *Unigentrus*
> Dont l'an prônoit tant les vartus.....
> C'étoit, à ce qu'on disoit d'elle,
> Une sainte sous une pelle,
> Qui ne pouvoit voüar un chapiau,
> Qui ne sçavoit pas troubler gliau ;

C'étoit une sainte Nitouche
Qui faisoit la petite bouche,
Qui devoit tant de bien causer,
Et qu'an alloit canoniser.
Ce n'est plus ça, par la morguienne;
C'est à présent une vaurienne,
Comme naguère j'ous apprins
Qui rôde par les grands chemins,
Qui va de royaume en royaume,
Q i les grands et petits empaume,
Et qui promet à toute main
Biau plus de beurre que de pain;
C'est une chienne de coureuse,
Une boüamianne, une effronteuse.
Qui se dit de grande maison,
Et qui n'est qu'une salisson.
Maugré cela cette sorcière
Par çartains tours de geubecière
Ensorcelle si bian chacun,
Qu'an n'an voit quasiment aucun
Qui ne ly porte reverance
Tout comme à la reine de France.....
Cette maudite guiablesse
Qui veut être dame et maitresse,
Faire la plye et le biau tems
A la ville aussi biau qu'aux champs,
Brise les portes, les sarrures,
Et fait souffrir mille tortures
A quantité d'honnêtes gens
Qui ne font pas les chiens couchans,
Qui refusont de la connoître
Pour tout ce qu'alle se dit être....
Enfin, Monsigneur Ventremille,
Igna ni village, ni ville,
Paroüasse, église, ni couvent,
Qui n'ait des marques de sa dent.
C'est une piquié!

Quant aux jésuites, que l'orateur appelle « les hoquetons de
cette drôlesse, » avant de décrire leurs opinions et leurs actes,
il donne un crayon de leur figure et de leur vêtement, comme
pour les rendre ridicules, en attendant le moment de les
rendre haïssables :

An voit depis nombre d'années
Çartaines bêtes écornées
Qu'ont des piés, des bras et des mains,
Aveuc des visages humains;

24

Traînant grands mantiaux et jaquettes,
Toutes sus même patron faites ;
Jabotant de tous les patoüas,
Latin, grec, allemand, françoüas;
Alles sont tout comme des hommes,
Buvont, mangeont comme je fommes.
Le monde entier en est couvart,
Car il en pleut de toute part.
Gn'en a dans les bourgs, dans les villes,
Dans les provinces, dans les isles,
Dans l'air, sur la tarre et la mar,
Et bian plus core dans l'enfar :
Car c'est là qu'est la pépignière,
D'où, comme d'une fourmiglière,
Alles sortont par gros essains
Pour faire enguiabler les humains;
Pis alles vont par les contrées
Montrant des maines détarrées,
Penchaut le cou, baissant les yeux,
Faisant les saints à qui mieux mieux.

Mais tout cela est de la modération, comparé au langage que tient l'orateur dans tout le reste de cette harangue. Il s'y montre savant artiste en invectives, et le torrent y renverse toutes les digues.

C'est à la fin de l'année où parut cette seconde harangue que parut aussi la pièce intitulée *Sarcelade*, laquelle, selon Mathieu Marais [1], donna la vogue au nom de *Sarcelade*. Elle était en vers de dix syllabes. Marais en cite une douzaine qui ont trait à l'aventure de la Cadière et du père Girard : c'est du pur libertinage.

Les troisième et quatrième harangues sont une défense très-méthodique, très-longue et très-animée des miracles opérés sur le tombeau du diacre Pâris, au cimetière de Saint-Médard. Elles ont été prononcées à près de trois ans de distance l'une de l'autre; la première en mai 1732, la seconde en novembre 1735. Les miracles du bienheureux diacre y sont énumérés, rappelés avec leurs circonstances les plus minutieuses, avec les principaux témoignages allégués en leur faveur, les noms, les qualités, les maladies des personnes guéries,

[1] *Journal de Mathieu Marais,* t. IV, p. 311.

les procès-verbaux dressés *hic et nunc*, et pour ainsi dire séance tenante, enfin les certificats recueillis à la suite des informations et enquêtes. M. de Vintimille y est agréablement persiflé à l'occasion de sa lettre pastorale contre les miracles, et les Jésuites qui la lui ont dictée sont bernés d'importance. On leur reproche de ne reconnaître en fait de miracles que ceux qu'ils ont commandés, tels que les miracles de Marie Alacoque et de Marie Agreda, et de n'admettre de saints nouveaux dans leur calendrier que ceux tirés de leur ordre et canonisés de leurs mains, comme les Guignard, les Oldcorne et les Girard. Ce sont là des sujets, pour nous autres, assez maussades; et si l'on ne s'amusait un peu du dépit que montre l'auteur en voyant M. de Vintimille non-seulement ne tenir aucun compte de ses remontrances, mais encore ne s'en fâcher même pas; si l'on ne riait volontiers de l'entendre dire que les Sarcellois, par tendresse pour l'archevêque, souffrent de le voir endosser les sottises des Jésuites, qu'ils l'invitent à venir les voir à Sarcelles, à les prêcher, lui qui ne prêche jamais, et à leur donner ainsi l'étrenne de ses sermons, on ne lirait pas d'un bout à l'autre ces deux harangues sans quelque lassitude.

La cinquième et dernière, prononcée en août 1740, a pour objet de remercier M. de Vintimille de ce qu'il a rendu aux habitants de Sarcelles leur ancien curé. Ce n'est pas le curé dont il est question dans la première *Sarcelle*; il s'agit d'un de ses prédécesseurs, l'abbé du Ruel, exilé en 1721 pour avoir maintenu son opposition pleine et constante contre la bulle *Unigenitus*, opposition que cinq lettres de cachet n'avaient pu affaiblir. On lui rendait sa cure après l'en avoir privé pendant 19 ans, et il en avait 82 quand il en reprit possession. Aussi tout le village se porte au-devant de lui pour le recevoir. Sa rentrée à Sarcelles est un triomphe.

> Et vite de courir aux cloches,
> De sonner et carillonner;
> A peine an pouvoit se torner,
> Palsanguié, dans le presbitère,
> Du monde qui li venoit faire
> Chacun son petit compliment.

Enfin le ressentiment des Sarcellois contre ceux qui leur avaient enlevé leur pasteur fait place à la reconnaissance pour celui qui le leur a rendu. On promet de prier Dieu pour M. de Vintimille et (ce qui est une piquante épigramme) le diacre Pâris. On rappelle maints traits d'indépendance de sa part qui ont fort irrité les Jésuites et les Molinistes, et qui sont à l'honneur de son caractère; on l'encourage à persister dans cette voie. On l'espère peu toutefois, en considérant combien de fois il s'en était écarté malgré lui, et la conscience qu'il avait de sa propre faiblesse. Il était faible en effet autant qu'il était bon, disposition malheureuse pour quiconque est chargé d'une grande responsabilité. Entre autres marques de cette faiblesse des bons, qui confine un manque de cœur, on rapporte que, forcé un jour de présider à l'exécution de quelque mesure violente contre les religieuses du Calvaire, il ne put s'empêcher de dire en entrant dans le couvent : « Ceci m'a bien l'air d'une nouvelle sottise ajoutée à toutes celles qu'on m'a déjà fait faire depuis que je suis dans ce pays-ci. » On lui avait entendu dire en d'autres occasions « qu'il n'était que le troisième grand vicaire de l'église de Paris, que le cardinal de Fleury était le premier, et M. Hérault, lieutenant de police, le second [1]. Ce sont là, il est vrai, des on-dit d'origine janséniste; on en croira donc ce qu'on voudra.

Lesdeux *Sarcelles* suivantes, qui sont les sixième et septième harangues du recueil général, sont adressées à M. Languet de Gergy, archevêque de Sens; elles ont été prononcées en avril et mai 1740, et occasionnées par un mandement de ce prélat, ordonnant, sous peine de suspense, d'enseigner le nouveau catéchisme qu'il avait donné à son diocèse. Comme ces deux harangues roulent d'un bout à l'autre sur des doctrines de théologie morale, telles que l'âge auquel les jeunes gens doivent se marier, les rapports des époux dans le mariage, les accouchements, principalement ceux qui ne peuvent s'opérer sans que l'opérateur sacrifie ou la mère ou l'enfant,

---

[1] Voyez les notes à la fin de la cinquième *Sarcelle*, note *g*.

toutes choses, on en conviendra, au moins singulières dans
un catéchisme ; bien qu'on ne puisse ne pas admirer, je ne
dirai pas avec quelle délicatesse, mais avec quelle aisance,
quelle dextérité, quelle verve, je n'ose ajouter quelle science
de casuiste, ces matières sont examinées, agitées et discutées
par le harangueur, je me borne à signaler le fait sans le dé-
velopper. Mais pour qu'on voie sur quel ton notre homme le
prend avec M. Languet, je citerai le début de la première
harangue :

> Bonjour, Monsigneur à la Coque [1],
> Gna longtemps que ça nous suffoque,
> Que j'avons ça dessus le cœur,
> De venir à Votre Grandeur
> Qui fait tant de brit dans la France,
> Faire un tantet de révérance ,
> Li couter itou nos raisons
> Tout bonnement et sans façons,
> (Car nous autres je n'en fons guères)
> Tout comme à votre gros confrère [2]
> J'ons fait, igna queuques quatre ans.
> De vrai j'ons pardu notre temps ,
> Car il est annui tout fin comme
> Je l'avons laissé, le pauvre homme !
> Igna nan plus d'amendement
> Palsanguié qu'au commencement.
> Il fraie aveuc les Molénistes ,
> Il tracasse les Jansinistes ,
> Il mène le train qu'il menoit,
> Tout comme si de rien n'étoit;
> De tout ce qu'on dit il se moque.
> Aussi , Monsigneur à la Coque,
> Vlà qu'est fait, je l'abandonnons ,
> Et devars vous je nous tornons.....
> Dans ce monde rian il n'écoute ,
> Mais quand il ne voüarra pus goutte ,
> Quand une foas il sera mort ,
> Il voüarra mon si j'ons eu tort.

[1] Ainsi appelé à cause d'un livre qu'on traitait alors de roman extrava-
gant, et qui jeta, dans le même temps, un grand ridicule sur la personne
du prélat. Ce livre est intitulé : *Vie de la vénérable mère Marguerite-Marie,
religieuse de la Visitation Sainte-Marie... (plus connue sous le nom de
Marie Alacoque), morte en odeur de sainteté en* 1690. Paris, 1729, in-4°.

[2] M. de Vintimille, qui, à ce qu'il paraît, était gros, et à qui nos Sarcellois affectent toujours assez indécemment de faire compliment de sa
bedaine.

Vlà qu'est donc fait, qu'il se gouvarne
A sa guise. Si l'an le barne,
Palsanguié, l'an le barnera,
C'est pas à nous qu'an s'en prenra;
J'ons fait tout ce que j'ons dû faire.
Hé bian! j'on-t-il dit au biau-frère [1];
Restons-en là. « Mais, a-t-il fait,
» Gna ce grand Monsigneur Languet
» Qui fait partout le guiable à quatre;
» Faut un petit brin nous ébattre
» A li bailler queuques leçons,
» Li montrer ce que je sçavons.....»
— Stici, biau-frère, voyez-vous,
Stici ne dépend pas de nous;
Reumainez-y. « Que j'y reumaine!
» Ça vaut-il seulement la peine,
» Nous a-t-il fait, de reumainer?
» Queu mal d'aller le sarmoner,
» Li qui d'écrits la tarre inonde
» Et qui sarmonne tout le monde?
» O! li faut montrer clar et net
» Que son âne n'est qu'un baudet. »

La huitième harangue du recueil, datée de juin 1733, est adressée au roi. Dans un *Avis au public*, l'auteur s'exprime ainsi :

« Claude Fétu, notre biau-frère, viant de nous luire une çartaine anti-tulation qui porte : *Très-humbles et très-respectueuses Remontrances des habitans du village de Sarcelles au Roi, au sujet des affaires*, etc. [2]; et pis encore un autre qui chante : *Compliment inespéré*, etc. [3]. Je sons tombés de notre haut en voyant que des gens se garmentont de nous faire parler, quand je ne songeons à riau... Il est bian vrai que j'ons l'intention d'aller, et que j'irons, Guieu aidant, à Varsailles, pour avouar l'honneur d'ôter notre chapiau à notre bon roi; mais, jarni! je nous baillerons bian garde de li parler comme ces gens-là li parlont : c'est une honte. Morguié, faut que ce soit queuques malotrus de paysans de queuque méchant hamiau du côté de ste Brie-Pouilleuse, qu'ont voulu nous contrefaire. Mais, jarniguié, ce sont des mal-embouchés qui feriont plus

---

[1] Claude Fétu.

[2] Voici la fin du titre : *présentes du Parlement de Paris, avec des notes critiques, historiques et politiques*. A Rotterdam, chez Richard Sans-Peur, à la Vérité, dans la place d'Érasme. 1732, in-12.

[3] Compliment inespéré des Sarcellois à M. de Vintimille, au sujet du pèlerinage de Saint-Médard. S. D. Ib. In-12.

mieux de parler à leux bœufs que de vouloüar parler à un roi. Je prions
ceux qu'auront aïeu la simplesse de bouter leur argent à ces deux vilaines
moulations-là, et la patience de les luire, de ne pas croire qu'alles veniont
de nous. Les gens esprités voüaront bien, en les récomparant aveuc les
nôtres, que je ne sons pas capables de parler si peu respectueusement
devant notre bon roi, ni de li dire des choses si grossiarement plates. »

Il faudrait être aveugle en effet et avoir le goût malheureux
pour ne point partager ce sentiment. Les deux pièces dénon-
cées ont bien tous les défauts qu'on leur reproche, et la première a de plus le tort de chercher à imiter ses modèles, de les
imiter mal, et toutefois de se donner pour une continuation de
ces mêmes modèles et comme un produit de la même plume.
Au contraire, la pièce de Jouin est d'une familiarité aimable,
tendre quelquefois, et, jusqu'à la conclusion du moins, toujours respectueuse. Si le roi s'en fût offensé, c'eût été des
excellents conseils qu'on lui donne, car les rois n'aiment les
conseils qu'autant que ceux-ci s'accordent avec ce qu'ils ont
déjà résolu. Autrement il eût ri, comme tout le monde rira
en lisant cette pièce. Comme elle traite des mêmes sujets déjà
traités dans les trois premières harangues, je n'en donnerai
pas le sommaire. La fin seule en est à citer, parce que Jouin
y oublie un peu la modération qu'il s'est efforcé de garder
dans le cours de la pièce, que le cardinal de Fleury y reçoit un
terrible coup de boutoir, et que cela seul eût suffi pour faire
condamner tout le reste. La passion du janséniste et de l'anti-
constitutionnaire se réveille au dernier moment, et se manifeste par un éclat :

> O Sire, qu'il nous est amar
> De vous dire que Lucifar,
> Aussi bian que notre sorcière [1]
> Et ceux qui l'ont mise en lumière,
> N'aviont été core jamais
> Si triomphants, si satisfaits,
> Que depuis que par complaisance
> Vous laissez l'Église et la France
> A la marci de ce clabaud [2]
> Que je voüarrions sus l'échafaut,

[1] La Constitution.
[2] Le cardinal de Fleury.

Si sa subtile hypocrisie
Ne vous cachoit sa perfidie !
Je laissons ce qui s'est passé
Avant que vous l'eussiais placé
Si près de vous. C'est à li, Sire,
Qu'étoit résarvé de conduire
L'affaire à sa parfection,
De réduire la nation
Sous les piés de cette matrone,
Et de la bouter sus le trône.

La neuvième *Sarcelle* est une première harangue à M. de Beaumont du Repaire, archevêque de Paris, prononcée le 5 avril 1748. La députation salue, en entrant, le prélat, et l'orateur s'exprime ainsi :

Parguié, Monsigneur de Biaumont,
Je crairions vous faire un affront,
Si j'étions venus à la ville
Voüar Monsigneur de Ventremille,
Quand il étoit où vous velà,
Et que je vous laississions là,
Sans venir en çarimonie
Vous dire que je sous en vie,
Et vous ôter notre chapiau ;
Ça ne seroit ni bian ni biau.
Vous n'avez pas une bedaine
Comme il avoit, mais votre maine,
Comme une autre a bian son prix ;
Et mêmement dans tout Paris,
Gn'en a guère de plus drolettes.
Mais vous êtes comme vous êtes,
Ça n'y fait rian ; gros ou menu,
Grand ou petit, drait ou tortu,
Ça n'y fait riau ; c'est pas la maine
Qu'au épluche et qu'an examaine,
Palsanguié, dans les églisiers,
Et moins cor dans les mitriers ;
Et je fons cas de leur figure,
De leur toupet, de leur frisure,
Oui, j'en fons tout autant de cas
Que du bonnet du grand Thomas [1].
Mais, vartiguié, pour leur prâtrise,
Gna pas de nannain ; an la prise
Comme une parle, un guiamant, etc.

[1] Fameux dentiste du Pont-Neuf.

Quoi qu'il en dise, et tout en paraissant ne vouloir pas se faire une arme contre les gens de leurs défauts physiques et de leurs ridicules extérieurs, Jouin ne manque jamais de s'y arrêter et de les décrire, en leur donnant je ne sais quel air de ressemblance avec des infirmités morales correspondantes. C'est même là une des ressources les plus chères à sa polémique, et les plus exploitées; il en use avec une sorte de volupté. Sa méthode n'est pas morte avec lui.

Le père Pichon, jésuite, avait écrit un livre intitulé : *L'Esprit de Jésus-Christ et de l'Église sur la fréquente communion* [1]. Dans cet *Esprit*, qui était un peu plus celui du père Pichon que celui de Jésus-Christ, l'ardent jésuite attaquait le livre d'Antoine Arnauld, *De la fréquente Communion*, et Arnauld lui-même, dans des termes aussi éloignés de la charité que de la vérité. Il disait entre autres, parlant d'Arnauld, « qu'il s'était fait chasser de France, et qu'il estoit mort excommunié. » L'abbé Arnauld de Pomponne, arrière-petit-neveu d'Antoine, se plaignit au roi de cette double calomnie, et le père Pichon reçut de ses supérieurs l'ordre de se rétracter. Il le fit dans une lettre adressée à M. de Beaumont, que celui-ci approuva, et dont, par une autre lettre qu'il écrivit aux curés et aux confesseurs de son diocèse, il recommanda la lecture aux fidèles.

Ce sont ces deux lettres qui font le sujet de cette harangue. Elles y sont taxées l'une et l'autre de duplicité. Le jésuite y est qualifié de menteur impudent et de drôle, et l'archevêque accusé d'avoir été plus ou moins volontairement dupe d'une rétractation qui n'est qu'une comédie. Le tout est parachevé par une charge à fond contre les Jésuites et une vigoureuse défense d'Arnauld et de ses doctrines.

La dixième et dernière *Sarcelle* de Jouin, dans notre recueil, est la harangue *à Monseigneur Charles, dit de Saint-Albin, archevêque, duc de Cambrai*, etc., au sujet de son

---

[1] A Paris, 1745, in-12.

mandement donné à Paris, le 25 juillet 1741. Elle porte pour épigraphe : *Spurii quoque* (non sunt ad ordines admittendi), *et ii omnes qui non sunt ex legitimis nuptiis procreati* [1]. C'est une allusion à la naissance de ce prélat, fils, comme on sait, de M. le duc d'Orléans, régent, et de la Fleurance, fille de l'Opéra.

C'est encore d'un acte d'intolérance contre un ecclésiastique janséniste qu'il est question dans cette harangue. A la suite d'une procédure extraordinaire, dressée par l'official de Cambrai, le sieur Bardon, réfractaire à la bulle et chanoine de Leuze, avait été décrété de prise de corps. Plusieurs avocats de Paris se réunirent à cette occasion et donnèrent jusqu'à neuf consultations contre cette procédure. M. de Saint-Albin y répondit par un mandement portant condamnation d'un avis qu'il n'avait point demandé, et qu'on lui offrait avec une si rare obstination. Il va de soi que Jouin prend la défense des avocats, et traite avec un souverain mépris le mandement et la personne de l'archevêque.

Telles sont les dix *Sarcelles* contenues dans le recueil, aussi bien dans celui qui est en deux parties, que dans l'autre qui est en trois. Elles sont toutes de Jouin, il n'y a pas le moindre doute à cet égard. Il me reste à parler d'une onzième [2] qui (je n'en devine pas le motif) ne figure pas dans ces recueils; car les conséquences déplorables qu'elle a eues pour son auteur auraient dû engager les éditeurs du recueil de 1764 à ne pas la négliger. Elle est, comme je l'ai déjà dit au commencement de cette notice, la seconde qui fut adressée à M. de Beaumont, et celle qui valut à Jouin d'être dénoncé par son fils, et mis à la Bastille.

Ce n'est pas seulement une diatribe contre M. de Beaumont; c'en est une aussi contre tous les évêques constitutionnaires, et contre les Jésuites au mot d'ordre desquels ils étaient censés obéir. Possible est cependant que les ravages commis

---

[1] *Catéchisme du Concile de Trente.*

[2] *Harangue des habitans de la paroisse de Sarcelles à Mgr Christophe de Beaumont de Reparfont*, etc. Aix, 1754, in-12.

par ces derniers dans l'Église ne soient pas imputables à M. de
Beaumont ; mais il s'en fallait bien d'ailleurs, au dire de l'orateur, qu'il fût innocent :

> Pour un homme
> Que j'ons vu petit poliçon,
> N'avez-vous pas, jarnicoton,
> Déjà rudement fait des vôtres ?

Et là-dessus, il raconte le renvoi de l'hôpital où elle exerçait
une charge importante, d'une sœur Julie,

> Une brave fille, espritée,
> De tout le monde regrettée,

et son remplacement par une femme nommée Moysan,

> Une créïature de Guieu,
> Bian avenante, bian choüasie,
> Bref, une maîtresse toupie,
> Que les ceux qui parlont latin
> Appellont maîtresse catin,

que,

> Jusqu'aux ramasseux de boue
> Tout chacun crioit *à la houe !*..
> Ignavoit pas une poissarde
> Qui n'en allât à la moutarde.
> « Voyez ! à ce biau mitrier,
> Disoit l'une, faut du gibier !
> Oui, du gibier, s'en alloit l'autre,
> En marmottant sa patinôtre,
> Et du bon, morguienne, et du bon,
> Qui sente bien la venason. »

L'imputation est aussi grossière qu'elle était grave, et certainement elle était fausse quant au mobile qui, au jugement
d'une populace imbécile, avait fait agir l'archevêque en cette
rencontre. Mais outre que, de l'aveu même des ennemis du
prélat, la dame Moissan, à peine installée à l'hôpital, y remplit
ses devoirs de manière à faire bien oublier ce qu'elle était,
disait-on, lorsque l'archevêque avait jeté les yeux sur elle [1],
il faudrait avoir perdu le sens pour admettre que M. de Beaumont eût fait ce choix, sachant l'indignité de la personne qui

---

[1] Page 11, note 1.

en était l'objet. En tout cas, il eut bientôt à s'en applaudir, en voyant la conduite édifiante de cette même personne, et le jugement qu'en portaient ceux mêmes qui lui avaient jeté la pierre.

Jouin prend ensuite à partie les évèques ; il s'élève avec une sorte de fureur contre le droit qu'ils s'arrogent de ne rendre aucun compte au roi de leurs biens, et des revenus de leurs bénéfices ; il déclare scandaleuse et intolérable leur prétention de donner leur argent à Sa Majesté non pas comme une dette, mais comme aumône ; enfin il traite de mensonge et d'impertinence le mot de don gratuit dont ils se servent pour donner le change à eux-mêmes et aux autres sur la nature de cette obligation. Cela fait, il attaque les billets de confession sans lesquels on ne pouvait communier, et certaines propositions de la bulle *Unigenitus* qui le transportent de colère et lui arrachent cet anathème :

> Oh ! les paroles anfernales !

Encore, ajoute-t-il,

> Ce ne sont là que des broutilles.
> Oh ! ste fille de Lucifar
> Ou bian plutôt de tout l'enfar,
> En sçait et dégouase bian d'autres
> Qui feriont hideur aux Apôtres,
> Mais que vous autres mignottez
> Comme des préciosités.

L'auteur finit en se demandant ce que diraient saint Pierre et saint Paul,

> Eux qui se sont tant trimoussés,
> Tant tormentez, tant harassés,
> Eux qu'avont souffart le martyre
> Putôt que rian faire ou rian dire
> Que ce qu'ils aviont, ces vrais saints,
> De leux bon et char mattre apprins ;
> Que diriont-ils, sans votre grâce,
> S'ils voyont boutés à leux place,

une douzaine d'évêques qu'il nomme, en estropiant quelquefois les noms d'une manière injurieuse ? Et il laisse au lecteur à tirer la conclusion.

Telle est l'œuvre de Jouin, la plus singulière, la plus pour-
suivie et, sans comparaison, la plus achevée des œuvres de
ce genre. Qu'un pamphlet, même en vers, ait avant tout
pour objet d'attaquer, de mordre, de diffamer, c'est ce qu'on
voit depuis que le monde existe, et ce qu'on verra tant qu'il
existera ; mais que ce pamphlet soit écrit en vers et en con-
tienne plus de six mille, que l'auteur y argumente, y prouve,
et tire des conséquences comme il ferait dans un examen
pour le bonnet de docteur, qu'il y poursuive, y relance, pour
ainsi dire au pied levé, les doctrines les plus déliées et les
plus subtiles concernant la théologie, la morale et la discipline ecclésiastique [1], en un mot qu'il fasse tout cela, sinon
avec un respect constamment scrupuleux de la vérité, du
moins toujours avec un esprit, une aptitude et une science
qu'on rencontre rarement dans cette sorte d'écrits, c'est ce
qui ne s'était pas encore vu jusqu'à Jouin. Les *Sarcelles* sont
à la fois un pamphlet et une thèse, ou plutôt une série de
thèses, et elles n'ont pas reculé devant la difficulté du vers.
Nous sommes donc en face d'un genre presque entièrement
nouveau, et Jouin en est le créateur. Vainement on a voulu,
lui vivant, marcher sur ses traces ; ses imitateurs n'y ont fait
que de l'eau claire, et tous leurs efforts pour attirer à eux
une part de son succès ou pour la contrebalancer ne l'ont
rendu que plus éclatant.

LETTRES DE MONTMARTRE, par M. Jeannot Georgin (Antoine-
    Urbain Coustelier). A Londres, 1730, in-18.

Ces Lettres sont l'histoire racontée à peu près jour par jour
du fils d'un meunier de Montmartre, qui, las de voir toujours
tourner son moulin, et poussé par le désir de courir le monde
et de chercher fortune, quitte son village un beau matin et
vient à Paris. Il y en a vingt et une. Elles sont adressées
à son père, à sa maîtresse *Mamselle* Javote, à son parrain, procureur fiscal à Montmartre, et à son curé. Jeannot

---

[1] Lisez notamment les deux harangues à l'archevêque de Sens.

a l'idée qu'il deviendra un jour maltôtier ou marquis, et
il annonce à chacun de ses correspondants qu'il a résolu de
faire pour cela tout ce qu'il faut. C'est une ambition à tout
envahir, mais sûrement à ne mériter pas grand'chose.

Sa première aventure est un naufrage au pont de Sèvres,
lorsqu'il allait voir le roi à Versailles. Le récit en est du dernier bouffon. Forcé de faire le reste de la route à pied, Jeannot arrive à Versailles, où il reste trois jours à visiter rien que
le château. Il voit aussi le roi. « Je l'ons, dit-il, d'abord
reconnu ; j'ons dit drès que je l'ons vû : c'est l'y, morguié ! et
stapendant, sa parsonne n'a jamais été apparçue à Montmartre. Il m'a regardé, da, mais, morguié, il ne m'a dit rian. »

Avec l'argent qu'avant de partir, il avait soustrait à son
père, Jeannot s'était pourvu d'un habit galonné, auquel il
joignit bientôt un chapeau bordé et une épée. Sous cet accou-
trement il a fort bonne figure, et on le recherche. Un commis
du sous-portier de l'hôtel des maltôtiers le prend en affection
et lui fait l'honneur « de se soûler avec lui. » Pour le coup,
Jeannot se croit un personnage. Alors il change de nom et
prend celui de Laribalandière. Il en informe ses amis, et
écrit à son père qu'étant désormais « habillé comme un grand
moussieu, il ne peut plus tirer sa nativité d'un meugnié de
Montmartre. » Mais, ajoute-t-il à la fin de sa lettre, « je sis
bon sac à guiable ; je vous le disons, moussieu mon père, je
crayons que je ne vous davons rian pour la façon de ma cor-
poration. Stapendant, je voulons bian prendre queuque soin
de vote parsonne, si vous avés le courage itou de ne pas me
croire vote fils Jeannot, mais bian, vote serviteur, *Jeannot
Georgin.* » A partir donc de ce moment, il est « moussieu de
Laribalandière, » et il ne signe plus ses lettres que de ce nom.
Je ne sais pourtant s'il en eût soutenu l'éclat, sans la bonne
chance qu'il eut de gagner une grosse somme à la loterie.
C'est alors qu'il se promet de « faire suer sang et iau » à
ses écus, et « d'en acheter queuque biau châtiaux, ou queuque bonne charge à mangé cheu le roy. »

En attendant, il prie son parrain de ne pas parler de cela à son père « qui a toujours la misère à la gueuie. » Quant à Javotte, bien qu'il ne puisse désormais « rian faire aveuc alle d'égal à égal, » comme il n'est pas glorieux, il fera « queuque chose d'agriable pour alle, si alle n'est pus fiare, et si alle s'est désacotée » d'un certain godelureau qui avait pris, dit-on, auprès d'elle la place de l'absent.

Sa bonne mine continuant à attirer sur lui les regards, ceux du sexe principalement, une « bonne madame » lui propose « de sarvir queuqu'une de ces dames charitables qui aviaint beaucoup d'humanité pour les personnes que l'amour damène dans les chemins de la ville. » Une dame de cette espèce, l'appelant un jour par son nouveau nom, le félicite d'avoir quitté l'ancien, incompatible avec sa fortune actuelle, et l'invite gracieusement à souper. Ravi de se voir si bien connu, Jeannot accepte. Il trouve chez la dame deux messieurs fort bien qui sont du souper et qui portent force santés à M. de Laribalandière. Et lui de leur tenir tête, et si bien, qu'il se réveille le lendemain, couché dans la rue, et n'ayant même plus de chemise. Cette aventure le fait rêver, et il en témoigne toute sa honte à M. le curé et à son parrain. Celui-ci lui envoie un écu, de quoi couvrir au moins sa nudité.

Jeannot en était réduit là, quand il fit connaissance d'une belle dévote janséniste, qui veut faire de lui un prosélyte. Elle l'engage à la venir voir, a pour lui mille attentions, et le nourrit des mets les plus délicats; elle le reçoit dans sa chambre quand elle est au lit, le prêche afin qu'il « dise comme ça que moussieu le Pape est huguenot, » et qu'il se fasse « du parti de Quanelle. » Elle jase ainsi jusqu'à ce qu'elle s'endorme. Jeannot, plus touché des charmes de la belle prêcheuse que de ses arguments, consulte son curé sur ce qu'il doit faire. Il ne dit pas la réponse du curé, mais on la présume. Toutefois Jeannot ne se rend pas encore : « Morguié, réplique-t-il, si son bon Guieu vouloit par vote habileté

s'arranger avec le nôte, ça me feroit, voyés-vous, bian aise.
Car je croyons que ste fame saroit assotée de moi, et je la
pleumerions, Guieu sait comme! car, ma fique, j'ons un
petit nécessité de me rempleumer. » Ce vœu abject, ce calcul
ignoble ne rendent pas, tant s'en faut, le curé plus facile; de
sorte que Jeannot se résout à rompre avec « ste parvartis-
seuse, » et se trouve en face d'une misère inévitable et de la
faim. C'est alors qu'il se repent de son escapade, et fait un
ferme propos de la réparer. « Voyés la forteune, écrit-il au
curé; je l'ons charchée, j'ons cru la tenir au poil. Ma fique oui,
la carogne, la parfide s'en est allée au guiable, et je sommes
ravenu Jeannot Georgin. Je ne voulons plus de st'aute nom;
il m'a porté malheur; je reprends mon nom de baptême.
Saint Jean et saint Georges valiaint bian cely avec lequel je
sommes vote serviteur et paroissian, LARIBALANDIÈRE. » C'est
la dernière fois qu'il signe ainsi; il reprend son vrai nom
dans la dernière lettre qu'il écrit à Javotte pour lui protester
qu'il l'aime davantage, et lui demander, avec sa main, pardon
des impertinences qu'il s'est permises envers elle.

Après cette lettre, il en écrit encore une au curé, où il lui
fait le récit de l'exorcisme d'une possédée dont il a été témoin, et une autre à son père, où il lui raconte le châtiment
ignominieux infligé à une entremetteuse publique. Ces deux
lettres sont des hors-d'œuvre, puisque le pêcheur repentant
revient à Paris. Elles devraient donc être dans le corps de
l'ouvrage, comme les autres épisodes de la vie parisienne de
Jeannot. Quoi qu'il en soit, pour donner au lecteur une vue
d'ensemble du patois et du ton des *Lettres de Montmartre*, je
transcris ici celle qui est adressée au curé :

« Palsanguié, Moussieu le curé, qu'il y a dans ceu pays des gens habiles
pour à ste fin de danicher les démons du corps des haumes! Je sommes,
en ravenant par tarre de Varsaies[1], passé dans un endroit hors de Paris.

[1] Preuve que cette lettre n'est pas à sa place, mais qu'elle devait venir
après celle où il est question du voyage à Versailles dont il a été parlé
ci-dessus.

Je ne sçavons morguié pas fourrer les noms de villes et de villages dans ma marmoire; je n'ons pas plus de souvenance qu'un lièvre. Mais vaille que vaille, j'ons vû faire eune exécration. Vous sçavés bien que le guiable tiant comme taigne dans le corps d'eune femme; ma figue, stelle-là dont je grifognons la guiablerie, a été si guiablement enguiablée par les *oremus* et les *asperges* que le prêtre ly a dit sur alle, que le démon qui la tarabustoit, s'en est allé itou aux cens mille guiables. J'ons eu bian crainte qu'il ne venit se nicher dans ma parsonne. Comme ils se disputiaint ly et le prêtre à qui sortiroit et ne sortiroit pas, le guiable juroit comme un Turc; car an dit qu'il n'est pas chréquien; et le prêtre de ly dire des priares. Mais point du tout, il se tanoit aveuc ses griffes à la poitrène de la pauvre malheureuse, et pis il la fésait juré itou caume ly. Stapendant, an ly faisoit tant bère d'iau banite qu'il disit à la fin comme ça : — « Eh bian, Moussieu le prêtre, jarné, fourche, sacre, je ne sortirons pas de ce corps où j'étions si bian logé, qu'à condition que j'entrerons tout de site dans cely de queuqu'un de la compaguie. » Guieu sçait comme chacun se boutit à avouar peur pour sa piau, et à prier le bon Guieu. Le prêtre ly demandit comme ça : — « Dans le corps de qui, se ly fit-il, veux-tu entrer? — Je voulons, ly répondit le guiable, entrer par le d... dans le corps de ce meugnié qui est près du banitier. » Morguié, c'étoit moi. — « N'en fairas, ce ly fis-je, en me défaisiant mes chausses, et en me saussant itou le d... dans l'iau banite; vians, vians, bouffre de chiau, ly dis-je; je t'attends. » Qui fut bian sot? Ce fut ly. Il n'eut morguié garde; je ly avions bouché le chamin. Ce que c'est que de sçavoar son catéchis, et d'avoar un tantinet de souvenance de sa religion ! Ça sart le moins qu'an y pense, n'est-ce pas, Moussieu le curé? J'en ons enfin été quitte pour la peur, et le pauvre guiable s'en allit bian enguiablé trouver ses camarades en enfar. Je sis, Moussieu le curé, vote valet et paroissian, *Jeannot* GEORGIN [1]. »

Je ne cite pas cette lettre comme la plus spirituelle de toutes, l'esprit, tel qu'il faut l'entendre, étant d'un autre aloi, mais parce que celles qui le sont davantage ou se relient à des faits allégués précédemment, et sur lesquels, pour plus de clarté, il faudrait revenir, ou sont d'un cynisme qui demanderait trop de coupures. Ce livre n'en est pas moins rempli de cet esprit au gros sel qui vous arrache des éclats de rire, comme les lazzis des pitres du boulevard en arrachaient

[1] Lettre XIX.

alors aux badauds rassemblés pour les entendre. Coustellier, l'auteur, était un libraire plus connu par l'édition qu'il donna des dix-sept premiers volumes des classiques latins de la collection dite Barbou, que par cette facétie. Dans l'article sur ce Coustellier, de la *Biographie générale*, il est dit que Jouin eut part aux *Lettres de Montmartre*, et on s'appuie sur le témoignage du bibliophile Jamet, le jeune. Je ne puis, en conscience, être de cet avis. D'abord, le patois de Jouin diffère considérablement de celui de ces *Lettres*, qui est foncièrement parisien ; ensuite il est tout à fait invraisemblable que l'ardent sectaire du jansénisme ait traité, ou seulement ait acquiescé à ce qu'on traitât l'épisode où une dame janséniste est représentée sous un aspect et dans une attitude qui la déshonorent, et dont la honte eût rejailli sur le parti. Jamais il n'eût consenti à être le collaborateur d'un homme qui eût insulté ainsi à ses plus chères convictions; et il le pouvait d'autant moins alors qu'il était toujours sur la brèche, et bataillait contre les puissances ecclésiastiques et civiles pour la défense de ses coreligionnaires.

Ce petit volume n'a jamais, que je sache, été réimprimé.

ŒUVRES COMPLÈTES DE VADÉ. (Paris, 1775, 4 vol. in-8°; Genève, 1777, 4 vol. in-18, et 1785, 6 vol. in-12; Lyon, 1787, 4 vol. in-12; Troyes, 1798, 6 vol. in-12.)

ŒUVRES POISSARDES DE VADÉ ET DE LÉCLUSE. (De l'imprimerie de Didot jeune. A Paris, l'an IV (1796), in-4° et in-18. Ces dernières œuvres ont été souvent réimprimées depuis.)

Qui ne connaît Vadé et ses écrits poissards ? quelques délicats qui font profession (et le plus souvent ils ne s'y trompent guère) de dédaigner et de fuir ce que la foule prise et recherche. Et cependant il y a dans les poissarderies de Vadé des choses charmantes : telles sont ses *Lettres de la Grenouillère* et un ou deux de ses opéras comiques : *Le Racoleur*, et surtout *Jérôme et Fanchonnette*. C'était un esprit fin, distingué, malgré son penchant à peindre les mœurs populaires, et, ce qui ne semblera pas moins incompatible, un esprit assez cultivé.

On a peu de détails sur sa vie. D'abord il est mort jeune; ensuite la grande vogue qu'ont eue ses écrits, lui vivant, et jusqu'à la Révolution, lui avait fait une telle notoriété, qu'on ne songea pas alors ou qu'on ne se soucia point d'en savoir sur lui davantage. Le trop grand jour auquel vit un personnage est quelquefois pour ses contemporains un obstacle aussi grand à la recherche de ses origines que le serait une entière obscurité. Dans le premier cas, cette recherche paraît superflue à des témoins dont toute la curiosité se concentre sur ce qu'ils voient de leurs yeux; dans le second, elle leur semble plus inutile encore, n'y ayant rien, pas même un demi-jour, qui les sollicite à la faire.

Jean-Joseph Vadé naquit à Ham le 18 janvier 1719, et mourut à Paris le 4 juillet 1757. Il avait donc 38 ans et demi. En 1726, il vint à Paris avec son père, qui s'y établit et y continua le petit commerce qu'il faisait dans sa ville natale. C'est vainement que le père, frappé des heureuses dispositions de son fils, voulut lui faire étudier le latin; il était écrit que ce n'était pas par la connaissance de ce langage que Vadé devait s'illustrer; aussi n'eut-il garde de le savoir, si même il essaya de l'apprendre. Mais, doué comme il était de beaucoup d'intelligence et d'esprit, il ne pouvait pas ne pas aimer la littérature, et c'est la française à laquelle il s'appliqua naturellement. Il en lut, dit-on, tous les bons auteurs; mais je crois bien qu'il en lut aussi les mauvais, et cette manière de cultiver son esprit, sans choix, sans méthode et sans maître, ne fit pas de Vadé un bon écrivain. En 1739, il obtint un emploi de contrôleur du vingtième à Soissons et à Laon; il y resta jusqu'en 1743, époque à laquelle il vint à Rouen [1]. On ne sait ce qu'il y fit; mais il en partit après un an de séjour, et revint

---

[1] Avertissement de l'édition de Lyon, de 1787.

à Paris, où il fut pendant deux ans secrétaire du duc d'Agenois.
Ce temps écoulé, il obtint un nouvel emploi au bureau de
vingtième dans cette ville, et il occupait cet emploi lorsqu'il
mourut. Doué du caractère le plus aimable; un peu gâté par
le succès qu'on obtient, surtout quand on est jeune, auprès
d'amis qu'on amuse, et dont on n'estime que les compliments; tour à tour entraîné par eux et les entraînant, il
n'eut que trop d'occasions de céder à son goût excessif pour
les plaisirs, et il y avait usé sa vie avant même qu'il ait eu le
temps de les connaître tous. Un chirurgien qui le blessa en
l'opérant d'un abcès à la vessie hâta sa mort, que la débauche
avait préparée.

Il n'est pas de mon sujet de passer en revue tous les genres
d'ouvrages où son esprit s'est exercé ; je n'ai à rendre compte
que de ses écrits poissards, et tous ne méritent pas une
égale attention.

Le premier, sinon par la date, du moins par la place qu'il
occupe dans les *OEuvres poissardes*, est *La Pipe cassée, poème
épi-tragi-poissardi-héroï-comique*, en quatre chants. Il est
précédé de cet Avertissement :

> « Je me suis beaucoup amusé en composant ce petit ouvrage, puisé
> dans la nature; mes amis l'ont plusieurs fois entendu avec plaisir. Nombre
> de gens de distinction, de goût et de lettres, s'en sont extrêmement di-
> vertis ; et, sur les assurances qu'ils m'ont données que le public s'en amu-
> seroit aussi, je me hasarde de le lui présenter. Il faut, pour l'agrément
> du débit, avoir l'attention de parler d'un ton enroué, lorsque l'on con-
> trefait la voix des acteurs; celle des actrices doit être imitée par une
> inflexion poissarde et traînante à la fin de chaque phrase. »

Il est assez singulier de voir « des gens de distinction et de
goût » garantir les suffrages du public à un poème si mal
pourvu de ces deux qualités, et encourager l'auteur à le faire
imprimer. Rien cependant n'était plus naturel. Du temps de
Vadé, les personnes de condition et de mœurs élégantes prenaient un plaisir extrême à fréquenter les lieux où se passaient les scènes dont Vadé leur donnait une si fidèle pein-

ture. C'était une suite et un développement de cette débauche
fanfaronne qu'on avait vu se produire sous la Régence, alors
que des princesses du sang, provoquées ou se provoquant
d'elles-mêmes à fumer, envoyaient demander des pipes aux
Suisses du corps-de-garde voisin. Il n'est pas si aisé de croire
aux encouragements des gens de goût, à moins que par ce
goût on n'entende celui du jour, c'est-à-dire l'engoûment
pour un genre littéraire qui trouvait (on le pensait du moins)
son poète pour la première fois.

Mais quand encore, aux yeux de gens qui n'avaient pas
battu les broussailles de la littérature du xviie siècle, le poème
de Vadé n'aurait pas eu le mérite d'être un genre nouveau,
la manière de le lire telle que le poète l'indique, et selon
laquelle il le lisait sans doute lui-même, devait être pour les
auditeurs un spectacle des plus divertissants. Il n'en fallait
pas davantage pour étouffer en eux tout sentiment de critique.

Il y a six personnages dans *La Pipe cassée*, trois hommes et
leurs femmes. Le sujet en est ainsi résumé dans les quatre
premiers vers :

> Je chante sans crier bien haut,
> Ni plus doucement qu'il ne faut,
> La destruction de la pipe
> De l'infortuné La Tulipe.

C'est là, avec les fréquentes batailles de ces dames entre
elles, tout ce qu'il y a d'épique dans le poème ; La Tulipe n'en
est pas plus le héros principal que ses compagnons, et n'y
intéresse pas plus qu'eux. Leur intervention, dans toutes les
circonstances, est la même et amenée par les mêmes motifs.
Quant à l'héroïne véritable du poème, c'est-à-dire la pipe de
La Tulipe, il n'en est question qu'à la fin du poème, où le
même accident nous apprend tout à la fois et qu'elle vivait, si
l'on peut dire, et qu'elle a vécu. Tout le reste de l'action se
passe en dialogues, en gogailles et en danses, car après la
panse vient la danse, dit le proverbe. Mais je n'ai pas à ana-

lyser ce poème, que tout le monde connaît plus ou moins,
ou dont tout le monde a entendu parler ; je me borne à en-
dire mon sentiment.

Il amuse, et il faudrait être tout pétri de bile pour ne pas
s'y amuser ; toutefois il n'est pas mauvais, en le lisant, de
faire, autant qu'il se peut, abstraction de toutes les idées saines
et nobles qu'on doit à la nature ou à l'éducation, afin de se
familiariser avec celles des acteurs qu'on a sous les yeux.
Cette métamorphose n'est pas, j'en conviens, également facile pour tous, mais elle le sera dans une certaine mesure
pour ceux qui, sous la Restauration, et même après elle, ont
vu sur les boulevards, dans les théâtres et les bals publics, des
scènes semblables à celles de *La Pipe cassée*, et qui s'y sont
divertis. Par la manière dont quelques suppôts de carnaval
imitaient alors le langage et les attitudes des gens de la halle
et des ports, on les aurait jugés dignes d'être des leurs, et souvent même ils en étaient. Moyennant cet appel à ses souve-
nirs, et pour peu qu'on ne soit pas d'une sévérité de goût trop
sourcilleuse, on passera une demi-heure de bon temps à lire
La Pipe cassée. Les vers y coulent de source, l'idiome poissard
en est riche et pur, et le dialogue vif et court ; car les femmes,
toujours pressées d'en venir aux mains, passent rapidement
de la parole à l'action. Les hommes, occupés sans cesse à
mettre le holà, y ont bien le caractère propre à des maris pour
qui leurs femmes sont des animaux aussi dangereux qu'utiles,
qui les gourment souvent, mais qui les craignent, et dont
toute la vie s'écoule à se disputer avec elles, puis à se raccommoder. Quelques réflexions philosophiques servent de pré-
lude à chaque chant, mais elles sont exprimées brièvement
et sans emphase. Tout, enfin, dans ce petit poème, a sa juste
mesure ; en quoi du moins Vadé témoignait, conformément
à ce qu'on a dit de lui, qu'il n'était pas dépourvu de goût.

Ses *Bouquets poissards*, au nombre de quatre, ne sont pas
plus longs non plus qu'il ne faut, mais ils n'ont pas la verte
allure de *La Pipe cassée;* ils sont même un peu maniérés.

Le sujet est un bouquet qu'un galant, Vadé sans doute,
se propose d'offrir à une dame, et qu'il ne peut, malgré
tous ses efforts, venir à bout de se procurer. En voici la
cause : c'est tantôt la résistance qu'il oppose aux prétentions
exorbitantes des bouquetières, et le rabais qu'il met à leur
marchandise, ce qui lui vaut, de la part de sa dame, l'accusa-
tion d'avarice ; tantôt le dédain qu'il affecte pour les fleurs qui
lui sont présentées et la difficulté qu'il rencontre, de la part
des bouquetières, à former un bouquet à son goût et à sa
guise. Il résulte de tous ces marchandages, des contestations
pendant lesquelles le galant est berné par les vendeuses de
bouquets, conspué de la belle manière, un peu escroqué, et,
finalement, contraint « de fouiner [1]. »

> Jusque chez vous (dit-il) elles m'ont poursuivi ;
>   J'y suis donc enfin, Dieu merci.
>   Mais n'atteudez point, je vous prie,
>   Ni bouquet ni la moindre fleur,
>   Non pas même un souhait flatteur
>   Pour votre personne chérie ;
>   Je suis de trop mauvaise humeur.
>   Je me borne à vous rendre compte
>   De mon guignon et de ma honte ;
> Et votre esprit, vif, doux, léger, touchant,
> Vos attraits, vos vertus, votre amitié sincère
>   Et votre excellent caractère
>   Se passeront de compliment.

Tout cela est sans doute fort aimable ; mais, dit après que
le galant a raconté les gracieusetés sans nombre et fortement
épicées dont il a été régalé par les bouquetières, tout cela dut
paraître à la dame manquer un peu de sel.

Arrivons aux *Lettres de la Grenouillère.* C'est, selon mon
petit jugement, le chef-d'œuvre de Vadé. Ses autres écrits
poissards, quoique avec plus d'invention et d'esprit qu'il n'y
en a chez ses imitateurs, sont selon le ton général et convenu
du genre : dans celui-là, il est supérieur à tous ; et si les
grands mots pouvaient n'être pas déplacés à propos de si

[1] S'en aller.

petites choses, j'ajouterais qu'il y est supérieur à lui-même. Je
donnerais quant à moi tous ses ouvrages, sauf peut-être sa
pastorale de *Jérôme et Fanchonnette* et quelques chansons,
pour ses *Lettres de la Grenouillère*.

C'est une espèce de roman qui s'ouvre, se noue et se dénoue
par correspondance. Les personnages sont *monsieu* Jérôme
Dubois, *pêcheux* du Gros-Caillou, et *mamselle* Nanette Dubut,
blanchisseuse de fin. La première lettre est de Jérôme; il a
vu plusieurs fois Nanette à la danse et il l'a aimée. Si elle ne
l'a pas remarqué, voici son signalement et son nom : « J'm'a-
pelle Jérôme Dubois... J'suis ce grand garçon qui a ses cheveux en cadenette, et puis une canne les dimanches, de jais;
et qui a aussi un habit jaune, couleur de ma culotte neuve,
et des bas à l'avenant. » — « J'n'ai pas un brin la souvenance
de vous connoître, répond Nanette, et ça m'fait ben plaisir
d'apprendre de vos nouvelles. » Pour ce qui est de son amour,
elle en doute fort. « Les garçons du jour d'aujourd'hui, ajoute-
t-elle, savont si ben emboiser les filles, que j'devrions en être
soules; c'est pourquoi j'vous prie d'brûler ste lettre. » Jérôme
s'en garde bien; mais la glace est rompue, il n'y a plus qu'à
jouer de la rame et à voguer avec prudence. C'est justement
ce qu'il commence par ne pas faire; il s'avise d'envoyer à
Nanette des poissons qu'il a pêchés, regrettant, dit-il, qu'ils ne
soient pas d'argent, pour être plus dignes d'elle. Nanette of-
fensée lui répond qu'elle n'est pas fille à recevoir des cadeaux,
et qu'il porte ses poissons à la halle. Honteux et désolé, Jérôme veut se jeter à l'eau. On lui dit, un peu en raillant, de
n'en rien faire, et, par *post-scriptum*, qu'on ira le dimanche
suivant au bal du Gros-Caillou et qu'on espère l'y voir. Notre
amoureux n'y manque pas; et voici comment il raconte à
Nanette l'impression qui lui est restée de cette journée :

« C'est ben dommage que c'n'est pas tous les jours dimanche comme le
jour d'hier, car j'aurions la consolance d'nous voir tant qu'assez... J'ai
dansé nous deux vote mère; mais alle n'danse pas si ben qu'vous. Alle
vouloit pourtant dire que si; moi, je n'ai pas vòulu ly dire qu'non, parce

qu'alle n'est pas une étrange ; mais (c'est?) vous qu'avez une téribe grâce quand vous dansez l'allemande ! Le violon n'peut pas vous suivre. Et puis aveuc ça vous chantez comme un soleil. En verté, plus j'vous r'gardois, et plus j'trouvois qu'vous aviez l'air d'un miracle. J'vous ai embrassé aveuc la permission d'la compagnie ; j'étois à moi seul plus ravi qu'tous les bienheureux qui gna eu depuis que l'monde est dans l'monde. Vous serez toujours dans l'idée d'ma mémoire : j'vous dis ça hier ; ça m'vient encore dans la pensée, parce que c'est une espèce d'amiquié d'ardeur qui fait que j'vous dis ce que j'vous dis, comme si j'pouvois être encore plus chnûment, vote, etc. »

Depuis lors, Jérôme est reçu dans la famille de Nanette sur le pied d'ami. Un soir qu'il venait, à la prière de Nanette, de chanter une chanson de sa composition, il eut le déplaisir de se voir éclipsé par un certain Cadet Hustache, qui chanta après lui deux heures durant, et qui parut amuser beaucoup Nanette et sa société. Il en conçoit de l'ombrage, de la jalousie, et il en écrit ainsi à Nanette :

« Pour au sujet de Cadet Hustache qui a donc chanté l'plus fort (pendant deux heures) de la compagnie, c'est un figuoleux ; mais y fait trop l'fendant, à cause qu'il a du bec et qui sait la rusmétique (l'arithmétique) comme un abbé, y veut fringuer par d'sus nous. Y n'a qu'faire de tant faire ; je l'connois ben, c'est un p'tit chien d'casseux qui a des sucrés nazis (lazzis) un peu trop de rechef. Qu'il n'y revienne pas davantage à mon occasion, toujours, car j'le r'muerois d'un fier goût ; et sans l'honnêteté que j'vous dois, j'y aurions fait voir que j'avons des bras qui valont ben sa langue. Ai-je t'y affaire d'avoir besoin d'ça, moi ? Il m'a fait tout devant vous une dérision sur la chanson que j'avons chanté en vote honneur. Ça fait'y plaisir à un queuqu'un comme je pourrois être ? J'voudrois ben voir, pour voir comment y feroit pour en faire, lui qui fait tant l'Olimbrius. »

Cela fut mal reçu de Nanette. Les raisons qu'elle oppose à la mauvaise humeur de Jérôme sont excellentes sans doute ; mais, au fond, sa coquetterie triomphe doucement de la pique de son amoureux ; toutefois, par quelques mots aimables, elle le rassure et lui rend la tranquillité. La correspondance allait son train, lorsque Mme Dubut surprit un jour sa fille lisant une lettre, et la lui arracha des mains. Elle se

plaint en termes amers qu'on ait abusé de sa confiance, et
déclare que Jérôme Dubois n'est pas un parti convenable pour
sa fille : « Mais, ma mère, dit Nanette, c'est un bon travayeux;
je n'sommes pas plus qu'ly; une blanchisseuse n'est pas une
grosse dame... J'suis fille d'honneur, il est honnête garçon;
oui, ma mère, j'nous aimons à cause de ça, et j'nous aime-
rons tant que l'corps nous battra dans l'âme. » Un soufflet est
toute la réponse de la mère. Elle finit par céder cependant,
et il est convenu que Jérôme sera admis à faire sa cour à
Nanette.

Mais quoi! le principal obstacle à l'union des deux amants
est levé, et il semble déjà que Jérôme se néglige. Ses visites
sont devenues plus rares. Nanette le lui reproche nettement,
non sans évoquer de nouveau à ses yeux le spectre de Cadet
Hustache. Il avait été la veille aux Danseurs de corde; « il nous
a dit l'histoire d'tout ça, dit Nanette, tout droit comme si,
pardi, c'étoit un théâtre. Vous auriez ben ri toujours. » Le
coup est fort; il fut ressenti. « Cadet Hustache, répond Jérôme,
hé ben, vous n'avez qu'à l'garder; pour moi, j'aime mieux
crever d'chagrin que d'voir ce p'tit chien-là cheux vous
comme y est. » Nanette sent qu'elle a été trop loin, elle se
justifie, et la paix se rétablit encore entre les deux amants.
Mais Jérôme est pressé de se marier, et il est pressant. Pour
Nanette, elle dit que quand la fantaisie lui prendra d'être
femme, elle l'en informera, et qu'elle veut « encore quelque
temps faire la fille. » Jérôme croyant que, décidément, Cadet
Hustache « a engueusé » Nanette, la somme de lui dire un
oui ou un non; si elle dit non, il y a d'autres filles qu'elle
qui « n'en r'vendront pas à Jérôme comme elle lui en a
r'vendu, » et qui s'accommoderont de lui.

C'est au tour de Nanette à se fâcher, à se dépiter. Elle envoie promener et Hustache et Jérôme, et déclare à celui-ci
qu'elle se fera religieuse. De son côté, Jérôme dit qu'il se fera
soldat, et qu'il ira à la guerre « se faire blesser par exprès, »
et dira qu'on le porte à l'Hôtel-Dieu pour que Nanette « le voye

dans son lit. » Vaincue, Nanette répond bien vite : « J'suis
d'bonne foi, et ça fait que j'n'ai pas un brin d'rancune;
j'pleurois comme une folle d'nous voir fâchés tous les deux...
Ma mère vient à venir; alle vit que j'tenois ma tête d'une
main, et puis mon mouchoir de l'autre... Queuq't'as (dit-
elle)? t'as les yeux mouillés! » Nanette explique la cause de
son chagrin. La bonne femme émue dit qu'elle aime mieux
voir sa fille mariée que religieuse, et Jérôme son gendre que
soldat. « Là-dessus, continue Nanette, j'l'ai embrassée d'tout
mon cœur. V'nez donc bien vîte; allez, si vous saviez que
j'suis aise au prix d'hier! J'voudrois déjà être fiancée, ça
feroit que j'serions ben près d'être mariés. Queu plaisir que
j'aurai d'être votre sarvante et femme! »

Ainsi finit le roman; il ne se compose que de vingt-cinq
lettres. Il n'en fallait pas davantage, sous peine de se répéter,
ou de donner dans le faux en se développant. Vadé y garde donc
la mesure qui convient, et c'est en quoi il fait encore preuve
de goût. On ne croirait pas, en les lisant, qu'il pût y entrer
tant d'esprit, de bon sens et de délicatesse, ni qu'elles pussent
avoir été écrites par cette sorte de gens qui, possédassent-ils
toutes ces qualités, ne songent guère à les faire prévaloir sur
leurs passions physiques et leurs appétits brutaux. Cependant
elles ont un naturel qu'il n'est pas possible de contester. Ce
naturel est sans doute un peu idéalisé, mais c'est précisément
le mélange heureux et bien pondéré de la nature et de l'art
qui fait leur charme; c'est ce mélange qui les met si fort au-
dessus des autres écrits poissards de Vadé et de son école, où
les mœurs, le langage, le ton des personnages sont servile-
ment copiés, et sont, comme on dit aujourd'hui, d'un réalisme
à faire peur aux esprits difficiles et morigénés. Il n'est pas
extraordinaire, d'ailleurs, que l'amour civilise les plus rustres
et les plus indomptés, et qu'il réveille en eux certains sentiments nobles qui y sommeillent dans toutes les autres circonstances de la vie; quelquefois même il les fait naître là où
ils n'avaient jamais existé. L'amour produit bien d'autres mi-

racles. Vadé le savait, et c'est pourquoi, tout en laissant les
personnages de ses *Lettres* donner cours, selon l'occasion, à
leur naturel inculte, prompt à prendre la mouche et à en
venir aux injures, il les montre tour à tour, et quand il le
faut, polis et presque tendres, scrupuleux et délicats, naïfs
quoique très-avisés, c'est-à-dire tout ce qu'ils ne seraient pas
s'ils n'étaient pas amoureux. Et comme le peuple, quand son
instinct lui dit que certaines choses gagneraient à être exprimées en termes plus choisis, s'ingénie à trouver ces termes,
Vadé nous fait voir ses personnages également préoccupés de
cette recherche, mais se méprenant sur le sens des mots qu'ils
emploient, et disant ainsi tout autre chose que ce qu'ils
veulent dire, accumulant d'ailleurs les pléonasmes pour
donner plus de force à leur pensée, et parfois s'y empêtrant à
avoir peine à s'en dégager. Personne n'a mieux observé que
Vadé toutes ces nuances du discours populaire ; personne ne
les a mieux rendues que lui.

Jérôme et Fanchonnette, pastorale jouée à l'Opéra-Comique [1],
est dans le même goût que ces *Lettres*. La scène se passe à la
Grenouillère, « sur le bord de l'eau, » et les deux principaux
personnages sont un pêcheur et une marinière. Vadé ne savait guère ou pas du tout le latin ; il savait encore moins le
grec, sans quoi il eût peut-être appelé sa pièce, *halieutique*
au lieu de *pastorale*. Mais il était si peu pédant que, même
sachant le grec, il eût encore préféré le mot dont l'impro-
priété même ajoute au comique de la pièce.

Le sujet en est à peu près identique à celui des *Lettres*, ou
plutôt c'est le sujet des *Lettres* accommodé pour le théâtre ; seulement les caractères sont ici plus tranchés. Comme Nanette,
Fanchonnette hésite à passer de l'état de fille à celui de
femme, mais son hésitation est moins timide et plus étudiée,
comme aussi plus farouche est sa coquetterie. Le Jérôme de
la pièce est plus jaloux, plus sombre que celui des *Lettres* ; il

[1] In-8º. 1755.

est aussi plus dramatique, parce que le personnage qu'il croit son rival, et envers lequel il est tout prêt à se porter à quelque violence, est, sans qu'il s'en doute, le frère de Fanchonnette. Il y a dans la pièce quinze scènes, charmantes la plupart, courtes et filées, comme on parle au théâtre, avec beaucoup d'esprit, de gaîté et d'entrain. Le dialogue en est vif et du plus aimable naturel. Quelque grossier qu'en soit le langage, les sentiments tendres y ont un tel accent de vérité, qu'on en est doucement mais sincèrement ému. C'est, dans son genre, une pièce achevée, et la meilleure, selon moi, de tout le répertoire dramatique de Vadé.

Lécluse ne va de pair avec Vadé que dans le volume où l'on a imprimé ses œuvres poissardes à la suite de celles de Vadé ; hors de là, il n'est qu'un écolier.

Né vers 1711 et mort en 1792, Lécluse fit en même temps ses débuts dans la vie et au théâtre de l'Opéra-Comique. C'était en 1737. On dit qu'il eut quelque succès à ce théâtre ; en tout cas, il vit bientôt qu'il ne ferait pas fortune à rester comédien, et il se fit dentiste. Il le fut du roi Stanislas, lorsque ce prince venait justement de perdre sa dernière dent : ce qui revient à dire que son titre n'était qu'un titre d'enseigne. Il y avait déjà quelques années qu'il exerçait sa profession, lorsqu'il alla à Genève, absolument comme s'il eût encore été comédien et qu'il fût allé faire une tournée en province. C'est de là que Voltaire le fit venir à Ferney, pour raccommoder les dents de Mme Denis, irraccommodables, suivant Marmontel [1]. Il y resta quatre mois. La petite-nièce de Corneille y était alors, et on faisait tant de bruit de l'hospitalité généreuse dont elle y était l'objet, qu'il semblait, dit Fréron, « que c'étoit la chose la plus extraordinaire que de voir M. de Voltaire jeter un regard de sensibilité sur une jeune infortunée. » Le trait était piquant ; mais celui qu'il lance ensuite est venimeux, et atteint tout à la fois Voltaire, Mlle Corneille et Lécluse. « Il y a près d'un an,

---

[1] *Mémoires*, liv. VIII.

dit-il, qu'il (Voltaire) a fait le même bien à un sieur de
Lécluse, ancien acteur de l'Opéra-Comique, qu'il loge chez
lui, qu'il nourrit, en un mot qu'il traite en frère. Il faut
avouer que, en sortant du couvent, Mlle Corneille va tomber
en bonnes mains [1]. »

La fureur de Voltaire, au fond bien légitime, ne se peut concevoir. Il demande pour Fréron le carcan; il veut lui faire un
procès criminel, il pousse vivement le poète Lebrun à porter
plainte en son nom, et, comme sa haine ne trouve d'écho
nulle part, il songe à faire bâtonner le journaliste à la porte
du père de Mlle Corneille. Personne ne se présentant pour cette
exécution, il se rabat sur un désaveu, et supplie M. de Males-
herbes de l'exiger de Fréron. Là encore il échoue. Bref, Fréron
resta impuni [2]. Le dentiste se montra plus philosophe que
le philosophe; il était riche alors, seigneur de la terre du
Tilloy, en Gâtinais, et plus disposé à jouir de la vie qu'à se
commettre avec un folliculaire. Il finit, selon ses biographes,
par vivre à Paris dans une société équivoque dont il était le
bouffon. En 1777, il s'avisa de faire construire un théâtre;
son ancien goût pour les *planches* s'était réveillé : c'est le
théâtre qu'on appelait les *Variétés*, et qui était situé au coin
des rues de Bondy et de Lancry. Cette entreprise le ruina; il
dut vendre son théâtre, où, pareil aux gens qui ont fait bâtir
eux-mêmes leur tombeau, il entra comme acteur et mourut peut-être. Je ne fais qu'une conjecture; mais ce qui paraît
certain, c'est qu'il mourut dans la misère.

LE DÉJEUNÉ DE LA RAPÉE, *ou Discours des halles et des ports*
(Paris, 1755, in-12), imprimés d'abord sous les titres de :
LÉCLUSADE, *ou les Déjeunés de la Râpée* (Paris, 1748, in-8°);
— POISSARDERIES, *ou Discours des halles et des ports* (Paris,
1749, in-8°).

Ce sont des scènes poissardes jouées par quelques ama-

---

[1] *Année littéraire*, 1760, t. VIII, p. 164.
[2] Voyez, dans la correspondance de Voltaire, les lettres des : 14 janvier;
2, 9 et 27 février; 3 et 6 avril 1761, etc.

teurs, le dernier jour de carnaval, au bal de l'Opéra. Au sortir
du bal, ils font partie d'aller au marché du Cimetière-Saint-
Jean, où l'un d'eux entreprend « la Nanette Dupuy, l'une des
plus fortes gueules de cette engeance grossière » qui vend du
poisson. Un autre attaque de même certaine commère du
même marché, et qui valait bien la Dupuy. Ce que fut ce concert à quatre, on le présume aux dispositions et à l'expérience
des exécutants. Du Cimetière-Saint-Jean on fait une descente
à la Râpée. Mais comme il n'y a dans ces parages que des bateliers et des mariniers, et qu'il ne serait pas prudent de les
défier à ces combats de la langue auxquels on défiait les harengères, on se borne à écouter et à transcrire une conversation
entre des bateliers qui se racontent tour à tour les aventures
dont leurs bateaux sont quelquefois le théâtre. Ici, ce sont trois
docteurs de Sorbonne et un jésuite qui se disputent à propos
de la Constitution ; là, c'est une fille d'opéra qui s'en laisse
conter par deux *plumets* ou officiers, et dont la tenue scanda-
lise presque le passeur. Après avoir entendu ces confidences
réciproques, exprimées dans le patois parisien le plus irrépro-
chable, et dans le style poissard le plus débraillé, ceux qui
les ont recueillies rejoignent leurs compagnons au cabaret, et
les leur racontent à la chaude, non sans y ajouter d'autres
histoires de leur cru et dans le même goût.

Cela n'a ni unité ni action ; ce sont des scènes qui se succèdent sans se lier. Vadé a plus d'art ; mais le patois de Lécluse, en ce qu'il a de bon, vaut le sien, et Vadé ne le désavoue-
rait pas. Ce que Vadé n'accepterait pas, au contraire, et ce qu'il
repousserait comme d'impertinentes nouveautés, ce sont certains mots dont l'autre abuse, et que la violence avec laquelle
il les tronque, les surcharge ou les travestit, ne permet pas
de considérer comme appartenant au vrai langage populaire,
avec lequel ils n'ont pas d'ailleurs la moindre analogie. Ainsi
Lécluse, dans l'énumération des livres d'une bibliothèque,
faite par *maneselle* Manon, dit : *Bestiol* et *Cul-de-jatte*, pour
Bartole et Cujas ; les *Métaphores d'Olive* de la dernière *oppres-*

sion, pour les Métamorphoses d'Ovide de la dernière impression ; il dit encore : *champignon* sur rue, pour pignon ; *cadavres* dorés, pour cadres ; *piralires,* pour pyramides ; appartement d'*arrache-pied,* pour de plain pied ; tapisserie d'*aute-lvtte,* pour de haute lisse ; raisin de *coriandre,* pour de Corinthe ; vins de *rigueur,* pour de liqueur ; rentes *voyagères,* pour viagères, etc., etc. Tout cela est trop évidemment affecté, forcé et, comme on dit, tiré par les cheveux, pour être autre chose qu'une sorte de mauvais argot, et de convention.

Étrennes a Messieurs les Ribotteurs. — Les Spiritueux Rébus de Margot la mal peignée, *reine de la Halle et marchande d'oranges.* Par Lécluse. (Imprimé à la suite de la dernière édition du *Déjeuné de la Râpée.* 1755.)

Il y a deux scènes ou dialogues :

La première est entre un faraud et une marchande d'oranges. Après un colloque assez vif entre Margot, la marchande, et le faraud, qui a osé lui offrir « six yards » de ses oranges, Margot appelle à la rescousse Jérôme, son amant. Jérôme, d'un ton de basse-taille enrouillée, se prend de bec avec le faraud, et Margot le soutient de sa voix de dessus, faussée par l'abus du rogomme. A la fin, irrité de voir que le faraud tient tête à cette double attaque, Jérôme se jette sur lui, lui arrache son épée et la casse. La garde vient, met les manchettes à Jérôme et au faraud, et les emmène chez le commissaire.

La seconde scène est entre Marie-Jeanne et la Jacqlaine, qui lui demande « trois yards » qu'elle lui doit. Marie-Jeanne n'étant point disposée à payer sa dette, les deux commères préludent par de sanglants coups de langue à l'enlèvement des bonnets, aux « giroflées à cinq feuilles, » à la fricassée « des yeux pochés au beurre noir. » La Jacqlaine est vaincue à ce jeu : « En as-tu assez pour tes trois yards ? » lui demande Marie-Jeanne. La Jacqlaine répond : « J'sommes contente. » La voilà donc quitte de ses trois liards ; elle les a si bien

gagnés ! Là-dessus, elles vont au cabaret, où elles scellent leur
réconciliation avec « un demi-septier de sacré chien. »

Ces deux scènes sont, fort amusantes et écrites dans un
excellent poissard. Elles sont suivies de trois pièces : deux
sont des inventaires de meubles ayant appartenu à une haran-
gère ou ayant été tirés d'un des magasins de la friperie ; la
troisième est une déclaration d'amour, ou plutôt une sorte de
tenson en prose entre un marchand d'allumettes et une faiseuse de rabats. Ces pièces ne sont pas en poissard, et n'en
valent pas mieux pour cela.

Ces opuscules de Vadé et de Lécluse ont été imprimés par
toutes les presses de Troyes, et sur ce fameux papier à chan-
delles qui caractérise les livrets populaires sortis de ces
presses. Pendant trois quarts de siècle, ils ont été (jeu de
mots mis à part) le *vade mecum* de tous les faux poissards de
l'un et l'autre sexe, dont les *engueulements* donnaient tant
d'éclat aux derniers jours du carnaval ; ils le seraient encore
si ces sales plaisirs n'avaient été sagement interdits sous le
règne de Louis-Philippe et si le peuple n'avait pris goût aujourd'hui à des licences d'une nature bien autrement grave,
et qui, pour se manifester, n'attendent plus d'anniversaires.

LE PAQUET DE MOUCHOIRS, monologue en vaudevilles et en
   prose, dédié au beau sexe, et enrichi de 103 notes très-
   curieuses, dont on a jugé à propos de laisser 99 en blanc,
   pour la commodité du lecteur et la propreté des marges.
   (A Calcéopolis, chez Pancrace Bisaigue, rue de la Savaterie,
   aux Trois Escarpins dessolés. 1750, in-12.)

Ce titre facétieux et spirituel donne un avant-goût du plaisir
qu'on sent à la lecture du livre. Celui-ci, pour être dans le
ton et dans la forme tout à fait populaires et parisiens, n'appartient pas cependant au genre poissard. On pourrait même
dire de lui ce qu'on disait de certains individus nés de père et
mère inconnus, et doués de qualités physiques ou morales au
dessus du commun, qu'il a du sang de gentilhomme.

26

Les préliminaires en sont presque aussi longs que ceux d'un traité de paix. Il y a d'abord un Avertissement qu'on est invité à lire pour « n'avoir pas à se repentir de ne l'avoir pas lu. » Il a pour objet de nous prévenir que le personnage qui va nous faire part de ses réflexions satiriques et philosophiques est un savetier babillard, ayant le défaut, comme beaucoup d'autres gens, d'aimer mieux, « dans un récit de bibus, ennuyer toute une compagnie et la tenir en haleine pendant trois jours, que d'omettre la moindre petite minutie. » Vient ensuite une Dédicace « au beau sesque, » où notre savetier se permet des gentillesses qu'on n'apprend pas ordinairement dans une échoppe, mais dont le tour est bien dans le langage de ce lieu-là. Enfin il y a une Préface.

Dans cette Préface, l'auteur indique le but qu'il s'est proposé : c'est de critiquer tous ceux qui font un métier auquel ils sont impropres, qui se targuent d'un mérite dont ils sont dépourvus, qui ont de belles apparences et point de fond ; subsidiairement, de forcer tous ces gens-là à abdiquer ou à faire savoir par une marque ostensible quels ils sont, afin qu'on ne s'y trompe pas. Il sent toute la difficulté de cette entreprise. Aussi s'écrie-t-il :

« Y n'me manque pu qu'un brin d'accès pour arriver au but que j'lorgnons ; et si j'étions tant seulement connu de Mgr le maréchal de Sasque, et qu'il nous aimît autant que j'laimons tretous, j'n'en demanderions pas davantage, et je serions en état de rabatte l'caquet de ben des haridelles, car j'ferions tant d'cul et d'teste que par le secours de son haïdance [1], j'obtiendrions queuque bon édit bien tapé, lequel enjoindroit à tous ces sabrenauds [2] de contrebande, de queute qualité et condition qu'ils pussions être, à peine d'avoir la tapette et le baudru [3], d'porter toujours à

---

[1] Aide. — [2] Mauvais ouvriers.

[3] « Tu as eu, est-il dit dans le *Déjeuné de la Râpée*, p. 7, la tapette et le baudru ; j't'avons vu faire la procession dans la ville derrière le confessionnal à deux roues de Charlot Casse-Bras, qui t'a marqué à l'épaule au poinçon d'Paris. » La tapette était la *marque*, ainsi appelée parce qu'en l'appliquant, le bourreau *tapait* sur l'épaule. Le baudru est, par métonymie, le fouet. C'était une lanière de cuir ou courroie, peut-être même plusieurs de ces lanières réunies. On appelait baudroyeur celui qui préparait le cuir pour les menus ouvrages confectionnés en cette matière.

leux boutonnière, en guise de croix d'chevayer, une p'tite maque [1] de viau r'torné pendu à un cordon d'cuir de roussy, avec le tirepied en bran-douillière. »

Je ne me rends pas bien compte de l'appel à l'intervention du maréchal de Saxe en cette affaire, si ce n'est que l'homme qui avait vaincu les alliés à Fontenoy, pris Bruxelles, vaincu de nouveau à Raucourt et à Laufeld, et tout préparé enfin pour la paix d'Aix-la-Chapelle, n'était pas de trop pour vaincre encore les abus dénoncés par notre savetier.

Au moment d'entrer en matière, l'auteur s'aperçoit tout à coup qu'il est bien ignorant, et il en témoigne un regret qui l'honore. En effet, quand on a la plume à la main et qu'on va écrire un livre, il est un peu tard pour découvrir qu'on en est incapable. N'importe ! ce qu'il veut savoir est si peu de chose ! faire des vers, des chansons ; voilà tout. C'est la mode aujourd'hui, et tout le monde s'en mêle. Mais écoutons-le :

« Queux chien d'train quand on n'a pas étuguié les études ! J'avisous tous les jours un litrou de latinistes éreintés, qui n'aurions pas plus d'entregent qu'ma savate, si on n'ly eux avoit pas fouré du bon sens pal'c... Sans ça, leux verroit-on fagoter tant de p'tites chansonnettes, d'énigmes et de madriguaux ? »

> *Il chante :* { Oh ! qu'nenni da,
> Oh ! qu'nenni da,
> Nenni.

« Cependant, bon ou mauvais, ça trote toujou par la ville, et comme y a pus d'gens bestes que d'ânes chrétiens, on trouve qu'c'est du fin, du parfait ; y passont pour la parle des biaux esprits, et tout chacun recharche leux compagnie. Oh ! dame. y f'sont itou les casseux [2], faut voir ! et nous regardons du haut d'leux p'tite grandeur, comme si j'étions d'la lie du peuple. V'là pourtant c'que c'est qu'd'être éducassé ! V'oïez-vous, à cause que je n'connoissons goute à c'latinage, et qu'sans la translature, je n'saurions tant seul'ement pas c'que veut dire *Kyrie eleison*, on nous méprise, et dans l'fond y faut que j'soyous ben beste itou, puisqu'y a

---

[1] Apocope de *maquette*, pris dans le sens de morceau informe, échantillon.
[2] Fiers, insolents.

trois jours qu'j'essayons d'tirer d'note po te d'çarvelle une pauve chanson, sans qu'j'en aïons encore pu accrocher l'premier varset. J'avons biau éplucher des resves, ronger nos ongles, grater note tête, j'ressemblons Cogne-Fétu ; j'nous tuons, et pis c'est tout. » Il se rappéle tout à coup que « les ceux qui grifonont toutes ces rimailles avont l'accoutumance de préambuler par faire un p'tit bout d'prière à Phlébus. »

Il ôte alors son bonnet, se met à genoux et invoque le dieu. Phébus l'entend et l'exauce. Soudain notre homme improvise un couplet, puis un second, puis un troisième, et ainsi de suite jusqu'au vingt et unième et dernier ; il les entremêle assez habilement de réflexions malignes, et souvent fort justes, sur les conditions sociales et les vices particuliers à chacune d'elles, et son livre est fait. Il y ajoute seulement, en manière d'épisode final et de couronnement, un projet de contrat de mariage entre lui et mademoiselle Javotte, le détail des apports des deux futurs, et la promesse qu'il se fait à soi-même de se donner du bon temps quand il sera en ménage.

Vous me demandez maintenant pourquoi ce titre ? pourquoi ces mouchoirs, et d'où vient qu'il n'en est pas question une seule fois dans cette analyse ? La dernière page du livre va vous répondre :

« Au demeurant, comme tout ceci, à parler vrai, n'est qu'un gros paquet de mouchoirs que j'offrons à ceux qui se sentiront morveux, vous varrés que quand chacun aura désaccouplé le sien, il n'en restera pas si grand chose. Alors comme alors, si ça devient trop court [1], j'sons prêt à nous r'mettre à l'ouvrage. Outre la bonne volonté, j'ons encore, Dieu marci, des doits, des outils et d'très-bon cuir de reste. »

Tant pire pour qui grognera
   De c'que note alesne pique ;
C'qu'est pointu est fait pour cela,
   Répondrons-je au crétique.
D'aucuns l'auriont pu fine qu'ça,
   Mais quand on dit c'qu'on pense,
Tala, lera, la, la, la la,
   Et toujours va qui danse.

[1] C'est-à-dire si cela raccourcit trop mon livre.

Pour mieux justifier encore ce qui a été dit, dans la Préface, de sa prolixité, il clot son bavardage par un Arrière-propos où il avertit « ceux-là qui n'aimont qu'ça qui se chante, qu'en sautant à croche pied les verse's 5 et 21, et enjambant itou par dessus l'reste du jargonnage [1], y trouveront tout d'suite une chanson un peu longuette à la vérité ; mais tant pire pour les ceux qui avont la courte haleine. Tout le monde n'est pas de d'même, Dieu marci. »

En effet, les dix-neuf couplets restants forment une chanson suivie, et la prose dont ils sont accompagnés en est ou la glose ou le développement.

Ce livre est d'une grande rareté. Dans l'exemplaire de la Bibliothèque nationale, on lit au bas du titre cette note manuscrite :

M. l'abbé Lebœuf, de l'Académie des belles-lettres, me l'a donné le 27 mars 1759. Il attribue cette jolie caricature au fameux Vadé.

Je n'ose pas être d'un avis différent de celui de l'abbé Lebœuf ; il était à même d'être bien renseigné, et il ne s'avançait guère sans avoir de preuves. Je dirai seulement que, dans cette satire, la pensée ne se produit pas toujours avec une clarté parfaite, défaut qui n'est pas de ceux qu'on puisse imputer à Vadé. Mais comme il m'a semblé d'ailleurs y reconnaître des allusions à certains personnages à qui en voulait sans doute l'auteur, il est possible que la crainte de les rendre trop transparentes ait agi sur Vadé, et que son style s'en soit ressenti : il aura vu se dessiner dans le lointain la silhouette de la Bastille.

---

[1] C'est-à-dire la prose.

Les Écosseuses, ou les Œufs de Pasques. (A Troyes, chez
    la veuve Oudot. 1739, in-12.) Par Caylus.

Les mêmes, 2ᵉ édition revue et augmentée. (A Troyes, chez la
    veuve Oudot, et se trouvent à Paris, chez la veuve Duchesne,
    libraire, rue Saint-Jacques, au Temple du Goût. 1782,
    in-12.)

Ce sont de petits contes, de petites histoires que l'auteur
dit avoir entendus de la bouche « de six bonnes et grosses
commères qui écossoient des pois vis-à-vis la boucherie Saint-
Roch. » Ces histoires lui ayant paru « cossues et pleines de
gorges chaudes, » il eut la pensée « de les écrire avec un
meilleur stile, et plus en françois qu'elles n'étoient dites, »
et il les donna au public sous le titre des *Écosseuses*, « parce
que cette occupation n'empêche pas plus ces femmes de parler
que les duchesses qui font des nœuds [1]. »

Si l'on dit de ces histoires qu'elles sont, la plupart, très-spi-
rituellement racontées et extrêmement divertissantes, on ne
rend à l'auteur que la moitié de la justice qu'il mérite. C'est
au milieu de ses travaux sur les arts et les antiquités, de
ses occupations comme membre de deux académies, celle de
peinture et celle des inscriptions, qu'il trouvait le temps
d'écrire de pareils badinages. On en a même imprimé douze
volumes [2], dans lesquels, il est vrai, on a fourré des pièces
qui passent pour n'être pas de lui. En tout cas, ils n'en
contiennent pas une seule comparable aux *Écosseuses*. Il a si
bien observé, étudié les mœurs et le langage des héros et
des héroïnes de ces histoires, il s'en est si bien imbu, qu'on
penserait qu'il tire son origine de ce petit monde et qu'il lui
doit son éducation. Personne, pas même Vadé, n'a copié
avec plus de fidélité et de naturel les tableaux qu'il a eus sous

[1] Avis au lecteur, p. 5 et 6.
[2] *Œuvres badines*, 12 vol. in-8°. 1787.

les yeux, et, s'il n'y met pas toujours autant de délicatesse que Vadé, il y déploie autant d'art et n'y montre pas moins d'expérience. Mais il a sur Vadé cet avantage, qu'il a écrit et publié avant lui. Il était donc déjà un modèle ; il montrait du moins le chemin. Rien ne lui échappe de cet esprit badaud, goguenard et salé de la population parisienne qu'il fait agir et parler, et qui avait, encore de son temps, une physionomie si tranchée et si originale. C'est à croire qu'il passait plus de temps aux halles, dans les marchés et sur les ports, que dans les ateliers et à l'Académie, et que, pour le moins, il regardait comme également dignes de sa curiosité une harengère et une médaille, un portefaix et une pierre gravée.

Parmi les pièces dont ce recueil se compose, il en est deux qui doivent attirer plus particulièrement l'attention. La première, — qui est aussi la première du recueil, — est *Le Ouy et le Non mal placés.* Une jeune fille, la Grifaude, va se marier avec le grand Cornichon. Arrivée à l'autel, et après que le prêtre lui a demandé si elle accepte pour époux ledit Cornichon, elle répond résolûment et itérativement : *Non.* Elle avait appris, peu de temps avant de se rendre à l'église, que son fiancé avait tenu sur son compte certains propos d'une fatuité véritablement impertinente, et elle s'était promis de s'en venger. A quelques mois de là, elle rencontre par hasard le grand Cornichon, qui l'aborde timidement, lui fait des excuses, et confesse qu'il n'est pas encore bien remis de sa mésaventure ; en un mot, il s'humilie, il devient touchant, persuasif. On veut donc bien le revoir pour l'entendre plus à l'aise ; on le revoit une fois, deux fois ; bref, on accepte de lui un rendez-vous dans un bateau, le soir, à la seule lumière des étoiles. Là, le grand Cornichon renouvelle ses explications, ses excuses, son repentir ; il est de plus en plus éloquent, la Grifaude de plus en plus émue. Elle consent enfin à se réconcilier, et elle en donne de tels gages, qu'elle est maintenant la première à presser le grand Cornichon de l'épouser.

« Voilà la créature en l'air après son Cornichon, à ce qu'il eût à réparer le dommage arrivé par lui à l'endroit d'elle. Mais *nescio vos* ; à d'autres : ceux-là sont raflez, ils sont cuits de jeudi ; il n'y a plus de Cornichon pour elle ; le volontaire en avoit sa suffisance... Le plus fort étoit fait, plus ne lui soucioit du reste. La cérémonie lui fit peur, il n'en avoit non plus d'envie qu'il en peut tenir dans mon œil. Elle eut beau le tintamarrer, tarabuster, sabouler, pisser des yeux, c'étoit pain perdu. Quand l'eau bénite est faite, il n'y a plus à y revenir. Ses angoisses, ses doléances, ses reproches et toutes ses diableries ne firent sur le cœur de Cornichon non plus qu'un cauterre sur une jambe de bois. Le drôle étoit pis qu'une enclume ; falloit battre le fer tandis qu'il étoit chaud ; voilà de la besogne bien faite. Ores, c'est que quand les filles ne font pas la sourde oreille en cas de ça, les garçons la font par après ; car faut toujours que quelqu'un la fasse, et vaudroit mieux que ce fut l'autre. Mais ça ne s'arrange pas comme un papier de musique. »

Il y a dans toutes ces réflexions plus de bon sens que de charité. La revanche de Cornichon avait tellement dépassé la mesure, qu'il n'y avait sans doute que lui au monde capable de la trouver toute simple. Aussi, la vieille qui philosophait ainsi, à la manière de l'écuyer de Don Quichotte, et aux dépens de la pauvre Grifaude, est-elle une de ces bonnes âmes pour qui la contemplation et, si l'on peut dire, le dépouillement des sottises d'autrui sont une occasion de plaisir qu'elles ne laissent point échapper, et qui plus elles sont empêchées par leur âge de les commettre elles-mêmes, moins elles ont de pitié pour les jeunesses qui en sont victimes.

L'autre pièce, qui est l'avant-dernière du recueil, est une comédie en un acte, intitulée : *Le Porteur d'iau, ou les Amours de la Ravaudeuse*. Cela est assez difficile à analyser. Il s'agit d'une grossesse dont trois individus, séduits à la vue d'un sac d'écus que la fille dit avoir hérité, se déclarent simultanément les auteurs. Ne pouvant se mettre d'accord, ils font juge de leur cas le commissaire, lequel met tout uniment la grossesse aux enchères. Mais voilà qu'au moment de l'adjudication on découvre que le sac d'écus est un sac de coquilles d'huîtres. Là-dessus, les trois prétendants qui avaient signé, chacun comme père de l'enfant à naître, se désistent tout

d'une voix et veulent retirer leur signature. Le commissaire
y consent, mais il les condamne en même temps, suivant la
loi, à payer une amende qui doit dédommager la fille. Deux
sont en mesure de le faire, et ils s'exécutent. Le troisième, qui
est un porteur d'eau, étant insolvable, est contraint d'épouser; mais il se console de prendre, comme on dit, la vache
et le veau, en prenant aussi le produit de l'amende.

C'est du comique de parade, bas, ordurier, obscène, mais
c'est la nature prise sur le fait. J'ajoute que si, dans cette pièce,
et plus encore dans toutes les histoires dont se composent *Les
Écosseuses*, on ne trouve plus le patois parisien tel qu'il était
dans les *Conférences* et les *Sarcelles*, et tel qu'il sera plus tard
dans Vadé, Lécluse et Boudin; si, en un mot, elles sont, comme
le dit Caylus, « dans un meilleur stile et plus en françois
qu'elles n'étoient dites, » il faut sans doute attribuer cette
modification à quelque scrupule de l'homme bien né, qui cède
encore à l'instinct de la naissance, dans le temps même où,
pour mieux se faire peuple, il cherche à l'étouffer. Mais quant
à la phraséologie du bas peuple de Paris, c'est-à-dire à cette
abondance d'images, de métaphores, de quiproquos dans les
termes et dans les pensées, d'aphorismes brutaux et marqués
au coin de l'expérience, tout cela est rendu dans *Les Écosseuses* avec un bonheur et une précision vraiment admirables.

MADAME ENGUEULE, OU LES ACCORDS POISSARDS, comédie-parade
    en un acte, avec un prologue et vaudeville. Par Boudin.
    (A Congo, 1754, in-8°.)

Au contraire, tout est populaire et populacier dans *Madame
Engueule*, et le fond et la forme; et c'est peut-être là qu'avec
tous les signes qui indiquent la décadence du patois parisien
depuis un demi-siècle, on trouve réuni l'un et l'autre en perfection. On voit bien que l'auteur n'était pas de la race des
Caylus, et qu'il n'a pas été un moment arrêté par l'idée de
mettre son œuvre à la portée d'un monde autre que celui pour

lequel il l'a écrite. Il garde tout son naturel ; il y nage en
plein.

Il s'appelait Boudin : voilà tous les renseignements qu'on a
pu rassembler sur lui. C'est beaucoup, puisqu'il a eu la modestie de ne pas même signer son œuvre. Mais son nom nous
est révélé par l'auteur des *Anecdotes dramatiques*, qui le met à
la suite de l'indication de cette pièce.

Mme Engueule, marchande de marée, destine sa fille Suzon
à un certain Nigaudinet, commis de barrière ; mais Suzon
aime le batelier Lavigueur et ne veut épouser que lui. Les deux
amants s'entendent donc pour forcer la mère à consentir à
leur union, et comme il leur faut de l'argent pour faire réussir
leur projet, et qu'ils n'en ont pas, Suzon vole le « magot » de
sa mère. Lavigueur convient alors avec Cadet, frère de Suzon,
que celui-ci se laissera enrôler « par frime, » moyennant sa
part au magot, et parce que ce simulacre d'enrôlement est
nécessaire pour amener la mère Engueule à leurs fins. Racolin,
camarade de Lavigueur, jouera le rôle de sergent de recrue,
et en même temps qu'il engagera Cadet, il réclamera Nigaudinet comme déserteur de milice, et se mettra en mesure de
l'arrêter, à moins que celui-ci ne se désiste de ses prétentions
à la main de Suzon. Tout cela s'exécute comme il a été convenu. Mme Engueule, apprenant que son fils Cadet dont « elle
est assotée » est engagé, « se pâme » de douleur. Nigaudinet
se jette aux pieds du sergent et demande grâce. Racolin se
montre bon prince ; il consent à faire grâce à Nigaudinet, à
condition que celui-ci lui compte quarante écus, et il est prêt
à rendre l'engagement de Cadet si on lui donne quinze louis.
Lavigueur en donne douze, dont Racolin se contente. A peine
Racolin a-t-il reçu l'argent qu'il disparaît, et on ne le revoit
plus. Cadet, qui comptait sur la part qui lui avait été promise,
furieux de se voir escroqué, s'en vient trouver sa mère et lui
dénonce le vol de Suzon.

MADAME ENGUEULE, *fort en colère.*

Sarpé millions d'escadrons d'chiens! C'est Suzon qui m'a joué ce tour-là! Garés que je la mette en bringue?

LAVIGUEUR.

En douceur, en douceur!

MADAME ENGUEULE.

Est-ce-t'y là, chienne, le grand marcy de t'avoir porté neuf mois dans mes entrailles?

SUZON.

Eh ben! montés dans ma hotte, j'vous porterai un an, et vous m'devrés encore trois mois.

LAVIGUEUR.

Paix, Suzon. Oui, la mère Engueule, vlà z'un tour à tumber en démence; mais que cinq cent diables m'esterminent si je n'en ai pas la vengeance! Vous me connoissés; laissés faire.

MADAME ENGUEULE.

Pour toi, j'te pardonne tout; mais pour Suzon, et ce petit chien-là qu'étoit dans le ministère (mystère) sans m'en avertir, je les rends bâtards. (*Elle s'en va.*)

Cadet n'entend guère cette imprécation, ou ne s'en soucie guère. Il ne pense qu'à Racolin fuyant, emportant sa proie et se moquant de ses dupes. Lavigueur a beau jurer qu'il se vengera, Cadet ne laisse pas de s'écrier d'un air de mélancolie risible : « Oh! le voleux! » Ainsi finit la pièce.

Ce Cadet, qui est qualifié sur l'affiche de *polisson*, est bien le même que le *voyou* de Paris, comme on nomme aujourd'hui ses pareils, et je doute qu'aujourd'hui même on rencontre un type de cette espèce perverse plus accompli que le *polisson* de 1754. Vous allez le voir se peindre lui-même. C'est dans la scène VIII. Il est enrôlé, ou il est censé l'être. En buvant au cabaret, il se croit nargué par un mauvais sujet de son bord; il se jette sur lui, le terrasse, et ne lâche prise que parce que Lavigueur l'enlève de dessus sa victime. Lavigueur le ramène ensuite chez sa mère.

LAVIGUEUR.

Tenez, je vous ramenons Cadet que j'ons repêché dans le russeau.

MADAME ENGUEULE.

Dans le russeau, note fils! dans le russeau!

MADAME TRANCHET.

Oh! y n'y paroît pas.

SUZON.

Non, ce n'est qu'eune crotte.

MADAME ENGUEULE.

Tu te batteras donc toujou, hay, enfant de vipère?

CADET, *effrontément.*

Eh ben! quoi? qu'est-ce que vous me bayez, vous? Ne faut-y pas que j'nous laissions saccager, voyons? Car vlà comme c'est venu. Tenez, j'étions dévalé à ce chou... i-là... sous les piliers, où je tapions simpelment d'mi-septier de six yards à l'avenant du contoi. Oh! Tape-à-l'OEil étoit là itou qu'entarroit le dernier coup de sa chopine, et parce qu'il a de la ranceunne endevars nous, au vis à vis de ce que j'lons triché eune miette à ce matin à la brique, y s'émaginoit que j'allions fouiner roide. Mais un chien! qui recule avet nous. Si ben donc que ça ly fichoit malheur. Oh! le vlà qui file du long, et pis qui m'accueille d'un revars dans l'seuils, en façon de salut.—Parle donc, hay, farau.—D'la goaille, j'ly dit.—Non, c'est de bon, m'fit-y. Y sort, moi de d'même. Zou, je vous l'y détache deux emplans sus les visières; y me repart queuques coups de souyers, en venant à l'accolage. Oh! un moment, m'fis-je; Cadet, pas d'abattage ici. Sans parde de temps, je recule six pas pour prendre du champ, et pis, zin, zon, zon, toujou de volée, je l'y sarvons par ci par là queutes suçons sus la gueulle; y tumbe à gauche, et là j'vous le travaillerions encore d'un fiar goût, si Lavigueur n'étoit venu m'arracher de dessus sa voirie, allez. Eh ben! direz-vous que j'ons tort?

MADAME ENGUEULE.

Quiens, chien, si je prens un tricot.....

CADET.

Vous?

MADAME ENGUEULE.

Comment! tu crais donc, parce que j'tons gâté, que je n'osons le faire?

CADET, *tirant une cocarde de sa poche.*

Eh! au cheny! Est-ce que c'est fait pour un souldar de milice?

MADAME ENGUEULE.

T'es donc engagé, pouillassin ?

CADET.

Vantez. Tambour, corbieu : rlon, rlan, rlon, rlan, rla, tapa, tapau, rlan.

MADAME ENGUEULE, *pâmée.*

Ah ! je sommes eune mère aux abois.

LE GOUTÉ DES PORCHERONS, OU DISCOURS COMIQUES DES HALLES ET DES PORTS, entremêlés de plusieurs chansons grivoises sur des airs communs, suivis d'une Lettre amoureuse d'un charbonnier à Mlle Catau, revendeuse, avec une Description chimérique d'un être de raison, fabriqué de pièces rapportées, habillé d'une étoffe à double sens, lequel fut construit par une Assemblée d'équivoques, assisté du Génie burlesque. Le tout pour servir de dessert au Déjeuné de la Râpée. (De l'imprimerie de Mme Engueule, blanchisseuse de gros linge, à la Grenouillère.) Approuvé par les forts de la Halle. S. d., in-12 [1].

Un beau dimanche, l'auteur se sent en goût de faire une promenade instructive aux Porcherons ; c'est aux observations qu'il y a recueillies que nous devons cet ouvrage. Il dit quels sont les gens qui fréquentent ce pays et ce qu'on y fait : on boit, on mange, on danse, on se bat et on est battu. On y entend surtout ce genre de colloques qui a conquis désormais le nom caractéristique et définitif d'*engueulement,* et c'est dans le dessein de l'entendre lui-même, et d'y prendre part, que notre promeneur entre et s'attable au cabaret fameux du *Grand Monarque.*

[1] Il y a une autre édition avec le titre abrégé et une pièce de plus : *Le Goûté des Porcherons, ou Discours comiques des halles et des ports, nouvelle édition, augmentée des Citrons de Javotte, histoire de carnaval, et enrichie d'une Lettre amoureuse de M. Jambe de Creux, charbonnier à Mlle Cateau, revendeuse. Le tout pour servir de dessert au Dejeuner de la Râpée. De l'imprimerie de Mme Engueule, blanchisseuse de gros linge, à la Grenouillère.* Approuvé par les forts de la halle. S. d. (Chez Cailleau, libraire.)

Près de lui sont quelques buveurs dont le garçon de l'établissement semble prendre à tâche d'aiguiser la soif, en tardant trop à les servir. Leur impatience se traduit naturellement en interpellations exprimées dans le plus pur attique du lieu ; mais le garçon connaît cette langue aussi bien qu'eux , et il leur lâche une telle bordée qu'il a bientôt éteint leur feu.

De là l'auteur passe dans la salle où l'on danse. A l'aspect de tant de jambes en mouvement , il sent que les siennes le démangent , et va inviter une jeune commère à danser avec lui. Il n'avait pas encore fait un pas en avant qu'un manant s'approche de sa danseuse et lui donne un soufflet. L'autre demande à ce brutal ce que cela veut dire. — C'est, répondit-il, qu'elle a refusé de danser avec moi. — Du tout, dit la fille, je l'ai refusé parce qu'il est un escroc et « qu'il r'luquait mes appas. » L'escroc le nie. Finalement, le danseur agréé, plus habile à jouer du plat de la langue que des poings, se met à *engueuler* ce fâcheux avec tant d'éloquence qu'il l'oblige à quitter la place. Sa danseuse, transportée de joie et d'orgueil, se jette dans ses bras.

Tout cela est décrit en vers.

En prose , nous avons le récit d'une prise de bec entre un homme et une femme qui se sont bien battus d'abord et qui s'expliquent après. Il va de soi que ces explications ne sont pas des raisons ; ce sont des compliments de l'espèce de ceux-ci : « Tu as, dit l'homme, la tête en potiron, les cheveux en racine de poireau, les joues unies comme une râpe, etc. — Tu n'es qu'un menteur, riposte la femme ; on croiroit que tu es né d'une fausse couche, que tu as été baptisé avec du faux sel, que tu loges dans les faubourgs, et que tu ne passes que par les fausses portes. » C'est pitoyable et même tout à fait étranger à notre patois. Mais la série de ces sottes injures est fort longue, et constitue ce que le titre appelle «la description chimérique d'un être de raison. »

Plus loin, l'auteur arrive à propos pour entendre un discours qui devait être prononcé devant le roi par une femme

de la halle, députée à cet effet à l'occasion du mariage du
dauphin (Louis XVI). L'orateur, s'adressant à l'auteur, lui dit :
« Prenez qu'vous soyez sire le roi, Monsieux, et que j'lui par-
lions. » Et, en son poissard, elle défile son chapelet, qui n'est
ni trop long ni trop déplacé.

La *Lettre de Jambe de Creux* est dans le même style fade et
faux que le passage cité un peu plus haut, et, de plus, elle est
infectée de ce détestable patois de convention que j'ai déjà
dénoncé dans le *Déjeuné de la Râpée*. On y lit *préjudice* pour
précipice, *pleumes* pour flegmes, mouches *catholiques* pour
cantharides, *hypocrite* pour hydropique, *hérétique* pour étique,
faire *dieppe* pour diète, plus tôt que *plutarque* pour plus tard.
On pensait faire mieux que Vadé en inventant de pareilles
balivernes [1].

Le Poissardiana, ou les Amours de Royal-Vilain et de
Mamzelle Javotte la déhanchée. Dédié à Monseigneur le
Mardi-Gras, par M. de Fortengueule. (A la Grenouillère,
1756, in-12.)

C'est un des bons livres du genre, et à mettre au rang des
classiques. Malheureusement, il ne m'est pas possible d'en
donner l'analyse, encore moins des extraits. Ce n'est pas que
la tâche soit plus difficile ou plus scabreuse qu'elle l'a été
pour les écrits précédents ; c'est parce que je n'ai plus celui-
là sous les yeux. Le seul exemplaire que j'avais trouvé était
à la bibliothèque du Louvre ; je l'avais lu en composant mon
Dictionnaire, et je m'étais proposé de le relire pour en faire la
notice. Les incendiaires de la bibliothèque m'ont épargné
cette peine.

---

[1] Voyez plus loin la notice sur les *Citrons de Javotte*.

Poissardiana, ou Recueil d'entretiens poissards et bouffons,
d'après les propos facétieux qui se tiennent aux halles et sur
les ports ; entremêlé de chansons grivoises, de vaudevilles
et rondes de table, sur des airs choisis; par un marinier.
(Au Gros-Caillou, de l'imprimerie de Pierre Le Blanc, charbonnier ; avec permission des bateliers de la Grenouillère.
S. d., in-12.)

Le titre indique exactement et en détail tout ce que contient
ce livre. Les entretiens sont au nombre de six. Le premier est
entre trois marchandes de poisson ; le second, entre une revendeuse et un crocheteur ; le troisième, entre une blanchisseuse de l'île Marguerite et un savetier du Gros-Caillou ; le
quatrième, entre trois bateliers du port Saint-Nicolas et une
marchande de plaisir; le cinquième, entre une écosseuse et
un charbonnier ; le sixième, entre une maîtresse savetière,
une crieuse de vieux chapeaux et un marchand de vieilles
ferrailles. Tout ce personnel est, comme on voit, bien apparié,
et il n'y aura pas de disputes, au moins pour la préséance ;
mais il y en aura pour d'autres sujets. Deux poissards de l'un
ou de l'autre sexe ne peuvent guère échanger quatre paroles
sans se disputer ; il n'est pas besoin pour cela qu'ils se recher-
chent, il suffit qu'ils se rencontrent et s'abordent, et alors ils
y vont en conscience. Je crois que si on leur disait de changer
de manières, ils ne comprendraient pas. Leur ignorance can-
dide de la civilité est une grâce d'état. Ici, on les fait jaser et
se chamailler, de façon à ce que les colloques, au lieu de dégénérer en batailles, finissent par des chansons. Chacun, ou à
peu près, dit la sienne, laquelle a trait plus ou moins à la
situation du chanteur ou à l'objet de la conversation. Cela, en
somme, n'est pas trop dépourvu d'esprit, mais est bien mono-
tone ; de plus, cela sent trop le redit, le refait, le réchauffé.

Poissardiana , ou Catéchisme des halles, ouvrage utile à'la jeunesse qui veut passer joyeusement le Carnaval. (A Paris, rue Carême-Prenant , nᵒ 34. L'an II du retour de Mardi-Gras, in-18.)

Voilà le troisième écrit du même titre ; peut-être y en a-t-il d'autres. Quoi qu'il en soit, il est ici le dernier des trois en date et aussi en qualité. Cependant ce livre est, comme son titre l'indique, un livre d'éducation.

Il est dédié « à messieurs de la Gueurnouyère et à mesdames de la Halle, » par l'auteur, qui signe sa Dédicace *Poissardini*. Notez que cette Dédicace n'est pas en poissard , mais en mauvais français : on ne gagne rien à démentir son nom , ni à déroger à sa noblesse.

Suit une Préface, où le *citoyen* Laharpe est dénoncé avec humeur pour avoir dit, dans son *Cours de littérature* , que le genre poissard n'était pas supportable. « La preuve en est, dit ironiquement son critique, que les ouvrages de Vadé, de Lécluse et de plusieurs autres sont dans les mains de tout le monde. » Le citoyen Poissardini n'abuse-t-il pas un peu de cette expression élastique, tout le monde, et ce tout le monde-là ne serait-il pas autre que celui qui est fait comme sa propre famille?

Il y a dans ce livret une quinzaine de pièces, tant en prose qu'en vers, d'étendue fort inégale, et interrompues de temps en temps par de petites anecdotes d'almanach, dont les personnages et les faits appartiennent au *monde* des halles et des ports. Les pièces principales sont le *Catéchisme des halles*, en prose ; *Jannette,* anecdote poissarde, aussi en prose ; l'*Histoire des amours de Guilleau le pêcheux et de Manon la petite laitière,* ronde parado-poissardo-dramaturgique en vers et en prose; *Le Divorce,* dialogue en dix couplets , où il faut noter entre autres celui-ci, que chante Mᵐᵉ Engueule :

> J'aurons l'divorce, ma commère [1],
> En dépit de nos calotins;

[1] Ceci indique la date de ce livre : 1803. C'est le 21 mars de cette année que le divorce fut décrété.

27

Avec leux quatre mots latins,
Du mariage y font un'galère,
Et l'sarquerment nous plonge encor
Au fond d'l'enfer après la mort.

Pour servir de contre-poids à cet éloge du divorce, l'auteur
donne un éloge poissard de l'hymen, aussi en vers. C'est une
petite litanie de tous les lieux communs que la sensiblerie de
cette génération avait mise en vogue, et qui rendent sa poésie
amoureuse ou vertueuse si nauséabonde.

Je suppose que ce livret, par la nature de sa composition
fragmentaire et épisodique, a donné naissance à cette quantité
innombrable de livrets poissards arrangés de même, qui ont
été imprimés depuis, et qui servirent à parachever l'éducation
poissarde de la jeunesse, dont il avait posé les premières
assises.

LE WAUX-HALL POPULAIRE, OU LES FÊTES DE LA GUINGUETTE,
poème grivois et poissardo-lyri-comique, en cinq chants,
enrichi de rondes de table et vaudevilles nouveaux, paro-
diés sur les ariettes les plus jolies. Dédié à Voltaire. A la
Gaîté, chez le compère La Joie. Avec permission des ribotteurs. S. d., in-12. (Chez Cailleau.)

Il manque à ce titre une épigraphe, celle-ci :

Quid dignum tanto feret hic promissor hiatu?
Parturiunt montes, nascetur ridiculus mus.

J'aime à croire, et je m'en confesse, qu'au reçu de ce poème,
et après en avoir lu à peine quelques vers, Voltaire l'aura
déclaré sans talent, sans esprit, sans action, quoique ni les
acteurs, ni le bruit, ni la confusion n'y manquent, et qu'il
l'aura envoyé là où, dans ses accès de bonne humeur, il voulait qu'on envoyât les feuilles de Fréron. Pourtant, ce sot
poème lui était dédié ; il est farci de son éloge ; ses ennemis,
Fréron surtout, y sont malmenés. Il hésite alors, et déjà il me
semble voir aux prises son goût et sa passion, celle-ci l'emporter, et l'auteur remercié comme s'il avait fait à la fois un

bon livre et une bonne action. Mais il vaut mieux m'en tenir
à mon premier sentiment.

Ce qu'il y a dans le poème, le titre le dit ; je n'en dirai pas
davantage. Comme les grandes douleurs, les grands ennuis
sont muets.

Le Boute-en-train des écosseuses et des marchandes
d'oranges, scènes poissardes et bouffonnes, suivi d'A bon
chat bon rat, aventure grivoise, et terminé par des
énigmes. Ouvrage posthume de Guillaume Vadé. A la basse
Courtille, chez Genest Ramponneau, marchand de bran-
devin, au Cri du Cœur. Avec permission des harengères.
S. d., in-12. (Chez Cailleau.)

Il y a une dédicace en prose à Mme Policarpe, marchande de
marée. A la bonne heure ! la personne est bien choisie et le
nom aussi, quoique ce dernier convienne mieux à une marchande de poisson, de Seine que de poisson de mer. A petit
saint, petite offrande ; l'auteur de *Waux-Hall populaire* n'a pas
connu ce dicton.

La première pièce est une conversation entre grivois et
grivoises, où s'épanouissent dans tout leur éclat et avec toutes
leurs épines les roses et les chardons de la Flore poissarde.
Elle est entremêlée de chansons.

La seconde scène est une suite de petites scènes fort gail-
lardes, entre quatre marchandes d'oranges qui se disent leurs
vérités. On a beau avoir le caractère bien fait, on ne laisse pas
quelquefois de s'impatienter de s'entendre dire des choses
qu'on veut bien se dire à soi-même, mais qu'on tient pour des
imputations calomnieuses dès qu'elles sortent de la bouche
d'autrui. C'est l'avis de Babet et de Marie-Jeanne. Après s'être
bien picotées et asticotées, elles se disputent tout à coup au
sujet d'une place dans la rue que l'une a usurpée sur l'autre,
et finissent par se cogner d'importance.

La troisième pièce représente un écolier qui marchande des
oranges à Marie-Louise. Il a à peine douze ans ; mais, à la

manière adroite et subtile dont il discute le prix des oranges,
à son aplomb, à son impudence précoces, il mérite que Marie-
Louise le loue de sa belle éducation et le qualifie de « petit
chien retors. »

A bon chat bon rat est le titre de la dernière pièce. C'est le
récit d'une aventure grivoise de feu Guillaume Vadé (lequel
Guillaume, soit dit en passant, n'a jamais existé) et de
Mlle Marton, aventure dont les héros se montrent peu assurés
de leur fidélité réciproque, mais où, en somme, la défense
vaut l'attaque et le rat vaut le chat.

Quant aux énigmes, on croira sans peine qu'elles ne sont
pas de l'espèce de celles que la reine de Saba vint proposer à
Salomon. C'est tout ce qu'il y a de plus pitoyable.

LES CITRONS DE JAVOTTE, histoire de carnaval.
(Amsterdam, 1756, in-12.)

Ce livre tranche vivement sur la médiocrité, la crudité et la
banalité des cinq ou six qui le précèdent dans cet examen. On
n'en connaît pas l'auteur ; mais, par son style, sa méthode, et
par je ne sais quoi de moins rude, de plus humain, de plus
fin dans les sentiments de ses personnages, il rappelle heureusement l'aimable auteur des *Lettres de la Grenouillère* et
de *Jérôme et Fanchonnette*.

Javotte, étant un jour entrée dans un cabaret pour y faire
offre de sa marchandise, est interpellée par un grivois nommé
Jolicœur, convalescent, et qui le laissait voir sur son visage.
Il lui fait compliment de ses citrons et lui propose d'en acheter
une douzaine. — Combien ? — Quinze sous.

JOLICŒUR.

Moi je n'en veux donner que quatre ;
Pas un de plus ; vois si tu veux.

JAVOTTE.

Voyez don qu'il est généreux
Pour un Monsieu ; queul grosse aubaine !
Ecout'don, hai, Mari'Cath'laine.
A le voir ne diroit-on pas,

Sous le respect de sa bedaine ,
Qu'i semble à ce Monsieu Jonas
Qui s'est sauvé de la balaine ,
Et que l'on trouvi par hasard
Su le détroit de Gilbatard ?
Quand on le r'gard', c'est pis qu'uu'tache ;
Ote-toi don d'là que je l'crache ,
Car j'ai su l'cœur ce bou chalant.
Pal'don ; faut qu'ce soit queuq'fringant
Du trotoy d'la Samaritaine ,
Qu'est en train d'manger sa semaine.
A guieu don l'homme aux quatre sous ;
N'faut-y pas vous faire eun'neuvaine
Pas d'ssus l'marché ? ç'en vaut la peine.

Un peu ému par cette attaque, Jolicœur cherche à apaiser
Javotte, et lui offre, pour qu'elle reprenne sa belle humeur,
« tout ce qui peut lui faire envie. »

JAVOTTE.

Par Sein qui s'cach', mon bon seigneur [1],
Vlà qui sort de sa létargie ;
Je commence à m'apparcevoir
Que ma prière est inficace.

Jolicœur la fait asseoir près de lui.

Holà ! quelqu'un (dit-il), qu'on donne uu verre ;
Qu'elle boive cinq ou six coups.

Il la prie alors de lui raconter son histoire. Javotte commence. Pendant qu'elle parle, Jolicœur l'examine, trouve
qu'elle ressemble par sa beauté à Catin, sa mère, lui en fait le
compliment, et avoue que sa présence l'a « à demi ressuscité. »

[1] Ce Sein qui se cache est un saint dont le nom prête à ce jeu de mots.
Il s'agit en effet de saint Gilles, qui donna lieu au dicton faire Gilles ,
c'est-à-dire fuir : « pour ce que, dit Béroalde de Berville, il s'enfuit de sou
pays, et se cacha de peur d'être fait roi. » (Moyen de parvenir ; chapitre
général.) Cette locution n'est dans aucun recueil de dictons. Peut-être
aussi ne faut-il pas voir une faute d'orthographe dans la forme sein ; ce
pourrait être une forme de tradition bourguignonne : « Ceu fu faet el jor
sein Berthremieu l'apostre, » est-il dit dans une charte de Renaud, comte
de Bar, cité par M. Nathalis de Wailly, dans ses Éléments de puléographie,
t. I, p. 160.

JAVOTTE.

Comme i nous dit ça de sa bouche !
On diroit qu'c'est un champignon
Qui viant de naître su sa couche ;
C'est un signe de bon luron.

Elle fait suivre cette remarque de réflexions assez singulières sur les résultats de la résurrection de Jolicœur, et sur la différence qu'il convient d'établir entre la conduite des filles de l'Opéra-Comique et celle des filles de sa sorte. Ces réflexions ravissent Jolicœur; son enthousiasme s'en accroît; déjà il ne trouve plus seulement que Javotte ressemble à Catin, mais « qu'elle vaut dix fois mieux » qu'elle. Javotte n'y fait pas d'objection; mais, en fille sinon modeste, du moins reconnaissante, elle répond au grivois par un éloge pieux de sa mère. C'est cette mère, infatigable au travail, qui lui en a fait connaître le prix; c'est elle qui lui disait, après lui avoir bien expliqué de quelle nature étaient ses occupations :

Ainsi, mon pauv'enfant, travaille,
T'as de quoi, t'es d'la bonne taille,
T'as du minois, de la fraîcheur ;
Avec ça on fait son bonheur.

Ce sont ces mêmes qualités qui avaient le plus aidé à adoucir l'existence si laborieuse de Catin, et c'est pour en avoir fait un emploi intelligent qu'elle était parvenue à acquérir un petit bien dont sa fille hérita. Ce bien ne rapportait que cinquante-trois livres de rente, mais le tuteur de Javotte en dépensait cent chaque année pour l'administrer, de sorte que les frais de cette administration eurent bientôt dévoré le capital.

Après ce récit, Javotte répand des larmes que Jolicœur recogne, en versant à cette bonne fille force rasades. Elle trouve le vin excellent, mais combien elle regrette que son pauvre Cadet Vaillant n'en ait pas quelques chopines :

Ça l'i r'mettroit bientôt l'dedans
Qu'est essoufflé, qui pard haleine.

JOLICŒUR.

Comment, Cadet Vaillant, ah, ah !
Dis-nous quel est cet homme-là

JAVOTTE.

Monsieu, on dit qu'c'est mon amant.
Tambour des m'nus plaisirs d'la Reine,
C'est un garçon qui vaut la peine
Qu'on ait pour lui queuque amiqué;
Allez, i sait bian son méqué.
C'est un gayard qu'est sur la hanche,
Et qui porte eune large planche
Qui feroit trembler tout Paris,
Si par malheur il était gris.
J'somm'aveuc lui bian assurée,
Et j'nons pas peur d'être insultée,
Pace qu'il a appris son caquet
Dessous l'tambour-major du guet.

Cet aveu pique la curiosité de Jolicœur; il veut en savoir
davantage, et, Javotte ne se montrant pas disposée à le satis-
faire, il se permet d'élever un doute impertinent sur la fidélité
de Javotte. Celle-ci le toise du regard et lui dit :

Tien, regard'don c't'âme d'limonade
Avec son ton de sérénade;
Y va tomber en pamoison.
Baillez l'i vîte un jus d'citron
Pour l'i réveiller sa pauvre âme ;
Prenez don garde, vlà qu'i s'pâme :
Ce s'roit pourtant un grand malheur
Et eune parte pour la France,
Car je voyons à sa couleur
Que c'est eun homme d'importance.
Eh bien, mon roi, ça revient'i;
Dit'? voyez comme il est genti !
Si jamais i montoit en graine,
J'en gard'rions l'échantillon,
Pour semer comm'd'la quarantaine,
L'vendredi de la Passion;
J'sis sûr qu'chaq'plan en seroit double.

Cependant Jolicœur commençait à se lasser de cette scène,
lorsqu'un des convives qui s'en amusait beaucoup cherche à
détourner sur soi les traits lancés contre Jolicœur. Pour être
plus sûr de son fait, il se porte envers Javotte à un acte de
brutalité odieuse. Javotte semble se défendre avec vigueur,
mais elle n'en fait que semblant, et assure ainsi au téméraire

une victoire aisée, mais ridicule, comme il ne tardera guère
à le reconnaître.

Je ne saurais indiquer l'objet qui avait si fort excité la con-
voitise du compagnon de Jolicœur; mais le lecteur fera bien
de ne pas laisser à cet égard son imagination aller trop loin :
il en serait dupe certainement. Cet objet avait déjà tenté un
autre libertin : c'était un abbé; seulement ce malheureux fut
plus cruellement puni pour avoir espéré d'obtenir par la douceur, et en payant, ce que l'autre avait cru ravir par la force
et posséder gratis.

Javotte raconte ainsi l'aventure. Elle avait donné rendez-vous
chez elle à l'abbé. Celui-ci commence par y faire porter des
vivres, et bientôt il arrive lui-même. La table est déjà dressée;
Javotte et l'abbé vont s'y asseoir, quand on frappe à la porte
et on appelle. Javotte reconnaît la voix de Cadet. Vite, elle fait
cacher l'abbé dans un bahut encore tout blanc de farine, et
va ouvrir. Cadet entre, et, à l'aspect de cette table si bien parée :

> « Comment, m'dit'i, quand j'n'i suis pas!
> C'est pir'qu'eun jour de mardi-gras!
> Vlà qu'est genti, Mansell' Javotte,
> D'oublier vot' amant d'la sorte;
> Vou m'changez pour queuque Ardonis
> Dont vous avez le cœur surpris;
> Vous l'attendez pour fair' la noce?
> Mais j'reste ici; i faut qu'je l'rosse!
> Par la mort! si je le tenois,
> Du parmier coup j'l'écharperois.
> En l'attendant, allons ma chère,
> I faut manger c'qu'est là par terre,
> Et boir'tout le vin que voilà
> Aux dépens de ce faquin-là. »
> Vlà qui tire sa colismarde
> Dont i partagi la poularde,
> Et pour ac'moder le cresson,
> I l'arrosi d'un jus d'citron;
> Après i mangi comme un diable
> Tout ce qu'étoit dessus la table,
> Et pis i m'dit eune chanson
> Qu'étoit de sa composition.

Cette chanson fait allusion à un rival qu'il rencontre un
jour allant sur ses brisées, et qu'il eût tué si cet homme ne se

fût bien défendu. Il s'aperçut bien que Javotte était un peu troublée par cette allusion,

> Mais n'voyant plus rian dans les plats
> Son feu redouble, i fi fracas;
> Sa mauvaise himeur se réveille,
> I vous empogne une bouteille
> Qu'i jette et qui r'tombe en éclats
> Su l'prisonnier qui crie : « Hélas!
> Excusez-moi; faites-moi grâce,
> Monsieu; pardonnez mon audace ;
> Miséricorde! je suis pardu !
> —Mansell', c'est donc dans vot' bahu
> Que vous me cachez la fournée
> Qui vous faut pendant la journée?
> C'est apparemment ce faraut
> Que j'guettions, qui parle si haut ?
> C'est fait de lui, mort de ma vie !
> Lya trop longtemps qu'j'en ons l'envie;
> Ouvrez, m'dit-y, ce coffre-fort,
> Que j'tranche cet oisiau d'la mort. »
> Vla qu'i saut' su sa colismarde,
> Et qu'i s'met tout d'un coup en garde
> « Gar de là qu'je l'parce à jour;
> Faut l'immorler à mon amour. »
> Tout d'suite i m'donne eun' grand'secousse
> Pour tomber d'ssus; moi je l'repousse
> Dans la craint' de queuque accident.
> « Tenez, Monsieu, vlà mon argent,
> J'en fais présent à votre amie;
> Mais au moins, laissez-moi la vie.
> — Je l'veux bian, répondit Vaillant,
> Et si tu r'vians, je fais sarment,
> Su mon âme et su mon épée,
> Que ce s'ra ta dernière journée.
> Tu n'as qu'à v'nir en habits d'deuil,
> L'bahut t'sarvira de çarcueil.
> Je t'y clouerai, ou l'diab'm'emporte!
> Allons, qu'on te mette à la porte. »
> Je l'conduisis bian poliment,
> Et j'li fis mon remarcîment;
> Mais son himeur étoit chagrine
> De s'voir tout rempli de farine :
> I n'sentoit pas sa condition,
> Car il avoit l'air d'un mitron
> Qu'étoit tout plaqué de levûre.
> Ainsi finit notre aventure,
> J'ons tout gardé. Jusqu'au revoir,
> Je vous salue, aguieu, bon soir.

Ainsi finit l'aventure, et en même temps le poème. Le plus grand éloge que mérite cet ouvrage, et qu'on ne saurait faire de la plupart de nos poissarderies, c'est qu'il offre un intérêt de plus que celui du langage dans lequel il est écrit, que l'imagination et un certain arrangement y ont plus de part, et qu'il en reste quelque chose après qu'on l'a lu. Il est vrai que les vers en sont fort négligés, mais c'est là son moindre défaut, car, quelque indulgence qu'on ait pour les travaux de l'esprit qui se distinguent du commun, et d'où l'art n'est pas absolument exclu, elle ne saurait aller jusqu'à approuver les équivoques indécentes qui font tout le fond de ce livre, et qui n'en sont pas moins condamnables, pour être plus artistement dites.

AMUSEMENS A LA GRECQUE, OU LES SOIRÉES DE LA HALLE, par un ami de feu Vadé. Avec quelques pièces détachées, tant en vers qu'en prose, du même auteur. Le prix est de 24 sols. (A Athènes, dans le tonneau de Diogène, et se vend à Paris, chez Cuissart, libraire, au milieu du Pont au Change, à la Harpe. 1764, in-12.)

L'auteur de ce livre est, selon toute apparence, Lécluse. Il dit dans l'Avertissement qu'il était lié avec Vadé, et que c'est d'après son avis « qu'il se hasarde à donner ce petit ouvrage, dont partie a été approuvée par son ami. » Il ajoute à cela des conseils sur la manière de lire ou de réciter ces scènes poissardes, littéralement conformes à ceux que Vadé prescrit lui-même dans la préface de *La Pipe cassée*.

Si j'avais à dire quelque chose de neuf à l'occasion de ce livre, je n'en ferais pas à deux fois, et je procéderais à son égard comme j'ai procédé à l'égard de plusieurs autres, par analyse ou par extraits. Mais comme il diffère à peine des précédents de la même fabrique et par le fond et par la forme, et que je commence à craindre sérieusement de devenir sot à force de redire et de commenter des sottises, j'indiquerai seulement par leurs titres les pièces qui sont dans ce volume, en y ajoutant un jugement sommaire.

La première pièce est *L'Après-Souper de la halle*, en vers hexamètres. Ce sont toujours des amis de la joie qui s'en vont à la halle « aboyer la Javotte, » et qui n'en sont pas toujours les bons marchands. Les scènes sont assez bien menées, mais le vers hexamètre n'y convient guère; il en embarrasse et en retarde un peu l'allure.

Viennent ensuite : deux *Bouquets*, faible imitation de ceux de Vadé, l'un pour le jour de sainte Anne, l'autre pour le jour de sainte Barbe, en vers de toutes mesures; — un *Dialogue poissard*, en prose, calqué sur cent autres analogues, au sujet d'un panier de maquereaux disputé; — un *Pot-pourri poissard*, en vingt couplets, chanté par un butor qui se fâche avec sa maîtresse, et qui se raccommode ensuite après l'avoir bien battue; un autre *Pot-pourri grivois*, en vingt-quatre couplets, sur la demande de Fanchon en mariage : deux cloches qui ont le même son, lequel n'est rien moins qu'argentin; — une *Lettre de Cadet Eustache à La Ramée*, sur son retour des galères, et la *Réponse de La Ramée :* deux morceaux choisis de cette littérature de bagnes qu'un romancier du nom de Sue a cultivée avec amour, et dont il a empoisonné la génération de son temps; — enfin une *Lettre à Madame Favart*, écrite par un savetier, le jour du spectacle qui fut donné gratis à la Comédie italienne, à l'occasion de la paix. Cette Lettre est assez spirituelle, et même fort galante pour un suppôt de saint Crépin. Elle a pour objet de demander à Mme Favart un billet pour cette représentation. Or, le savetier était l'auteur même du livre; il avait parié qu'il ferait cette demande sous ce déguisement, et qu'il lui serait répondu. Il gagna son pari, le billet ayant été envoyé.

Le reste du livre se compose de petites pièces en vers; mais elles ne sont pas de mon sujet.

Les Porcherons, poème en sept chants, dans le recueil de
pièces, du même auteur sans doute, qui a pour titre général :
Amusemens rapsodi-poétiques, contenant *Le Galetas, Mon
Feu, Les Porcherons*, poème en sept chants, et autres
pièces. (A Stenay, chez J.-B. Meurant, imprimeur et libraire
de S. A. S. Mgr le prince de Condé. Avec approbation et
permission. 1773, in-12.) Sans nom d'auteur.

Sauf *Les Porcherons*, toutes les pièces de ce recueil, dont ils
sont la dernière, n'ont rien de commun avec le poissard ; elles
en ont très-peu, quoique écrites en vers, avec la poésie, et
beaucoup avec l'ennui. Elles sont au nombre de trente-cinq.
Les huit premières sont : *Mon Embarras*, selon la table, et
selon la page à laquelle elle renvoie ; *Le Retour sur soi-même,
ou la Retraite ; Le Galetas, Mon Feu, L'Ennuy, Le Lis, Le
Faux Philosophe et les Passions, Plaintes sur l'Amitié, et Élégie.*
Viennent ensuite onze sonnets : *Sur l'Emploi du temps,
L'Athée, L'Amitié, Le Naufrage, La Guerre, L'Amour, L'Ambition, La Vengeance, Le Terme de la vie, L'Agonie du pécheur
et La Fin du Juste* ; cinq contes : *La fête vaut mieux que le sermon, Conseil à une presque veuve, Le Gros C...*, *Un borgne qui
acheta un cheval borgne, Le Panégyrique de Magdelaine* ; dix
Épigrammes, et enfin une dernière pièce qui a pour titre :
Les Plaisirs d'Auguste. Je donne ces détails en conscience,
sur un livre si profondément et si justement oublié, à l'intention de la plus grande partie des lecteurs, et aussi de bon
nombre de bibliomanes qui ne me pardonneraient pas de les
avoir omis. Je les donne surtout pour qu'on réfléchisse bien
avant d'entreprendre la lecture d'un pareil fatras, et pour
qu'on ne s'attende pas à trouver un plaisir d'esprit là où il n'y
en a pas même un de curiosité. Ces soi-disant *Amusemens* sont
la platitude et l'ennui même ; les idées en sont du dernier
commun ; le style plein d'impropriétés et de rocailles, et la
philosophie une sorte d'épicurisme bourgeois qui cherche tant
qu'il peut à vivre en bonne intelligence avec la saine morale.

Tout cela ne constitue pas un ensemble propre à instruire ni
à égayer. L'auteur, toutefois, ne s'en est pas douté un instant,
et il a écrit sa pièce, ou plutôt sa dissertation contre l'ennui,
sans s'apercevoir qu'il le versait lui-même à pleines mains.
Quoi de plus naturel alors que d'avoir donné à ces maigres
produits de sa muse inféconde le titre d'*Amusemens* : il a cru
n'être que conséquent. Je dois reconnaître d'ailleurs que ce
titre est, jusqu'à un certain point, applicable aux *Porcherons*.
Ce poème n'est pas aussi dépourvu d'esprit qu'il aurait pu l'être
venant de la même plume qui a écrit les autres poésies ; il a,
de plus, assez d'agrément pour combattre l'ennui avec avantage. Cela suffit pour qu'on n'en souffre que médiocrement,
et cela vaut mieux pour le faire redouter que l'exposition la
plus méthodique de toutes ses propriétés malfaisantes.

Les vers de ce poème sont de huit syllabes. Il n'y a que de
très-courts fragments en poissard dans les quatre premiers
chants ; mais il abonde dans les trois derniers.

Le premier chant est une description très-animée et très-
pittoresque de la population, qui, tous les dimanches et aux
grandes fêtes, se rend en foule aux Porcherons.

Le second chant débute par le portrait d'un certain Ventru,
maître du cabaret, théâtre des scènes qui seront décrites ulté-
rieurement. Ce portrait ferait aujourd'hui la réputation et
peut-être la fortune d'un peintre *réaliste*. Il est peint avec des
couleurs qu'on dirait délayées dans de l'eau de vaisselle, et il
exhale une odeur concentrée de gargote à faire lever le cœur.
Au portrait succède cette invocation aux mânes de Vadé :

> Aidez-moi, mânes de Vadé :
> C'est, comme on dit, à vous le dé.
> En banquets, douceurs, algarades
> Des manans, rustres et poissardes,
> Votre muse s'est fait un ton
> Auprès duquel est ragoton
> Tout ce dont, d'après la nature,
> En ce genre on fait la peinture.
> Et quoique grand peintre en combats,
> Querelles, injures, débats,

> Chantant votre pipe cassée,
> Vous n'ayez à la fiancée,
> Aussi bien qu'à son amoureux [1],
> Prêté nuls propos doucereux,
> Vous n'avez pas moins du sublime
> En crapule grimpé la cime,
> Et chacun dit, en vous lisant:
> Il dut être acteur ou présent.

Ces vers durs, d'une construction si pénible, d'une marche si pesante, sont bien loin de la versification aisée et pimpante de Vadé. C'est le style d'un homme qui invoquerait Dieu sans le connaître, sinon sans y croire.

Après l'invocation, l'auteur nous fait voir les consommateurs dansant pour hâter la digestion d'un premier repas et se remettre en appétit. L'orchestre se compose de deux « râcleurs de boyaux : » un violon et une basse. Je ne parlerais pas de cette circonstance si le personnage qui joue du violon ne portait un nom connu dans les annales de la musique. C'est Glatignies Cadet, dont l'aîné, Pierre Glatignies, ami de Jean-Jacques, passe pour le chef et le fondateur de l'école française de violon.

Les danses continuent et occupent tout le troisième chant.

> Les rigaudons, les contredanses,
> Des gens ivres les conférences,
> Forment un tumulte infernal
> Qui du diable est le tribunal.
> Ce sont mornifles et gambades,
> Beuglements, gueulées, embrassades,
> Querelle, raccommodements,
> Gros mots, comiques compliments,
> Chansons, cris à rompre la tête.

L'ordre dans le plaisir en est, aux yeux du peuple, l'affadissement. Pour que la fête soit gaie, il faut qu'il y ait du bruit, du dégât, des horions. Le peuple en revient plus satisfait, et vit sur cet admirable souvenir jusqu'au dimanche suivant. Tout va bien sur ce pied jusqu'au quatrième chant. Arrivent quatre soudars qui, se reconnaissant d'anciens droits

---

[1] Voyez *La Pipe cassée*, chant IV.

sur quatre coquines alors en possession de nouveaux galants, s'amusent à les insulter. Cela met le feu aux poudres. En moins de temps qu'il ne faut pour le dire, le cabaret de Ventru est un champ de bataille, et ses verres, ses pots, ses plats, ses assiettes, ses pintes et jusqu'à ses meubles servent de projectiles. C'est vainement que Ventru se jette dans la mêlée, et demande grâce au moins pour son bien; il n'a que le temps de battre en retraite s'il ne veut s'exposer à pis qu'à un manque de respect. Il sort donc et va chercher la garde.

Au cinquième chant, il revient avec elle, et l'ordre se rétablit. Mais quand il s'agit de démêler qui des bourgeois ou des militaires a commencé, qui a fait le dommage et qui doit le payer, le chef de la garde ne tarde pas à s'apercevoir qu'il tirerait plutôt des larmes d'une pierre que la vérité de tous ces forcenés. Il imagine alors de

> Choisir des quatre une coquine,
> Pour remonter à l'origine
> De la querelle en raccourci.

Il jette les yeux sur Fanchon, et l'interroge. Celle-ci

> Tousse, crache, éternue, et plus,
> Puis fait la *quoniam bonus*,

et s'exprime ainsi :

> Pour entrer donc dans la maquière,
> Laissant tout'feintise en errière,
> J'vas vous conter à l'ingénu
> Au pus fin droit comm' c'ez av'nu.
> Tout à la fin d'une contredanse
> Où j'sautions tous et d'importance,
> Sont entrés ces quatre ch'napans,
> S'gaussant entre eux, f'sant les pimpans,
> Tout comm' farauds dont la raguelle [1]
> A leur c... sert de santinelle.
> De ce dos vert [2] de Jolicœur
> Le ton fanfaron et goailleur

---

[1] Épée. De *raguer* (?), terme de marine, qui veut dire déchirer par le frottement.

[2] Ainsi appelé à cause de son justaucorps vert, ou plutôt à cause du métier de maq... que faisait Jolicœur; car on appelait *dos vert* un homme de cette sorte, par allusion aux bandes vertes qui sillonnent le dos du poisson d'où il tire son nom.

Tout drés l'abord m'a fait comprendre
Qu'i voulions faire queute esclandre.
C'est la coutm' de ces escrocs,
De ces tapageux, de ces crocs.
Au grand rond [1] c'gueux-là par derrière
M'a cajolée à sa magnière,
Tout en m'tiraillant le bonnet
Qu'il me vouloit fair' sauter net.
Voyez, Monsieu, c'est-is honnête
Qu'd'aller prendr' une fill' par la tête ?
Moi, trédame, d'li riposter,
Et d'un fier goût, sans me vanter.
Tout à ma mode j'ons, quoiqu' fille,
Mis son cadavre en souquenille [2].
Il m'a dégueulé de gros mots,
M'a dit comm'ça dans ses propos
Qu'aut'fois j'ons été sa toupie [3].
Quand ben même, est-c' donc bail à vie,
Gueurdin, si du passé j'la fus?
C'est la raison qu'je n'la si pus.
Vla-t'i pas, ma chière, un biau moule
Pour n'en être pas d'abord saoule?
L'archigueux d'colère tremblant
Ma fiché si-tôt un emplant [4];
C'que voyant d'ses deux yeux l'copère [5],
Qui, quoiqu'n'allant pa-t-à la guerre,
A deux p'tits poings qui n'sont pas laids,
Pour quand il veut s'magnier en r'lais [6],
Au sifflet [7] si-tôt il l'empogne,
Et d'ses deux pattes sur la trogne,
Sur la mâchoire et sus les dents
Vous li bat la m'sure en deux temps.
Mais v'la-t-i donc pas qu'Fer-en-Grippe [8],
Ce vilain sout'neur à guenippe,
Pouss-cul [9], records de Belzébuth,
Puant alambic à scorbut,

---

[1] Figure de danse.
[2] C'est-à-dire déchiré ses habits.
[3] Maîtresse.
[4] Emplant pour *empan*, soufflet. L'empan est une mesure égale à l'espace qui se trouve entre les extrémités du pouce et du petit doigt écartés.
[5] Le galant de Fanchon. — [6] Échange des coups. — [7] A la gorge.— [8] Un des quatre soldats.
[9] Soldat ou sergent de police. Le peuple appelait *pousse-culs de la Constitution* les mousquetaires, qui, pour épargner la dépense au roi, étaient chargés, en 1732, de signifier les lettres de cachet lancées contre les réfractaires à la bulle.

Avec son tranchet [1] escarmouche
Tout en f'sant d'sabreuvoirs à mouche [2].
L'Jérôme, enfin contraint d'lâcher
L'poulet qu'il vouloit remoucher,
A grippé c'qui sous sa main s'trouve,
Et, plus furieux qu'eune louve,
S'met aux trouss' de mes quat' grivois,
Tout ainsi qu'aux poul's fait l'putois.
Chenets, pincettes, pelles, broche,
Chacun de nous à tout s'accroche.
Si j'ons fiché queutes gasons [3],
J'en ons aussi reçu de bons.
Chacun n'a qu'à licher sa plaie,
N'en est plus ni moins à qui braie.
Il m'est avis moi qu'l'engraisseur [4]
Doit payer les frais de c'malheur.

Après cette éloquente plaidoirie, le sergent, suffisamment éclairé, oblige Jolicœur à payer *les pots cassés*, et, de peur de nouvelles fredaines, ordonne à sa troupe d'emmener les quatre gars. Les autres se remettent à table; les plats succèdent aux plats, les bouteilles aux bouteilles; l'hôte inquiet demande un à-compte, sans quoi il leur coupe les vivres. On se fouille, on retourne ses poches; on n'y trouve que le diable. C'est alors qu'une idée héroïque s'empare de Fanchon.

Cette idée est exposée en ces termes au début du sixième livre :

Fanchon, à se résoudre alerte,
Se lève et leur dit : « Queu chien d'train !
N'avons-j' de quoi li mettre en main?
Faute du marle on prend la grive;
Pus grand mal après tout n'arrive.
Mais n'faut pas s'noyer stenpendant. »
Elle dit, et, de l'hirondelle
Prenant le vol à tire-d'aile,
Pour trois minutes elle sort,
Et revient avec un renfort
Propre à tirer du labyrinthe
Gens qui ne respirent que pinte.
Chacun chantant *gaudeamus*,
A sa façon dit des rébus

[1] Sabre.
[2] Blessures dont les mouches viennent pomper le sang.
[3] Coups. Terme d'argot.
[4] Le provocateur. Terme d'argot d'une grande profondeur, le soldat, soit qu'il tue, soit qu'il soit tué, servant à engraisser la terre.

En l'honneur de la Providence
Qui vient d'envoyer la pitance.
Bastien assure que le Ventru
De Fanchon doit être féru ;
Qu'elle a, pour ce rapatriage,
Fait tâter au chat son fromage.
Charlot, qui sait son pain manger,
Répond : « Bastien, guya pas d'danger ;
Mais j'aperçois la manigance
Qui nous vaut l'honneur de ste chance.....
Oui, j'pari qu'alle a mis en plan
Son crucifix et son coulant. »

Ce qui était vrai. Avec l'argent du prêt, on paye l'écot et on part. Chemin faisant, on s'arrête à tous les bouchons, on tombe dans tous les ruisseaux. Enfin, après maintes aventures nocturnes et scènes orgiaques à faire reculer la lune d'horreur, on entre et on couche dans un bouge où les femmes sont ramassées par le guet et conduites aux prisons du Châtelet. C'est ce qui est raconté dans le septième et dernier chant.

J'ai dit que ce poème n'était ni sans esprit ni sans agrément ; mais il faut avouer aussi qu'il nous fait payer cher l'un et l'autre. Sans parler de la versification, qui en est dure, pesante, embarrassée, souvent obscure, et, quant à la mesure des vers, quelquefois défectueuse, la crudité des tableaux, la plupart du temps, en est révoltante. On ne saurait pousser plus loin la science des choses immondes, même de celles qui n'intéressent pas directement la pudeur, ni l'amour ; on ne patauge pas, si je l'ose dire, avec plus d'abandon dans les détails crapuleux. On doit néanmoins savoir gré à l'auteur de n'avoir pas mis son nom à cette œuvre ; car, si garder l'anonyme en pareil cas est un commencement d'aveu de sa propre indignité, c'est aussi un moyen de ne point irriter la critique, plus sûr que si, en se nommant, on semblait vouloir la braver et insulter au sens moral.

Le poème en lui-même est à la fois burlesque et poissard. Mais ce qui le distingue le plus, c'est qu'il est le premier ouvrage populaire de ce genre d'où le patois parisien a presque disparu, et où il est envahi par l'argot dans une proportion

déjà remarquable. Je ne doute pas que les contemporains
n'aient vu dans cette nouveauté un progrès, et qu'ils n'aient
trouvé les mariniers et les blanchisseuses de la Grenouillère
et de la Râpée un peu fades, auprès des farauds et des pros-
tituées des *Porcherons*.

Ce poème est de la plus grande rareté.

RICHE-EN-GUEULE, OU LE NOUVEAU VADÉ, contenant les aventures plaisantes et divertissantes du Carnaval; précédé de la
   vie, des amours et de la mort de Mardi-Gras; suivi de nouveaux dialogues poissards propres à se divertir dans les différentes rencontres de masques soit au bal ou dans la rue;
   avec les réparties, plus bêtes les unes que les autres, de
   Bobèche, Galimafré, Bobinot, etc.; le tout terminé par des
   patentes comiques, des déclarations burlesques d'amour, et
   des chansons grivoises pour s'amuser en société; publié
   par un Enfant de la Joie, et dédié aux dames des halles et
   marchés, aux lurons de la Râpée et de la Grenouillère, et
   aux jeunes gens des deux sexes, amis des farces et du plaisir.
   (A Paris, quai des Augustins, n° 11. 1821, in-12.)

Sous ce titre ambitieux je devine une compilation de Vadé,
de Lécluse et de tous les écrivains poissards anonymes que j'ai
précédemment examinés, et je ne suis pas à la moitié du livre
que j'ai déjà noté quelques pièces, ou simplement copiées, ou
falsifiées, ou formées de fragments des uns et des autres. La
première pièce est *La Vie, les Amours et la Mort de Mardi-
Gras*, en prose. Viennent ensuite vingt dialogues ou engueulements, en vers, en prose, et en prose mêlée de vers; des
déclarations d'amour, des lettres et des chansons. Parmi ces
dernières, j'en retrouve de Vadé et de Lécluse, et, de plus, les
Bouquets poissards du premier, etc. Il y a peu de pièces ori-
ginales, encore n'ont-elles guère d'original que le titre, le
reste accusant un mémoire fidèle jusqu'à reproduire textuellement ce qu'elle a appris ailleurs, et n'y ayant quelque chose
de neuf que là où elle fait défaut.

Je ne pousserai pas plus loin ces extraits. Ils suffiront, je pense, pour donner une idée exacte du genre de littérature qu'ils représentent, et des sources où j'ai puisé les éléments de cette étude. J'y ajouterai cependant une liste d'opuscules moins importants, et qui ne sauraient être l'objet de notices particulières ; mais je ne leur en ai pas moins des obligations pour les services que j'en ai tirés, et pour la part assez considérable qu'ils ont contribuée à l'exécution du présent ouvrage. Je les partagerai en deux classes : la première comprenant ceux qui sont écrits intégralement ou pour une grande partie en patois parisien ; la seconde formée de ceux qui, bien qu'écrits en langage commun, offrent quantité de mots, de locutions, de tours, propres à ce même patois.

I.

Ouvrages écrits intégralement ou en grande'partie en patois parisien.

ARRÊTÉ DES HABITANS DE LA GRENOUILLÈRE, DU PONT-AUX-CHOUX, DE LA RAPÉE ET DU GROS-CAILLOU, adressé à la nation. S. l. n. d. (1789), in-8°.

Pièce en vers et en vingt-cinq couplets. Chaque couplet est un article de l'Arrêté.

BOUILLIE (LA) POUR LES CHATS, en prose. Paris, 1790, in-8°.

CAHIER DES PLAINTES ET DOLÉANCES DES DAMES DE LA HALLE ET DES MARCHÉS DE PARIS, rédigé au grand salon des Porcherons, pour être présenté à messieurs les États généraux. Onzième impression ; qu'on a ravaudé, repassé et ajusté de son mieux, pour afin de le rendre plus long et mieux torché. Où l'on parle sans gêne de plusieurs personnes qui se le sont attiré, de plusieurs choses arrivées, il n'y a pas longtemps, et de la prise de la Bastille. Écrit à l'ordinaire par M. Josse, écrivain à la Pointe-Saint-Eustache. — Août 1789, in-8°.

COMPLIMENT DE LA CLÔTURE DE LA FOIRE SAINT-LAURENT, 1755 ; suivi de celui de la Foire Saint-Germain de la même année. Tous deux chantés à la fin de *Jérôme et Fanchonnette*, le 6 octobre 1755. En prose mêlée de couplets. Par Vadé.

COUP (LE) DE GRACE LE L'ARISTOCRATIE, ou Dialogue entre madame Mille-Gueule, Boit-sans-Soif... et autres citoyens du brave Tiers-État, à leur retour de Versailles. S. l. n. d. (1789).

DÉJEUNER (LE) DES HALLES, ou Accords de mariage entre Claude L'Échapé, Michel Noiret, charbonniers, avec Suson Vadru, Marianne Ravin, revendeuses de fruits sur des inventaires. L'on trouvera dans cette petite pièce des vers, des chansons et de la prose ; le tout rendu dans l'idiome des ports et des halles. S. l., 1761, in-12.

DESSERTS DE PETITS SOUPERS AGRÉABLES, dérobés au chevalier du Pélican [1], auteur du *Déjeuné de la Râpée*. Poème gaillardi-poissardi-marini-ironi-comique. — De l'imprimerie de La Joye. 1755, in-8°.

DIALOGUE ENTRE LE PÈRE LA GREFFE, CITOYEN ACTIF DE MONTREUIL, ET LA MÈRE BONCHRÉTIEN, SA COMMÈRE, AU SUJET DES ASSIGNATS. S. d. (1790), in-8°.

DIALOGUE PAS MAL RAISONNABLE ENTRE UN ANCIEN COMMIS DE BARRIÈRE, UN PASSEUR, UN COUVREUR, UN CHARPENTIER ET UNE DAME DE LA HALLE. S. l. n. d. (1790), in-8°.

DIALOGUE ENTRE DEUX POISSARDES SUR LA PRISE DU FORT SAINT-PHILIPPE. S. l. n. d. (1756), in-4°.

DIALOGUE SUR LES AFFAIRES DU TEMPS ENTRE M. FRINGAU, SAYETIER VRELU, MADAME TROGNON, MARCHANDE DE POMMES CUITES AU FOUR, ET LA MERLUCHE, MILICIEN DE PARIS.

Ce Dialogue est à la fin des *Écosseuses*, de l'édition de 1739, in-12. Il a une pagination spéciale, et doit avoir été imprimé vers 1748. Je le crois de l'auteur des *Écosseuses* : c'est tout à fait le même style.

DRAPEAU (LE) ROUGE DE LA MÈRE DUCHESNE CONTRE LES FACTIEUX ET LES INTRIGANTS, 1er Dialogue. Mars, 1792, in-8°.

Pièce royaliste, dans le style du *Père Duchesne*.

ESPIÈGLERIE (L') AMOUREUSE, OU L'AMOUR MATOIS, opéra bouffon-tragi-comico-poissard, en un acte, mêlé de chansons grivoises sur des airs communs. Joué sur plusieurs théâtres bourgeois. — Le prix est de douze sols. — Aux Porcherons et à Paris, chez Cailleau. S. d. (1761), in-12.

FALOT (LE) DU PEUPLE, OU ENTRETIENS DE MADAME SAUMON, MARCHANDE DE MARÉE, SUR LE PROCÈS DE LOUIS XVI. S. l. n. d. (1793), in-12.

GILLES, GARÇON PEINTRE Z'AMOUREUX ET RIVAL, parade (par Poinsinet le jeune). Paris, 1758, in-8°.

GRAND JUGEMENT DE LA MÈRE DUCHESNE, ET NOUVEAU DIALOGUE. S. d. (1792), in-8°.

GRANDE COLÈRE DE LA MÈRE DUCHESNE, ET DEUXIÈME DIALOGUE. S. d. (1792), in-8°.

Deux pièces royalistes.

GUINGUETTE (LA) PATRIOTIQUE, ou Dialogue entre les nommés Craquefort, colporteur de Paris, La Verdure, ancien grenadier, le père Colas, laboureur, Réo, maçon, commissionnaire. — Paris, 13 juin 1790, in-8°.

---

[1] Lécluse, ainsi nommé à cause de sa profession de dentiste.

HARANGUE DES DAMES DE LA HALLE AUX CITOYENS DU FAUBOURG SAINT-ANTOINE, prononcée par madame Engueule, le 26 juillet 1786 (lisez 1789). In-8°.

IMPROMPTU (L') DES HARENGÈRES, opéra comique; divertissement à l'occasion de la naissance de Mgr le duc de Berry. S. d. (septembre 1754), in-8°.

JOURNAL DES HALLES, ajusté, ravaudé et repassé par M. Josse, écrivain à la Pointe-Saint-Eustache, auteur du *Cahier des plaintes et doléances*, etc. (voyez ce titre). 1790, in-8°.

JOURNAL DE LA RAPÉE, OU ÇA IRA, ÇA IRA. 1790. Six numéros.

JUSTIFICATION DES MESSIEURS ET DES DAMES DE LA HALLE SUR LES CRIMES DES 5 ET 6 OCTOBRE. S. d. (1789), in-8°. — En vers et en treize couplets.

MENASSES (LES) DES HARENGÈRES FAITES AUX BOULANGERS DE PARIS, A FAUTE DE PAIN (en vers). Paris, 1649, in-4°.

NOCE (LA) DE VILLAGE, comédie (en vers), par M. de Rosimont, comédien du roy pour le comique. Paris, 1705, in-18.

NOUVEAUX BOUQUETS POISSARDS, dédiés à l'Ombre de Vadé. A la Halle, et se trouve chez Cailleau. 1759, in-12.

NOUVELLE (LA) TROUPE, comédie en un acte et en vers, par MM. D*** et A***. Paris, août 1760.

OEIL (L') S'OUVRE, GARE LA BOMBE! dialogue. Paris, septembre 1791, in-8°.

PASQUILLE NOUVELLE SUR LES AMOURS DE LUCAS ET CLAUDINE. Troyes, chez la veuve Oudot. S. d., in-18.

POMPIER (L') OU L'JASEMENT DU MARAIS ET D'PARTOUT, ouvrage en deux morciaux, décoré d'une note si tellement curieuse qu'alle vous apprend comme quoi l's enfans pouvont queuquefois avoir pus d'âge qu'leux père. S. d. (1770), in-8°.

PORTIER (LE) DU CLUB DES JACOBINS AUX ARISTOCRATES. Avril 1790, in-8°.

PRÉJUGÉS (LES) DÉMASQUÉS, en vers patois sarcellois. A Port-Mahon, 1756, in-12.

RAPSODIE OU CHANSONS DES RUES AU SUJET DU MARIAGE DE Mgr LE DAUPHIN (Louis, fils de Louis XV, avec Marie-Thérèse d'Espagne, le 22 février 1745). In-8°.

THÉATRE DES BOULEVARDS, OU RECUEIL DE PARADES (par Gueulette). A Mahon, de l'imprimerie de Gilles Langlois, à l'enseigne de l'Étrille. 1756, 3 vol. in-12.

TROIS (LES) POISSARDES BUVANT A LA SANTÉ DU TIERS-ÉTAT AU TEMPS DU CARNAVAL. S. d. (1789), in-8º.

VÉRITABLE (LE) GILLES LE NIAIS, en vers burlesques. S. d. (1649), in-4º.

VILLE (LA) DE PARIS, en vers burlesques, par le sieur Berthaud, dernière édition, augmentée de nouveau de *La Foire Saint-Germain*, par le sieur Scarron. — Paris, chez Antoine Rafflé, 1665, in-18.

V'LA C'QUI S'EST PASSÉ A LA HALLE, dialogue. 1790, in-8º.

II.

Ouvrages écrits en langage commun, avec nombre de passages, de mots, de locutions et de tours en patois parisien.

ACCLAMATIONS (LES) DE JOYE DES BONS PARISIENS SUR L'HEUREUSE ARRIVÉE DE LA PAIX, en vers burlesques. Paris, 1649, in-4º.

ADIEU (L') BURLESQUE DE LA GUERRE A LA FRANCE. Paris, 1649, in-4º.

AGRÉABLE RÉCIT DE CE QUI S'EST PASSÉ AUX DERNIÈRES BARRICADES DE PARIS, faites le 26 aoust 1648, descrites en vers burlesques, reveües et augmentées en ceste troisiesme édition. A Paris, chez Nicolas Bessin. 1649, in-4º.

AMBASSADE BURLESQUE DES FILLES DE JOYE AU CARDINAL MAZARIN (en vers). 1649, in-4º.

AMANT (L') DE RETOUR, comédie en un acte, par Guillemain. A Londres, et se trouve à Paris, chez Cailleau. 1782, in-8º.

ANTI-MAZARIN, en vers burlesques. Paris, 1649, in-4º.

ART (L') DE BIEN PARLER FRANÇOIS, qui comprend tout ce qui regarde la grammaire, etc., par de La Touche. Amsterdam, 1596, 2 vol. in-12.

BATTUS (LES) PAYENT L'AMENDE, proverbe-comédie-parade ou ce que l'on voudra, en un acte, par Dorvigny. Paris, chez Jorry, 1799, in-8º.

BÈZE (Théodore de) : *De francicæ linguæ recta pronuntiatione, Th. Beza auctore. — Berolini*, 1868, in-12.

La première édition est de 1584.

BOÎTES (LES), OU LA CONSPIRATION DES MOUCHOIRS, vaudeville en un acte, par Bizet. Paris, an IV, in-8º.

BONIFACE POINTU ET SA FAMILLE, comédie en un acte, par Guillemain. A Amsterdam, et se trouve à Paris, chez Cailleau. 1782, in-8º.

BONNES GENS (LES), OU BONIFACE, comédie en un acte, par Guillemain. A Paris, chez Cailleau, 1783, in-8º.

BRIEF DISCOURS POUR LA RÉFORMATION DES MARIAGES. Paris, 1614, in-8º.

BURLESQUE *On* (LE) DE CE TEMPS (en vers). Paris, 1649. in-4º.

CADET ROUSSEL MISANTHROPE, ET MANON REPENTANTE, folie en un acte. Paris, an VII, in-8°.

Parodie de *Misanthropie et Repentir*.

CADICHON, OU LES BOHÉMIENNES, pièce en un acte, par Pujoulx. Paris, 1792, in-8°.

CAFÉ (LE) DES HALLES, comédie en un acte, sans nom d'auteur. Paris, chez Cailleau, 1783, in-8°.

CAQUETS (LES) DE L'ACCOUCHÉE. 1622, in-12.

CAUSE (LA) DES FEMMES, comédie. 1687. Dans *Le Théâtre italien* de Gherardi, t. II.

CENT ÉCUS (LES), drame comico-poissard, en un acte, par Guillemain. Paris, chez Cailleau, 1784, in-8°.

CHAMP FLEURY, auquel est contenu l'art et science de la duë et vraie proportion des lettres attiques, et vulgairement lettres romaines, proportionnées selon le visaige et corps humain; par maistre Geofroy Tory, de Bourges. Paris, 1529, petit in-f°.

CHASSE (LA) AU VIEIL GROGNARD DE L'ANTIQUITÉ. 1622, in-8°.

CHRISTOPHE LE ROND, comédie en un acte, par Dorvigny. Paris, chez Cailleau, 1788, in-8°.

CLUB (LE) DES BONNES GENS, OU LE CURÉ FRANÇAIS, comédie en deux actes, par le cousin Jacques (Beffroy de Reigny). 1791, in-8°.

COLIN QUI LOUE ET DESPITE DIEU EN UNG MOMENT, A CAUSE DE SA FEMME; à troys personnaiges; dans l'*Ancien Théâtre français*, t. I, p. 224. Édit. Jannet.

COMBAT (LE) DE CYRANO DE BERGERAC AVEC LE SINGE DE BRIOCHÉ. A Paris, chez Maurice Rebuffe le jeune. S. d.

COMÉDIE (LA) DE CHANSONS. 1640.

COMÉDIE (LA) DES COMÉDIENS, tragi-comédie, par le sieur Gougenot, 1633; dans l'*Histoire du Théâtre français*, t. V, p. 22.

COMÉDIE (LA) DES PROVERBES, par Adrien de Montluc. 1633.

COMMISSAIRE (LE), comédie en un acte, par mademoiselle Candeille. Paris, 27 septembre 1794, in-8°.

CONFÉRENCE (LA) DES SERVANTES DE PARIS SOUBS LES CHARNIERS SAINCT-INNOCENT, avec protestations de ferrer la mule ce caresme, pour aller tirer à la blanque à la foire de Sainct-Germain, et de bien faire courir l'ance du panier. A Paris, 1636, in-8°.

CONFESSION (LA) MARGOT, à deux personnaiges, dans l'*Ancien Théâtre français*, t. 1, p. 372. Édit. Jannet.

CONGÉ (LE) DE L'ARMÉE NORMANDE, en vers burlesques. Paris, 1649, in-4°.

CONSEIL (LE) AU NOUVEAU MARIÉ, à deux personnaiges; dans le même recueil que *La Confession Margot*, t. 1, p. 1.

DÉBAT (LE) DE LA NOURRISSE ET DE LA CHAMBERIÈRE, à troys personnaiges; dans le même recueil, t. II, p. 417.

DÉROUTE (LA) DES MONOPOLEURS, en vers burlesques. Paris, 1649, in-4°.

DEUX COMMÈRES (LES), divertissement en un acte, par Delautel. Paris, chez Cl. Hérissant, 1765, in-8°.

DEUX JOCRISSES (LES), comédie en un acte, par Ar. Gouffé. Paris, 3 janvier 1796, in-8°.

DEVIN (LE) PAR HASARD, comédie en un acte, par Renout. A Amsterdam, 1783, in-8°.

DEVIS DE LA LANGUE FRANÇOYSE A JOHANNE D'ALBRET, ROYNE DE NAVARRE, DUCHESSE DE VENDOSME, etc., par Abel Matthieu, natif de Chartres. Paris, 1559, in-12.

DIALOGUE CONTENANT LA DISPUTE DE LA PAIX ET DE LA GUERRE, en vers burlesques. Paris, 1649, in-4°.

DIALOGUE DE L'ORTOGRAFE ET PRONONCIACION FRANÇOESE, départi en deux livres, par Jaques Peletier, du Mans. A Paris, 1555, in-8°.

DIFFÉRENTS (LES) DES CHAPONS ET DES COQS TOUCHANT L'ALLIANCE DES POULES, avec la conclusion d'iceux; dans les *Variétés hist. et littér.*, publiées par M. Ed. Fournier, t. IV, p. 277.

DISCOURS DE DEUX MARCHANTS FRIPPIERS ET DE DEUX MAISTRES TAILLEURS, ESTANT INVITÉS A SOUPER CHEZ UN HONNESTE MARCHANT. 1614. in-8°.

ENTRÉE (L') DE M. LE MARQUIS DE LABOULAYE DANS LA VILLE DU MANS, en vers burlesques. Paris, 1649, in-4°.

ÉQUIVOQUES ET BIZARRERIES DE L'ORTHOGRAPHE FRANÇOISE, AVEC LES MOYENS D'Y REMÉDIER, par l'abbé Cherrier. Paris, 1766, in-12.

ESTRANGE (L') RUSE D'UN FILOU HABILLÉ EN FEMME, ayant duppé un jeune homme d'assez bon lieu soubs apparence de mariage. S. l. n. d.; dans les *Variétés hist. et littér.*, publiées par M. Ed. Fournier, t. IV, p. 59.

FARCE NOUVELLE DES CINQ SENS DE L'HOMME, à sept personnaiges ; dans l'*Ancien Théâtre français*, t. III, p. 300. Édit. Jannet.

FARCE MORALISÉE, à quatre personnaiges. *Ibid.*, t. I, p. 145.

FARCE NOUVELLE D'UN AMOUREUX, à quatre personnages. *Ibid.*, t. I, p. 212.

FARCE NOUVELLE (DU BADIN QUI SE LOUE), à quatre personnaiges. *Ibid.*, t. I, p. 179.

FARCE NOUVELLE DES CHAMBÉRIÈRES, qui vont à la messe de cinq heures, pour avoir de l'eaue béniste. *Ibid.*, t. II, p. 435.

FARCE NOUVELLE (DU CHAULDRONNIER), à troys personnaiges. *Ibid.*, t. II, p. 115.

FARCE NOUVELLE DE COLIN, FILZ DE THÉVOT LE MAIRE, à quatre personnaiges. 1542. *Ibid.*, t. II, p. 388.

FARCE NOUVELLE (DU COUSTURIER), à quatre personnaiges. *Ibid.*, t. II, p. 158.

FARCE NOUVELLE DU CUVIER, à troys personnaiges. *Ibid.*, t. I, p. 32.

FARCE NOUVELLE DES FEMMES QUI DEMANDENT LES ARRÉRAGES DE LEURS MARIS, ET LES FONT OBLIGER PAR *nisi* ; à cinq personnaiges. *Ibid.*, t. I, p. 111.

FARCE NOUVELLE DES FEMMES QUI FONT ESCURER LEURS CHAULDERONS, ET DEFFENDENT QUE ON NE METTE LA PIÈCE AU LONG DU TROU. *Ibib.*, t. II, p. 90.

FARCE NOUVELLE DE FOLLE BOMBANCE, à quatre personnaiges. *Ibid.*, t. II, p. 264.

FARCE NOUVELLE (D'UN GENTILHOMME), à quatre personnaiges. *Ibid.*, t. I, p. 250.

FARCE DU GAUDISSEUR QUI SE VANTE DE SES FAICTS ET UNG SOT QUI LUY RESPOND AU CONTRAIRE. *Ibid.*, t. II, p. 292.

FARCE NOUVELLE (DU GOUTEUX), à troys personnaiges. *Ibid.*, t. II, p. 176.

FARCE NOUVELLE DU FRÈRE GUILLEBET, à quatre personnaiges. *Ibid.*, t. I, p. 305.

FARCE NOUVELLE DE JÉNINOT, à troys personnaiges. *Ibid.*, t. I, p. 289.

FARCE NOUVELLE (DE JOLYET), à troys personnaiges. *Ibid.*, t. I, p. 50.

FARCE JOYEUSE DE MAISTRE MIMIN, à six personnaiges. *Ibid.*, t. II, p. 338.

FARCE NOUVELLE (DE MARCHANDISE), à cinq personnaiges. *Ibid.*, t. III, p. 249.

FARCE D'UNG MARY JALOUX QUI VEULT ESPROUVER SA FEMME, à quatre personnaiges. *Ibid.*, t. I, p. 128.

FARCE NOUVELLE DU NOUVEAU MARIÉ QUI NE PEULT FOURNIR A L'APPOINCTEMENT DE SA FEMME; à quatre personnaiges. *Ibid.*, t. I, p. 11.

FARCE NOUVELLE DE L'OBSTINATION DES FEMMES, à deux personnaiges. *Ibid.*, t. I, p. 21.

FARCE NOUVELLE DU PECT, à quatre personnaiges. *Ibid.*, t. I, p. 94.

FARCE NOUVELLE, DU PASTÉ ET DE LA TARTE, à quatre personnaiges. *Ibid.*, t. II, p. 64.

FARCE NOUVELLE DE PERNET QUI VA A L'ESCOLLE, à troys personnaiges. *Ibid.*, t. II, p. 364.

FARCE NOUVELLE DU PONT AUX ASGNES, à quatre personnaiges. *Ibid.*, t. II, p. 35.

FARCE NOUVELLE D'UNG RAMONEUX DE CHEMINÉES, à quatre personnaiges. *Ibid.*, t. II, p. 189.

FARCE NOUVELLE DE LA RÉSURRECTION DE JENIN LANDORE, à quatre personnaiges. *Ibid.*, t. II, p. 21.

FARCE NOUVELLE D'UNG SAVETIER NOMMÉ CALBAIN, à troys personnaiges. *Ibid.*, t. II, p. 140.

FARCE NOUVELLE D'UNG QUI SE FAICT EXAMINER POUR ESTRE PREBSTRE, à troys personnaiges. *Ibid.*, t. II, p. 373.

FAUX (LE) TALISMAN, OU RIRA BIEN QUI RIRA LE DERNIER, comédie-proverbe en un acte, par Guillemain. A Avignon, 1791, in-8°.

FILLE SOLDAT (LA), comédie en un acte, par Desfontaines. Paris, 3 janvier 1796, in-8°.

FORCE (LA) DE L'HABITUDE, OU LE MARIAGE DU PÈRE DUCHESNE, comédie en deux actes. Paris, 1793, in-8°.

FOU (LE) RETROUVÉ, OU AVIS AU COMMANDANT DU CHATEAU DES ISLES SAINTE-MARGUERITE. En Provence, et se distribue gratis, rue Bertin-Poirée, 1789, in-8°.

GALANT SAVETIER (LE), comédie-parade en un acte, par Saint-Firmin. Paris, chez Barba, an X, in-8°.

GALLICÆ LINGUÆ INSTITUTIO LATINO SERMONE CONSCRIPTA PER JOANNEM PILLOTUM BARRENSEM. *Parisiis*, 1581, in-8°.

GRAMMAIRE ET SYNTAXE FRANÇOISE, contenant reigles bien exactes et certaines de la prononciation, orthographe, etc., par Charles Maupas, bloisien; 3e édit.— Rouen, 1632, in-12.

GRAMMAIRE FRANÇOISE RAPPORTÉE AU LANGAGE DU TEMPS, par Anthoine Oudin, secrétaire interprète de Sa Majesté, reveuë et augmentée de beaucoup en cette dernière édition. Rouen, 1656, in-8°.

HAYNE (LA) IRRÉCONCILIABLE DE LA PAIX ET DE LA GUERRE, en vers burlesques. Paris, 1649, in-4°.

HYPOMNESES DE GALLICA LINGUA PEREGRINIS EAM DISCENTIBUS NECESSARIÆ..., *autore H. Stephano.* 1582, in-12.

IL Y A DU REMÈDE A TOUT, OU LE BON PARENT, comédie-proverbe en un acte (par Pompigny). Paris, chez Calleau, 1792, in-8°.

IN LINGUAM GALLICAM ISAGωGE, UNA CUM EJUSDEM GRAMMATICA LATINO-GALLICA, EX HEBRÆIS, GRÆCIS ET LATINIS AUTHORIBUS (par Jacques Dubois dit *Sylvius*). *Parisiis*, 1531, in-4°.

INTÉRIEUR (L') DES COMITÉS RÉVOLUTIONNAIRES, comédie en trois actes, par Ducancel. Paris, an III, in-8°.

JACQUOT ET COLAS, DUELLISTES, comédie en un acte (par Dancourt, de Berlin). Paris, chez Delavigne fils. 1783, in-8°.

LETTRE D'ÉCORNIFLERIE ET DÉCLARATION DE CEUX QUI N'EN DOIVENT JOUYR. A Paris, s. d.

Gouget (*Bibl. françoise*, t. X, p. 95) rapporte cette pièce aux années 1507 ou 1508 « à peu près. » Il indique l'édition in-12.

LETTRE D'UN GENTILHOMME FRANÇOIS A DAME JACQUETTE CLÉMENT, PRINCESSE BOITEUSE DE LA LIGUE. De Sainct-Denis en France, le 25 d'aoust 1590. In-8°.

LETTRE A M. LE CARDINAL BURLESQUE. Paris, 1649, in-4°.

LETTRE DE REMERCIEMENT ENVOYÉE AU CARDINAL MAZARIN... AVEC LA HARANGUE DE DAME DENISE. Paris, 1651, in-4°.

MAISTRES (LES) D'HOSTEL AUX HALLES; LE CAVALIER CROTEXTE (grotesque) ET L'APOTICHAIRE EMPOISONNÉ. Nouvelles comiques. A Paris, chez J.-B. Loyson. 1671, in-18.

MALTÔTE (LA) DES CUISINIÈRES, OU LA MANIÈRE DE FERRER LA MULE,

dialogue entre une vieille cuisinière et une jeune servante. S. l. n. d.;
dans *Variétés hist. et littér.*, publiées par Ed. Fournier, t. V, p. 243.

MANIÈRE (LA) DE BIEN TRADUIRE D'UNE LANGUE EN UNE AUTRE (par Estienne Dolet). Caen, 1550, in-8°.

MARCHANDES (LES) DE LA HALLE, comédie en un acte, par Demautort, Paris, messidor an III, in-8°.

MARIAGE (LE) DE JANOT AVEC LA PANTOMIME DES OMBRES, comédie en un acte, en vers et en prose, par Guillemain. Paris, chez Cailleau, 1783, in-8°.

MICARESME (LA) DES HARANGÈRES, OU LEUR ENTRETIEN SUR LES AFFAIRES DE L'ESTAT. 1649, in-4°.

MORALITÉ NOUVELLE... DE CHARITÉ, à douze personnaiges; dans l'*Ancien Théâtre français*, t. III, p. 337. Édit. Jannet.

MORALITÉ NOUVELLE D'UNG EMPEREUR, à dix personnaiges. *Ibid.*, t. III, p. 127.

MORALITÉ NOUVELLE DES ENFANS DE MAINTENANT. *Ibid.*, t. III, p. 5.

NICAISE, opéra comique, par Vadé. Paris, 7 février 1756, in-8°.

NOCTURNE (LE) ENLÈVEMENT DU ROY HORS PARIS, en vers burlesques. 1649, in-4°.

NOUVELLE (LA) BASTIENNE, opéra comique, par Vadé. Paris, 17 septembre 1754.

OUI OU NON, comédie en un acte, par Dorvigny. A Amsterdam, et se trouve à Paris chez la veuve Ballard et fils. 1780, in-8°.

PETITE NANETTE (LA), comédie en deux actes, par le Cousin Jacques (Befroy de Reigny). Paris, novembre 1796, in-8°.

PLAINTES DU CARNAVAL ET DE LA FOIRE SAINT-GERMAIN, en vers burlesques. 1649, in-4°.

PROCÈS (LE) DU CHAT, OU LE SAVETITR ARBITRE, en un acte, mêlé de vaudevilles, par MM. D*** T*** (Taconnet). Paris, 1767, in-8°.

PRONUNTIATIONE (DE) LINGUÆ GALLICÆ LIBRI DUO. *Ad illustrissimam* SIMUL QUE DOCTISSIMAM ELISABETHAM ANGLORUM REGINAM..., *auctore Claudio à Sancto-Vinculo* (Claude de Saint-Lien).— *Londini*, 1580, in-12.

QUELQUES AVANTURES DES BALS DE BOIS. S. l. Chez Guillaume Dindon, 1745, in-12.

Je crois que cet opuscule est de Caylus.

RABAIS (LE) DU PAIN, en vers burlesques. 1649, in-4°.

RÉCLAMATION DE TOUTES LES POISSARDES AVEC UN PETIT MOT A LA GLOIRE DE NOTRE BONNE DUCHESSE D'ORLÉANS. Paris, chez Guillaume Junior. S. d. (1789), in-8°.

RÈGLEMENT D'ACCORD SUR LA PRÉFÉRENCE DES SAVETIERS-CORDONNIERS. A Paris, 1635, in-8°.

RÉJOUISSANCE (LA) DES FEMMES SUR LA DEFFENCE DES TAVERNES ET CABARETS. A Paris, 1613, in-8°.

REMONSTRANCE A MONSIEUR LE CARDINAL BURLESQUE. 1649, in-4°.

RESPONCE (LA) DES SERVANTES AUX LANGUES CALOMNIEUSES qui ont frollé sur l'ance du panier ce caresme, avec l'Advertissement des servantes bien mariées et mal pourveues, à celles qui sont à marier. A Paris, 1636, in-8°.

RETOUR (LE) ET RESTABLISSEMENT DES ARTS ET MESTIERS, en vers burlesques. Paris, 1649, in-4°.

RÉVÉLATION DU JEUSNEUR OU VENDEUR DE GRIS, estably dans le parvis Nostre-Dame, contenant les remèdes nécessaires à la maladie de l'Estat. 1649, in-4°. — Suite de la Révélation, ou deuxiesme oracle rendu par le Jeusneur, etc. 1649, in-4°.

SATYRIQUE (LE), OU LE MAZARIN MÉTAMORPHOSÉ. 1649, in-4°.

SERMON JOYEUX DE BIEN BOYRE, à deux personnaiges; dans l'*Ancien Théâtre français*, t. II, p. 5. Édit. Jannet.

SERMON JOYEUX ET DE GRANDE VALUE. *Ibid.*, t. II, p. 207.

SERMON DU CORDELIER AUX SOLDATS, ENSEMBLE LA RESPONCE DES SOLDATS AU CORDELIER, recueillis de plusieurs bons autheurs catholiques. A Paris, 1612, in-8°.

SIÉGE (LE) D'AUBERVILLIERS, en vers burlesques. 1649, in-4•.

SOLDAT (LE) EN PEINE DE PRENDRE PARTI. 1649, in-4°.

SONGE BURLESQUE DE POLICHINELLE SUR LE DESPART DE JULES MAZARIN. 1649, in-4°.

SOTTIE NOUVELLE (DU ROY DES SOTZ), à six personnaiges; dans l'*Ancien Théâtre français*, t. II, p. 223. Édit. Jannet.

SOTTIE NOUVELLE DES TROMPEURS, à cinq personnaiges. *Ibid.*, t. II, p. 244.

SURPRISE (LA) ET LA FUSTIGATION D'ANGOULEVENT, poème héroïque, adressé au comte de Permission, par l'archipoëte des pois pilez. A Paris, 1603, in-8°.

THÉATRE ITALIEN DE GHERARDI (1691-1697). Paris, 1700. 6 vol. in-12.

VILLON. Les OEuvres de Francoys Villon de Paris, revues et remises en leur entier par Clément Marot, valet de chambre du Roy. On les vend à Paris, à la Grand'Salle du Palais, aux premier et deuxiesme pilliers; par Arnoul et Charles les Angeliers, frères. S. d. (Postérieur à 1532.) In-24.

VRAYE PRONOSTICATION DE MAISTRE GONIN POUR LES MAL-MARIEZ, PLATES BOURSES ET MORFONDUS, ET LEUR REPENTIR. A Paris, 1615, in-8°.

FIN.

29

TABLE DES MATIÈRES.

FIN DE LA TABLE.

POITIERS. — TYP. DE A. DUPRÉ.